Tiempo de México

La suerte de la consorte

Las esposas de los gobernantes de México:
historia de un olvido y relato de un fracaso

Primero vivo

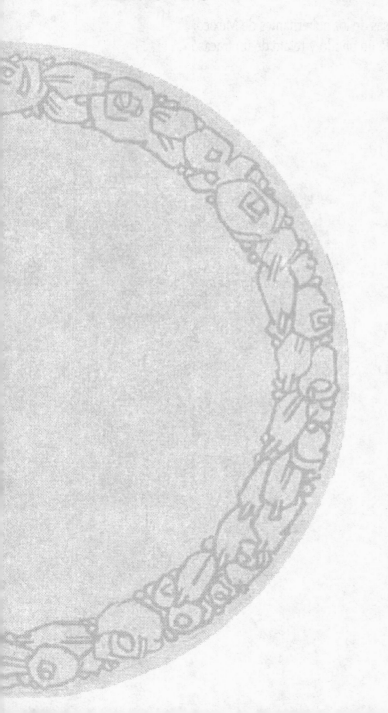

Sara Sefchovich

LA SUERTE DE LA CONSORTE

LAS ESPOSAS DE LOS GOBERNANTES DE MÉXICO: HISTORIA DE UN OLVIDO Y RELATO DE UN FRACASO

OCEANO

EDITOR: Rogelio Carvajal Dávila

Investigación iconográfica: CARLOS MARTÍNEZ ASSAD

LA SUERTE DE LA CONSORTE
Las esposas de los gobernantes de México:
historia de un olvido y relato de un fracaso

© 1999, Sara Sefchovich

D. R. © EDITORIAL OCEANO DE MÉXICO, S.A. de C.V.
Eugenio Sue 59, Colonia Chapultepec Polanco
Miguel Hidalgo, Código Postal 11560, México, D.F.
☎ 5 282 0082   ⌨ 5 282 1944

DÉCIMA PRIMERA REIMPRESIÓN

ISBN 970-651-214-4

IMPRESO EN MÉXICO / PRINTED IN MEXICO

Para Memo y Aída Sefchovich,
por toda una vida de cariño y apoyo.

Índice

Prólogo: Romper el silencio

*Ninguna nación se ha elevado por
encima del nivel de sus mujeres.*

Margaret Sangster

Sucede en México, como supongo que pasa en todas las culturas, que existen ciertos temas sobre los cuales se guarda silencio. Y no porque alguien haya hecho explícita la prohibición de referirse a ellos, sino por un código cultural que así lo marca y que todos hemos hecho nuestro sin siquiera darnos cuenta.

Uno de esos silencios se ha hecho precisamente en torno a las esposas de nuestros gobernantes. Ellas son mujeres que no existen en la Historia. Me refiero a la que va con mayúscula, ésa que han escrito los triunfadores, ésa que aprenden los niños en las escuelas y que cuentan los libros. Y no es que deliberadamente se las dejó fuera o se las borró del relato del acontecer sino que simple y llanamente se las olvidó. No se consideró que valía la pena recoger sus quehaceres. Es más, en muchos casos ni siquiera se guardaron sus nombres.

Esto tiene que ver, creo, con dos razones: la primera, un modo de pensar según el cual la historia sólo debe hacerse desde arriba, es decir, desde el poder y en los "grandes momentos" como guerras, descubrimientos, construcciones, sistemas, en los cuales las mujeres, por su situación y su condición social, no ocupan ningún lugar. "La historia de la mujer —escribe Asunción Lavrín— no puede ser analizada por sucesos o acontecimientos de carácter político, que son los signos de distinción de un mundo dominado por valores masculinos y orientado a las acciones de los hombres."[1] Ellas "sólo" cuidan del hogar y la familia, "sólo" nutren, limpian, educan, consuelan y apoyan, nada de lo cual les parece importante ni significativo a quienes escriben esa historia.

La segunda razón, tiene que ver con una idea de lo que debe ser la familia, a la que se concibe como entidad cerrada a todas las miradas, en la que suceden y se guardan secretos y que por tanto se debe defender celosamente.

Y, sin embargo, a pesar de ese espeso silencio, en este libro busco la huella de las esposas de los gobernantes de México: quiénes eran, de dónde venían, qué hicieron o no hicieron, cómo se comportaron y qué es lo que su tiempo les permitió pensar.

¿Qué sentido tiene hacer un estudio de esta naturaleza? ¿A quién le importa la mujer de aquel virrey del siglo XVII, de ese rey del XIX, de este presidente del XX? ¿Para qué saber lo que hizo o pensó o comió o vistió Ana de Mendoza, Inés de Santa Anna, Laura de González, Josefina de Ortiz Rubio, Guadalupe de Díaz Ordaz? ¿Qué caso tiene emprender un esfuerzo tan penoso y complicado para rescatar a estos seres hasta hoy olvidados por la historia?

"El sentido de nuestra propia identidad está vinculado con la memoria", escribió Alan Bullock.[2] Esto quiere decir que si queremos conocernos, entendernos, saber por qué somos como somos, tenemos que hacerle constantemente preguntas al pasado.

En los últimos veinte años, de este afán han surgido, entre otros, dos nuevos temas. Uno es el estudio de las mujeres como grupo social en la historia y otro el estudio de la vida privada. Ambos han empezado a merecer un lugar en nuestras preocupaciones precisamente porque ahora se entiende que no se puede saber lo que somos si se deja fuera a la mitad de la humanidad; si no se penetra en el ámbito en el que se genera, mantiene y reproduce el tejido social y sus representaciones culturales, sus valores, su moral.

Gracias a las puertas que han abierto estas dos líneas de investigación, hoy es posible romper el silencio en torno a ciertos temas y sacar del olvido a las virreinas y Primeras Damas de México.

2

Pero el objetivo de conocerlas no es por ellas mismas sino para entender la situación de las mujeres en la sociedad y cultura mexicanas. Y para eso, ellas resultan sujetos privilegiados por su condición de elementos de intersección y de frontera en muchos aspectos: están presentes en el pasado pero también en la actualidad; son receptoras pero también reproductoras de valores sociales y de representaciones culturales; retratan y ejemplifican a la colectividad pero sin dejar de ser individuos con cara y nombre propios; están en la vida pública pero también en la privada, muy cerca del poder pero también en la familia, aquélla la instancia más elevada de la sociedad, ésta, su institución básica; forman parte de la vida política pero también de la social; conservan la tradición pero también cumplen con las exigencias del día. Esta serie de planos por la que atraviesa su presencia, hace que resulte pertinente estudiarlas si queremos entender las bases que sustentan nuestra cultura y sus modos de manifestarse, pues las esposas de los gobernantes encarnan los modos de ser y de pensar de cada época histórica y también sus contradicciones y limitaciones.

3

Para hacer un libro sobre un asunto del que poco se ha investigado en nuestro país (apenas algunos artículos en periódicos y revistas, alguna entrevista o uno de esos libros que resultan de la moda reciente de hacer recuentos de amarguras por parte de algunas mujeres que fueron parte del juego y ahora pretenden erigirse en juez), fue necesario forzar los límites hasta ahora impuestos a los estudios históricos. Porque éste es un trabajo de historia, de investigación, hecho desde la academia y sin nada que ver con el poder.

Ello fue un reto que echó a andar la imaginación, que la lanzó a buscar las fuentes de información en los lugares más insospechados y aprovecharlas de las formas más extrañas: utilizar los libros de historia de México pero también las novelas; buscar en los temas afines —desde las líneas principales del pensamiento occidental que tuvieron influencia en nuestro país hasta los estudios sobre la situación de la mujer y desde los acontecimientos sociales y culturales de cada época hasta la moda y la gastronomía—; rastrear lo que sobre este tema se ha escrito en otros países; hurgar en periódicos y revistas, en viejas fotografías y películas; perseguir a ciertas personas para hacerles entrevistas y escuchar chismes, chistes, anécdotas y rumores. ¡Todo con tal de entrar en el espesor de la vida misma! ¡Todo con tal de construir una historia que es la de esas personas pero también es la de su tiempo!

Por supuesto, el resultado del esfuerzo arroja más dudas que certezas. ¿Quién puede dar respuesta a todas las preguntas que nuestra mente de hoy es capaz de formular? Pero esas preguntas han sido incorporadas al texto precisa y paradójicamente como una manera de llenar los vacíos y de abrir la puerta a nuevos estudios.

4

Y es que quinientos años es mucho tiempo. Estudiar un periodo tan largo sólo se justifica cuando lo que se busca es la comprensión de las tendencias generales y de los patrones —en la situación de la mujer, en los comportamientos sociales, en los modos de pensar y en los aspectos simbólicos. Hacerlo así era un compromiso ineludible precisamente por el hecho de que se trata de una investigación pionera. Conforme se vaya encontrando más información y se elaboren nuevos estudios se podrá penetrar más a fondo en cada una de esas vidas y de esos momentos de la historia.

Pero además, en este trabajo se ha intentado hacer una interpretación y se ha llegado a algunas conclusiones respecto al papel social y cultural que han cumplido y cumplen estas mujeres y a su transformación a través del tiempo. Habrá quienes consideren que éstas son correctas y quienes las vean equivocadas. El debate está abierto.

I. La suerte de la consorte

Tropezaron con el hecho de que dentro del orden simbólico en el que las mujeres siempre representaban al otro imaginario, no podía haber liberación.

Jean Franco

El siglo XVI

Con la fundación del virreinato de la Nueva España, llegaron a estas tierras las virreinas, llamadas así no por título propio sino por compartir el lecho conyugal de quien lo ostentaba. Aunque no tenían ninguna función oficial que cumplir, ocuparon un lugar central en la vida social de la Colonia, pues desde la corte se imponían las modas y se preservaban las costumbres.

De Europa traían esas mujeres sus modos de pensar. Se habían nutrido de una atmósfera intelectual que era la del renacimiento español, en la que se habían encontrado por una parte, la mentalidad medieval que aún no desaparecía del todo y por otra la mentalidad moderna que aún no se hacía del todo presente.

Aquélla era la de la visión católica del mundo, cerrada y dogmática, que imponía la fe y la obediencia ciega a la Iglesia, al rey y a las jerarquías sociales así como la aceptación del destino individual como voluntad divina, con una intensa búsqueda de la virtud y una conciencia del pecado que colocaban a la devoción en el centro mismo de la vida. Ésta fue la que resultó precisamente del descubrimiento del Nuevo Mundo, al que los europeos se habían lanzado en la búsqueda de sus propias aventuras y utopías. Y a pesar de que cuando lo encontraron, sistemáticamente descalificaron lo que en él hallaron —pues como decía fray Luis: "Lo que es ajeno a lo nuestro siempre desagrada"— y a pesar de que en él quisieron reproducir de manera idéntica las costumbres y formas de vida de su casa —lejos estaban de ser rebeldes los que venían a estas tierras, pues a diferencia de los fundadores de las colonias norteamericanas, los que aquí llegaron creían que el mundo que dejaban en España era el mejor de los posibles— mucho les debe haber afectado la vegetación tropical, el sabor de las especias, la desnudez de los indios, al punto de alterar su visión del mundo y significar "el fin del misterio de lo absoluto".[1]

América, presagiada antes de descubrirse según Alfonso Reyes; inventada porque su existencia era necesaria a las mentes de ese tiempo según Edmundo O'Gorman, transforma a los europeos no sólo en su economía sino también su modo de pensar y de pensarse: "Poco a poco el nuevo mundo formó parte del orden de las ideas", afirmó José Gaos.

Quienes fueron enviados a gobernar las colonias venían para hacerse ricos, para acumular el oro y la plata que tanto les gustaban y para asegurar que se enviaran a Su Majestad el rey de España. No eran esos españoles que según Bernabé Navarro, conocían de filosofía, derecho y teología[2] sino que en su mayoría eran personajes cuya característica más acusada era la desmedida ambición envuelta en el manto de la arrogancia.

Y es que España era un país atrasado. La organización social y económica se mantenía sobre bases feudales y los ricos se habían acostumbrado a vivir de sus rentas y no del trabajo productivo. La educación era dogmática y la expulsión de los judíos había conducido, como escribe Juan Brom, "al debilitamiento de la vida intelectual, comercial y artesanal".[3] De modo que mientras el Renacimiento abría las mentes europeas a una reinterpretación de la cultura antigua, mientras los hombres cambiaban los arneses de acero por vestiduras de seda y conocían las delicias del arte que hasta entonces sólo había servido a la Iglesia y mientras la Reforma ponía en jaque a la institución eclesiástica, los españoles se aferraban a modos de pensamiento según los cuales las verdades teológicas y filosóficas, jurídicas y retóricas ya estaban resueltas de manera absoluta y definitiva:[4] "En el momento en que Europa se abre a la crítica filosófica, científica y política que prepara el Nuevo Mundo, España se cierra y encierra a sus mejores espíritus en las jaulas conceptuales de la neoescolástica".[5]

El siglo XVII

La decadencia de España se da en el momento del despertar de la modernidad en otros países. Inglaterra, Holanda, Francia aprovecharon los metales preciosos que se derramaban hacia ellos por vía del comercio y la piratería. Las ideas bullían y se apelaba a la razón "para exorcizar las sombras, dispersiones y rupturas de la realidad política, religiosa y natural".[6] Se escuchaban propuestas para limitar el poder de los monarcas y se hablaba de la soberanía del pueblo y de los derechos de las personas. Pero el país que había sido la gran potencia colonial era en ese momento el imperio anacrónico de Europa. ¡En el siglo de Galileo y Newton, de Descartes, Kepler, Pascal y Leibniz, España sólo veía herejías por doquier y castigaba a quienes se atrevían a asomarse por alguna rendija a los nuevos pensamientos! El modo de pensar español seguía siendo cerrado y saturado de religiosidad, intransigente en materia de opiniones y creencias.[7]

Con todo, en la Nueva España se había formado ya una sociedad refinada que se sentía segura de la grandeza de su patria. ¿No acaso había aquí cantidades fabulosas de los metales que tanto valoraban en Europa? ¿No acaso la Madre de Dios había venido aquí para mostrarles a los americanos que los elegía y protegía? ¿No acaso en estas tierras se habían dado las magníficas civilizaciones indígenas que los criollos reivindicaban como su pasado aunque a los indígenas vivos los maltrataran y denigraran? De modo que aunque siguieron siendo devotos y obedientes del poder real y de los mandatos de la Iglesia, los americanos ya fueron también patriotas y soberbios. El resultado de estas fuerzas en pugna fueron fuertes tensiones que no sólo se manifestaron en el magnífico arte, la retórica, la cocina, el vestuario y los modos de comportamiento tan complejos y ostentosos, tan rebuscados y teatrales, sino también en la vida privada y en la familia.

El siglo XVIII

La edad de la razón "llegaría gradualmente a iluminarse convirtiéndose en siglo de las luces", escribe José María Valverde. Para esta centuria la prosperidad debida a la expansión colonial da impulso no sólo a la técnica (la máquina de vapor que transformará la producción y el transporte) sino a las ideas empiristas y pragmáticas.

Los ricos comerciantes ingleses se convierten en inversionistas que llevan sus capitales por doquier y en Francia surgen los llamados "filósofos", un tipo de pensadores a quienes les importa el hombre en sociedad y la lucha contra el despotismo.

De Montesquieu, Voltaire, Diderot y Rousseau a la Revolución francesa, de los avances en la física a la revolución industrial, de la crítica de las ideas religiosas a la independencia de las colonias americanas, hay un movimiento intenso y fecundo que recorre el siglo. ¡Pero a la Nueva España siguen llegando las muchas restricciones y se hace todo por impedir que entre algo de ese fermento! ¡Hasta las llamadas "reformas borbónicas" que emprendió Carlos III no fueron hechas para abrir las puertas a las ideas modernas sino para asegurarse de que la mucha riqueza americana les llegara mejor y que no se perdiera el control sobre las colonias!

De todos modos, la luz que se coló dio lugar a que en estas tierras surgiera una corriente de estudiosos que produjo tratados sobre geografía, botánica y matemáticas, historia y literatura. Los letrados americanos se preocuparon por dar una imagen de su patria como refinada y culta, por oposición a la moda europea de entonces de considerar salvajes a los países de América.

Durante los tres siglos que duró el gobierno colonial en la Nueva España y a pesar de los cambios que se produjeron desde el Renacimiento hasta la Ilustración, una constante se mantuvo: que las esposas de los virreyes fueran devotas y al mismo tiempo fiesteras, amantes de las riquezas y los lujos. Las hubo cultas, lectoras de poesía y asiduas al teatro, las hubo que dotaron conventos y dieron caridad, las hubo que participaron en negocios o en enredos y chismes políticos pero todas fueron obedientes de su marido y de las costumbres de su tiempo.

El siglo XIX

Las nuevas ideas y los descubrimientos científicos "abren una época para la mente humana al introducir la perspectiva de que la historia ha de llevar a un constante mejoramiento de la vida", escribe Valverde. Nuevos grupos sociales se sienten con derecho a competir por los bienes y por la propiedad. El enfrentamiento entre estos dos "bandos" marca al pensamiento y define las luchas.

México, apenas independizado de España, se debate en el más largo y difícil de los nacimientos. Casi todo el siglo verá guerras civiles y desorden, falta de recursos y hostigamiento desde fuera. Se había adquirido la soberanía política pero no se habían alterado ni la estructura social ni la mentalidad colonial. Y no se sabía gobernar. Por eso el gran tema, escribió Álvaro Matute, fue la organización política.[8] ¡Si lo sabrán las esposas de los gobernantes! Los cambios en el cargo supremo fueron constantes, los presidentes duraban pocos meses o pocos días en él y en ocasiones más de uno ostentó el título conferido por los grupos en pugna.

El tiempo en Europa es de grandes pensadores y movimientos sociales. Hay idealistas que aseguran que sólo consideran digno al mundo si se le ve y ordena desde la luz de la moral; hay anarquistas que se oponen al Estado y a la autoridad; hay socialistas que pretenden mejorar las condiciones de vida de los trabajadores. Se lucha por el sufragio universal, se sueña con falansterios y cooperativas. Darwin explica la evolución, Marx fustiga al capitalismo y Nietzsche habla de la muerte de Dios.

Pero aquí se escucha poco de eso. Y menos que nadie lo oyen las mujeres. Para ellas Dios es el creador del mundo y las ideas se detienen en el umbral de su hogar. En el siglo del jacobinismo las mujeres mexicanas eran clericales; en el siglo de los ciudadanos, las mujeres mexicanas eran sólo esposas; en el siglo de las luchas libertarias, las mujeres mexicanas permanecían encerradas en "la dulce penumbra del hogar" y en la devota penumbra de la iglesia, cumpliendo el papel de ser "dulce compañía", como decía Fernández de Lizardi, "depósito de la confianza, consuelo en las adversidades y desgracias, madre en cuyos brazos se criarán los sabios, reyes, justos y santos".[9] Ellas no participan de eso que Jean Franco llamó "las refriegas de su tiempo". Conservadores y liberales pelean, aquéllos buscando preservar las instituciones del antiguo régimen y sus privilegios y éstos pretendiendo cambiarlas para participar de los beneficios del poder y la riqueza. Los bandos están por la monarquía o la república, el centralismo o el federalismo, el proteccionismo o el librecambio, la extracción de riquezas o la producción industrial, el mantenimiento de los privilegios de la Iglesia o el anticlericalismo; se acusan mutuamente de amenazar y destruir; debaten las nuevas leyes y el tamaño de la propiedad o las características de la educación. Pero las señoras permanecen ajenas, sin que se oiga de ellas una opinión, sin existencia pública: "Su ámbito siguió siendo el doméstico y su tiempo el de la rutina diaria más allá de planes, manifiestos y batallas". Es el siglo de las mujeres sumidas en el mutismo, dice Carmen Ramos, de las mujeres relegadas, dice Nora Pasternak; es el siglo de la domesticación de las mujeres, escribe Jean Franco.[10]

La vida es de trabajo y recogimiento: cuarenta y cinco minutos dedicados a calentar agua para bañarse, dos y media horas a la semana para prender las lámparas de queroseno, todo el día vigilando que se acarree el carbón, se lave y planche la ropa, se guisen los complicados platillos de la cocina criolla.[11] Y por supuesto mucho tiempo destinado a los rezos, porque era ésa, como afirmó Charles Hale, "una cultura saturada de religión".[12] Rezar el rosario, leer el catecismo, ir a misa, son ocupaciones cotidianas. Y el cuidado y educación de los hijos, porque como ha mostrado Philippe Ares, la familia y el hogar se han convertido ya en un espacio privado con un vínculo específico bien definido y separado. Y las visitas a los parientes y la caridad —siempre daban limosna— y las labores de mano tan difíciles y primorosas ya con el bastidor, ya con la almohadilla. Y además estaban siempre embarazadas y enfermas, que de mal de parto, de jaquecas o calenturas, pues la pesada alimentación y la falta de ejercicio, aire y sol, las hacían débiles y propensas a la mala salud.

Su instrucción era muy deficiente —decía una viajera extranjera que jamás había visto a una mexicana con un libro en las manos que no fuera el de los rezos— aunque eso no significa que fueran toscas ni groseras, al contrario, eran finas y corteses, producto de una educación largamente macerada en las muy formales costumbres criollas que los mestizos adoptaron.

No sabemos si alguna de ellas influía o no en las decisiones que tomaba su marido, porque eso pertenecía al ámbito de lo privado cuyos secretos permanecen bajo llave. En el terreno de lo público, lo único que contaba era que su conducta no causase escándalo, que su moral fuera irreprochable y que acataran las costumbres sociales según las cuales su entrega al hogar debía ser total: "Vivir para otro, a través de otro". Por eso aunque algunas estudiaron (de entonces datan las primeras maestras y profesionistas —médica, odontóloga) o manifestaron en algún poema su desesperación por las limitaciones, la mayoría, como afirma Jean Franco, "se encontraron en el frente de las rebeliones en contra de la modernización".[13]

La época se caracteriza por eso que Hegel llamó "la racionalidad diferente entre el espacio público dirigido al Estado, a la ciencia y al trabajo y el espacio doméstico vuelto hacia la familia y la creación de la moralidad".[14]

Fin del siglo

"El mundo de la Ilustración francesa se volcaba hacia el romanticismo", escribe Valverde. Tenía que ser: se imponía un contrapeso al racionalismo, urgía encontrar modos de escapar hacia el sueño, hacia los sentimientos y la naturaleza.

El romanticismo nació en Europa como el afán apasionado, libertario y rebelde por "darle un significado superior a lo ordinario, un aspecto misterioso a lo acostumbrado, un aire infinito a lo finito".[15] Pero a México llegó matizado, como la posibilidad de soltar una lágrima y de probar "la dulzura de los afectos" y "el entusiasmo heroico por el amor". No era el arrebato de Hölderlin y Von Kleist que provocaba grandes poemas y trágicos suicidios, sino apenas los relatos de amores puros, enmarcados en retratos de costumbres, todo sensiblería y moraleja.

La hora romántica hace aparecer a la mujer como lejos de las banalidades del mundo y de sus necesidades prácticas. El ideal femenino es de pureza y virtud envuelto en encajes: "el ángel del hogar" le llamó José María Vigil, usando el título de un texto de Isabel Prieto de Landázuri.

La historia moderna de México empieza cuando la tercera generación liberal vence al conservadurismo y consagra, aunque sea en el papel, al Estado representativo y federal, a la primacía de la ley, al sufragio libre y a la libertad de expresión. El país pacificado se convierte en exportador del producto de las haciendas y en receptor de capitales foráneos que van a las minas, ferrocarriles y bancos. Junto con los dineros llegan las ideas en boga en Francia y aquella nación se convierte en el ejemplo cumbre de la civilización, centro de las miradas, de la admiración y de la imitación en su moda, costumbres, gastronomía, idioma, literatura.

Los llamados "científicos" —ricos y cultivados— leen a Comte y encuentran que esas teorías se adaptan a sus necesidades, pues como escribió Justo Sierra: "Las ideas tienen que identificarse con los intereses que son sentimientos inferiores pero avasalladores". En adelante podrán explicar el funcionamiento de la sociedad "con una nueva ideología de carácter eminentemente práctico: el positivismo".[16] A éste lo entienden menos como "la primacía de lo palpable y del dato empírico" que como "la organización racional del mundo" que les permite justificar a un gobierno fuerte que garantiza el orden y que impulsa el progreso y la acumulación de la riqueza.

Y, sin embargo, éste era un país de atraso y miseria de las mayorías. "La nación mexicana es uno de los organismos sociales más débiles que viven dentro de la órbita de la civilización", escribió Sierra. Por eso no quedaba más remedio, para mantener el orden y para como decía Limantour "favorecer el desarrollo", que tomar medidas drásticas ("la violencia si se hacía preciso") a fin de que los "inferiores" (como les llamaba Macedo), "la muchedumbre indolente" (como les llamaba Telésforo García), los "que vegetan en la abyección y no aspiran a comer bien y a vestir decentemente" (según decía José López Portillo y Rojas) no fueran una rémora para el bienestar y adelanto de los "superiores", cuya industriosidad aseguraba que los beneficios terminarían derramándose sobre el conjunto de la sociedad.[17]

Seguramente doña Carmelita Díaz y su cohorte de amigas con apellidos ilustres no leyeron a los pensadores y novelistas de su tiempo, pero sin duda aceptaron las premisas de esa atmósfera intelectual mezclándolas con la tradición, puesto que "se había desalojado a la Iglesia católica de todos sus reductos menos de la mente de los mexicanos".[18]

Los mexicanos de entonces fueron a un tiempo "materialistas" (o "realistas", como se les decía entonces) y "románticos": vivieron una vida refinada de bailes y teatros pero también de dulces poesías, habaneras y valses; aceptaron al mismo tiempo los inventos modernos (el teléfono, el cine, el tren, el drenaje, el alumbrado público) pero permanecieron con su educación religiosa y sus valores. Y no sintieron compasión por los trabajadores que morían en las minas y monterías, por los campesinos atados a las haciendas, por las once mil prostitutas que vivían en los cincuenta y seis burdeles de la capital, porque estaban convencidos, como se aseguraba, de que "cada individuo tiene lo que es capaz de merecer por su propio esfuerzo".

Empieza el siglo

Según el poeta Heinrich Heine, el pensamiento precede a la acción y sólo consumada la filosofía se podrá pasar a la política. Si esto es cierto, podemos considerar que la Revolución mexicana se incubó mucho antes de 1910, con las doctrinas del Partido Liberal Mexicano, las ideas de Ricardo Flores Magón y su periódico *Regeneración*, las caricaturas de la oposición, las novelas como *Perico* y *Tomóchic* que mostraban la explotación de los trabajadores y los libros que estudiaban los problemas nacionales como los de Andrés Molina Enríquez, Luis Cabrera y Wistano Luis Orozco, quien afirmaba que "los males de México no derivan de la insuficiencia de recursos ni de su escasa población, tanto menos de la ineptitud de sus habitantes sino del modo como se halla organizada la propiedad".

En México, el siglo XX llegó con una revolución. Ella se llevó a cabo en dos frentes: el de los campos de batalla y también el de las ideas, pues se trataba, como afirmó Vicente Lombardo Toledano, "de refutar las bases ideológicas de la dictadura" y de oponerse al materialismo grosero, al fetichismo de la ciencia, a la conformidad con la idea de la supervivencia de los más aptos y de la vida integrada por ricos y pobres, superiores e inferiores. De allí que la propuesta de José Vasconcelos fuera "la primacía del espíritu sobre la realidad, de la ética sobre la política".[19]

En el frente de batalla, facciones diversas se levantaron. Hubo quienes querían cambiar el estado de cosas y quienes lo hicieron para que nada cambiara. Estaban los que luchaban para lograr la libertad (según afirma Luis Cabrera), los que buscaban la democracia política (Madero, por ejemplo), los que querían modificar la propiedad de la tierra (según sostiene Jesús Silva Herzog) o conseguir reivindicaciones populares (eso dice Antonio Castro Leal). Y hay quien considera que "El pueblo mexicano se lanzó sin más programa que su anhelo, sin más método que su instinto, sin más límite que su piedad y su cólera a redimir a un país en que había vivido siglos de olvido y servidumbre".[20]

Mucha tinta se ha vertido para opinar sobre si la Revolución tuvo un programa o si, como afirma Arnaldo Córdova, "se limitó a demandas inmediatas".[21] El hecho es que hubo un movimiento social que cimbró y transformó al país. Para algunos como Ramón López Velarde fue una catástrofe, para otros como Alfonso Reyes "echó a andar nuevamente la historia, hizo recobrar su fluidez al escenario petrificado".

La Revolución significó un cambio total en la vida de las familias, porque sus hombres (y también muchas de sus mujeres) se fueron a "la bola", o porque las arruinó y les impidió seguir viviendo como antes. ¡Cuántos se tuvieron que esconder cuando llegaban los alzados a los que mucho temían ("el liberalismo de las clases medias mexicanas era incompatible con las movilizaciones de masas", escribe Córdova) y cuántos pasaron hambre!

El siglo XX

La Revolución rusa y la primera guerra mundial cambiaron para siempre al mundo: los imperios se derrumbaron y millones de hombres murieron en las trincheras y en las purgas.

Estados Unidos crecía y se enriquecía a pasos agigantados. Y asumía la vanguardia de la civilización con su cultura pragmática, adoradora de la técnica, exaltadora de la libertad, de la energía individual y de los criterios del resultado y el éxito.

Mientras tanto, Wittgenstein y Russell, Freud, Einstein y Planck, Adorno y Benjamin se queman el seso por descomponer el átomo, por entender la conducta y la sexualidad humana, por comprender el significado del lenguaje y el sentido del arte.[22]

Establecida la paz después de la Revolución, los triunfadores sólo quieren enriquecerse. Los generales revolucionarios casan con señoritas bien que los esperan en casa pariendo a los hijos, disfrutando de las propiedades que crecían y cerrando los ojos a los escándalos de sus maridos con las artistas y tiples y a los fusilamientos y asesinatos de los contrincantes.

En los años veinte, José Vasconcelos intenta llevar a la práctica una utopía educativa: quiere que llegue hasta los rincones más apartados lo mejor de la cultura universal. El tiempo es de nacionalismo, una ideología cuyo propósito "es reivindicar todo lo que pudiera pertenecernos: el petróleo y la canción, la nacionalidad y las ruinas", escribió Gómez Morin. Y que sirvió para, como afirmaba el pintor José Clemente Orozco, llenar el país de petates y ollas de barro.

La posguerra vio surgir dos fenómenos sociales: la entrada masiva de las mujeres en la fuerza de trabajo y la salida a la luz de sectores de la sociedad en los que antes nadie se fijaba: niños, mujeres, ancianos, inválidos, discapacitados. Los gobiernos tuvieron que intervenir para atenderlos y México no se pudo librar de esa moda, más aún que ella se adaptaba bien a la vieja tradición cristiana de caridad y a los postulados sociales de la muy reciente Revolución. Fue así como empezó, moderadamente como todo lo que aquí se hace, el Estado benefactor.

El medio siglo

Durante la tercera y cuarta década del siglo habrá otras guerras: la civil española que despertará pasiones y la fascista que tendrá adeptos. Luego llegarán los refugiados que convierten al país en cosmopolita. Es entonces cuando algunos se hacen preguntas: qué es lo propio, quién es el mexicano. "La búsqueda de nosotros mismos" le llama Octavio Paz a este empeño por conocerse.

Los años cincuenta presenciaron aún más guerras: una caliente en Asia, una fría en Occidente; con armas aquélla, con palabras y amenazas ésta. Pero ni los disparos ni las largas discusiones sobre la ortodoxia comunista acabaron aquí con los bailes y la música, con el cine y los amores de las grandes estrellas. Solamente unos cuantos se rasgaron las vestiduras y hablaron sombríamente del ser. Se llamaban existencialistas.

La contienda había sacado a muchas mujeres de su hogar para cubrir los puestos vacantes de los hombres que fueron al frente. Pero cuando termina, las devuelven a su casa. Sólo que ellas ya no son las mismas, ya no quieren ser las que esperan, consuelan y atienden. En el mundo de la modernidad ya se sienten "las directoras de relaciones familiares y del consumo familiar", como dice Nancy F. Cott,[23] las administradoras, las que conocen los avances en salud, nutrición y puericultura, las que tienen a su servicio las nuevas herramientas y máquinas —lavadoras y licuadoras, refrigeradores y aspiradoras—, a las que la publicidad trata de convencer de comprar productos, imágenes y modelos de familia, de vida, de belleza. La mujer se ha vuelto una "profesional" de la vida doméstica y aunque lo hace sin salario, ya exige y consigue derechos.

En México la segunda mitad del siglo significó la entrega a la cultura norteamericana. Hicimos nuestra su idea de los modos deseables de vida, imitamos y adoramos su moda, su música, su comida, su idea de la salud. No nos costó trabajo hacerlo pues, como habían dicho los filósofos, un pliegue del alma mexicana es el prurito de la imitación: "La mexicanidad es una manera de no ser nosotros mismos, una reiterada manera de ser y vivir otra cosa".[24] Si en la época colonial habíamos copiado a los españoles y cuando ellos miraron a otras cortes aquí lo hicimos también, y si en tiempos de don Porfirio sólo volteamos a Francia, ahora no existió más nada que no fuera la cultura norteamericana.

Claro que a ella se la tomó matizadamente, como se hacían las cosas aquí: aceptar la minifalda sí, los discos a todo volumen sí, dejar el pelo largo sí, pero las mujeres siguieron siendo las responsables del trabajo doméstico y de los hijos exactamente igual que siempre. Y eso a pesar de que el gobierno les dio personalidad legal y derechos civiles, lo que significaba no sólo concederles el voto sino también autoridad en el hogar y posibilidad de tener negocios propios e incluso de suprimir el vínculo matrimonial.

Porque la familia mexicana ha sido y sigue siendo esencialmente conservadora. Y porque a las mujeres mexicanas, aisladas siempre del mundanal ruido y reprimidas desde los tiempos más lejanos, poco les interesa lo que vaya más allá de su cotidianidad, de su inmediatez.

Podrá haber beatniks y hippies, una revolución en Cuba y un boom en la literatura latinoamericana, pensadores como Althusser, Lacan, Barthes y Foucault o novelistas como Eco, golpes de Estado en el sur del continente y preocupaciones ecologistas en los países ricos, nuevas religiosidades, música tecno, divorcios y pastillas anticonceptivas: las ideas podrán nacer, debatirse, provocar guerras y cambios, morir, y ellas seguirán atendiendo su hogar. Aunque trabajen, aunque estén informadas, aunque viajen y opinen, la familia será siempre su prioridad. Escribe José Joaquín Blanco: "Pasarán aperturas democráticas, vendrán alianzas para la producción, transcurrirán crisis, devaluaciones, siglos, dinastías, atlas, cosmos y cosmogonías y ellas seguirán impune, graciosa, sofisticada, soberanamente de tienda en tienda".[25]

Y es que, como dice Carlos Fuentes: "La burguesía mexicana posee una buena conciencia infinita que le hace considerar sus pequeños valores —una religiosidad de formas externas, una sensiblería seudorromántica, una seguridad de cuentachiles, una ausencia total de dudas y preguntas, una satisfacción farisea en afirmarse y condenar todo lo que amenace su confortable vegetar— como eternos y perfectos. En el alma del burgués mexicano se acomodan por igual el avaro Grandet, el dispendioso Cecil B. De Mille y el lacrimoso Agustín Lara, el mocho y el sultán, el señor feudal y el capataz de fábrica".[26]

Hacia el siglo XXI

En quinientos años, el papel de las mujeres no se ha transformado en lo fundamental. Y si bien es innegable que hay diferencias importantes entre hoy, ayer y anteayer (la salud ha mejorado, las condiciones del trabajo doméstico también, las posibilidades de estudiar o incluso de trabajar fuera de casa, de tener propiedades y hasta de divorciarse) la esencia se mantiene intacta. La familia en México ha sido y es la institución más refractaria al cambio y la mujer ha sido y es la depositaria de los valores más tradicionales. Y no parece que esto vaya a alterarse en un futuro próximo.

Si quisiéramos explicarnos por qué razón esto ha sido así, tendríamos que atender a dos aspectos: el primero y más fundamental, el de que somos "una cultura saturada de religión", como decía Charles Hale; un "espíritu retecristiano", como afirmaba Guillermo Prieto. Estudios serios han mostrado que las mujeres en los países de tradición católica son más renuentes al cambio que en los países protestantes, porque se las educa en el temor al pecado y en el castigo ante la mínima sospecha de transgresión no sólo activa sino hasta de pensamiento.[27] El segundo aspecto tiene que ver con el modo de colonización que fue la nuestra. La manera en que se estableció aquí la sociedad colonial por parte de una España autoritaria y jerarquizada, cerrada mentalmente y anacrónica con respecto a las ideas, solamente interesada en la riqueza, llevó a crear una sociedad obediente y temerosa, poco interesada en el trabajo y en el pensamiento, poco dispuesta al cambio.

Las esposas de los gobernantes de México como la inmensa mayoría de las mujeres mexicanas, han permanecido y permanecen encasilladas en lo que cada época y sus costumbres les han asignado tanto dentro de su hogar como en su papel público. Cuando el aire de los tiempos hace que se cuelen las ideas, las toman pero con pinzas, matizadamente. Activas o pasivas, jóvenes o viejas, arrogantes, caritativas, devotas, fiesteras, criollas o mestizas, conservadoras o liberales siempre fueron y son tradicionalistas. No podía ser de otro modo precisamente por el lugar subordinado que siempre han ocupado y por la forma de ser de la familia en nuestro país.[28]

II. Él grande, ella excelsa

*Las mujeres, no sólo han de
pensar en dijes y alfileres.*

Vicenta Gutiérrez

Blancos y barbados

1

𝓔 sto que hoy somos los mexicanos, está conformado por tres entidades históricas diferentes pero vinculadas: las civilizaciones indias, el virreinato de la Nueva España y la nación mexicana.[1] Y si bien cada una de ellas negó a la anterior, la llevó en su sangre y en su memoria y tejió con ella estrechas relaciones.

Los habitantes de lo que hoy conocemos como México eran, en la región norte del territorio, cazadores y recolectores nómadas llamados chichimecas y en el centro agricultores sedentarios, convertidos en eso gracias a que Quetzalcóatl encontró el primer grano de maíz. Ellos sembraban la tierra, criaban animales y eran alfareros, comerciantes y guerreros.

Procedentes del norte, las siete tribus nahuatlacas llegaron a la cuenca del valle de México luego de un largo peregrinar: "En 1325, una tribu pobre pero ambiciosa llegó a los lagos del valle de México. Venía del norte, había recorrido miles de kilómetros y fue mal recibida, pero su larga peregrinación culminó en el centro del mundo revelado por Huitzilopochtli: desde aquí conquistaremos a todos los que nos rodean, aquí estará por siempre Tenochtitlán".[2]

Y así fue. En el año Ome-Calli-Dos-Casa, en una isla sobre el lago, encontraron el águila que representaba al sol posada sobre un nopal y devorando a la serpiente y allí fundaron la Gran Tenochtitlán, centro del imperio azteca que duraría dos siglos.

En esa sociedad, las mujeres de los nobles —llamadas *pipiltin*— tuvieron su lugar y sus funciones. Conocemos poco de eso y lo que sabemos está teñido por los valores y las costumbres de los frailes españoles que venían con los conquistadores y que fueron quienes recogieron la memoria de los indios. Ellos nos dicen que se las consideraba "collar de piedras finas, plumaje de quetzal", "palomita, mi piedrita preciosa, corazoncito, espiga, más hermosa que el oro, más fina y delicada que las plumas". Y que se las engalanaba, adornaba y enjoyaba y vivían en hermosos palacios. Se cuenta que Azcalxochin, la esposa de Nezahualcóyotl, "salía a las altas terrazas y veía abajo la gran plaza, los arcos, la espléndida muralla del palacio, los jardines y los macizos de juncos y el lago como un espejo de bruñida obsidiana y más allá los templos y casas de Tenochtitlán".[3]

Pero también nos dicen que se las criaba con severidad: "Hacíanlas velar, trabajar, madrugar" afirmó Mendieta. Dado que no cumplían labores domésticas pues de eso se encargaban los muchos sirvientes a su disposición, para mantenerlas ocupadas se les ordenaba obedecer la costumbre mexica de bañarse dos o tres veces al día y que hilaran o tejieran y cumplieran con los ritos de su tradición. Debían ser "muy honestas en el hablar y en el andar y en la vista y el recogimiento" escribió Motolinía y aquélla que desobedecía se hacía acreedora a fuertes castigos que consistían "en pincharles las orejas hasta sangrarlas, darles azotes y aplicarles humo de chile en la nariz" según afirma Sahagún.

Lo que más se cuidaba era su virginidad, pues lo principal, según este cronista, era "que no ensucies la honra... y nos des fama con tu buena conducta". Por eso apenas si salían a la calle, "teníanlas tan recogidas y ocupadas en sus labores que por maravilla salían y entonces con mucha y grave compañía" apuntó Mendieta.[4]

El momento cumbre de su vida y para lo que habían sido educadas era el matrimonio, porque su principal tarea en este mundo era la de procrear descendencia: "La madre de familia tiene hijos, los amamanta, su corazón es bueno, vigilante" escribió Sahagún, "con sus manos y su corazón se afana y educa a sus hijos, se ocupa de todos, a todos atiende". Por eso la que muere en el parto es divinizada, considerada dechado de todas las virtudes: "¿Quién obtuvo lo que tú has merecido? Porque tú vivirás por siempre, serás feliz, dichosa, al lado de las señoras nuestras, las cihuapipiltin, las nobles mujeres, las mujeres divinas".[5]

Los reyes elegían a su consorte legítima y madre de sus herederos haciendo venir doncellas de alto linaje desde lugares lejanos. O mandaban a criar niñas para ese fin, a las cuales se daba una educación especial y desposaban apenas alcanzaban la edad núbil o como dice el canto "cuando mis pechos se levantaban". Y a partir de ese momento, las llenaban de magníficos regalos o por el contrario, de malos tratos.

Se cuenta de una joven tan fea que el rey no se le acercaba y la mandaba dormir en el piso, en un rincón de la habitación. Y de otra que tenía tan mal aliento que el monarca, enfurecido, le hizo la guerra a sus hermanos. Pero también se cuenta de aquella que era tan hermosa, que loco de celos el rey la encerró y aun así quedó embarazada pues un enamorado lanzó una flecha con una gema en la punta, que ella se tragó.

Algunas ejercían el poder a la muerte del cónyuge, mientras el heredero crecía y podía asumirlo. Así por ejemplo, en la región maya, una de las esposas de Escudo-Jaguar, gobernó Yaxchilán y Axchilán durante una década mientras su hijo Pájaro-Jaguar se preparaba para ocupar el trono.[6]

Las hubo que amaron a sus cónyuges y las que los odiaron, las que traicionaron a sus maridos pasándole información al enemigo y las que sabían de hechizos y hierbas o entendían los presagios. Pero todas siguieron a pie juntillas los mandatos religiosos y las costumbres sociales.

Hacia fines del siglo XV, la viuda del rey de Tezcoco se lamentaba porque no entendía avisos que la llenaban de inquietud. Y es que Cristóbal Colón había cruzado el Atlántico y en su afán por llegar al mítico Oriente de las especias había tropezado con un continente desconocido.

2

Casi treinta años después de la empresa fabulosa que fue el descubrimiento de las Indias, barcos españoles tocaron las costas del golfo mexicano.

El viernes santo del año del Señor de 1519, un grupo de aventureros desembarcó en Chalchiuhcuecan y su jefe Hernán Cortés, "el hombre extraordinario" como le llamaría Lucas Alamán, quemó las naves y se fue tierra adentro. Una sola cosa buscaba el conquistador: oro, "ese rubio metal tras el que tanto se afanan" como decían las crónicas de la época, "ese rubio metal que tanto los desvela".

Pero lo que encontraron fue una exuberante naturaleza, tierras fértiles y grandes imperios: "El señorío de los toltecas, el señorío de los tepanecas, el señorío de los mexicas y todos los señoríos chichimecas",[7] pues en estas tierras había el más diverso mosaico de culturas y lenguas, con magníficas edificaciones y una compleja organización social y religiosa.

En el mes de noviembre los extranjeros llegaron hasta el Anáhuac. ¡Cómo se admiraron de su mucha agua, de sus anchas calzadas, de sus plazas, mercados, templos y aposentos! "Una gran ciudad", diría Balbuena, "Cosas nunca oídas ni aun soñadas que parecían de encantamiento", escribiría Bernal Díaz del Castillo.

Lo primero que hicieron fue tomar preso al tlatoani Motecuhzoma II, rey de los aztecas en la línea que seguía desde Chimalpopoca y señor de gran poder y riqueza. A él y a sus principales jefes los encerraron y empezó la guerra.

Caballos, armaduras de metal y armas de fuego se enfrentaron a los cuerpos desnudos de los indios y a sus rudimentarias defensas. A esta desigualdad se agregó la traición de los pueblos vecinos que estaban hartos del predominio azteca. Y fue así que se cumplió la profecía que auguraba la derrota de los naturales de estas tierras a manos de hombres barbados y de tez clara.

La Gran Tenochtitlán, la ciudad que había sido fundada en el año de 1325 en el lugar predestinado por los dioses, la que durante dos siglos había sido la más poderosa, soportó valiente un largo sitio de ochenta días en el que hubo mucha mortandad. Los habitantes tuvieron que beber "agua envenenada, agua salitrosa, agua podrida" y comer "ratones y gusanos y lagartijas y piedras de adobe y tierra en polvo".[8]

A pesar de la valiente resistencia encabezada por el joven señor Cuauhtémoc, en el día Uno-Serpiente del año Tres-Casa, 13 de agosto de 1521, festividad de san Hipólito, la magnífica ciudad cayó. En su libro *Visión de los vencidos* Miguel León Portilla recogió el lamento: "Llorad amigos míos... se ha perdido la nación mexicana".

3

Vencidos y humillados los indios, Cortés se hizo del gobierno de estas tierras y fue nombrado Capitán General por el emperador Carlos I de España y V de Alemania quien así recibía en ofrenda un territorio enorme, poblado, fértil y rico, tan grande como el que ya gobernaba en Europa. El regalo estaría destinado a dejarle sus beneficios a los monarcas españoles por tres largas centurias.

Dos esposas y muchas mujeres más tuvo don Hernando el conquistador. De estas últimas, una fue hija de Moctezuma y había estado casada primero con Cuitláhuac y luego con Cuauhtémoc. Se llamaba Tecuichpo, pero los españoles le pusieron Isabel. En cuanto a las legítimas, Catalina Xuárez, la Marcaida, había casado con él en la isla de Cuba y había venido a seguirlo hasta Coyoacán para ser marquesa del Valle, pero sólo lo fue por unos meses pues murió misteriosamente en su casa. Se dijo entonces que el deceso había sido causado por "el mal de madre" pero más bien parece que fue por veneno, siendo el propio marido el sospechoso de cometer el asesinato, sin que nunca se develara la verdad a pesar del juicio iniciado por los padres de la infortunada.[9] Y Juana de Zúñiga, con quien casó en España cuando volvió a su patria para anunciar sus triunfos y reclamar su honra, ya que el emperador, con todo y que le dio títulos y le regaló vasallos y propiedades, había prestado oído a intrigas y acusaciones hasta el punto de que jamás lo nombraría virrey y hasta le confiscaría sus bienes.

Pero la más célebre de sus mujeres fue Mallinaltzin o Malintzin, llamada también Marina o Malinche, india que le fue obsequiada por un cacique y a la que convirtió en su amante y traductora,[10] ya que hablaba fluidamente el náhuatl y el maya. Ella fue madre de un hijo al que el padre dio por nombre el de don Martín, mismo que ya llevaba su vástago legítimo, dando pie a confusiones que por lo visto, a don Hernando no le preocupaban. Esta mujer lo acompañó y le ayudó a negociar con los diferentes grupos indígenas hasta que él se aburrió de su presencia y la obsequió a uno de sus lugartenientes.

Detrás del conquistador, llegaron a tierras americanas los misioneros decididos a imponer su fe. Estaban convencidos de que a ellos tocaba alumbrar las almas de los indios y "sacarlas de las tinieblas de la idolatría" en que se hallaban sumidos. Franciscanos primero, dominicos y agustinos después, se consideraron "elegidos por el Señor para anunciar el Evangelio en estos países desconocidos".

Entre ambos, militares y religiosos, destruyeron a las naciones, lenguas y culturas que aquí existían. A punta de espada, a sangre y fuego, no sólo derribaron los palacios y templos y no sólo arrasaron con los dioses sino que rompieron a las sociedades, esclavizaron a los habitantes y exterminaron a los depositarios del antiguo saber.

La conquista de México fue brutal. Millones de personas murieron por la guerra, por los malos tratos y por las nuevas y extrañas enfermedades que llegaron con los españoles. Los extranjeros se apoderaron de tierras, personas y riquezas y obligaron a los indios a servirles y a pagarles tributo a cambio de que ellos les enseñaran la doctrina cristiana, la cual por cierto no habían solicitado aprender.

Poco a poco estos recién llegados se fueron convirtiendo en colonos. De España trajeron trigo, cebada, arroz, moreras y caña de azúcar para cultivarlos junto con el maíz y otras plantas indígenas y trajeron también ovejas, cabras, vacas y cerdos.[11] Fundaron centros de población —villas, reales de minas, ciudades—, nombraron autoridades —los jueces de residencia, la Audiencia— y empezaron a comerciar. Así fue como nació la sociedad colonial que sería de gran prosperidad, riqueza y esplendor para los peninsulares y criollos y de gran miseria y sufrimiento para los indios, castas y negros.

Alcurnias y títulos

En el año de 1534 se creó el virreinato de la Nueva España. Para encabezarlo, se nombró al virrey, quien debía gobernar las vastas tierras americanas en nombre de Su Majestad y en obediencia absoluta a Su Real Persona. "La imagen viva de la persona del Monarca" tenía por suyos los títulos de Visorrey, Gobernador, Capitán General y Presidente de la Real Audiencia.

Un año después, llegó el primero de una larga lista de personajes que durante trescientos años estarían destinados a cumplir con ese encargo.

¿Quiénes eran estos individuos?

Los virreyes eran elegidos entre la aristocracia, algunas veces por amistad, otras por méritos o recomendaciones y algunas más, la mayoría, porque compraban el cargo a precios bastante elevados. Debían obediencia absoluta al rey y aunque mucho sería su poder en la cima de la sociedad novohispana, al mismo tiempo éste no era nada debido a su dependencia total respecto al monarca, que los podía remover en cualquier momento. Duraban poco tiempo en el cargo y se les vigilaba constantemente, y, una vez terminada su gestión, se les sometía a juicio de residencia para conocer y evaluar lo que habían hecho.

Durante los tres siglos que duró el dominio español en América, hubo tiempo para que a estas tierras llegara de todo: virreyes emprendedores, prudentes, caritativos, déspotas o indiferentes. Eso sí, todos los que por aquí anduvieron buscaron afanosos hacerse de riquezas que era lo único que interesaba a sus reales y ambiciosas personas.

¿Y sus esposas?

Como afirma un estudioso, "Si difícil es seguir la trayectoria de un personaje colonial cualquiera, mucho más arduo resulta ir tras los pasos de una mujer, así haya sido ella del más esclarecido linaje".[12] Y es que a las mujeres de esta época no se las consideraba dignas de atención pues no pertenecían al ámbito de la cosa pública y no tenían participación en nada que fuera significativo o importante en este terreno. Eran una más de las propiedades de su marido a quien debían sumisión y obediencia. Por eso, a menos que el hombre fuera soltero o viudo, ellas venían como parte del equipaje de tan digno señor. Pero eso sí, el privilegio que les daba el ser las esposas legítimas las colocaba en un pedestal de "damas" que desde tiempos medievales se había construido con gran laboriosidad. "Él grande, ella excelsa" decía un poema de la época y otro insistía "Él muy bueno, ella mejor".

Claro que ella era "excelsa" o "mejor" sólo porque cumplía con su tarea de mujer: acompañaba y obedecía a su marido y por supuesto, le soportaba su mal o buen genio, su indolencia o excitación, sus miedos y enfermedades. Y sobre todo porque le daba hijos, pues como se decía entonces, ellos procreaban "en" ellas (y no "con" ellas como decimos hoy) a los ansiados herederos. De modo que en estas tierras de Dios, las virreinas, como cualquier otra mujer, no cumplían más función que la de darle a sus esposos la descendencia que requerían para sus cada vez más vastas riquezas y "su vida se reducía a actos sociales de mayor o menor resonancia".

Escribe José de Jesús Núñez y Domínguez: "Las esposas de los virreyes de la Nueva España fueron hasta fines del siglo XVIII gentes de elevada alcurnia. Hijas de familia de rancia cepa, igualaban a sus consortes y a veces los superaban en cuanto a nobleza de linaje, dándose el caso frecuente de que ellos usaran el título de sus cónyuges... por ser tal título de mayor nombradía y prestancia que el suyo propio".[13]

¿Podemos siquiera imaginar lo que sentían estas mujeres a las que habían casado muy jóvenes, casi siempre alrededor de los quince años (a los veinticinco se las consideraba ya demasiado viejas para esto), en matrimonios arreglados por intereses familiares (dado que la unión de amor y matrimonio no se inventó hasta los tiempos románticos) sin consultarles su opinión o deseo y que luego arrancaban de su hogar para mandarlas por tres largos meses a los peligros de "la mar oceano" hasta sitios lejanos, salvajes e inhóspitos, pues así se veía en Europa a las tierras americanas? ¿podemos imaginar su tristeza al tener que obedecer la orden de abandonar a sus seres queridos que eran sus padres, parientes, amigas e hijos porque "Todo virrey electo si fuese casado deje en España todos sus hijos por menores que sean, en rehenes de su fidelidad y que bajo ningún pretexto pueda ir a dicho reino alguno de ellos durante su mando"? ¿podemos imaginar su miedo y su tedio en aquellos barcos que durante semanas y semanas se balanceaban por el Atlántico, ese mar algunas veces tranquilo y otras azotado por tormentas y huracanes pero siempre infestado de piratas y corsarios, sobre todo conforme se acercaban al Caribe? ¿podemos imaginarlas mientras oraban recordando su dulce hogar? ¿podemos imaginar las enfermedades a que estaban expuestas, desde "el muchísimo mareo" y los dolores de cabeza hasta "la entumecencia de vientre" y el escorbuto? ¿y podemos imaginar lo que sentían cuando al tocar tierra en el puerto de entrada a la Nueva España, al que Cortés había puesto por nombre la Villa Rica de la Vera Cruz, las esperaba un clima insalubre, un aire húmedo cargado de arena, una "tierra muy calurosa y enferma donde reinan los mosquitos"[14] y unas gentes extrañas y semidesnudas, de pieles cobrizas? ¿y cuando todavía debían salir de la bulliciosa ciudad para transitar muchos días por caminos difíciles que subían y se enredaban en las altas cumbres para bajar a nuevos paisajes y climas hasta llegar a la capital a donde vivirían durante el tiempo que Su Majestad tuviera a bien, lejos de todo lo que conocían y amaban y rodeadas en cambio de chismes e intrigas? ¿sería por eso que algunas enfermaban de "pasión de ánimo" y otras se volvían exageradamente devotas o exageradamente fiesteras?

Porque eso sí: todas las doñas —que así se les llamaba para indicar su dignidad de grandes señoras con antepasados nobles—[15] cuando por fin habían conseguido llegar con bien hasta acá, sabían desquitarse de tantos miedos y privaciones y la emprendían a reponerse con devociones y confesiones, misas y tedeum, agasajos, recepciones, saludos, ceremonias, banquetes, vítores, besamanos y bailes a cual más suntuosos. ¡Los festejos duraban hasta tres meses completos! Para entonces ya no sólo aceptaban su destino sino que la mayoría llegaba a ser tan feliz en estas tierras donde la vida transcurría plácidamente y en medio del lujo, que a la hora de irse todas derramaban lágrimas de tristeza.

Las virreinas desempeñaron una misión de la que la mayoría ni siquiera tuvo conciencia: la de ser guías de la sociedad. Como ha afirmado Octavio Paz, la corte virreinal en la Nueva España fue un lugar de irradiación social, estética, moral y cultural, que imponía modelos de conducta y de acción. Era una corte fastuosa de la que salían "modas y costumbres, maneras de amar y comer, de velar a los muertos y cortejar a las viudas, de celebrar los natalicios y llorar las ausencias".[16] Así, si la esposa del virrey era devota, también lo eran las damas de la corte y si en cambio se comportaba festiva, todas las demás hacían lo mismo. Las damas imitaban sus vestidos y peinados, se ponían joyas como ella, ocupaban su tiempo de la misma manera: algunas bordaban, otras leían, algunas rezaban, otras organizaban fiestas o gustaban de ir a espectáculos como el teatro y los toros.

En los siglos que duró el dominio español, alcanzó a haber de todo entre las esposas del Supremo Gobernante: las hubo déspotas y también caritativas, devotas y también fiesteras, activas y también desinteresadas: "Una virreina promovió a sor Juana y otra usó su influencia para obtener el beneplácito real en la fundación de un monasterio, una cosía a mano los manteles de un templo y otra hizo de enfermera de una humilde carmelita y sacaba con sus propias manos las bacinillas de la monja enferma sin menoscabar por ello su dignidad de virreina".[17] Las hubo que tenían mejor relación con sus maridos, otras una malísima pareja, las hubo que tuvieron amantes y galanteos o que vivieron tan encerradas como en convento. Y con aquello de que las leyes se debían "obedecer pero no cumplir", hasta hubo quienes se hicieron acompañar de sus hijos, hermanos o padres sin que se les aplicara castigo alguno por infringir una orden que supuestamente no admitía excepción. Pero lo que más hubo fueron intrigas, chismes y pleitos. Tantos, que en la mayoría de los casos hicieron que los enviados de Su Majestad no pudieran terminar sus mandatos.

Pobres aristócratas

1

El primer virrey de la Nueva España fue Antonio de Mendoza, conde de Tendilla, quien durante quince años conservaría el cargo —de 1535 a 1550— con la misión de echar a caminar el gobierno. Acuñó moneda (de plata por supuesto, pues en su época se abrieron minas en Zacatecas, Pachuca y Guanajuato), estableció la primera imprenta, fundó colegios para indios y mandó expediciones al norte del territorio y hacia el Pacífico. Algunos dicen que para entonces ya era viudo y otros en cambio afirman que con él llegó su esposa doña Catalina o Catarina de Vargas, quien había sido dama de la reina y quien se convirtió en primera virreina de México no por título propio sino por compartir el lecho conyugal con quien sí lo tenía.[18]

El segundo virrey que llegó a estas tierras fue Luis de Velasco padre, apellidado Ruiz de Alarcón, conde de Santiago, quien ocuparía el cargo durante trece años, de 1551 a 1564. Se le considera el modelo de gobernante, de ésos a los que según Artemio de Valle Arizpe "No se le puede añadir ni imaginar nada más de lo que hizo en su gobierno":[19] intransigente ante la injusticia, prudente y protector de los indios, fundador de ciudades —Durango, Guadalajara, Monterrey, San Miguel el Grande que luego sería de Allende— y de la Universidad de México.

Pero al hombre también le gustaba pasarla bien: como caballero que había sido del séquito de Su Majestad, conocía de caballos y disfrutaba de montarlos y los sábados partía al hermoso bosque de Chapultepec, que quedaba en las afueras de la ciudad, para correrlos y hacer ejercicios hípicos y juegos de cañas. Allí se hacía servir grandes banquetes pues las fiestas eran muy de su agrado. Y en ellas lo acompañaba su esposa Ana de Castilla y Mendoza, descendiente de la casa real de Castilla —hija de don Diego de Castilla, señor de Gor y caballerizo de Carlos V— y bisnieta del rey Pedro I, quien a pesar de tanta alcurnia moriría en México pobre y llena de deudas.

Dos años antes de terminar su mandato, el virrey se mudó a lo que en adelante sería el hogar oficial de los enviados de Su Majestad. Se trataba de un macizo edificio que ocupaba la margen oriental de la Plaza Mayor en el corazón de la Muy Noble y Leal ciudad de México. Según los cronistas de la época, allí habían estado las casas de Moctezuma que fueron derribadas por Cortés, quien mandó levantar sobre ese enorme terreno que el rey le había cedido en propiedad "una fortaleza de dos pisos encuadrada por torreones". Años después, el Soberano había comprado la construcción al hijo del conquistador y la había mandado acondicionar con las dependencias necesarias para convertirla en el Palacio Real o Palacio Virreinal. Escribe García Icazbalceta: "Cuando se reedificó la ciudad de México después de la conquista, se colocaron en el centro las casas de los españoles y los indios levantaron las suyas alrededor de aquéllas".[20]

2

En 1556, Carlos V renuncia a la corona en favor de su hijo. Algunos historiadores atribuyen este acto a sus afanes místicos para los cuales le era imprescindible encerrarse en un monasterio, mientras que otros lo atribuyen a causas más mundanas como su deseo de ocuparse con calma y tiempo a la única actividad que realmente le interesaba que era comer. Felipe II, el heredero, comisiona a Gastón de Peralta, marqués de Falces, para el cargo de virrey en las posesiones americanas. Éste toma el mando de la Real Audiencia que lo había ejercido durante dos años,[21] pero sólo gobernaría otros dos —entre 1566 y 1568— debido a las muchas intrigas que lo mandaron de vuelta a casa con todo y su segunda esposa doña Leonor de Vico. Le sustituyó Martín Enríquez de Almanza quien vino con su consorte María Manrique, hija del marqués de Aguilar, en cuyo periodo de gobierno de doce años —entre 1568 y 1580— sucedió una de las peores epidemias de la época colonial y, quizá por eso, se colocó la primera piedra de las catedrales de México y de la recién fundada ciudad de Guadalajara. Por entonces se estableció el Tribunal del Santo Oficio de la Inquisición, con el fin de velar por el cumplimiento estricto de la fe y castigar a quien no lo hiciere.

En 1580 entró a la ciudad de México Lorenzo Suárez de Mendoza, conde de la Coruña, y lo hizo con más pompa de la que hasta entonces se había visto por estos lares. Con él venía su esposa Catalina de la Cerda, hija del segundo duque de Medina Coelli. Pese a tanto boato, el hombre sólo duró en el poder tres años, pues por instrucciones superiores lo sustituyó el presidente del Consejo de Indias y primer Inquisidor de México, el arzobispo Pedro Moya de Contreras, quien así reunía en sus manos los dos poderes del virreinato, el espiritual y el terrenal, aunque a él su dignidad eclesiástica le parecía más importante que la de virrey.

Se dice de este prelado que era un hombre íntegro y honrado y que nunca se quedó con nada del mucho oro y de la mucha plata que pasaron por sus manos. Daba limosna y gustaba de estudiar y discutir teología. Cuando sucedió la terrible mortandad del año 76, no tuvo reposo y corrió de un lado a otro entre los enfermos consagrado a hacer el bien.

Para evitar que se hiciera demasiado poderoso, el rey Felipe no lo dejó más de dos años y en 1585 envió al marqués de Villa Manrique, Álvaro Manrique de Zúñiga, acompañado de su esposa Blanca de Velasco. Ella era hija del conde de Nieva, mujer "de carácter más que dominante y altivo" y también "de costumbres ligeras" y que lo mismo que su marido, gustaba de las fiestas, paseos, banquetes, comedias y corridas de toros. A tal punto era esto, que se decía por entonces que "las gentes cristianas de esta ciudad están consternadas, muy llenas de indignación por la conducta libertina de los virreyes y de todos los de su corte frívola, banal".[22]

Romero de Terreros cuenta lo que refirieron por aquel entonces unos religiosos: "Por ese mismo tiempo [septiembre de 1586] fueron el virrey y la virreina a holgarse y recrearse en la ciudad de Xochimilco. Posó con toda su casa dentro de nuestro convento... y detúvose allí siete u ocho días en que los indios les hicieron grandes fiestas... había a comer trescientas raciones y a cenar otras tantas y a todos se daba vino; las aves que se comieron son sin número y la colación de confituras y cajetas fue gran cantidad y de mucho precio y todo lo proveyeron los frailes. Lo que más mal pareció y de que todo el mundo tuvo que murmurar fue la demasiada libertad, rotura y disolución muy de propósito de mujeres, la virreina y las suyas".[23]

3

El ilustre enviado de Su Majestad permaneció aquí hasta 1590, fecha en que fue removido y se embargaron sus bienes (¡hasta la ropa de su esposa!) y en que llegó a sustituirlo el segundo marqués de Salinas y conde de Santiago, Luis de Velasco hijo, apellidado Castilla y Mendoza, quien se estableció por cinco años en estas tierras a las que conocía bien puesto que ya había vivido en ellas con sus progenitores. Dos veces sería virrey de la Nueva España y dos del Virreinato del Perú además de presidente del Consejo de Indias.

De su padre había heredado don Luis lo fiestero pero también el deseo de gobernar bien y hacer cosas buenas. Puso a trabajar los obrajes para impulsar así una industria a la que se oponían en España por miedo a que la competencia les perjudicara y mandó edificar construcciones para embellecer la ciudad. Según Artemio de Valle Arizpe, se decía que era comedido, atento, exquisito, "flor de galanía", lo que seguramente era cierto para su conducta en la calle pero no en su casa en la que daba muy mal trato a su esposa.

Era ella doña María de Ircio y Mendoza, hija de una media hermana del virrey Antonio de Mendoza a quien éste había casado, por interés, con el codicioso conquistador Martín de Ircio. Según cuenta Núñez y Domínguez, la señora era una rica propietaria mientras que su marido, a pesar de que tenía fama de probo y recto, era codicioso. Tanto así, que se la pasó rogándole a Su Majestad que le aumentara el sueldo de virrey, cosa que por fin logró, pero ni aun con la enorme suma de veinte mil ducados al año ni con el aumento de los tributos a los indios quedó satisfecho. Entonces puso sus ojos nada menos que en la fortuna de su mujer y por supuesto, entre ellos empezaron los pleitos. Dice Pilar Gonzalbo que aunque la costumbre imponía que el marido fuera administrador de los bienes de la esposa, hubo numerosas excepciones. Una de ellas fue por lo visto la de este matrimonio. Cuentan que el señor virrey le gritaba colérico y hasta injurioso y llegó incluso a golpear a la señora virreina. A tal punto llegaron las cosas que la dama y su madre se quejaron con el mismísimo rey a quien mandaron una carta en la que acusaban al marido de ser desobligado con sus deberes conyugales y de someter a su esposa a terribles castigos, e incluso amenazarla de muerte para que firmara documentos que le permitieran a él apoderarse de sus bienes, además de que se valía de su influencia para "torcer a su favor a la justicia". Según la carta de la suegra: "La dicha hija agora está sin libertad que aún escribirme ni recibir letras mías no puede ni oir a mi persona que le pueda avisar lo que le conviene".[24]

El rey no respondió a estas quejas y la mujer tuvo que aguantar toda su vida al marido. Hay quien cree que por ser ricas, hijas de gente rica y esposas de hombres poderosos, esas mujeres la pasaban muy bien, pero no siempre era así. Tenemos aquí el caso de una virreina que mucho lloró y muy infeliz y desventurada fue.

A Velasco le siguió Gaspar de Zúñiga y Acevedo, conde de Monterrey, quien llegó a América en 1595 con su esposa Inés de Velasco y Aragón, hija del marqués de Frías y descendiente de la más ilustre nobleza de su tiempo, y que moriría muy joven. Fue durante este gobierno que el capitán Sebastián Vizcaíno se fue a descubrir lo que hoy es el territorio de Baja California.

Una corte alegre

1

El siglo XVII se inició en España con el reinado de Felipe III quien había subido al trono en 1598 y en México con la entrada solemne en 1603 de Juan de Mendoza y Luna, marqués de Montesclaros. De él se dice que vino acompañado por su primera esposa llamada Ana, mujer que según algunos era la marquesa de la Guardia Ana Gonzalvi y según otros Ana Mejía. Hay sin embargo quien asegura que quien le acompañó a estas tierras fue su segunda esposa Luisa Antonia Portocarrero y que ella era la viuda del marqués de la Guardia. ¡Qué poco importantes deben haber sido estas mujeres para que ni siquiera se sepa bien a bien quién era la esposa del virrey y cuál era su nombre!

Según Manuel Romero de Terreros, en ese siglo fue cuando empezaron a destacar las esposas de los virreyes. Y es que "como era tan pacífica la vida en México comparada con la de las cortes de Madrid y de Versalles, las esposas tenían pocas oportunidades para lucirse socialmente hablando" y hacían por aprovecharlas.[25]

Estamos en el tiempo llamado por los estudiosos "de los criollos", una época de riqueza y esplendor, de lujo y ostentación. Para entonces los nacidos en estas tierras ya sentían orgullo de lo propio y pensaban que no todo se lo debían a España. La Nueva España era su patria y la consideraban honorable y hermosa, en nada inferior a la Europa. Habían creado una cultura original, exagerada en su pompa y solemnidad, en su cortesanía, en su arte y gastronomía exquisitos, muy recargados y adornados.[26] Era ésta una sociedad al mismo tiempo sumamente devota y sumamente festiva y cuya gente era orgullosa y soberbia. La arquitectura barroca, la cocina complicadísima, las ceremonias solemnes, los vestidos pesados, los muchos adornos y hasta el lenguaje rebuscado eran, como diría Alfonso Méndez Plancarte, "flores de un mismo rosal": "la piedra, la palabra, el condimento, el adorno, una misma ostentación de lo decorativo".[27]

Los nobles disponían de muchos recursos y tenían pocos quehaceres. La vida se les iba en besamanos y saraos, visitas y fiestas, ceremonias y procesiones, funciones religiosas y funciones de teatro, corridas de toros, días de campo y excursiones. De moda estaban las tertulias, en las que se tomaba chocolate con bizcochos, se hablaba un poco de teología y de filosofía y un mucho del prójimo. Era una sociedad a la que gustaba el espectáculo y la música, las grandes celebraciones civiles y religiosas, los rituales complicados y las formalidades.

El mismo Romero de Terreros cuenta lo que eran las fiestas: "Vestíase la corte de gala y se veía llegar a la puerta de palacio lujosos trenes de carrozas y estufas tiradas por caballos ricamente enjaezados y sillas de manos cargadas por negros esclavos o criados de lujosa librea. Las damas iban a palacio costosamente aderezadas y le hacían muchos regalos a los representantes de la católica majestad. Ella a su vez las agasajaba con comedias y conciertos y exquisitos banquetes, pasando los platones de las más exquisitas viandas y vinos generosos y todo género de dulces y aguas".

Mucho tiempo gastaban las mujeres en preparar sus atuendos para cada ocasión: "Anchos trajes de pitiflor o de gorgorán", sobrerropas, abanicos, pañuelos de encajes y bordados, guardapies, cordones, lazos, cenefas, flecos, cuellos, puños, polleras, basquiños, mangas, jubones con guarnición o cotillas, sayas, enaguas, enfajes, mantos, cor-piños, chapines de finos tafetanes (con tacón y punta), enormes toca-dos con trenzas, bandas, rizos, encrespados copetes o postizos, cintas y abalorios. Un cura de la época lo ponía así: "Gasta la mujer dos horas en componerse y atarse la cabeza... reduce todo el cuidado al ajuste de la ropa, a lo encendido del color... pone toda la mira en lo fino del en-caje, en el oriente de las perlas... tanto listón, encajes, franjas y alajas que más parecen tiendas de mercadería portátiles que criadas en la re-ligión cristiana".[28] Les gustaba mucho maquillarse: el polvo blanco de "albayalde" como fondo sobre el que se esfumaba el polvo rosa para las mejillas y el brillo de cera, coloreado o no, para los labios, la crema de almendras para conservar la suavidad de las manos y las aguas per-fumadas para completar el tocado.

Y joyas, muchas joyas, pues eso gustaba particularmente a las damas españolas avecindadas en México y a las criollas, quienes por lo demás podían tener todas las que quisieran puesto que eran muy ri-cas. ¡Hasta en los ampulosos vestidos llevaban cosidas las piedras pre-ciosas y "bordados de perlas y lindos aljófares"! Y así se emperifolla-ban no sólo para ir a las fiestas y funciones de teatro sino para visitar las iglesias, conventos y hospitales. ¿Y qué decir de los señores, ellos también tan recargados de hebillas, bordados, encajes, casacones y pe-lucas bien empolvadas?

2

Cinco años después, vuelve a la Nueva España, nombrado por segunda vez como virrey, aquel Luis de Velasco el joven o el hijo, acompañado por su misma esposa María Ircio, a la que tan mal le iba a su lado y que hasta se había quejado con el rey. Pero es que el matri-monio, como bien sabemos, era para siempre y hasta que la muerte los separe. Santo Tomás lo había advertido: "La institución matrimonial pertenece al orden impuesto por Dios a la naturaleza y es por tanto un vínculo indisoluble". Pretender el divorcio era arriesgarse no sólo a trámites largos y complicados y no sólo a problemas económicos sino sobre todo a la vergüenza social, de modo que las mujeres optan por, como dice Asunción Lavrín, "tratar de conseguir un cambio en el com-portamiento de sus maridos".[29] En esa ocasión permanecieron aquí por cuatro años, durante los cuales hubo un importante levantamiento en contra de la esclavitud que fue ferozmente reprimido.

Cuando Velasco fue llamado de vuelta a España, lo sustituyó el fraile García Guerra, quien durante un año se ocupó de las tareas ad-ministrativas de la colonia en lo que llegaba a estas tierras el nuevo vi-rrey. Según Irving A. Leonard, cuando en 1608 desembarca en Veracruz este dominico, que será arzobispo de México, "llega el barroco a tierras americanas".[30]

Y es que al hombre le agradaba que lo adularan y lo festejaran. Al asumir el cargo organizó un solemne tedeum y mandó hacer grandes ceremonias, juegos de artificio y arcos triunfales en su propio honor. Se iniciaron las corridas de toros todos los jueves y las reuniones en los conventos en los que las jóvenes novicias le cantaban villancicos y se tocaba el clave, el laúd y la flauta. Pero lo que más le gustaba a este personaje era comer y para acompañar chocolate se podía ingerir cuantas cajetas, confitadas, rosquillas, rompopes, jericallas, yemitas, natas y frutas de sartén le prepararan las hábiles manos de las monjas.

Le siguió Diego Fernández de Córdova, marqués de Guadalcázar, quien llegó a la Nueva España con su esposa María Rieder o Riederer de Paar, condesa de Barajas, una austriaca que había sido dama de la reina Margarita y que moriría en México para ser sepultada con gran pompa en la catedral. Su marido permaneció aquí sin hacer mayor cosa, hasta que "fue recusado por los miembros de la Real Audiencia quienes ejercieron el gobierno del virreinato".[31]

En 1621 sube al trono español Felipe IV y entre las primeras órdenes que da está la de enviar a un nuevo virrey a la Nueva España, que tan agitada estaba políticamente. Nombra entonces a Diego Carrillo de Mendoza y Pimentel, marqués de Gelves, quien llega acompañado de su esposa Leonor de Portugal Colón de Toledo y Vicentello, viuda del caballero de Calatrava. Su encomienda es clara: meter en disciplina a los nobles de aquí. Por supuesto que eso, aunado a su mal genio y carácter irritable, le produjo muchos enemigos, entre ellos el influyente arzobispo Pérez de la Serna. Las diferencias entre ambas autoridades supremas llegaron a tal punto, que el prelado le amotinó a la plebe. El Palacio Real fue sitiado y apedreado y luego le prendieron fuego. El hombre salvó la vida de milagro pero fue derrocado.

Lo sustituyó el marqués de Cerralvo Rodrigo de Pacheco Osorio quien permanecería once largos años en el cargo con la misión de tranquilizar los ánimos. A él le tocó la terrible inundación de la capital que dejó treinta mil muertos y grandes calamidades. El nivel del agua subió hasta dos varas y las casas se desmoronaban. La culpa de esto, se decía, era de "un cometa del tamaño de una grande braza, la cabeza resplandeciente y el cuerpo y la cola de color del cielo la cual comenzando a culebrear y a hacer ondas pasó".[32] Entonces se sacó a la Virgen de Guadalupe de su templo en el Tepeyac y se la llevó a la catedral para que diera ayuda y pusiera remedio. Allí permaneció cinco años mientras la ciudad seguía bajo el agua. ¡Hasta cédulas reales hubo que proponían cambiar de sitio a la capital para evitar las inundaciones!

Y a pesar de todo, nunca como con este virrey fueron tan deslumbrantes las fiestas y saraos. Como le encantaba Chapultepec, inició la costumbre —que todos los virreyes posteriores adoptarían— de quedarse unos días allá antes de llegar a la ciudad de México. ¡Cómo le suplicaron a Su Majestad que los dejara irse a vivir a ese hermoso lugar y gobernar desde allá! ¡cómo les gustaba el bosque y cuánto se ocuparon de cuidarlo y embellecerlo y sembrarle más árboles además de los ahuehuetes que ya existían desde tiempos del emperador-poeta Nezahualcóyotl! Pero el monarca español nunca concedió la autorización y los obligó a permanecer en el edificio de la Plaza Mayor.

Su esposa Francisca de la Cueva, era hija del duque de Albuquerque. Mujer piadosa y devota, no compartía los afanes festivos de su señor marido. Sobre ella hay muchas leyendas y todas coinciden en que "irradiaba gracia de toda su persona", tanta que cuando andaba por las huertas o jardines, "los rosales se deshojaban a su paso y las flores dejaban caer sobre ella el trémulo revuelo de sus pétalos". Cuentan también que "las palomas se posaban en su hombro y las fuentes se tornaban más melodiosas a su paso".

La buena señora fundó cofradías, dotó conventos (lo cual, dice Asunción Lavrín, era considerado como una de las formas más loables de piedad), instituyó capitales para sostener viudas, puso bajo su patronato casas de caridad, mandó rentas para doncellas desvalidas que querían profesar, restauró iglesias, encargó misas y novenas y visitó hospitales.[33] Pero lo que más la hizo célebre fue que personalmente cuidaba a monjas enfermas a las que daba de comer y les sacaba la bacinilla. Dicen que hasta profesó de tercera.

3

El siguiente virrey, Diego Lope Díaz de Armendáriz, marqués de Cadereyta, estuvo aquí entre 1635 y 1640. Había nacido en el Virreinato de Perú por lo que fue el primer gobernador criollo de la Nueva España. Se cuenta que estuvo implicado en el caso muy sonado entonces de un crimen pasional, el de Juan Manuel de Solórzano, porque frecuentaba a su esposa doña Mariana que era muy bella.

Le siguió Diego López Pacheco Cabrera y Bobadilla, duque de Escalona, marqués de Villena y Grande de España, quien según algunos era viudo pero según otros llegó con una de sus dos esposas, una mujer de nombre Luisa Bernarda cuyos apellidos no conocemos. Lo que sí se sabe es que le gustaban tanto las mozas que se las robaba en la calle, para escándalo de la buena sociedad.[34]

En su tiempo anduvo por estas tierras Guillén de Lampart, quien peleaba por la emancipación de México y llenaba la ciudad de pasquines contra el Santo Oficio.

El virrey sólo permaneció en el cargo dos años ya que fue destituido, por instrucciones secretas de España, acusado de traición por ser pariente de quien se había proclamado rey de Portugal. Sus bienes fueron vendidos en almoneda pública y lo metieron preso. Se dice que la trama la urdió el arzobispo de Puebla y Visitador General de la Nueva España Juan de Palafox y Mendoza, hombre duro e inflexible que no sólo se enfrentó al virrey sino también a la poderosa Compañía de Jesús. Este prelado ocupó entonces el cargo, acumulando mucho poder. A él se debe el gran impulso a las obras de la catedral.

Monseñor le pasa el mando a García Sarmiento de Sotomayor, marqués de Salvatierra casado con Antonia de Acuña y Guzmán, quien sería virrey hasta 1648, cuando peleó con el mismo poderoso prelado y tuvo que dejar el cargo en manos de otro obispo, esta vez el de Yucatán, Margos de Torres y Rueda.

Era éste un personaje pomposo y arrogante, que vestía con gran lujo y tenía mano dura y moral rígida. No había por supuesto esposa oficial pero sí una sobrina que le atendía y a la que casó con uno a quien convirtió en su secretario particular. A su vez este secretario se dedicó a enriquecerse pidiendo dádivas a todos los que requerían algo del virrey. Pero repentinamente el obispo murió y apenas pasados los funerales, la Audiencia tomó en sus manos el cargo y quiso aprehender a la sobrina con todo y marido pero éstos lograron huir, aunque de todos modos se les "siguió causa" como se decía entonces a los juicios.

A mediados del siglo, llega el conde de Alva de Liste y marqués de Villaflor, Luis Enríquez de Guzmán, varón altivo y austero, que siempre vestía de negro sin adornos ni realces, acompañado de su esposa Hipólita de Cardona. Gobernaría con mano dura durante tres años, en los que le tocó un incendio en el Palacio de Cortés y la muerte de la famosa Monja Alférez, "doña Catalina de Erauzo, exnovicia y luego soldado, comerciante y jugador, espadachín enamoradizo pero devoto, [que] más parece personaje de novela que de historia. Murió cerca de Orizaba en 1650".[35]

A este virrey lo sustituyó el duque de Albuquerque y Grande de España, Francisco Fernández de la Cueva, quien durante sus siete años de gobierno se hizo célebre porque edificó mucho y embelleció a la ciudad de México. Era su esposa Juana Armendáriz, marquesa de Cadereyta y camarera mayor de la reina, hija del virrey que veinte años antes había gobernado la Nueva España. Se cuenta que era una dama orgullosa y altiva, amiga del boato, que mandó aderezar el palacio con ricas y costosas colgaduras y "mandó fabricar una jaula para ella y su hija cuando se hicieron las fiestas de dedicación de la catedral" para entrar así al recinto. La señora acompañaba a su marido a todas partes "no separándose de él ni aun cuando visitaba las obras del desagüe, caminata no exenta de graves molestias para una dama".[36]

Los virreyes eran tan ricos, que cuando nació el heredero al trono español, le regalaron al soberano 250 mil ducados anuales durante tres lustros que debían destinarse solamente a las mantillas para el niño. Famosa es la anécdota de que de regreso en España la señora llegó a tener un altercado nada menos que con Su Soberana porque ésta daba preferencia a las modas francesas sobre las italianas que aquélla defendía.

Aristócratas ricas

Los ricos novohispanos llevaban una vida digna de su elevada alcurnia: habitaban en hermosos y ostentosos palacios que desde la fachada dejaban ver la riqueza e importancia de sus dueños. Los tenían muy bien arreglados con muebles finos, mesas y bargueños, paredes cubiertas de damascos, espejos y terciopelos, con biombos, candiles, colgaduras, floreros y pebeteros. Escribe Salvador Novo: "Las residencias señoriales de los siglos XVII y XVIII siguieron el modelo de las casas andaluzas que se impuso ampliamente en las provincias: la gran portada, el zaguán con un balcón arriba, la cancela de labrado fierro que cierra el zaguán y deja ver el patio cuadrado con su fuente al centro, como los claustros conventuales. Es suntuosa la escalera principal, amplios los corredores que llevan a los grandes salones: el del estrado, donde el dueño confía en que alguna vez lo visitará el Soberano y ha colocado, para aguardarlo, un sitial bajo dosel con el retrato de Su Majestad. La capilla, con rica portada, se encuentra cerca del desemboque de la escalera. Las demás piezas ocupan las crujías laterales y el amplio comedor la paralela a la calle. Al segundo patio se llega por una escalera de servicio. Allí están las bodegas, las caballerizas y los carruajes".[37]

Las familias vivían rodeadas del mayor lujo, atendidas por muchos sirvientes. Las mujeres iban muy arregladas desde que se levantaban, no a hora demasiado temprano, pues no acostumbraban hacerlo antes del mediodía, pero ya desde ese momento llevaban espléndidos vestidos, tocados y joyas con las piedras preciosas que tanto les gustaban y la plata de las minas fabulosas que en estas tierras encontraron. De su cuerpo pendían ajorcas, pulseras, arracadas, sortijas, diademas, collares, broches, gargantillas, medallones, peinetas, cadenas, cinturones, botonaduras, ahogadores. Como escribió Guillermo de Tortosa: "Las damas de México, muy cargadas de alhajas".[38]

¿Podemos imaginar a estas señoras caminando con sus enormes y pesados ropajes y sus elaborados tocados por aquellos patios de baldosas, subiendo y bajando las escaleras y dejando arrastrar los terciopelos y brocados o tropezando contra las piedras en sus delicadas zapatillas? Por supuesto que no. Y es que las mujeres casi no se movían, desde que se levantaban y emperifollaban permanecían sentadas, ocupadas en nada, dejando pasar el tiempo en compañía de otras damas y tratando de espantar el aburrimiento con "convites, recreación y conversaciones" como decía Balbuena, con rezos y "obra de aguja" como se le llamaba al bordado y por supuesto, con el chisme. No acostumbraban salir a la calle y cuando lo hacían era para cumplir algún encargo importante, hacer una visita o ir a misa y siempre iban acompañadas por sus padres, maridos o "dueñas", que así se llamaba a las damas de compañía y sirvientas.

Pero la parte principal de su energía y tiempo la dedicaban a ingerir la muy buena y pesada comida que acostumbraban servir varias veces al día —cinco cuando menos— compuesta de complicados platillos surgidos de eso que Salvador Novo ha llamado "el maridaje" de los productos de las dos tierras: el maíz y el chile con las carnes y los chorizos; los arroces con los frijoles; las especias que según se creía entonces "excitan y elevan las facultades intelectuales"; las frutas y vegetales mexicanos tan jugosos ("la excelsitud del aguacate", como escribiría un viajero o el jitomate al que la condesa Kolonitz llamaría "manzana del paraíso"); los almíbares, bizcochos y molletes y por supuesto el chocolate que volvía locos a reyes, obispos y poetas. Las damas mexicanas gustaban mucho de los dulces y no les importaba que se les picaran los dientes (y que se los tuvieran que extraer) ni que su cuerpo se llenara de adiposidades desde muy jóvenes pues el ideal de belleza de la época eran las redondeces.

Las hubo también que gustaban de leer, ya fuera vidas de santos y relatos con ejemplos morales o libros de caballería y de poesía con "las dulzuras de los bardos griegos y latinos" e incluso las llamadas "obras vanas" —como se consideraba entonces a las novelas y comedias— por las que llegaban a tener, como decían los censores que por eso se las pretendían prohibir, "desmedida afición".

Hubo quienes escribían: diarios, cartas y poemas[39] que según Josefina Muriel casi siempre eran francamente malos. Pero había excepciones como la de María de Estrada y Medinilla, quien poetizó la entrada a la ciudad de México del virrey, con toda su pompa, las aclamaciones de la gente, la asistencia de la nobleza y de la clerecía religiosa, la música y la ostentación de riqueza:

Del ilustre marqués cuya excelencia,
da con celebraciones,
glorias a España, al mundo admiraciones...

La ceremonia siempre acostumbrada,
y alegre le recibe,
la ciudad, que de nuevo le apercibe
aplauso reverente.[40]

Soberbias y cultas

1

En 1660 llegó a la Nueva España Juan de Leyva y de la Cerda, descendiente de Alfonso X el Sabio, quien había adquirido sus títulos de marqués de Leyva y conde de Baños por su consorte María Isabel de Leyva Mendoza, su prima, con quien se había casado en Madrid en 1632. Hombre muy altanero, se hizo famoso, lo mismo que su esposa, por su codicia. Para obtener más y más riquezas ordenó nuevos impuestos, tributos y multas, vendió puestos públicos y llevó a cabo negocios prohibidos, como permitir el comercio entre las colonias. Fueron gobernantes muy impopulares, tanto, que cada vez que se presentaban en algún acto público brotaban espontáneas la rechifla y la mofa del gentío y más de una vez hasta los insultos y las maldiciones. Cuentan que en una ocasión decidió retirarse al campo a descansar y para hacerlo embargó todas las huertas vecinas a la suya a fin de que en ellas se instalaran sus acompañantes. Y eso por supuesto, despertó gran ira entre los propietarios que incluso lo acusaron ante el rey.

De la virreina se cuenta que un día le entró el capricho de que la procesión de Corpus pasara bajo su balcón para poderla ver sin molestarse en salir. El Cabildo se negó a cumplir este deseo pero el virrey los amenazó. Y así se hizo. La señora y sus damas, muy emperifolladas, observaron cómodamente la fiesta religiosa, pero los prelados, furiosos, los acusaron con el monarca quien castigó al gobernante con lo que más le podía doler dada su avaricia: le impuso una fuerte multa de doce mil ducados.

Debido a las muchas acusaciones en su contra de parte de la nobleza criolla y del clero, el soberano lo destituyó. Pero tuvo que hacerlo varias veces porque el virrey no le hacía caso y permanecía en el cargo. Hasta que al fin lo logró, gracias a la intervención de quien lo sustituyó, el obispo de Puebla Diego Osorio de Escobar y Llamas, quien asumió el mandato por un muy breve periodo en lo que llegaba al país Antonio Álvaro Sebastián de Toledo Molina y Salazar, marqués de Mancera.

Era éste un hombre que quería bien a América pues había vivido su juventud en el Perú. Venía acompañado de su esposa Leonor de Carreto, hija del marqués de Lorena. Ellos estuvieron aquí entre 1664 y 1673 y animaron mucho la vida de la corte. Según Octavio Paz, doña Leonor era joven, rubia, hermosa, ingeniosa y vivaz. Amaba el fasto y las fiestas, organizaba bailes y gustaba de lucir perlas, que eran su alhaja favorita, las que llevaba con donosura alrededor del cuello y de los brazos y hasta en el peinado y el vuelo de la falda.

Tanto el virrey como la virreina eran aficionados a las letras y al ingenio de los letrados, de modo que invitaban a muchas tertulias en las que ofrecían chocolate al que se hicieron muy afectos, tanto, que el marqués inventó una taza-plato en la que cupiera el bizcocho que sopeaba en el espumante líquido. Esos artefactos, llamados precisamente mancerinas, se pueden aún encontrar en algunos museos de la capital de México. Se cuenta que regaló una de éstas al monarca español quien también gustaba de tomar la espesa y dulce bebida mexicana hecha de granos de cacao seco, tostados y molidos en el metate y preparados en una pasta que se mezclaba con especias y flores y se disolvía en agua, luego de lo cual se endulzaba, se molía con molinillo y se servía "para regocijar los sentidos".[41]

Una anécdota da fe de lo que provocaba el famoso chocolate: se cuenta que en Ciudad Real vivían unas damas que por el clima se quejaban de padecer "frialdad del estómago" por lo que dieron en tomar chocolate a todas horas, incluso dentro de la iglesia a la que se presentaban con todo y criados que se lo servían. Así que el cura, enojado, las amonestó y como no hicieran caso terminó por excomulgarlas. Ellas por su parte resolvieron envenenarlo y de ese modo fue como murió el pobre pero las mujeres pudieron seguir con su costumbre de ingerir la dulce bebida.

Juana de Asbaje era entonces una muchacha bonita que entró como dama de la virreina, quien estaba tan encantada con su discreción y servicialidad pero sobre todo con su inteligencia, saber y gracia, que le organizó un certamen en el que debía responder a las difíciles preguntas de los más doctos profesores de la época, lo cual la joven hizo para admiración de todos. Se dice que doña Leonor la quería mucho y según Calleja: "no podía vivir un instante sin su Juana Inés", a pesar de lo cual la ayudó a entrar al convento a donde ésta quería retirarse para poder dedicarse al estudio que era su pasión, lejos del ruido del mundo y sobre todo, lejos del matrimonio que no le interesaba. La virreina asistió a su toma de velo, la protegió y la visitó en su encierro. A su vez la poeta le escribió bellos y encendidos versos dedicados a "Laura divina" como le llamaba:

De la beldad de Laura enamorados
los Cielos, la robaron a su altura...

de su cuerpo en la hermosa arquitectura
admirados de ver tanta hermosura...[42]

Al terminar su cargo y cuando ya iban camino de regreso para tomar en Veracruz el barco que los llevaría a su hogar, súbitamente murió doña Leonor en Tepeaca, en lo que hoy es el estado de Puebla. Fue sepultada con gran pompa y sor Juana le dedicó tristes versos:

Muera mi lira infausta en que influiste
ecos, que lamentables te vocean,
y hasta estos rasgos mal formados sean
lágrimas negras de mi pluma triste.[43]

2

El rey nombra al marqués de Villafranca para sustituir a don Álvaro, pero éste renuncia al encargo. Mientras tanto Carlos II recibe la corona de España y nombra a Pedro Nuño Colón de Portugal, duque de Veragua y Grande de España, descendiente del almirante y descubridor de las Indias don Cristóbal Colón. Pero el hombre llegó a estas tierras tan enfermo, decrépito y achacoso que tuvo que meterse en la cama en lugar de asistir a los festejos organizados en su honor y pronto murió habiendo ocupado el cargo sólo unos días entre el 8 y el 13 de diciembre de 1673. El gobierno quedó entonces en manos de fray Payo Enríquez de Rivera, arzobispo de México, quien lo conservó hasta 1680 reuniendo otra vez en las mismas manos los poderes administrativo y eclesiástico del reino.

El gobierno virreinal estaba formado por una serie de funcionarios —gobernadores, secretarios, alcaldes, regidores y corregidores, jueces, visitadores y oidores— que conformaban una enorme burocracia ineficiente, corrupta y siempre escasa de recursos que dirigía y administraba las provincias, los ayuntamientos y los cabildos. Con la misma fuerza y poder, estaba la autoridad eclesiástica organizada también en una rígida jerarquía encabezada por los obispos, quienes dictaban la ortodoxia no sólo en materia de acciones sino hasta de pensamientos y vigilaban su estricta observancia y cumplimiento, ayudados por el Tribunal del Santo Oficio de la Inquisición, gran censor y castigador. El trabajo de ambos se cumplía con apoyo de un aparato militar que sin embargo, se usaba poco porque el reino funcionaba y la gente obedecía.

En 1681 llega a la Nueva España Tomás Antonio de la Cerda y Aragón, marqués de la Laguna y conde de Paredes, acompañado por su esposa María Luisa Gonzaga y Manrique de Lara.

Se usaba entonces, como parte del complicado y pomposo ritual desplegado para recibir a un nuevo virrey, levantar arcos triunfales que les daban la bienvenida. Eran de madera y llevaban pinturas y esculturas de dioses griegos, además de sonetos, epigramas y letrillas y se colocaban en las fachadas de los cabildos o de las catedrales para hacer públicas las loas al nuevo gobernante y a su esposa. Los que se prepararon para estos virreyes los hicieron nada menos que los más destacados intelectuales de entre los varios de aquel siglo XVII cuyas famas ya habían corrido allende el mar: sor Juana Inés de la Cruz y Carlos de Sigüenza y Góngora, aquélla poeta, éste polígrafo y pensador. En el arco de la musa, el virrey era Neptuno en cuyo bastón de mando "cifra la civil, criminal y marcial potestad".

La nueva virreina era, lo mismo que su antecesora, amante del teatro, la música y las letras. Nada más llegar, buscó a la poeta. Tenían ambas la misma edad, eran ambas hermosas, la virreina en extremo según se dice, y entre ellas nació una arrebatada amistad que dio lugar a conversaciones y confidencias y a protección de la poderosa dama para la monja y su convento, así como también a hermosos y apasionados poemas dedicados por la una a la otra, poniendo sor Juana a su soberana los nombres de Lysi y Filis y llamándola "mi dulce amor".

Yo adoro a Lysi, pero no pretendo
que Lysi corresponda mi fineza;
pues si juzgo posible su belleza,
a su decoro y mi aprehensión ofendo...

Como cosa concibo tan sagrada
su beldad, que no quiere mi osadía
a la esperanza dar ni aun leve entrada...[44]

Mucho debe haberse entristecido nuestra "décima musa" cuando el encargo de los virreyes terminó apenas pasados cuatro años y los marqueses De la Laguna se fueron de vuelta a España. Sin embargo la señora no la olvidaría y hasta se encargó y patrocinó la publicación de sus obras en Madrid.

Inquietudes y dificultades

1

El nuevo virrey que llegó entonces fue Melchor o Manuel de Portocarrero y Lazo de la Vega, conde de la Monclova, acompañado de su esposa Antonia Jiménez de Urrea, hija de los condes de Aranda, quienes permanecieron aquí hasta 1688 cuando fueron enviados al Perú. En su lugar vino Gaspar de la Cerda Sandoval Silva y Mendoza, conde de Galve, con su segunda esposa Elvira María de Toledo, hija del marqués de Villafranca, ambos cargados de tantos títulos y nombres que ni ellos mismos se los sabían todos ni conocían el orden en que debían usarlos. Se dice que esta virreina era muy piadosa y nada alegre y festiva como sus antecesoras y tan devota de la Virgen de los Remedios, que le obsequiaba costosos regalos. A ella le tocaron plagas, un eclipse de sol y los tumultos del año 1692, en los que estuvo a punto de ser atropellada por la multitud. Y poco después, cuando la sequía hizo faltar el grano y la corrupción de los funcionarios provocó la hambruna más fuerte de que se tuviera memoria en la Nueva España, le tocaron los levantamientos del populacho que empezaron con "la espesa tempestad de piedras que llovía", según descripción de Carlos de Sigüenza y Góngora, y terminaron con el incendio del Real Palacio que arrasó con todo: las salas de acuerdo y de audiencia, los tribunales con los registros y escribanías, la cárcel y la casa de los virreyes que perdieron todos sus objetos y caudales y tuvieron que huir y refugiarse primero en el contiguo Arzobispado y luego en el convento de San Francisco. De modo, pues, que su idea de la Nueva España no debe haber sido tampoco tan alegre y festiva como la de sus antecesoras. Por si eso no bastara, al ir de regreso a España, los franceses atacaron el barco que la conducía. Tantas penas fueron las que pasó esta pobre mujer que a poco de desembarcar en su tierra, murió.

El Real Palacio que fue incendiado a fines del siglo XVII tenía, según Francisco de la Maza: "Dos portadas renacentistas y tres patios. La habitación de los virreyes era el ala izquierda y tenía, según el cronista Sariñana, todas las piezas, camarines y retretes (recibidores y recámaras) que pide la suntuosidad de un palacio; junto a la escalera tiene tres salas grandes, principales, de estrado (de reuniones), con balcones a la Plaza Mayor y entre ellos uno de doce varas de largo y casi dos de vuelo, ensamblado y dorado, con su zaquizamí y plomada".[45] Al balcón de referencia se le conocía como "el balcón de la virreina" y había sido mandado a construir por el duque de Escalona en 1640, adornándolo con celosías de madera, un techo inclinado de tipo alero y delgadas tejas de plomo.

2

Terminados los tumultos, destituido el virrey, ocupa el cargo otra vez un eclesiástico, el arzobispo de México y obispo de Michoacán Juan de Ortega Montañez, hombre soberbio que además era el inquisidor de la Nueva España. Dos veces sería virrey, una durante tres años y otra apenas por unos días, pero en ambas ocasiones vivió en el mayor boato y lujo, entre fiestas, banquetes, carrozas, lacayos y pajes.

Para sustituirlo fue nombrado el conde de Moctezuma y Tule José Sarmiento y Valladares, quien a pesar de su nombre no tenía que ver con el rey azteca. Este hombre, altivo como todos los gobernadores que fueron enviados a estas tierras, sufrió la humillación de que al entrar solemnemente en la ciudad, fue derribado por su caballo, cayendo él por un lado y su voluminosa peluca por otro.

Había casado dos veces, la primera con María Jerónima Moctezuma y Jofre de Loaiza, tercera condesa de Moctezuma y ella sí descendiente del tlatoani, con quien tuvo una hija que murió de viruela y fue sepultada con gran pompa, y la segunda con María de Guzmán y Manrique, hija del marqués de Villa Manrique, una mujer que tuvo mucha influencia sobre su marido y que era muy chismosa. Hasta al arzobispo "le corrió habladurías" como se decía entonces a los chismes y terminó peleada con él.

La diversión favorita de la señora era presenciar los autos de fe del Santo Oficio, que le parecían un espectáculo sublime que le provocaba "vivos deseos de ver". Así que se sentaba en el balcón del palacio y comía dulces y se abanicaba mientras los reos salían de la prisión y se dirigían a su destino que era la hoguera. Acostumbraba decir que "en ningún agasajo público de cuantos se le habían hecho había estado tan complacida como en éste".

Los condes permanecieron aquí hasta 1702 y fueron quienes volvieron a habitar "la rehecha casa real", reconstruida con una fachada más armoniosa y un enorme y solemne patio central, elegante y bien proporcionado "al que corresponden una escalera y corredores con las mismas calidades".[46]

Sin pena ni virreina

1

Para entonces había terminado en España el reinado de la casa de Austria, ejercido en realidad por la reina Mariana aunque el monarca era Carlos II llamado "el Hechizado", y se había iniciado el de los Borbones con el ascenso al trono de Felipe V. Éste removió al virrey y volvió a poner al enemigo de la virreina, su Ilustrísima Ortega Montañez, aunque sólo mientras llegaba a tierras americanas el nuevo gobernante, Juan Francisco Fernández de la Cueva Enríquez, duque de Albuquerque y Grande de España, homónimo y pariente de quien tuviera el mismo cargo hacía poco más o menos cincuenta años y quien venía acompañado de su esposa Juana de la Cerda y Aragón, hija del duque de Medinacelli que había sido presidente del Consejo de Indias. Traían consigo a su pequeña hija a la que aquí confirmaron en solemne ceremonia durante la cual se leyó una larguísima lista con los nada menos que cincuenta y tres nombres que le habían sido asignados a la pequeña, la cual se soltó en llanto mientras los invitados bostezaban y cabeceaban aburridos.

Ocho años se quedarían aquí los duques, introduciendo las modas francesas en el vestir, porque como afirma el estudioso Irving A. Leonard, la corte española dio entonces por imitar a la francesa con su fasto y costumbres.

Durante su periodo de gobierno, el virrey cumplió con lo que más gustaba hacer que era edificar. Mandó construir hermosos edificios, lo cual fue posible gracias a las enormes riquezas de este reino. Además estableció el tribunal de La Acordada para perseguir a los ladrones y dar seguridad a los viajeros en los caminos. Por su parte la señora visitó hospitales y les hizo obsequios.

En el año de 1711, lo sustituyó el duque de Linares Fernando de Alencastre Noroña y Silva, quien según algunos historiadores era soltero pero que según otros había casado con Mariana de Castro y Silva, hija del marqués de Guvea. Cinco años estuvo este señor en el cargo y fue muy activo y trabajador, emprendiendo obras que embellecieron las ciudades. Lo sustituyó Baltasar de Zúñiga y Guzmán Sotomayor, marqués de Valero, ése sí definitivamente soltero, pues por lo visto a Su Majestad no le parecía ni importante ni necesario que para desempeñar el cargo de virrey hubiera que tener esposa. Pero a él le resultó mal su soltería porque nadie se ocupó de su persona ni lo cuidó cuando sufrió un atentado.

¿Qué sucedía en la corte cuando no había una mujer que encabezara y dirigiera los festejos, tertulias y sesiones de bordado? No lo sabemos a ciencia cierta, pero por lo visto la vida cortesana seguía su curso, aunque quizá con menos agasajos y seguramente con menos gracia.

El marqués de Casafuerte Juan de Acuña y Manrique Bejarano fue el segundo criollo nombrado virrey. Había nacido en Lima, antes llamada ciudad de Los Reyes, capital del Virreinato de Perú. Estuvo pocos años en el cargo y nunca "formó estado" como se decía entonces al hecho de matrimoniarse, pero en el breve tiempo de su gobierno se le conoce por sus esfuerzos para limpiar la ciudad. Por las noches, ya muy tarde, gustaba salir de incógnito para inspeccionar las calles y así le daban las diez, las once, las doce, "Ave María Purísima, la una y sereno". Iba cubriéndose la nariz y boca con su pañuelo de Cambray espolvoreado de yerbas aromáticas que ocultaran la fetidez que se levantaba en la ciudad.

Era ésa una costumbre necesaria porque la hermosa capital estaba muy sucia y olía muy mal. ¡Y eso que en aquellos tiempos estaban habituados a olores más fuertes de los que hoy toleramos! De modo que las señoras empapaban sus pañuelos en benjuí y agua de rosas para cubrirse con ellos cada vez que tenían que salir ¡con tal de no oler la inmundicia!

La Ciudad de los Palacios —que sí los había y muy lujosos como dan fe los edificios que aún existen en el centro de la capital, hoy en ruinoso estado—, la hermosa ciudad a la que tantas loas le cantaron los extranjeros desde los primeros que pusieron pie en ella, era también, como todas las ciudades de la época, la ciudad de los desagües, de los baches y hoyos, de las acequias mal tapadas y la basura en las calles pues todo mundo la arrojaba al arroyo —incluidos los excrementos a los que les llamaban "sus servicios" que caían desde las ventanas y puertas de las casas salpicando a quien en ese momento pasara por allí. "Las calles eran unos muladares todas ellas aun las más principales. En cada esquina había un grande montón de basura y cualquiera, a cualquier hora, sin respeto a la publicidad de la gente, se ensuciaba en la calle o donde quería."[47] Cuenta José Joaquín Blanco que el señor Mier y Terán le puso un pleito a los habitantes de una casa en la calle de Puente Quebrado porque echaron sus inmundicias por la ventana en el preciso momento en que su coche cruzaba y mancharon el vestido de su esposa.[48]

Año con año había inundaciones que convertían a la Plaza Mayor en una laguna cuyas aguas estancadas además de mal olor, provocaban epidemias. Escribe Artemio de Valle Arizpe: "La anchurosa Plaza Mayor: un hacinamiento de puestos techados con petates podridos de los que salen fétidas emanaciones. Muchos perros hambrientos y cerdos gruñidores que se revuelcan en el agua encenegada. Y sobre toda la plaza una nube de moscas. No hay atarjeas ni banquetas ni empedrados. En medio de las calles se amontona la basura y el agua de las lluvias que no encuentra salida forma charcos hediondos de donde salen las epidemias. No hay alumbrado, el agua de las fuentes públicas está espesa de mugre y allí la gente se lava y lava su ropa y así y todo los aguadores van a sacarla para las casas que las echan en las tinajas. Abundan las pulquerías, cualquier jacalón basta para poner las tinas rebosantes de pulque y a su alrededor pululan léperos, mendigos, prostitutas y borrachos y beben y juegan a la baraja y a la rayuela y cantan canciones obscenas y hay riñas y asesinatos. Cada quien edifica su casa donde le viene en gana. Algunas atraviesan en medio de la calle y otras se les plantan adelante o atrás. En los zaguanes hay orinales públicos y sus emanaciones tumban de espaldas. ¿Y qué decir del Palacio Virreinal? Eso es la flor y nata de la inmundicia. Allí guardan sus comestibles los porteros de la plaza, hay fondas y panaderías y juego y expendios de pulque y fritangas y muladares y charcos".[49]

Lujos y devociones

1

Entre 1734 y 1740, ocupó el cargo de virrey el arzobispo de México Juan Antonio de Vizarrón Eguiarreta. Con él siguieron los tiempos oscuros, cuando el Palacio Real no invitaba ni al teatro, ni a la música ni al baile y sólo se instaba a la gente a la devoción y la severidad.

El siguiente virrey, Pedro de Castro y Figueroa, duque de la Conquista y marqués de Gracia Real, había participado en las campañas de Italia en favor de la monarquía española, por lo que recibía el cargo como premio a su lealtad. Pero llegó a las costas de la Veracruz en lamentables condiciones debido a que piratas ingleses habían perseguido y asaltado el navío que lo transportaba. Pudo escapar gracias a que se arrojó a una balandra, pero perdió todo su equipaje incluyendo el nombramiento y título, los despachos e instrucciones y llegó a la capital con las manos vacías. Fue gracias al arzobispo, a quien constaba su nombramiento, que se le dio posesión del cargo en solemne recepción. Lo acompañaba su segunda esposa Isabel Farnesio, princesa de Parma, quien estuvo con él durante el año que duró en el cargo pues murió de una disentería que no sólo le produjo fiebres sino también locura. Lo sustituyó Pedro Cebrián y Agustín, conde de Fuenclara, quien llegó en 1742 y gobernó cuatro años sin que se supiera si tenía o no esposa.

En el año de 1746, cuando subió Fernando VI al trono de España, la Nueva España también estrenó virrey. Fue el célebre Francisco de Güemes y Horcasitas, primer conde de Revillagigedo, que tuvo fama de gobernante ilustrado y capaz así como de buen administrador. Se basaba ésta en que mandaba muchas riquezas a la Madre Patria porque como nunca la Nueva España las producía. Más de la mitad de toda la plata del mundo salía de estas tierras,[50] además de otros metales preciosos y productos diversos como "el azúcar, la grana, el cacao, el café, el algodón, el trigo, el cáñamo, el lino, la seda, los aceites y el vino", según escribiría poco después el barón de Humboldt.[51] Era tanto lo que se obtenía de las minas que alcanzaba para engalanar a las iglesias, los palacios, las personas y los caballos y todavía enviar lingotes y más lingotes a España. ¡Hasta hubo quien mandó pavimentar con planchas de plata la calle que iba de su casa a la iglesia (unos cincuenta pasos decían las crónicas de la época) para el bautizo de su hija! ¡y quien perdió un brazo y se lo mandó a hacer de pura plata![52]

Su esposa Antonia Ceferina Pacheco de Padilla y Aguayo, primera condesa de Revillagigedo, tenía fama de ser severa y altiva y de vivir en el mayor de los lujos. Le gustaba mucho la música y hacer paseos en jardines y conventos acompañada de su único hijo varón y sus cinco hijas mujeres. En todos la recibían muy bien porque acostumbraba hacer grandes y frecuentes donativos.

Se dice que cuando se fueron de regreso a su casa, habían acumulado más riquezas que ningún virrey de la Nueva España y que necesitaron doscientas mulas para cargar su equipaje.

En 1755 llegó Agustín de Ahumada y Villalón, marqués de las Amarillas, con su esposa doña Luisa María del Rosario de Ahumada y Vera, que era su sobrina carnal. Era ella una mujer muy dada a las fiestas, las serenatas y los paseos campestres a los que salía a caballo montada como hombre, a horcajadas, lo que despertaba habladurías. Le gustaba ir al bosque de Chapultepec y de allí seguir por la calzada de la Verónica hasta alguna casa de campo donde le servían un refresco.

En el año 60, el mismo en que falleció el rey de España don Fernando, repentinamente murió el virrey de un ataque de apoplejía. Poco después falleció también su único hijo. No habiendo quien la proveyera (por lo visto el hábito del ahorro no fue suyo y por lo demás, los bienes eran de los hombres) la mujer quedó en tal miseria, que el arzobispo de México le tuvo que ayudar obsequiándole los fondos para que volviera a su casa. Allá casó en segundas nupcias y vivió hasta muy anciana.

En 1760 Carlos III ocupa el trono español. Fue un soberano ilustrado que se rodeó de intelectuales capaces, interesados en la ciencia y defensores de la primacía de la razón, entonces de moda. En su representación va a la Nueva España Francisco Cajigal de la Vega, teniente de los reales ejércitos y primer militar que se envía a la colonia precisamente porque sentían necesidad de controlar la situación de tensión que en ella había. Estaba casado con María de Monserrat y sólo permaneció aquí por unos meses mientras llegaba el marqués de Cruillas, Joaquín Montserrat, con su esposa María Josefa Acuña Vázquez Coronado, hija del marqués de Escalona. En tiempos de este virrey suceden dos muy fuertes epidemias de viruelas que dejaron miles de muertos.

Después de seis años en el cargo, lo sustituye Carlos Francisco de Croix, un marqués soltero y maniático, que no aceptó que le hicieran fiestas cuando asumió el cargo ni recibió jamás regalos de nadie, como era la costumbre, para no verse obligado a "vínculos de agradecimiento". Gustaba de tomar polvos de rapé y a las cinco en punto suspendía lo que estuviera haciendo para tomar su chocolate. Fue de los pocos que no hizo negocios aquí pero logró que el rey aumentara el sueldo de los virreyes de 40 a 60 mil pesos fuertes. Hombre serio y severo, dice De Valle Arizpe que "vino con el dinero que era suyo y sin el ajeno se fue".[53]

A él le tocó la poco noble encomienda de expulsar a los jesuitas del territorio, siguiendo la orden real que los sacó de todas las posesiones de la corona española porque se oponían a las reformas de Su Majestad. Esto despertó mucho descontento y hasta provocó motines y levantamientos de indios pues eran ellos "dueños de los corazones y las conciencias de todos los habitantes de este vasto imperio" como afirmaba el virrey.

Y es que el nuevo monarca pretendía modernizarse, haciendo que funcionaran mejor la administración y el comercio para que aumentaran las recaudaciones que debido a las malas leyes, a la burocracia lenta e ineficiente, al contrabando y a los piratas, no llegaban en suficiente cantidad a la metrópoli. Era suya la voluntad dice David Brading, de "devolver el poder y la gloria al imperio español". Los jesuitas se opusieron a sus reformas, lo mismo que los criollos, quienes las resintieron y se molestaron. Aquéllos porque no aceptaban perder su poder y éstos porque estaban cansados de mandar sus riquezas a España: "Torrentes de oro y plata echaban los americanos en el tonel sin fondo del tesoro español", decía un opositor y a cambio no obtenían ni poder ni honores, pues como escribe Núñez y Domínguez, "contadísimos fueron los criollos que ascendieron a los máximos cargos coloniales".

Eran tales el descontento y la inquietud ante los cuales el virrey no parecía tener ninguna fuerza, que el soberano español envió a un visitador, el muy enérgico José de Gálvez, con la encomienda de reorganizar el gobierno de la Nueva España y quitarle poder al virrey, y para ello contó con varios regimientos militares enviados a residir de manera permanente en el territorio. Es cuando se reprime con violencia el levantamiento del indio yucateco Jacinto Canek.

En 1771 llega Antonio María de Bucareli y Ursúa, también soltero, quien permaneció en el cargo hasta el año de 1779. Hombre gallardo y desenvuelto, "hizo grandes bienes a la Nueva España en los ocho años que la gobernó".[54]

Aires de cambio

1

En el virreinato había inquietud. No sólo por los levantamientos y rebeliones de indios, sino también entre los criollos molestos por no tener acceso a los cargos y honores. Nuevas ideas empezaban a conocerse gracias a los libros que a pesar de prohibiciones y castigos circulaban profusamente. En el último cuarto del siglo XVIII, en la Nueva España se lee a los franceses que escribían sobre la soberanía del pueblo, la limitación del poder real y los derechos del hombre y se empieza a pensar en librarse de las trabas mentales que imponía el modo de pensar rígido, ortodoxo y viejo de la escolástica y en acercarse a los razonamientos filosóficos y a los descubrimientos científicos.

Y si bien es cierto que debido precisamente al encierro colonial esas ideas nunca llegaron a manifestarse en toda su magnitud —aquí no se pensó en cortarle la cabeza al rey ni se cuestionó el derecho divino de los monarcas—, sí se abrieron cauce las dudas y los deseos de darle primacía a la razón por sobre las verdades teológicas establecidas y de frenar tanto los excesos barrocos de la arquitectura como los excesos retóricos del lenguaje.

Fueron momentos de reflexión y búsqueda. Los criollos empezaron a rastrear sus raíces, su identidad y su historia y las encontraron en el pasado prehispánico al que mitificaron y en la reivindicación de su patria, de su geografía, su fauna y su flora, sus riquezas y su belleza. Eruditos y letrados (muchos de ellos jesuitas que vivían en Italia desde la expulsión) investigaron, estudiaron, recopilaron y escribieron con un impulso nuevo y enciclopédico que ponía a lo americano muy en alto frente a las críticas que en Europa se hacían de estas tierras y de sus gentes a las que acusaban de salvajes e incultas.[55]

Poco a poco fue creciendo la hostilidad hacia el gobierno español y a éste cada vez le resultaba más difícil mantener el control. No es casualidad que el monarca empezara a enviar militares como virreyes: Martín de Mayorga estuvo aquí en 1779 pero su esposa María Josefa Valcárcel no vino con él, prefirió esperarlo en casa, y en 1783 llegó Matías de Gálvez y Gallardo, hermano del temible visitador, con su esposa Ana de Zayas y Ramos. A pesar de los problemas en la Nueva España, este señor se mandó a construir una hermosa casa de campo en el bosque de Chapultepec, al pie del cerro, entre los ahuehuetes y junto al acueducto que surtía a la ciudad, lo que mucho enojó al monarca quien le prohibió vivir allá, como era su intención. Por cédula real dicho sitio se convirtió en hospedaje para visitantes distinguidos.

El virrey Gálvez murió en México después de larga y penosa enfermedad y se le hicieron pomposos funerales. Su mujer volvió a su país pero los hijos se quedaron aquí.

2

En 1785 llegó Bernardo de Gálvez, conde de Gálvez, algunos dicen que era hijo y otros que sobrino de don Matías. Hombre activo y cordial que como dice Artemio de Valle Arizpe "con buenos designios y provechosas iniciativas engrandeció la ciudad y todo el reino". Le tocaron momentos difíciles pues las heladas habían hecho que se perdieran las cosechas y cundiera el hambre,[56] pero también le tocó estrenar "el magnífico salón de besamanos del Palacio Real, con una colgadura de damasco carmesí con galón, flecos, borlas de oro, un retrato del rey y diez docenas de sillas de madera fina, veinticuatro forradas en terciopelo y con galón de oro y las demás en damasco carmesí; catorce espejos, tres candiles de cristal y una alfombra muy buena".[57]

Venía acompañado por su esposa Felícitas Sant Maxent, nacida en Nueva Orléans, mujer muy hermosa que era hija del gobernador de Louisiana y cuyas dos hermanas, tan bellas como ella, casaron con personas de aquí, de recursos y con puestos de intendentes.

Ambos fueron muy populares y atrajeron simpatías, al punto que a donde iban la gente espontáneamente los ovacionaba. Y como les gustaba mucho pasear, pues mucho los aclamaban.

Este virrey fue el primero que no recibió el bastón de mando en San Cristóbal Ecatepec, como era la costumbre, sino en Chapultepec y fue también quien arregló la fortaleza que había en el cerro del Chapulín para convertirla en un lugar habitable en donde se pudiera hacer precisamente la entrega de tan importante y simbólico objeto.

Gustaba la señora Felícitas de ir a paseos y teatros y de usar pronunciados escotes, poniéndose un lunar en el seno que volvía locos a los hombres. Se dice que hasta al mismísimo cura Hidalgo, de quien era amiga pues su cuñado era el intendente de Guanajuato, se le iban los ojos por ésos a los que llamaba "campanarios".[58]

Al morir repentinamente su marido a los treinta años de edad (se decía que había sido envenenado), y como ella quedara embarazada, cuando dio a luz, el Ayuntamiento de México en pleno fue padrino de esa niña celebrando el bautizo con gran pompa y regalándole a la señora virreina un hilo de perlas que costó once mil pesos y a la niña otro que costó cuatro mil, mientras que el arzobispo dio plato, cuchara, tenedor y cuchillo de oro. Por nombre le pusieron a la pequeña el de Guadalupe, en honor a la que se le había aparecido al indio Juan Diego en el cerro del Tepeyac en 1531.

Y es que para entonces, el culto a la llamada "Graciosa morena" ya se había extendido y afianzado. Guadalupe, "dulcísimo consuelo de nuestras penas y seguro asilo en nuestras esperanzas" según afirmaba fray Servando Teresa de Mier, había venido a estas tierras como una gracia de Dios para los americanos, que así quedaban "provistos de cartas y poderes" frente a los peninsulares. Guadalupe se convertiría entonces y por los siglos de los siglos "in saecula saeculorum" "la carta ejecutoria que ennoblece al pueblo mexicano".[59] Y sería su patrona y protectora: "Dios ha realizado su admirable destino en esta su tierra de México... ganada para que apareciese imagen tan de Dios".[60]

¿Pensó alguna virreina en abandonar su devoción por la virgen española de los Remedios y entregar su corazón a la virgen mexicana de Guadalupe?

3

Poco después, el cargo de virrey lo ocupó por breve tiempo el arzobispo de México Alonso Núñez de Haro y Peralta, hombre gordo y arrogante, lleno de ira, quien se dedicó a perseguir implacablemente a fray Servando por sus ideas a las que consideraba heterodoxas y peligrosas. ¡Lo acusaba de ser enemigo jurado de la dulce Guadalupana, siendo que ella era, por el contrario, el objeto más adorado de su ternura criolla![61]

En 1787 el gobierno pasó a manos de Manuel Antonio Flores quien llegó a estas tierras con su esposa Juana María de Pereyra. Ninguno de los dos tenía títulos nobiliarios y no les interesaba la corte con sus frivolidades y vanidades. Venían a cumplir con su cometido y ya deseaban regresar a su casa. Por su parte los cortesanos tampoco los querían, pues les causaba ofensa que Su Majestad hubiera nombrado para gobernarlos a alguien de tan baja extracción social. Sin embargo, la inquietud había hecho que el llamado "elemento militar" entrara a la vida de la Nueva España "haciendo muy codiciado de la juventud de entonces el título de oficial".

En el año de 1788, sube al trono de España Carlos IV quien nombra como virrey al segundo conde de Revillagigedo, Juan Vicente de Güemes Pacheco Padilla y Horcasitas, hijo del virrey del mismo apellido que había gobernado la Nueva España hacía poco más de cuarenta años.

El conde había nacido en Cuba y vivido siempre en la corte, entre nobles, fiestas y halagos. Igual que su padre, fue muy activo y lo primero que hizo fue celebrar con gran pompa la coronación de Su Majestad. Artemio de Valle Arizpe lo califica de "gran reformador", "quizá el más insigne virrey de los que tuvo México", porque embelleció y limpió la capital, prohibió que se tirara basura en la vía pública y que en ella hubiera animales, empedró las calles y mandó poner alumbrado y construir atarjeas para el drenaje. Fue cuando se hacían las excavaciones para ese fin que se encontró la piedra del calendario azteca Tonalámatl. Además arregló el jardín botánico, impulsó la minería y mandó a hacer el primer censo de la Nueva España, que le permitió saber que ésta tenía cerca de cinco millones de habitantes. Como a todo el que se atreve a hacer algo en sociedades tradicionales, su obra le granjeó muchos enemigos que lo persiguieron hasta que el rey lo sometió a juicio de residencia, lo cual mucho le amargó.

Esposa no tuvo, pues nunca "tomó estado". De haberla tenido ¿habría ella paseado alguna vez por los portales de los mercaderes y de las flores, por la plazuela del Volador o la de la Universidad, por la Alameda? ¿habría ido de excursión a San Ángel, a Tacubaya, a San Agustín de las Cuevas o a Los Remedios, a donde las gentes se divertían, "jugaban y hacían otros excesos" y se llevaban "muy buen repuesto de comida y cena"? ¿se habría sentido emocionada cuando vitoreaban a su marido mientras cruzaba la Plaza Mayor para ir a catedral? ¿se habría molestado porque era el único que no asistía a las corridas de toros que tanto gustaban a los virreyes y nobles? ¿se habría amargado cuando el rey prestó oídos a las acusaciones de los enemigos de su esposo? ¿se le habría estrujado el corazón al pasar frente al tenebroso edificio de la tenebrosa Inquisición y oir los gritos de los condenados y torturados o al pasar por la plaza de Santo Domingo a donde ahora se levantaban las hogueras para quemarlos? ¿o ni siquiera se habría dado cuenta, convencida como en aquel entonces lo estaba toda la gente, de que el Tribunal del Santo Oficio hacía lo correcto al castigar de ese modo a los herejes?

Porque ninguno, ni aristócrata ni plebeyo, pensó entonces que el mundo era injusto o que debía cambiar. Para ellos y ellas lo que éste ofrecía a ricos y pobres, a sanos y enfermos, a nobles y sirvientes era correcto pues lo era por voluntad de Dios.

El siguiente virrey, el marqués de Branciforte Miguel de la Grúa Talamanca, vino con la encomienda de eliminar cualquier iniciativa revolucionaria que encontrara en la Nueva España. Pero lo primero que hizo, antes de cumplir con el encargo, fue mandar a hacer a Manuel Tolsá una estatua de Carlos IV que aún hoy luce en la ciudad de México, con su escudo de armas de las tres flechas y montando brioso corcel.

Estaba casado con María Antonia de Godoy y Álvarez, "una dama de muchas campanillas", hermana del príncipe de la paz Manuel Godoy, el favorito de la reina María Luisa.

Ambos eran ambiciosos y rapaces, "excelsos bribones" como les llama un estudioso y se valieron de toda clase de artimañas y venalidades para enriquecerse, incluida la de confiscar los bienes de los franceses cuando pasaron a ser enemigos de los españoles. ¡Dicen que en un baile hasta se atrevieron a recoger las joyas de los asistentes! Cuenta Romero de Terreros que era tal el gusto de la señora por las perlas, que cuando vio las de muy buen oriente que usaban las ricas damas mexicanas quiso hacerlas suyas. Aprovechándose de la ignorancia y la costumbre de imitar ciegamente la moda europea que tenían las mujeres de aquí, empezó a correr la voz asegurando a los cuatro vientos que ahora ésta marcaba el uso de corales. ¡Y entonces las susodichas vendieron sus perlas a los agentes del conde a muy buenos precios![62]

Quizá por eso a los dos siguientes gobernantes los mandaron solteros y sólo los dejaron en el poder por dos años: uno era el militar Miguel José de Azanza, conde de Contramina, quien después de su mandato casó aquí con una condesa viuda parienta suya, de nombre María Josefa Alegría. A él le tocó la llamada "conspiración de los machetes", en la que levantados quisieron tomar el gobierno pero fueron reprimidos y otro fue el marino y teniente general de la Real Armada Félix Berenguer de Marquina, un hombre cuya labor fue tan pobre que se redujo a mandar a construir una fuente de cuyo acueducto nunca manó agua. Por eso se ganó estos versos: "Para perpetua memoria, nos dejo el virrey Marquina, una pila en que se orina y aquí se acabó la historia".[63]

Mueren tres siglos

1

Termina el siglo XVIII. Nuevas ideas circulan, hay avances en la ciencia y luces en la filosofía que atraen a los espíritus inquietos. "La antigua corte virreinal, severa, ceremoniosa, estricta y siempre teñida de religiosidad se transformó en una corte a la francesa en donde se discutían con liberalidad los asuntos políticos, militares, económicos, científicos y artísticos que preocupaban a sus congéneres en Europa. Era una corte mundana que a la vez que defendió en el virreinato los ideales políticos del Siglo de las Luces, propagó entre la población urbana nuevas modas a través de los salones y tertulias literarias que entonces proliferaron y por medio de los saraos, las representaciones teatrales y los aires musicales que copiaban y reproducían el nuevo gusto de las cortes europeas. A partir de estos círculos y por mediación del numeroso séquito de sirvientes afrancesados que acompañaba a los nuevos funcionarios —peluqueros, sastres, cocineros, mayordomos, valets y damas de compañía— se introdujo en la Nueva España la moda del pan francés, los cafés y los billares y una nueva manera de vestir, de divertirse, de pensar."[64]

La ciudad de México tenía una población de 137 mil personas de la cuales 6,700 eran artesanos, 14 mil criados y 15 mil pordioseros. "Era una ciudad hambrienta, de febril vida callejera... Las calles no sólo servían para la circulación de personas y mercancías, eran el centro mismo de la vida social, su espacio privilegiado. En ellas los habitantes trabajaban, compraban, comían, realizaban ceremonias civiles y religiosas, se paseaban, se divertían y se embriagaban. Ahí también se manifestaban cotidianamente la sexualidad y la muerte."[65]

En 1803 llega José de Iturrigaray, también militar y que según Lucas Alamán, era un hombre "cuyo único objetivo era aprovechar la ocasión para hacerse de gran caudal y su primer acto al ir a tomar posesión del gobierno fue una defraudación de las rentas reales... con ello consiguió reunir un capital muy considerable que consistía en gran cantidad de dinero en oro y plata, alhajas y vajilla y en más de cuatrocientos mil pesos".[66]

Venía acompañado de su esposa María Inés de Jáuregui y Aristegui, dama "de gran belleza y lozana blancura" y muy coqueta —al punto que cambió la mantilla que tradicionalmente se usaba— y que anduvo en las lenguas de la corte por sus supuestos devaneos con muchos caballeros. Pero eso a su marido no pareció preocuparle porque lo único que le ocupaba era hacer negocios (como por ejemplo cobrar por las concesiones) y acumular riquezas (como por ejemplo me-

María Inés de Jáuregui y Aristegui de Iturrigaray,
dama "de gran belleza y lozana blancura", ayudó
a su marido en sus muchos negocios

ter telas de contrabando amparadas en la valija oficial). Dicen que doña Inés "ayudaba a Iturrigaray en sus especulaciones y todos los que
pretendían colocación, favor o el arreglo de cualquier negocio, a ella
acudían".[67]

Parece que el señor se interesó en la recién inventada vacuna
contra la viruela que trajo a estas tierras el doctor Balmis despertando
la oposición de muchos curas, que pensaban que la enfermedad y la
salud eran cosa de Dios, mientras que algunos obispos ilustrados, por
el contrario, instaron a la gente a que se presentara a la inoculación
(que se hacía brazo con brazo).[68]

A Carlos IV le tocaría en suerte la peor de las suertes: que el
emperador de Francia invadiera España y se produjera en todo el reino un gran desorden. El monarca abdica en favor de su hijo, pero a los
dos se los llevan presos. El pueblo se amotina y como le disparan, empieza la guerra.

En América, el Ayuntamiento se opone al invasor pero también
al virrey. Una mujer poeta de la época escribió: "Ni queremos otro rey,

que el que nos ha dado el cielo, en nuestro amado Fernando, único señor y dueño de la Indiana Monarquía y de su hermoso terreno".[69]

Don José no se vio muy hábil para reaccionar frente a estas inquietudes de los americanos y pronto fue destituido y hecho prisionero, junto con sus hijos mayores, por los propios jefes del Partido Español. Su esposa y los hijos menores se refugiaron en un convento. Dice
un estudioso que al entrar los amotinados en sus aposentos, les llamó
la atención que hubiera tantas cajetas de Celaya y cuál no sería su sorpresa cuando al abrirlas encontraron en lugar del dulce de leche, monedas de oro y finas joyas.[70]

El virrey fue enviado a la prisión de San Juan de Ulúa en lo que
se le autorizaba a embarcarse para España a donde al llegar se le siguieron dos juicios, uno de infidencia y uno de residencia. Muy amargados quedaron él y su señora por ese hecho, así que cuando el hombre murió, ella no quiso quedarse en España y regresó a México donde
vivió retirada en Tacubaya hasta su muerte ocurrida en el año 36.

Los insurrectos nombraron para el supremo cargo otra vez a
un militar: Pedro de Garibay, octogenario viudo cuya esposa Francisca
Javiera Echegaray era prima del gran erudito Clavijero. Fue un hombre honrado que permaneció en el cargo un año dedicando todo su esfuerzo a meter en la cárcel a los revoltosos.

Porque llena de conspiraciones estaba la patria de los criollos y los españoles no sabían cómo pararlas. La Junta Central nombra virrey al arzobispo de México Francisco Javier de Lizana y Beaumont, pero solamente por un año mientras llega otro militar, Francisco Javier Venegas, hombre muy cruel y sanguinario que durante los tres años que permaneció aquí sólo se dedicó a tratar de sofocar la insurgencia e incluso nombró a la Virgen de los Remedios generala de los ejércitos realistas.

En 1813 manda llamar al brigadier Félix María Calleja del Rey, quien ya vivía desde hacía varios años en la Nueva España —asignado en San Luis Potosí— y lo nombra virrey, también con la encomienda de combatir a los insurgentes, que ya se había convertido para entonces en el único encargo a los gobernantes, sin importar ya ni las edificaciones ni el tráfico de mercancías. Fue este hombre quien venció a Hidalgo y quien mandó colgar su cabeza (y las de otros insurgentes) en la Alhóndiga de Granaditas como escarmiento para la población.

Su esposa, Francisca de la Gándara, era criolla y como escribe Núñez y Domínguez en el grueso libro que le dedicó: "Aunque su papel se concretó al que teníales asignado la tradición, los usos y costumbres, meramente domésticos y al margen de todo asunto de gobierno, a veces, como en el caso especial de esta dama, las extraordinarias circunstancias que la rodeaban la hacían rebasar un tanto la órbita de discreción y recato en que vivían".[71]

La mujer acompañó a su marido a las batallas, lo cual era bastante excepcional para la época. Claro que ello no se debió a que, como creen algunos autores, "las damas de sociedad de entonces se interesaban más de lo que generalmente se cree en las cuestiones políticas", ni tampoco a una particular valentía de la señora sino al contrario, al convencimiento que tenía de que no les sucedería nada, de que seguro ganarían cualquier guerra, de que ese ejército suyo al que consideraban invencible frente a "los rústicos" que lo combatían, podría defenderlos. Hoy sabemos que no fue así y que el virrey y la virreina perdieron todos sus equipajes y hasta por poco la vida y lo que es peor: se tuvieron que tragar su orgullo que era mucho.

Todo eso enfermó al señor Calleja, "se le derramó la bilis" y su esposa lo tuvo que atender, siguiendo las instrucciones de su médico de cabecera, que era nada menos que Anastasio Bustamante quien luego sería presidente de la República. Pero además, tuvo que soportarlo porque el hombre se convirtió en un malhumorado que siempre descargaba sobre ella su ira, maltratándola y humillándola.

Al fin de su mandato y en el camino de vuelta a España, le nació una hija en La Habana. Le puso por nombre Guadalupe porque doña Francisca se había hecho devota de la virgen mexicana, tanto, que en
su equipaje llevaba un enorme y hermoso cuadro que la representaba.

A Calleja, que gobernó de 1813 a 1816, lo sustituyó otro militar
también duro: Juan Ruiz de Apodaca, quien permaneció en el cargo
hasta 1821 y por combatir a los insurgentes fue premiado con el título de
conde de Venadito, pues ése era el nombre del lugar en el que los venció, lo que dio lugar a muchas burlas. ¿Qué sintió su esposa María Rosa
Gastón de que en lugar de decirle "señora condesa" todos la llamaran
"la Venadita"? ¿sintió ira contra Fernando VII por lo que parecía ser menos una distinción y más una broma de mal gusto? ¿se sintió compen-

sada del agravio cuando otros a quienes Su Majestad quiso dar nombramientos con tan ridículos títulos se atrevieron a negarse a recibirlos?

De esta señora se dice que era tan piadosa que hasta a los insurgentes prisioneros los trataba con caridad cristiana cuidando sus heridas. ¿Podemos imaginar lo que significaba en esa época recoger a un herido después de la batalla y atenderlo con los rudimentarios medicamentos? ¿y lo que era recoger a los muertos y darles sepultura? Claro que todo era diferente, desde el concepto del tiempo y la distancia hasta el de privacía y por supuesto, el de dolor.

La actuación del monarca español defraudó a sus súbditos. Su comportamiento frente al invasor y después cuando regresó al trono, sus reformas y contrarreformas, sus decisiones e indecisiones, hicieron hervir la ira y el descontento tanto en la Madre Patria como en la patria criolla.

Los sublevados terminaron por deponer al virrey y éste les entregó el mando sin violencia. Lo tomó entonces Francisco Novella, también militar y director de artillería que había encabezado el levantamiento, pero pronto se lo quitaron porque el hombre les pareció demasiado prudente. Un pasquín de la época se mofaba de él: "Tú, virrey provisional, ¿eres tonto o animal?".[72]

Y es que para entonces la insurrección estaba ya muy avanzada, no sólo por parte de los españoles que la habían iniciado sino también de los americanos que se habían levantado en armas.

3

En 1821 Novella capitula ante un teniente general de los ejércitos reales, Juan O'Donojú, quien obtuvo el cargo de virrey como premio a sus servicios y lealtad. Llegó a estas tierras con su esposa Josefa Sánchez Barriga, noble señora andaluza que había casado con él en 1792 y que era una mujer austera, vestida siempre de luto y que no iba jamás a fiestas. Su llegada coincidió con un fuerte temblor de tierra, una fuerte lluvia y una fuerte epidemia pero sobre todo, con la fuerza ya incontrolable de la sublevación. Ante tales circunstancias, lo único que pudo hacer el nuevo gobernante —que además era liberal y masón— fue firmar los tratados de Córdoba que proclamaban la Independencia.

Una pleuresía se llevó al que fue el último virrey de la Nueva España. Que haya muerto precisamente en este lugar es un símbolo que no deja de llamar la atención. Por lo demás, le convino que así fuera porque seguramente en España le habrían juzgado mal y quizá hasta castigado, ya que el gobierno de Fernando VII no estaba dispuesto a reconocer la soberanía que los criollos pretendían. En cambio aquí se le enterró con todos los honores que correspondían a su elevado cargo.

Su esposa, temerosa de la cólera del monarca, no se atrevió a volver a su tierra natal y vivió desde entonces y hasta su muerte un viacrucis. Como no tenía recursos para mantenerse a ella y a sus hijos, solicitó una pensión al emperador Iturbide y aunque el Congreso Constituyente acordó entregársela, a la caída de don Agustín nadie se volvió a acordar de ella. La buena mujer empezó a empobrecer, se vio obligada a vender sus objetos personales y a dejar su casa y empezó a ir de lugar en lugar buscando un techo pero de todas partes la corrían por no pagar la renta. Sus hijos murieron por hambre y enfermedad, se quedó completamente sola y aunque una y otra vez suplicó a los gobernantes que se acordaran de ella y la ayudaran, eso nunca sucedió. Murió en 1842, en la más terrible miseria ¡después de haber sido la esposa nada menos que de un virrey![73]

4

En los tres siglos que duró el imperio español en América, entre quienes vinieron a gobernar estas tierras en nombre de Su Majestad hubo aristócratas, eclesiásticos y militares, algunos prudentes, otros emprendedores y unos de plano indiferentes. Eso sí, todos fueron altaneros, arrogantes y sobre todo, muy codiciosos. No les interesaba nada que no fuera aumentar sus riquezas. Por eso dice Francisco de la Maza que aunque eran de la más alta nobleza, muchos eran de la más baja mediocridad humana, preocupados nada más por acumular oro y metidos en toda clase de intrigas y chismes: "Pasan ante nosotros estos nobles como fantasmas, entre piratas, inundaciones, pleitos y motines".[74]

Los hubo que permanecieron aquí por poco tiempo y quienes al contrario, estuvieron muchos años en estas tierras. Algunos hicieron obra pública o fomentaron el arte, otros sólo se dedicaron a las fiestas pero todos tuvieron por misión mantener la calma y el orden para que las riquezas que se obtenían salieran bien de América y llegaran bien a la metrópoli. Hubo quienes repitieron en el cargo, quienes antes o después de venir a México venían de o iban comisionados a otro virreinato. Hubo quienes enfermaron y quienes aquí murieron, quienes se enriquecieron muchísimo y quienes por el contrario, dejaron a sus familias en la miseria; hubo quienes dejaron buenos amigos y quienes hicieron tantos enemigos y se metieron en tantos enredos que no pudieron terminar su encargo. Todos vivieron en el lujo y el boato, en gran esplendor. Sus vidas tuvieron como ocupación principal los convites y saraos, los rezos y ceremonias y como objetivo único el de enriquecerse a sí mismos y a su monarca. Los hubo casados, solteros y viudos, jóvenes y viejos, gordos y flacos, alegres y severos, de carácter tranquilo y malhumorados. Y hasta hubo algunos cultos que amaban la música, el teatro y la poesía. Eso sí, todos fueron devotos de su fe católica, leales a su rey y a su Iglesia.

Sus mujeres, hijas de la nobleza, aristócratas de cuna, de modales y de gustos, eran también profundamente devotas y vivieron siempre de acuerdo a una educación tradicional adquirida en conventos y beaterios o con preceptores privados de rígida moral. Nunca tuvieron más quehacer ni se esperó de ellas nada que no fuera acompañar y obedecer a su cónyuge. Las únicas prendas que en ellas se valoraban eran "tu virtud, tu firmeza, tu heroica fortaleza, tu amor y tu ternura, tu constante lealtad y fe sincera". Y si bien es cierto que algunas aprovecharon su posición privilegiada para cultivarse y para escuchar a varones doctos de los que podían aprender, o bien para hacer algunas acciones de caridad, que en ese mundo eran muy bien vistas, la mayoría se dedicó a las labores de aguja y el rezo, los festejos, las tertulias y los espectáculos.

Si los reyes lo eran por gracia de Dios, los virreyes lo eran por voluntad del rey. El pueblo los respetó y reverenció, a aquél porque era divino y a éste porque era su imagen y representación. Los virreyes y por extensión sus esposas, las virreinas, eran por lo general queridos y tenían prestigio. Ellos por definición, por el título mismo o porque hacían alguna obra de beneficio público. Y ellas, por el hecho de que compartían el lecho conyugal del poderoso y algunas además, porque fundaron o apoyaron conventos y hospitales.

Y así llegó a su fin ese tiempo colonial:

> *Abre los ojos pueblo americano*
> *y aprovecha ocasión tan oportuna...*
> *si ahora no sacudís el yugo hispano,*
> *miserables seréis sin duda alguna.*[75]

III. En la dulce penumbra del hogar

Confórmate mujer.
Hemos venido a este valle de lágrimas que abate,
tú como la paloma para el nido
y yo como el león para el combate.

Salvador Díaz Mirón

Una reina...

1

Hacia fines del siglo XVIII, el obispo electo de Michoacán Manuel Abad y Queipo escribió: "Un torrente de impiedad e independencia amenaza con encender la superficie de la tierra".[1] El incendio a que se refería monseñor lo iniciaría poco después un cura de pueblo, lector de libros prohibidos, que conocía lo que se pensaba en el mundo y lo que sucedía en él: que los franceses habían decapitado a su rey y que las colonias de Norteamérica se habían independizado de Inglaterra.

Antes de que Miguel Hidalgo y Costilla saliera del pueblo de Dolores aquel 16 de septiembre, enarbolando el pendón con la Guadalupana tomado en el santuario de Atotonilco, el territorio ya hervía de tensiones. Estaban por un lado quienes querían que nada cambiara y por el otro quienes a toda costa deseaban que las cosas fueran diferentes. Unos buscaban independizarse de España porque no querían que las reformas allá emprendidas con la Constitución de Cádiz llegaran hasta tierras americanas y les quitaran privilegios y poder, mientras que otros pretendían obtener la independencia para así poder participar de los puestos administrativos, judiciales, militares y eclesiásticos que siempre se asignaban a los peninsulares dejando a los criollos, arrogantes y soberbios como eran, apartados de los cargos y de los honores en su propia patria y molestos por las exigencias reales de "contribuciones cuantiosas y crecidos caudales".[2]

La invasión de Napoleón a España había hecho desaparecer la obligación de obediencia a la corona: "Ya no hay España porque el francés está apoderado de ella" decía José María Morelos y según Servando Teresa de Mier, "se ha roto el lazo que unía a las Américas con España".

Hidalgo era tajante en cuanto al objetivo de su lucha: "Los gachupines nos tienen bajo un yugo que no es posible soportar su peso por más tiempo", "pagamos tributo por vivir en lo que es de nosotros, no disfrutamos de los frutos de nuestro suelo ni somos dueños aun de hablar con libertad".[3]

Los novohispanos se levantaron en armas para defender lo que consideraban suyo, para no pagar tributos, para poder hablar con libertad, para liberarse del yugo extranjero.

Tenía la Nueva España siete millones de habitantes, más de la mitad de los cuales eran indios a los que se explotaba en haciendas, minas y obrajes. Unos cuantos ricos ocupaban los palacios y mansiones situados "en medio de un pavoroso panorama de insalubridad y miseria". Fueron ellos, los que no habían disfrutado de la prosperidad del reino, quienes con machetes y palos empezaron a tomar ciudades y pueblos y llegaron hasta San Miguel el Grande primero y luego hasta Guanajuato, que era un importante centro minero y comercial. De allí siguieron hasta las puertas mismas de la capital, a la que sin embargo, no se decidieron a entrar. El virrey mandó reprimirlos y el obispo a excomulgarlos, a pesar de lo cual Hidalgo se puso a dictar medidas como la abolición de la esclavitud y el fin del pago de tributos. Decía una copla de la época:

Arriba Miguel Hidalgo,
que ha llegado a nuestra tierra,
que ha matado gachupines,
que les hace la guerra.[4]

Ése fue el inicio de una larga y sangrienta contienda civil con batallas, sitios, triunfos y derrotas, saqueo y pillajes y montones de muertos: "La superficie toda del suelo mexicano convertida en un solo campo de desolación y muerte", escribió el doctor Mora.[5]

¿Supieron las señoras virreinas de la existencia de mujeres que luchaban contra los españoles, como Gertrudis Bocanegra, a quien fusilaron, o como la generala Moreno que se fue a la batalla con todo y sus hijos? ¿supieron de Josefa Ortiz de Domínguez, la esposa del corregidor, en cuya casa se celebraban reuniones conspiratorias; de Leona Vicario y su romántica historia de amor con Andrés Quintana Roo; de Altagracia Mercado que de su propio peculio armó un ejército contra los realistas y lo encabezó ella misma; de las damas de Querétaro que ayudaron a huir a Hidalgo emborrachando a sus enemigos; de María Soto La Marina que le llevó agua a los soldados de Mina; de Carmen Camacho que invitaba a los soldados a beber y luego los convencía de desertar; de aquella mujer anónima que le salvó la vida a Guerrero en su huida por la selva?

Quién sabe si lo supieron, pero es probable que no, pues la información era escasa y confusa. O quizá, si se enteraron, oyendo lo que se rumoraba o leyendo alguno de los muchos panfletos libertarios que circulaban, no le dieron importancia porque en su mente de aristócratas no cabía la idea de que algo pudiera cambiar, de que una insurrección como ésta pudiera triunfar.

En las clases acomodadas hubo quienes se opusieron al movimiento popular y se unieron al ejército realista que lo combatió. Pero hubo también quienes apoyaron a los insurgentes y se sumaron a ellos. Esto provocó situaciones difíciles como la que ocurrió con la esposa de Abasolo, Josefa Taboada, quien simpatizaba con los realistas mientras que su marido se unió a los insurrectos. A pesar de lo cual, cuando lo detuvieron, movió sus muchas influencias hasta conseguirle el indulto y la deportación, lo que le salvó la vida.

Hidalgo y Morelos fueron fusilados, pero otros tomaron las riendas del movimiento. Y ni las derrotas ni la vuelta del monarca español al trono pudieron detener el levantamiento. "La santa causa", como se le decía entonces a la lucha por la independencia, triunfó.

2

El hombre fuerte del momento, el que podía negociar con los españoles y con los criollos, el que podía dirigir el levantamiento militar y contar con el acuerdo del clero pero también pactar con la insurgencia, era Agustín de Iturbide. Joven ambicioso, "criollo típico de la elite provincial novohispana" según afirma Josefina Vázquez, era hijo de un rico propietario vasco y una dama nativa de tierras americanas. Por "su valor que rebasaba la temeridad" tuvo una actuación destacada en el ejército realista y los triunfos que logró contra los insurgentes le valieron ascensos en su carrera militar y puestos de confianza. Pero el enriquecimiento que obtuvo con ellos dio lugar a tan fuerte encono, que el hombre tuvo que retirarse durante varios años hasta que se le llamó para combatir al último grupo insurgente encabezado por Vicente Guerrero. Las famosas tres garantías (independencia, unión y religión) dieron nombre al ejército que bajo su mando fue obteniendo un triunfo tras otro hasta terminar con los sublevados o ponerlos de su lado. Luego negoció con el indómito líder guerrillero y se firmó el Plan de Iguala que decidió la independencia.

La firma de los tratados de Córdoba con el virrey Juan O'Donojú en 1821 consumó el triunfo. Se lograba así "el sublime objeto de sustraerse de la dominación española". Morían las Indias y moría la Nueva España, se terminaba lo que el doctor Mora llamaría "el pesado yugo" y nacía el Imperio Mexicano del Anáhuac en la América Septentrional, una nueva nación "libre, señora de sí misma".

La palabra México, según fray Servando Teresa de Mier, deriva de la manera como los indios pronunciaban el vocablo hebreo "mesías" y significa "donde está o donde es adorado Cristo". Clavijero sostiene que viene de Mextli, que quiere decir luna y de Xictli que es centro. Por ello Alfonso Caso concluyó que el nombre quiere decir "el ombligo de la luna". Dice Gutierre Tibón que hay setenta versiones distintas del nombre pero todas lo vinculan con la religión mesoamericana.[6]

3

El primer gobierno del México independiente fue una Soberana Junta Provisional Gubernativa formada por treinta y ocho miembros, gente del clero, la nobleza y el ejército, así como ricos comerciantes y terratenientes, en la que "ni los insurgentes ni el pueblo tuvieron representación alguna".[7]

Esa Junta firmó el Acta de Independencia y nombró una Regencia formada por cinco miembros (entre ellos Iturbide como presidente y el propio exvirrey O'Donojú) que debería gobernar el territorio mientras se designaba al rey del nuevo país independiente buscándolo entre los príncipes europeos católicos. Pero poco después se proclamó emperador a Iturbide con el nombre de Agustín I.

La coronación del primer y único rey mexicano fue solemnísima, siguiendo la costumbre que habían traído los españoles y que había arraigado aquí de hacer ceremonias muy formales, largas y recargadas. El templo de La Profesa, convertido en catedral, sirvió de marco al acontecimiento.

Los poetas de la época procedieron de inmediato a equiparar al nuevo soberano con los héroes de la historia y de la mitología: se le alabó y elogió como "varón de Dios" por haber traído la paz y por "haber puesto fin a la revolución vandálica" como la llamaría Lucas Alamán. La gente estaba tan feliz de que hubiera terminado la guerra que "se le recibió con gran júbilo, repiques, sermones, quema de cohetes, fiestas populares, corridas de toros, procesiones religiosas".

4

Con Iturbide vistió manto de armiño y lució corona de emperatriz la señora Ana María Josefa Ramona Huarte Muñoz Sánchez de Tagle, hija de un acaudalado español que era pariente de marqueses y obispos y que fungía como intendente de Valladolid, hoy Morelia, en Michoacán, donde ella había nacido en enero de 1786 y donde se había casado con el joven militar en febrero de 1805.

De acuerdo a los criterios de la época, se dice que la mujer era bella, con rostro de madona y "brazos blanquísimos y redondos como dos flanes de leche",[8] lo que mucho gustaba en ese entonces porque se parecía a lo europeo que tanto se admiraba aquí. El día de su boda Ana María se había vestido como princesa austriaca, llena de encajes blancos y peinada con caireles.[9]

El novio era "de complexión robusta y bien proporcionado, de cara ovalada y facciones muy buenas, con pelo castaño, patillas rojizas y tez rubicunda".[10] Se le consideraba apuesto y sabía lucir su gallardía sobre todo en las ocasiones importantes, cuando se presentaba engalanado en su vistoso uniforme. El día de sus esponsales "dejó con la boca abierta no sólo a la familia sino al regimiento entero".

La novia llegó al matrimonio con una excelente dote, lo que permitió a la pareja comprar una hacienda y aún guardar buena parte del dinero. Allí tenían pensado iniciar su vida en común pero las circunstancias no lo permitieron. Las guerras se llevaron lejos al marido por largas temporadas y luego las intrigas y deberes de sus diversos cargos lo mantuvieron a distancia de su mujer.

Pero así y todo, cuando se le proclamó emperador, ella fue coronada junto con él. Un óleo que se conserva en el Museo Nacional de Historia del Castillo de Chapultepec la muestra joven, gorda porque casi siempre estaba embarazada —se decía que tenía "vientre fecundo" y debe haber sido verdad pues procrearon diez hijos—, vestida con el manto de armiño y portando la corona.

También a ella le tocaron los elogios que se usaba entonces vertir a los gobernantes y a quienes les rodeaban. Un cuadro que guarda el museo Casa del Alfeñique en Puebla la muestra nada menos que como símbolo de la Patria, representando al cuerno de la abundancia que en ese entonces era el mito sobre el territorio de México al que se le atribuían fabulosas riquezas.

Los nuevos emperadores se fueron a vivir al palacio de los marqueses de San Mateo de Valparaíso, construido en el siglo XVIII con hermosa arquitectura barroca. Parece que don Agustín tenía muy mal talante y además, según cuenta Artemio de Valle Arizpe, se desvivía por otra señora, la célebre seductora María Ignacia Rodríguez, mujer muy hermosa a decir del barón de Humboldt que la conoció.

Era ésta una figura de relieve social. Había nacido en 1778 y había casado y enviudado dos veces y de esos matrimonios le había quedado una fortuna regular y varios hijos. Tenía amantes importantes —entre ellos un virrey, algunos canónigos y varios militares— y era partidaria de la Independencia al punto en que hasta había organizado

Ana María de Huarte de De Iturbide, vistió manto y
ciñó corona de emperatriz, aunque por poco tiempo

una conspiración que sin embargo, fue descubierta. Tanto se apasionó con ella Iturbide, que el día de la entrada triunfal del Ejército Trigarante a la ciudad de México, desvió el desfile con tal de que pasara bajo su balcón, y él pudiera saludarla, lo que hizo con toda galanura. Y le mandó construir y arreglar una lujosa casa en Apaseo el Grande, Guanajuato. Lo que sin embargo nunca le pudo dar fue precisamente lo que ella más deseaba: el tratamiento de Alteza, al que la dama se sentía con derecho por eso que un autor llamó "su unión carnipostática" con el emperador.[11]

Por su parte la emperatriz se consolaba teniendo hijos y más hijos y comiendo dulces de leche y nuez que mucho le gustaban y que le recordaban su infancia, sus amigas y su casa solariega. ¿Le hubiera gustado ir, como hacían los hombres, a tomar café con leche y molletes a las fondas y almuercerías que había por toda la ciudad? ¿o probar los chiles en nogada que unas monjas de Puebla habían creado para festejar a su marido y que tenían los colores de la bandera del Ejército Trigarante?

5

Sin embargo, al poco tiempo, don Agustín se vio abrumado por la falta de recursos y por el retiro de los apoyos. "Este pobre príncipe de casa" escribió el implacable periodista José Joaquín Fernández de Lizardi "sin conexiones con la Europa y sin enlaces con testas coronadas", empezó a mover más a burla que a respeto. ¿Leyó Ana Huarte las novelas de ese escritor que por entonces circulaban proponiendo que la gente debía trabajar y no vivir de sus rentas como acostumbraban los aristócratas y que la educación debía ser para todos, incluidas las mujeres?[12] ¡Quizá la señora ni siquiera sabía leer o quizá no le interesaba lo que sucedía en la Patria, ocupada como estaba, con todo y el montón de sirvientes que le ayudaban, en atender a su numerosa familia!

Unos meses más tarde, varios oficiales se sublevaron en contra de Iturbide y en marzo del año 23 "fue despojado del solio" poniendo fin a lo que Alamán llamaría "un imperio sin cimientos ni legitimidad". Escribió entonces el combativo fray Servando:

Tenga el tirano presente...
como acabó Iturbide
acabarán los demás.[13]

Desde que empezaron los problemas para el emperador, doña Ana se había encerrado con sus hijos en un convento buscando protección, pero cuando su marido fue destituido lo acompañó al exilio, con todo y los vástagos, varios sirvientes y algunos familiares. En Veracruz abordaron la fragata "Rowllins" que los llevó a Italia en un pesado viaje de casi tres meses lleno de mareos y malestar, que todavía tuvo que soportar una cuarentena en el puerto de llegada.

Pero poco tiempo permanecerían en aquellas soleadas tierras, pues al hombre le picaba la política y le llamaba el terruño. Por eso se fue a Londres desde donde pensaba que sería más fácil cumplir con su sueño de volver a México. Y por fin un día se decidió a hacerlo. En secreto abordó un barco inglés, el bergantín "Spring", con destino al Nuevo Mundo y desembarcó varias semanas más tarde en Tamaulipas. Pero quiso la suerte que fuera reconocido y hecho prisionero y a los dos días, sin más trámite, se le fusiló.

Doña Ana estaba embarazada cuando mataron a su marido. Según Enrique Krauze, él le había enviado una carta en la que le decía: "Dentro de pocos momentos habré dejado de existir... Busca una tierra no proscrita donde puedas educar a nuestros hijos en la religión que profesaron nuestros padres que es la verdadera... [recibe] mi reloj y mi rosario, única herencia que constituye este sangriento recuerdo de tu infortunado Agustín".[14]

En efecto, la señora recibió un paquete que contenía las escasas pertenencias de su marido: el reloj, los lentes y las ropas ensangrentadas. Paquetes similares recibirían durante todo el siglo y hasta las primeras décadas del siguiente las esposas de quienes morirían fusilados por sus ideas políticas, pues la costumbre de así castigar a los perdedores habría de arraigar en el país.

¿Lloró la mujer? ¿juró, insultó, gritó y amenazó? ¿o tal vez rezó? ¿o quizá se desmayó? no lo sabemos. Escribe Rosa Beltrán: "Los cabellos estaban sueltos y húmedos en las sienes. Los ojos, pequeñísimos, se hundían lastimosamente bajo las mejillas hinchadas. De la boca salía un hilillo de baba y un sonido incrédulo y ronco que impregnaba el ambiente: ¡Agustín!".[15]

Lo que sí sabemos es que mandó vestir a su marido con el hábito de san Francisco y así lo enterró. Y luego se fue a vivir a Estados Unidos, tierra donde no se profesaba la religión "verdadera" que aquél había querido para sus hijos. No se conocen los motivos por los cuales eligió este país, aunque es probable que lo haya hecho por la cercanía con México y la ilusión de algún día volver.

A doña Ana su padre la había casado con un joven al que con-

sideraba prometedor, éste la había llenado de hijos como se estilaba, la había engañado públicamente y a la hora de la caída la había arrastrado con él. Así pues, aunque ciñó corona, su vida no fue tranquila ni feliz. Murió en Filadelfia, en el mes de marzo de 1861.

7

Pasado el tiempo, uno de los más fieles seguidores de Iturbide, Manuel Mier y Terán, se clavaría una espada en el vientre para morir sobre la tumba de su admirado emperador y yacer con él para la eternidad. Sólo que esto que tan cuidadosamente planeó no pudo ser así porque el presidente Anastasio Bustamante los separó cuando decidió meter los restos de Agustín I en una urna y ponerlos en un altar a la patria en la catedral de México. Como el médico-presidente era también admirador del personaje, dejó instrucciones para que a su muerte le sacaran el corazón y lo colocaran junto al del infortunado rey. ¡Tantos admiradores y de todos modos la historia oficial lo trata tan mal! ¡Y mien-

Dis agris et aure ditior ingenus adhuc.

tras ellos peleaban por enterrarse junto a él, la esposa, a quien le hubiera correspondido estar a su lado, yacía sola en tierra extranjera!

La tragedia marcó a la familia Iturbide. Según Josefina Vázquez "en las dos siguientes generaciones se extinguió su descendencia reconocida".[16] Sabemos que el mayor de sus vástagos, Agustín Jerónimo, se fue a luchar con el libertador Simón Bolívar y se convirtió en su edecán y sabemos que su hija Alicia fue la madre del niño Agustín a quien otro emperador, Maximiliano, pretendería adoptar como su sucesor para el trono de México, dado que él y Carlota no tuvieron hijos. Esta propuesta sería vista con interés por la reina Victoria de Inglaterra y por el rey Leopoldo de Bélgica aunque parece que no por la madre del pequeño, quien se rehusaría a desprenderse de él. "El problema fue Alicia, la madre, de quien Maximiliano pensaba que estaba medio loca por no querer separarse de su hijo siendo que de esa separación dependía el porvenir grandioso del niño."[17] Se dice que hubo un convenio secreto entre el príncipe Habsburgo y la familia Iturbide, según el cual todos sus miembros serían nombrados príncipes y recibirían una indemnización de ciento cincuenta mil pesos así como pensiones vitalicias, a cambio del pequeño. ¡Cuánto deben haberse ilusionado con estas ofertas que los convertirían, por un milagro del romanticismo, de parias descendientes de un fusilado en excelsos y ricos personajes con títulos nobiliarios! Pero los imperiales sueños de los Habsburgo también terminaron mal y el joven Agustín acabó su vida como monje en algún lugar de Estados Unidos.[18]

...y muchas desconocidas

1

Terminado el fallido imperio, nació la República. Pero las siguientes décadas vendrían a demostrar que la Independencia no se había conseguido para traer estabilidad y buen gobierno sino todo lo contrario, desorden y anarquía. En reuniones abiertas y en grupos clandestinos se trataba de decidir cuál sistema de gobierno convenía adoptar para la nueva nación y cada una de las propuestas tenía sus partidarios que a su vez eran enemigos acérrimos de los que no pensaban como ellos.

Durante la primera mitad del siglo, veinticinco hombres ocuparon la Presidencia, señal evidente de las dificultades y los desacuerdos. Por eso, lo menos que puede decirse de esta época es que fue convulsa. Escribe Agustín Cué Cánovas: "Entre 1821 y 1854 hubo un imperio, se dictaron cinco constituciones, se establecieron dos regímenes federales y dos centralistas, ocurrieron dos guerras con el extranjero en la última de las cuales el país sufrió la mutilación de la mitad de su territorio y en las postrimerías de ese periodo, con el apoyo de los conservadores, se estableció la más oprobiosa dictadura".[19]

Una Junta se hizo cargo del Supremo Poder Ejecutivo. Ella estuvo formada así: del primero de abril al primero de mayo de 1823, por el general Pedro Celestino Negrete, el licenciado Mariano Michelena y el excorregidor de Querétaro Miguel Domínguez. Entre mayo y julio, este último fue sustituido por el general Nicolás Bravo. De julio del 23 a febrero del siguiente año, fueron Michelena, Domínguez y el general Vicente Guerrero. Entonces el primero fue sustituido por Bravo y en agosto de ese año a Domínguez lo quitaron para poner a Guadalupe Victoria. Entre agosto y octubre de 1824 el Supremo Poder Ejecutivo lo conformaron los tres generales Guerrero, Bravo y Victoria.[20]

¿Y las esposas de estos señores?

De las tres Josefas —Olavarrieta de Negrete, Iriarte de Michelena y Ortiz de Domínguez— sólo esta última tuvo participación en la vida pública, en la conspiración que llevaría al levantamiento independentista. La primera murió a los cuarenta y ocho años de edad en México, mientras su marido vivía exiliado en Francia. De la segunda no sabemos nada —quizá por eso Covarrubias hasta afirma que el licenciado era soltero— y de la tercera sabemos que nació en México en marzo del año 71 y que siendo muy joven y estando interna en el colegio de las Vizcaínas (la única institución laica para mujeres en la Nueva España), conoció al que sería su esposo, el abogado Domínguez, un hombre maduro que visitaba el lugar con frecuencia en calidad de patrono. Don Miguel estaba casado y tenía varios hijos, pero ello no fue impedimento para que se enamorara de la agraciada muchachita. Su buena suerte quiso que muriera la esposa legítima, por lo que pudo contraer matrimonio con la joven, quien para entonces ya tenía una niña suya y esperaba a su segundo hijo. "Seguramente para evitar un escándalo, dicho evento quedó registrado en el Libro de Matrimonios Secretos del Sagrario de la catedral de México."[21]

Pero la historia no termina allí. Según Villalpando: "Cuando don Miguel fungía como corregidor de Querétaro y al tiempo en que se celebraban en su casa las juntas conspiradoras... fueron muy comentados sus enojos porque sospechaba que el capitán Ignacio Allende, viudo de cuarenta y un años y que decía pretender a la hija mayor de los Domínguez que apenas tenía quince años, en realidad sostenía un idilio con la señora corregidora. Verdad o mentira, lo cierto es que al ser descubierta la conspiración y una vez encerrada, la mayor preocupación de doña Josefa fue que se avisara con prontitud a Allende". Francisco Sosa cuenta que para hacerlo, como sabía leer pero no escribir (pues, según él, a las mujeres no les enseñaban a escribir para que

Josefa Ortiz de Domínguez tuvo participación en la vida pública, en la conspiración que llevaría al levantamiento independentista

no mandaran cartas de amor), recortó palabras de los libros de su esposo y las pegó en un papel. Se supone que doña Josefa quedó embarazada del apuesto militar, por lo cual su marido la mandó a un convento, donde nació una niña que jamás salió de allí.

Dice un poema compuesto en honor de esta "patriota esclarecida":

> Mujer digna e ilustre,
> la fama te coloque en célica mansión
> y todo mexicano rendido te tribute
> los más grandes honores con gran veneración.[22]

2

Por fin, las legislaturas estatales tomaron la decisión de elegir a José Miguel Ramón Adaucto Fernández y Félix como primer presidente de México para el periodo 1824-1829.

La historia lo conoce con su seudónimo de Guadalupe Victoria, nombre que él mismo se había puesto en un arranque de patriotismo y del que muchos se burlaron tachándolo de ridículo.

Victoria era un caudillo insurgente ampliamente respetado. La marquesa Calderón de la Barca lo describe como un hombre de aspecto humilde, alta estatura y limitada conversación, que era cojo y padecía epilepsia. Fue ella también quien corrió la especie (así se le decía entonces a los chismes y rumores) de que don Guadalupe era soltero, lo cual era cierto mientras fue presidente pero no después, porque ya grande y enfermo contrajo matrimonio con una jovencita de familia muy rica, heredera de haciendas en Veracruz, que se llamaba María Antonia Bretón y a la que muy pronto dejaría viuda, pues apenas dos años después del enlace, el general murió en el hospital militar de Perote, a donde lo había mandado Santa Anna, que mucho lo quería, para que lo atendieran por sus ataques de epilepsia. Y aunque el caudillo puso a su disposición a los mejores médicos, nada pudieron hacer por él. Por supuesto, de la joven señora no se volvió a saber nada.

3

El periodo del presidente Victoria fue extrañamente estable dentro de ese mundo inestable y lleno de intrigas que era la política en la nueva república. A ello contribuyó el hecho de que Estados Unidos le hubiera dado su reconocimiento y que Inglaterra le hubiera facilitado los primeros préstamos para echar a andar el gobierno.

Y es que los ingleses querían invertir en este territorio, porque tenían la idea de que México era un país de riquezas fabulosas y de inagotables recursos naturales. El mito se había forjado en el siglo XVIII cuando los criollos, ansiosos de reivindicar a la que consideraban como Su Patria, habían hablado de ella como "el cuerno de la abundancia". Luego lo había retomado y difundido el barón alemán Alexander von Humboldt, quien había visitado la Nueva España y se había enamorado de su "vegetación frondosa, el aire transparente, las montañas cubiertas de nieves perpetuas que rodean al hermoso valle, los lagos". En el libro que este noble publicó cuando volvió a Europa, fueron tales sus alabanzas a las tierras americanas, que sus palabras despertaron los apetitos de muchos que ahora querían obtener para sí lo que antes España se llevaba y que eran lo suficientemente ricos como para poder arriesgar parte de sus capitales en esa aventura.

Pero la verdad era que el país iniciaba su vida independiente bajo los más negros augurios. ¿Cómo mover a este reino acostumbrado a obedecer durante tres siglos, en los cuales nadie aprendió la fórmula para gobernar ni para hacerlo productivo? ¿cómo echar a andar la economía, que estaba hecha un desastre después de once años de guerra durante los cuales se habían destruido o no habían contado con brazos para trabajar haciendas, comercios y minas, caminos y transportes? ¿de dónde sacar recursos si tantos capitales se habían ido y los ciudadanos no pagaban sus tributos? ¿qué hacer con un erario sobre el que gravitaban pesadamente el ejército y la burocracia?

La lucha política estaba marcada por las diferencias entre los partidarios de preservar las instituciones y las estructuras económicas y sociales de la colonia y quienes estaban empeñados en liquidar ese pasado: "Los borbonistas, cuyas aspiraciones políticas habían sufrido rudo golpe, se convirtieron en centralistas, es decir, partidarios de la república única e indivisible. Los españoles, el clero y algunos jefes militares, se afiliaron también al centralismo. La clase media había surgido reclamando su derecho al gobierno, aprovechando el colapso sufrido por el grupo militar al desaparecer el imperio y, dispuesta además a enfrentarse a la iglesia dueña del poder económico y espiritual. Ahora el conflicto iba a ser entre la clase media por una parte y el clero y los jefes del ejército por la otra".[23]

Los bandos se reunieron en logias masónicas, que eran asociaciones que tendrían mucha influencia en los acontecimientos políticos. Entre ellas pelearon la sucesión de Victoria. Los "escoceses" querían al vicepresidente Nicolás Bravo y los "yorkinos" al caudillo Vicente Guerrero. Un levantamiento encabezado por el primero y sofocado por el segundo decidió la situación. Y aunque las elecciones las ganó otro, quien llegó a la Presidencia fue Vicente Guerrero, el insurgente triunfador de quinientas batallas, según decían sus seguidores, al que un poema de la época elogiaba como "el héroe con el rostro bronceado, al cinto la espada luciente".

Guerrero había sido el último de los sublevados en ser aplacado y tenía grande fama de héroe. Según Josefina Vázquez, era un hombre de carácter "accesible y suave" que "pertenecía a una familia de arrieros". Las crónicas lo describen como muy alto, algunos afirman que era negro y otros que mulato. Apenas si sabía leer y escribir y no le gustaba a la llamada "gente decente" porque sus modales eran rústicos, aunque el pueblo lo vitoreaba.

Seguramente a los emperifollados tampoco les gustaba su esposa Guadalupe Hernández o quizá, y eso es lo más probable, ni siquiera sabían de su existencia, porque la señora nunca salió de casa ni lo acompañó en sus actividades públicas. Pero algo interesante debe haber sucedido en esa familia puesto que una hija del matrimonio, de nombre Dolores, llegaría a ser una "poetisa" (así se las llamaba) de cierta celebridad, cuyos escritos aparecerían en *El álbum de las señoritas mexicanas* y a su vez ella sería madre del eminente escritor Vicente Riva Palacio.

Guerrero tomó posesión en abril de 1829, luego de un golpe de Estado —el motín de La Acordada— y cayó unos meses después, derrocado por otra sublevación —la del Plan de Jalapa—, hecha en su contra por su propio vicepresidente Anastasio Bustamante. En su breve periodo de gobierno, le tocó que los españoles intentaran la reconquista de su

excolonia: un día desembarcaron en el puerto de Tampico pero fueron vencidos un poco por los militares mexicanos y un mucho por el clima y la geografía de la región.

Cuando cae Guerrero, el congreso nombra a José María Bocanegra para un interinato que resultó efímero porque al hombre le repugnaba la política. Entonces se formó un triunvirato con el político conservador, empresario e historiador Lucas Alamán, con Luis Quintanar y con Pedro Vélez.

Seguramente ninguna de las esposas de estos señores sintieron jamás que tenían nada que ver con el poder ni mucho menos una función que cumplir. Ni María de Jesús Carrasco de Bocanegra, ni Luisa Garay de Quintanar, ni Josefa Torres de Vélez ni Narcisa Castrillo García de Alamán se metieron para nada en los asuntos públicos. Sus maridos estaban activos en la política e inmersos en lo que sucedía en el gobierno, pero ellas permanecían en casa, en el "hogar doméstico" como se decía entonces, dedicadas a ser "el ángel" que lo cuidaba y atendía, para que fuera en todo momento "el delicioso nido".

Porque a diferencia del virreinato, época en la que las esposas de los gobernantes cumplían una labor de acompañantes de sus maridos en todo lo que tuviera que ver con ceremonias oficiales y tenían una fuerte presencia en la vida social, las mujeres mexicanas del siglo XIX vivieron completamente encerradas en el ámbito doméstico. Atender a la familia, ir a la iglesia y patrocinar alguna obra de caridad: en eso consistía su vida.[24] Su obligación más importante era ser madres y educadoras, inculcadoras de la fe y cuidadoras de la virtud. Y a eso se le consideraba una "misión sagrada". No se preocupaban por aprender y cultivarse pues su único afán era ser virtuosas.

De la señora Bocanegra lo único que sabemos es que murió en 1847, quince años antes que su esposo, y de la señora Quintanar que falleció tres antes que el suyo. En lo que se refiere a la señora Alamán, había nacido en 1804, hija de una familia de alcurnia y muy joven, en 1823, se había casado con don Lucas. "Matrona adorable, de trato finísimo y de bondad angelical" diría de ella Guillermo Prieto, era una mujer conservadora y sumamente devota, que educó personalmente a sus hijos y se cuenta que todos los días invitaba a su mesa a algún prelado, para aprovechar que durante las comidas sus vástagos aprendieran moral y valores. La señora sobrevivió varios años a su marido y murió en plena guerra de Reforma siendo sepultada junto a él.

El escritor Guillermo Prieto relata cuando conoció a Lucas Alamán, quien resultó ser su vecino y casero allá por San Cosme. Según Prieto, Alamán era una persona fina y cortés que pasaba buena parte del día frente a su escritorio. Su hogar era del todo ajeno a los vaivenes de su vida pública: la esposa cuidaba de él, se encargaba de su ropa y alimentos que se le servían puntualmente —en estas labores le ayudaban varias sirvientas fieles— y vigilaba que nadie molestara ni su descanso ni su trabajo. Ella por su parte, sólo salía de casa para hacer visitas a parientes y amistades o para ir a misa. En la familia del señor Alamán "se dormía siesta y se dejaba campo para el chocolate y el rezo del rosario... Todo era virtud, regularidad, decencia y orden" escribió admirado don Guillermo en sus *Memorias de mis tiempos*.[25]

4

Cuando Anastasio Bustamante asume la Presidencia que tanto había deseado (y de la que se haría en tres ocasiones), por si las dudas orquesta la traición contra Guerrero y lo manda fusilar en Cuilapan, un lugar de Oaxaca en el que se yergue un precioso convento.

Bustamante era criollo, había nacido en Michoacán y tenía cincuenta años de edad cuando recibió el cargo. Era médico, había estado a las órdenes del virrey Calleja y había atendido a éste y a la virreina como su doctor de cabecera.

Ése sí era soltero y si algo lo definía es que detestaba a los insurgentes contra quienes combatió. Según la marquesa Calderón de la Barca: "Parece un hombre bueno. Su cara es honrada y benévola, francas y sencillas sus maneras. Su aire no es heroico. Su conversación no es brillante".[26] Otros por el contrario, pensaban que era un tirano que no se ponía la mano en el corazón para reprimir a sus enemigos, en especial a los periodistas con quienes fue particularmente violento.

Es también la esposa del primer embajador de España en México quien nos cuenta en qué se había convertido el Palacio Virreinal, que ahora era el lugar donde habitaban los presidentes de la flamante y recién nacida República: "Es un enorme edificio que, además de contener las oficinas de dicho Magistrado (el presidente) y de sus Ministros, da alojamiento a los principales Tribunales de Justicia. Ocupa todo un lado de la plaza; pero su arquitectura no es notable en manera alguna. Al subir por las escaleras vimos, en los descansos, soldados tendidos sobre sus capotes amarillos y cerca de ellos, paradas, mujeres con rebozos. Por un corredor lleno de soldados pasamos a la antesala donde nos recibieron varios edecanes que nos llevaron a un salón bien amueblado, en el cual permanecimos sentados por espacio de algunos minutos hasta que llegó un oficial para conducirnos a un salón de recepciones, hermoso apartamiento de unos cien pies de longitud, tapizado de carmesí y oro y bien iluminado".[27]

El primer periodo presidencial de Bustamante duró dos años y medio, de enero de 1830 a agosto del 32. Lo sustituyó el general Melchor Múzquiz, un hombre que tenía la fama, muy escasa en esos tiempos, de ser honrado y que sólo permaneció en el cargo cuatro meses. Cuando se firmaron los convenios de Zavaleta, tomó posesión el general Manuel Gómez Pedraza, el mismo que había resultado electo en el año de 29 pero que no había podido asumir el mando por la asonada de Guerrero. Gómez Pedraza era un criollo queretano, realista y trigarante, que sería "víctima del primer golpe militar contra la incipiente democracia mexicana" según ha escrito Josefina Vázquez.[28] De este mandatario se dice que no fue más que un títere de quienes lo llevaron al cargo, en el que tampoco pudo permanecer más de unos meses, hasta abril del año siguiente, cuando de hecho y según la ley terminaba su periodo.

5

¿Qué sintieron Josefina Bezares de Múzquiz y Juliana Azcárate de Gómez Pedraza durante esos mandatos efímeros de sus maridos? ¿se consideraron a sí mismas importantes por ser las compañeras de los hombres que ocupaban el tan anhelado y alto cargo?

Lo más probable es que el asunto ni siquiera alterara sus vidas, su cotidianidad o el ritmo de su hogar, acostumbradas como seguramente estaban a esperar a sus cónyuges, quienes en razón de sus cargos políticos y de las guerras civiles, durante largas temporadas desaparecían de casa. Lo más seguro es que en sus conversaciones apareciera más el señor francés que por aquel tiempo iba a surcar los aires en un globo aerostático que el ascenso o descenso político de sus esposos, frente al cual ellas ya tenían la templanza suficiente y la oración adecuada.

La señora Múzquiz era, según la describe Conchita Miramón en sus *Memorias*, de baja estatura, talle fino, cutis blanco y hermosos ojos negros pero con una nariz grande y mal trazada. Dice también que era de carácter dulce y afable y que tenía modales de gran dama. Sobre ella hay un relato que da bien la tónica de la situación de las mujeres en esta época: "Nació el día 12 de enero de 1804 en Orizaba, Veracruz. Fueron sus padres el Sr. subdelegado D. Lucas Bezares y la Sra. Da. Josefina Caballero y Mendivil. Fue educada con exquisito esmero, como hija última del segundo matrimonio del Sr. Bezares que ya era de avanzada edad y de abundantes comodidades. Muy joven casó con el señor Tte. Coronel de artillería D. José Campillo, sobrino del señor obispo de Puebla y enviudó en el año de 1828 habiéndose quedado con cuatro hijos y bajo la protección inmediata de su hermano mayor, el rico comerciante y coronel D. Ángel Bezares, con quien vivió hasta el año de 1830, que contrajo segundas [a los veintiséis años] nupcias con el Sr. Gral. D. Melchor Múzquiz [de cuarenta y dos] que era gobernador del estado de México y dio su poder al Sr. Lic. Bouchet para este matrimonio que se celebró ante el Dr. D.

Josefina Bezares de Múzquiz, de baja estatura, talle fino, cutis blanco y hermosos ojos negros pero con una nariz grande y mal trazada

Manuel Posada, después arzobispo de México. Al día siguiente, acompañada de su hermano D. Ángel Bezares, de los ayudantes del general Múzquiz y de una escolta, salió para Toluca donde se reunió con su esposo. En esta ciudad vivió y tuvo sus dos primeros hijos hasta el mes de agosto de 1832, que regresó a la capital pues una comisión de ambas cámaras del Congreso de la Unión fueron a traer al general D. Melchor Múzquiz porque había sido electo constitucionalmente presidente interino de la República. Cuatro meses después de la muerte de su esposo acaecida el 14 de agosto de 1844 se vio al borde de la sepultura por el afán, los desvelos y la inmensa pesadumbre que experimentó con semejante pérdida pues amaba tiernamente y respetaba con admiración a su esposo, así lo refería en las conversaciones confidenciales con sus hijos".[29]

Cuando murió el general, y como había sido honrado y no tenía lo que entonces se llamaban "bienes de fortuna", "su esposa y seis hijos no contaban con más elementos de vida que la pensión de $ 125 mensuales a que tenía derecho por la cuarta parte del sueldo de general de división... Con tan pequeña suma la familia vivía muy humildemente y la señora se afanaba hasta muy avanzadas horas de la noche en trabajar, en unión de sus hijas, esas curiosidades de labor de mano que tan poco producen a las señoras".

Tiempo después, el gobierno de la nación dejó de pagar las pensiones y la señora, muy agobiada, "tuvo que recurrir al medio de abrir un colegio de educación de niñas, al que acudieron en tropel las señoritas de las principales familias de la capital, al extremo que tuvo que excusarse de no poder recibir a muchas que le era imposible atender, a pesar de que sus hijas la ayudaban en todo. En esa época el gobierno exigió que fuesen examinadas las señoras que tuviesen establecimientos de educación y la Junta de Instrucción Pública fueron a su casa y le dijeron que sólo por fórmula iban a examinarla cuando podía ella sinodarlos; que llenos de pena el tener a su frente a la digna esposa de un hombre tan ameritadísimo sólo podían pronunciar las palabras de que la aprobaban por unanimidad y le extendían su diploma con los honores que siempre había tenido de Excelentísima Señora; así está su título.

"Hasta el año de 1858 tuvo su colegio; educó muchísimas niñas que después fueron distinguidísimas madres de familia y que la quisieron muchísimo y siempre se aconsejaban de ella como si fuese un oráculo; debido a que su clara inteligencia tenía una prudencia genial, una amabilidad avasalladora y una virtud y caridad tan admirables que se le creía una santa."

La señora Josefina murió en octubre de 1860 y como había sido maestra de Conchita Lombardo, "esposa del general Miramón, que en ese momento era presidente, se le tributaron los honores correspondientes al grado de esposa de un general de división y el coche del gobierno fue en el duelo. El cadáver fue sepultado en la bóveda del presbiterio de la Tercera Orden de San Francisco, porque así lo encargó la señora y porque desde el año de 1824 se había inscrito en dicha Tercera Orden y pagaba su cuota; mas desgraciadamente, el gobernador Baz, sin aviso alguno, procedió a destruir el templo y quemó los cadáveres que halló allí, así fue que por más inquisiciones que hicieron después sus hijos, no se logró encontrar el cadáver y quedó perdido para siempre".

La larga cita mereció incluirse completa no sólo porque nos permite ver cómo vivían las mujeres en el siglo pasado y cuán desprotegidas se encontraban, puesto que eran totalmente dependientes del marido y tenían siempre muchos hijos, sino también por el tono en que lo hace, que aunque hoy nos suena impostado es perfecto para hacernos entender la situación. Llama la atención que trabajar y ganarse el propio sustento se considerara algo terrible a lo que se recurría cuando ya no quedaba otro remedio, como sucedió con la señora Múzquiz, quien prefirió vivir en la estrechez de una magra pensión y sólo cuando también ésta desapareció "tuvo que recurrir" a abrir un colegio para señoritas. Eran estos colegios los llamados "de amiga", que se ponían en las casas y en ellos se enseñaba a las señoritas labores domésticas, virtudes morales y bordado.

De la señora Gómez Pedraza, sabemos que había nacido en la capital y que era de familia noble y rica. Como era la costumbre, casó muy joven, "con licencia y paternal consentimiento", como era obligado, y le sucedió algo excepcional para la época: que su marido estuvo siempre muy enamorado de ella. Dicen que en su lecho de muerte "alcanzó a pronunciar sus últimas palabras dirigiéndose a su esposa: Señora, quién pudiera ser eterno para amarla a usted eternamente".[30] Ella murió en febrero del año 74 y fue sepultada junto a él en el panteón del Tepeyac en una tumba en la que años después también encontraría sepultura su querida sobrina Pepita de la Peña, aquella muchachita pizpireta de la que se va a enamorar el mariscal francés Bazaine.

6

Valentín Gómez Farías era también médico, pero sobre todo, era un empedernido liberal. Presidió por primera vez a la República entre abril y mayo del año 33 cuando le correspondía tomar posesión a Antonio López de Santa Anna quien no se presentó a hacerlo y entonces él, en su calidad de vicepresidente, juró el cargo y lo aprovechó para inmediatamente ponerse a dictar leyes en contra de los privilegios de la Iglesia, mismas que despertaron oposición y hasta levantamientos.

Su esposa Isabel López era oriunda de lo que hoy es el estado de Aguascalientes, pero que cuando ella había nacido en 1801 todavía era parte de Zacatecas. Sería Santa Anna quien decretaría la separación de los territorios y Villalpando cuenta que ello se debió a una mujer joven y hermosa que se lo solicitó a cambio de un beso. Así fue como el estado minero y el estado agrícola fueron independientes y dicen que por eso este último lleva en su escudo de armas unos labios.[31] ¡Una historia parecida a la de María Walevska que así le pidió a Napoleón la libertad de Polonia!

Los Gómez Farías se habían casado en 1818 y la señora tenía treinta y dos años cuando su marido fue por primera vez presidente. Desde entonces lo acompañaría en ésta y en las varias ocasiones (cinco en total) en que ocuparía el cargo, compartiendo con él las penalidades de la vida política. Y en cada una de éstas, se mantendría a su lado a pesar de los problemas en que se metía don Valentín, quien invariablemente se daba a la tarea de hacer reformas que mucho enojaban al clero porque pretendían quitarle sus riquezas. ¿Qué sentía la señora de las leyes en contra de la Iglesia siendo que ella era devota como todas las mujeres de su tiempo y de su clase social? ¿qué sentía cuando desde el púlpito se denostaba a su marido y a lo que él y sus colegas hacían en el gobierno?

Por supuesto, también lo acompañó al destierro en Estados Unidos y a punto estuvo primero de naufragar en el viaje de Matamoros a Nueva Orléans y después, ya instalados en esta ciudad, a sucumbir por la epidemia de fiebre amarilla.

Siete hijos tuvo doña Isabel, más tres criaturas indígenas a las que adoptó en un viaje por Yucatán. Uno de los suyos moriría muy chico en condiciones extrañas y aunque nada se dijo del asunto, según un estudioso, a los pocos días el presidente firmó un decreto prohibiendo que los niños volaran papalotes en las azoteas.

Tantas penas y dificultades la llevaron a la muerte en octubre del año 56, a los cincuenta y cinco años de edad. De ella escribió su hija Ignacia: "Como esposa fue modelo, como madre cristiana, amorosa y tierna. Era de trato muy afable y particularmente cariñosa con los niños".[32]

7

Las esposas de los gobernantes de los primeros tiempos independientes de México sólo fueron Primeras Damas de su casa y no de la nación, ante todo porque no existía nación sino apenas una república que penosamente insistía en levantar cabeza. Pero además, porque la tradición les impuso permanecer encerradas en el ámbito doméstico y no participar para nada de la vida pública.

En nuestro país no existía el concepto de que las mujeres tuvieran que ver con las tareas políticas de sus maridos. Mientras en Europa las esposas de los reyes y nobles tenían activa participación en las intrigas palaciegas y en la vida social, y mientras en Estados Unidos ya desempeñaban un papel significativo en las actividades del ritual social del presidente, en México, como escribió Guillermo Gómez utilizando el lenguaje apropiado para estos casos y de moda entonces, "se mantuvieron en la gloriosa penumbra de su hogar".

Por eso sabemos tan poco de ellas y lo único que en ocasiones podemos rescatar son sus nombres (y ni siquiera en todos los casos) que no tienen para nosotros ningún significado.

Podemos, eso sí, imaginar que sus vidas fueron como las de todas las damas mexicanas de ese siglo que tenían cierta posición social, independientemente de la filiación ideológica del marido (o incluso de la suya propia). Criollas o mestizas, ricas herederas o esposas de la incipiente clase media de profesionistas y militares, todas mantenían el mismo perfil de seres humanos criados sólo para el matrimonio y el hogar. ¡Y para tener muchos hijos! (El promedio era, según una estudiosa, de diez, pero sabemos que algunas tuvieron doce, quince y hasta diecinueve vástagos, como la señora Múzquiz.) Seguramente todas ellas eran lo suficientemente devotas como para que antes de "cumplir con sus deberes conyugales" rezaran aquello de:

Señor, no es por vicio ni por fornicio
sino por hacer un hijo en Tu Santo servicio.

Y por eso no era muy distinta la vida familiar y doméstica de un conservador como Lucas Alamán con su esposa Narcisa García que la de un liberal como Valentín Gómez Farías con su esposa Isabel López.

Lo que sí es probable, es que estas señoras oyeran conversaciones que las tenían al tanto de lo que sucedía en el país y que por ello estuvieran más informadas que la mayoría de las mujeres de su tiempo. Pero no tenemos ningún documento para acreditar esta hipótesis, al menos no hasta la segunda mitad del siglo. Además ¡ay de ellas si se atrevían a hablar de política! pues como decía Guillermo Prieto ¡ese día me divorcio!

8

El primer medio siglo del México independiente vio un entrar y salir de presidentes que casi nunca pudieron terminar sus periodos pues eran derrocados. Había continuos levantamientos contra el gobierno, se les nombraba, se les deponía, se les volvía a nombrar o se ponía a otro. Los pronunciamientos, cuartelazos y sublevaciones —"bolas" se les llamaba— estaban tan a la orden del día, que un viajero extranjero cuenta en sus memorias cómo cualquiera podía levantarse contra el gobierno sin demasiado esfuerzo: "Bastaba con reunir a algunos descontentos para lanzarse a tomar el Ayuntamiento, apoderarse del dinero de la caja fuerte y obligar a los comerciantes de la zona a un préstamo con lo cual ya podían dar inicio a la guerra".[33]

Y en esas guerras, unas veces se defendía al Supremo Gobierno y otras se estaba contra él y eso no siempre dependía de ideas o de programas sino, de manera más directa y práctica, del mejor postor. De modo que los gobiernos caían y se levantaban y eran tantos los presidentes y tan seguidos los cambios, que las guardias presidenciales no sabían si el que entraba o salía por la puerta del Palacio Nacional era o no el Jefe Supremo y si se le debía o no saludar y presentar honores. ¡Ni siquiera las esposas sabían si aquél con el que compartían lecho y mesa había sido o sería pronto el dueño de tan codiciado cargo!

Buena parte del esfuerzo de los elegidos o nombrados iba encaminado a sostenerse en el puesto, y la energía que les quedaba la destinaban a pacificar el país y a tratar de echarlo a andar con los muy escasos recursos de que disponían. Y eso no era tarea fácil. La agricultura, la minería y el comercio estaban estancados y la industria era prácticamente inexistente. Y no sólo era cosa de que las arcas estuvieran vacías sino también de que los gobernantes no tenían experiencia para como se decía entonces "poner en práctica el gobierno". Eso sí: dictaban leyes, era lo primero que hacían, porque tenían la convicción, muy característica del siglo XIX, de que si éstas eran adecuadas podrían efectivamente resolver los problemas. Constituciones, leyes y bases orgánicas se promulgaron y derogaron, se modificaron y agregaron, con la pretensión de ordenar, regir y unir a los mexicanos. Pero parecía que lograban exactamente lo contrario.

Dos quinceañeras

1

La figura que preside y encarna el primer medio siglo de la historia nacional independiente es la de Antonio de Padua María Severiano López de Santa Anna.

Había nacido bajo el signo de Piscis en el año de 1794, lo cual según uno de sus biógrafos, significaba "que su vida sería rara y emocionante", pero también que estaría marcada por "un violento apetito de triunfo".[34] La ya citada señora Calderón de la Barca dice que era: "Un individuo de aspecto caballeroso, de buen mirar, de color pálido, negros y hermosos sus suaves y penetrantes ojos y la expresión de su cara es interesante" y agrega "extraña cosa que semejante apariencia de filosófica resignación, de plácida tristeza, haya de observarse frecuentemente en la fisonomía de los más profundos, ambiciosos e intrigantes de los hombres".[35] Buena observadora era doña Fanny, como se demuestra en su descripción de este hombre del que Agustín Yáñez afirma que "era capaz de inspirar admiración".

Santa Anna aparece en la historia desde que formaba parte de la escolta del virrey O'Donojú, cuando se firmaron los tratados de Córdoba. Después participó en la proclamación de Agustín I lo cual no le impidió encabezar a quienes lo derrocaron trece meses más tarde. Fue quien derrotó a la escuadra española que pretendía la reconquista —aunque los que saben de tácticas militares atribuyen ese triunfo más al clima y a la geografía que a las acciones de la tropa— y como afirma Alamán, "estuvo presente en todas las guerras, ya sea porque él mismo las promovía o porque tomaba parte en ellas, ora trabajando para el engrandecimiento ajeno ora para el propio, proclamando hoy unos principios y favoreciendo mañana los opuestos, elevando a un partido para oprimirlo y después levantar al contrario". Maestro en el arte de la intriga política, ambicioso y hábil, fue "un orador grandilocuente de hinchada retórica, condotiero y mujeriego, jugador empedernido y amante de protocolos, de títulos y heráldicas, creador de órdenes y de condecoraciones".[36] Su nombre fue pronunciado en todas las revoluciones y se hizo indispensable para todos los partidos, lo mismo de cuño liberal que conservador. Un día estuvo por el establecimiento de una república centralista y otro por una federalista y una y otra vez subió a la Presidencia llamado por éstos o por aquéllos. Y aparece también en las guerras contra franceses y norteamericanos que se iniciaron a mediados de los años treinta: la de los colonos de Tejas, la de los Pasteles y la invasión norteamericana. Escribe Yáñez: "Se le tomó por general y por guía y a pesar de tremendos reveses, la psicosis duraría veinticinco años".[37]

2

Santa Anna ocupó once veces la Presidencia de México: la primera de mayo a junio de 1833 y a partir de allí alternó con Gómez Farías hasta el 34 y luego hasta enero del 35. Volvió al poder entre marzo y julio de 1839; entre octubre del 41 y octubre del 42; entre mayo y septiembre de 1843; entre junio y septiembre de 1844; entre marzo y abril del 47; entre mayo y septiembre de ese mismo año y por fin, la última ocasión, desde abril del 53 hasta agosto de 1855, cuando renunció definitivamente al cargo en Perote, Veracruz. Aunque su figura domina todo el periodo, en total gobernó menos de seis años. En sus memorias, el general escribió que ensayó todas las formas de gobierno que estimó prudentes para ver cuál les convenía o les resultaba más adecuada a sus gobernados.[38]

Entre una y otra de sus entradas al poder, otros personajes ocuparon la silla presidencial, si bien nunca por mucho tiempo. El médico Valentín Gómez Farías, como ya se dijo, estuvo por primera vez en el cargo cuando el presidente electo no se presentó a asumirlo y luego alternó varias veces con él entre 1833 y 34. Según Lucas Alamán, esta alternancia era obra del propio Santa Anna para que fuera Gómez Farías quien cargara con la impopularidad por hacer las reformas mientras él quedaba como salvador si dichas reformas despertaban oposición. El general sin embargo, cada vez que se iba, justificaba su retiro diciendo que tenía problemas de salud.

De enero de 1835 a febrero de 1836, fue presidente Miguel Barragán, mientras Santa Anna salió a combatir a los tejanos sublevados. De febrero de 36 a abril de 37, lo fue José Justo Corro, un abogado a quien tocó organizar el recibimiento ¡nada menos que como héroe! del Santa Anna que volvía como perdedor de las batallas. Esto que hoy nos puede parecer extraño no es un dato aislado. En ese entonces se hablaba ya de los gloriosos vencedores y del "sonoro rugir del cañón" cuando en realidad no se había ganado ni una guerra con los extranjeros.

Y es que a fines de los años treinta comenzó un periodo de agresiones que dejaron lastimado y mutilado al país. La primera fue la guerra con Tejas, cuyos orígenes se remontan a los años veinte, cuando un grupo de colonos norteamericanos consiguió permiso para instalarse en aquellas tierras deshabitadas a las que ahora se empeñaban en convertir en territorio independiente. La conclusión fue la separación de Tejas de la República mexicana y poco después el nuevo país se anexaría a la federación norteamericana.

La segunda agresión se inició cuando una escuadra francesa bloqueó Veracruz, dando inicio a lo que se conocería como la guerra de los Pasteles, que tuvo serias repercusiones económicas ya que el gobierno dependía de los ingresos aduanales que se recababan en ese puerto, de los que por supuesto los invasores se apoderaron.

A mediados de la década de los cuarenta empezó otra guerra más, cuando por el norte y por el Golfo entraron al país los invasores norteamericanos. Los deseos de expansión del vecino, aunados a las rivalidades entre los estados esclavistas del sur y los antiesclavistas del norte, se envolvieron en una retórica según la cual ellos eran los elegidos por la Providencia para un gran destino, parte del cual se realizaría aumentando su territorio.

Estados Unidos de Norteamérica era un país próspero y bien organizado mientras que México, como afirmaba José María Roa Bárcena, estaba "en condiciones desventajosísimas a todas luces: la debilidad de nuestra organización social y política, la desmoralización, el cansancio y la pobreza resultantes de veinticinco años de guerra civil y un ejército insuficiente compuesto por gente forzada, con armas que en gran parte eran el desecho que nos vendió Inglaterra".[39] El ejército mexicano, mal pertrechado y mal alimentado, perdió batalla tras batalla mientras los soldados yanquis avanzaban tierra adentro y ocupaban las plazas. Y por si fuera poco, los defensores de Veracruz, en lugar de irse contra el invasor se levantaron contra el gobierno.

A Anastasio Bustamante lo habían traído del exilio para que otra vez gobernara desde abril de 1837 hasta marzo de 1839 y luego desde julio de ese año hasta septiembre del 41 cuando el ejército se pronunció en su contra con el Plan de Tacubaya y a él no le quedó más remedio que huir. Por cierto, una mujer, Margarita Hernández escribió un "Valse triste a la memoria de esos días desgraciados". Francisco Javier Echeverría, también abogado, estuvo dos meses en el poder en el año 41, cuando otra vez Santa Anna tuvo que salir a combatir. El caudillo Nicolás Bravo, el eterno aspirante al primer puesto, pudo al fin cumplir su sueño de ser presidente por unos días en 1839, luego desde octubre del 42 a mayo del 43 y una vez más entre julio y agosto del 46. El general Valentín Canalizo tuvo el cargo entre septiembre de 43 y junio de 44 y otra vez entre septiembre y diciembre de este último año. El general José Joaquín de Herrera estuvo doce meses en el puesto, entre diciembre de 1844 y diciembre de 1845, cuando la legislatura destituyó al anterior. El hombre tenía fama de juicioso y debe haberlo sido porque fue quien mandó por primera vez al exilio a Santa Anna. El general Mariano Paredes y Arrillaga, quien ya se había pronunciado en contra del gobierno en el año 41 para apoyar a Santa Anna, en el 44 se vuelve a pronunciar pero esta vez para derrocarlo. Por fuerza se apoderó de la Presidencia y la mantuvo en sus manos durante medio año entre diciembre de 1845 y julio del 46, cuando fue depuesto por Bravo.[40]

Bravo entrega el poder al general Mariano Salas, un santannista que se había pronunciado en contra de Paredes y que lo primero que hizo en su breve gobierno entre agosto y diciembre de 1846 fue traer del exilio al indispensable Santa Anna y hacer que el congreso se reuniera y lo nombrara una vez más presidente. Pero el general no asumió el cargo sino que se fue a comandar tropas a la guerra. Según Agustín Yáñez, esto lo hizo mal: por sus errores tácticos se perdían batallas y ordenaba ataques o retiradas en momentos equivocados. Por entonces circulaba una copla que decía lo que era el sentimiento generalizado:

> Para la guerra no somos
> y para gobernar no sabemos.

Mientras tanto, el cargo supremo quedó otra vez en manos de Gómez Farías desde diciembre del 46 hasta marzo del 47. El general Pedro María Anaya estuvo un mes en la Presidencia entre abril y mayo del año 47 y luego otra vez entre noviembre de ese año y enero del 48. Había estado entre los defensores de Churubusco a quienes se les terminó el parque durante la batalla y por supuesto la perdieron. Gobernó mientras Santa Anna seguía en el combate contra los norteamericanos en lo que más de un autor ha llamado "la guerra más injusta".

El licenciado Manuel de la Peña y Peña, presidente de la Suprema Corte de Justicia, "personaje monumental y como quien dice la encarnación de la ciencia jurídica" en opinión de Guillermo Prieto, asumió el cargo, por la renuncia de Santa Anna, durante tres meses en ese mismo año de 1847, cuando el invasor entró a la capital y enarboló su bandera en Palacio Nacional y cuando, por si eso no bastara, comenzó la guerra de castas en Yucatán. Y otra vez entre enero y junio del 48 correspondiéndole el triste honor de negociar y firmar, en el mes de febrero, los tratados de Guadalupe-Hidalgo que pusieron fin a la contienda pero que dejaron un vasto territorio de más de dos millones de kilómetros cuadrados (Texas, Nuevo México y la Alta California) a los americanos a cambio de la ridícula suma de quince millones de pesos.

No se puede dejar de mencionar en este libro que una de las personas más fanáticamente anexionistas fue nada menos que la Primera Dama norteamericana Julia Gardiner Taylor, quien desplegó gran actividad para convencer de su posición a los senadores. Fue tal su fervor y dedicación a la causa, que su marido el presidente le regaló la pluma de oro con la que firmó la anexión y ella se la colgó al cuello para lucirla con orgullo por el resto de sus días. La actitud de la señora no fue excepcional, muchas mujeres de ese país estuvieron de acuerdo con que había que arrebatarle territorio al vecino del sur al que consideraban un país habitado por gente inferior. También la siguiente Primera Dama Sarah Polk sería una entusiasta promotora de la guerra contra México.[41]

En junio del 48 vuelve a la Presidencia el general Herrera, nombrado por el congreso y permanece durante un periodo bastante largo para los promedios de la época, hasta enero de 1851. Fue él quien negoció con Yucatán para que ese estado volviera a la república. Le sucedió el general Mariano Arista que había estado entre los que combatieron a los sublevados contra el gobierno de Bustamante, quien se quedó también por un periodo largo de dos años, entre enero del 51 y enero del 53. Él tuvo el honor de ser el primero que recibió el poder "en forma pacífica y cordial" como se decía entonces, aunque no lo entregó de la misma manera pues tuvo que renunciar debido a un levantamiento en su contra y lo hizo a favor del licenciado Juan José Bautista Ceballos, presidente de la Suprema Corte de Justicia, quien estuvo en el cargo los primeros dos meses del año 53 y lo entregó, por los siguientes tres, al general Manuel María Lombardini quien a su vez pasó el mando otra vez al eterno Santa Anna que poco después se nombraría a sí mismo Alteza Serenísima y que decidió en esta ocasión gobernar como dictador reprimiendo, desterrando, aumentando impuestos y vendiendo otro pedazo del territorio nacional a los norteamericanos, La Mesilla, por siete millones de pesos.[42]

Y en todo este panorama que parecería más de película cómica si no fuera porque es de historia trágica, ¿dónde quedaban las esposas de los gobernantes?

3

El primer galanteo que se le conoce a Antonio López de Santa Anna fue cuando tenía veintiocho años y era apenas brigadier, pero ya se hacían patentes sus ambiciones: decidió dirigir sus atenciones nada menos que a doña Nicolasa, la hermana mayor del emperador Iturbide, quien a la sazón tenía ¡sesenta años de edad! y era soltera, pero que de haberle correspondido, le habría permitido adquirir el título de príncipe cuando el hombre aún pensaba que la monarquía iba a durar (y que los títulos se conservarían, lo que no fue así, pues en el año 26 desaparecieron). Esto nos da idea, como dice Yáñez, "de su ávido carácter". Fue el propio don Agustín quien puso fin a estos escarceos que, según cuentan los que saben, hacían ruborizar a la señora.

Dolores Tosta de Santa Anna, bella y muy joven criolla a la que Juan Cordero captó en este óleo sin parangón en la retratística decimonónica

Como la jugada no le resultó, el hombre se fue a buscar por otro lado y a poco envió una participación al emperador anunciándole que se iba a casar "con una señorita de las mayores recomendaciones por su virtud, talento, cuna y bienes" y terminaba diciendo que "bajo estos principios presagio que ha de constituir mi felicidad".

La tal señorita era María Inés de la Paz García, hija de padres españoles riquísimos, quien había nacido en Alvarado, Veracruz, en enero de 1811. Casó con Santa Anna en 1825, por poder como se estilaba en esos tiempos de caminos difíciles y hasta intransitables, cuando apenas tenía quince años mientras que él ya andaba en los treinta y uno. Pronto adquirieron una hacienda, la muy hermosa Manga de Clavo, enorme solar situado en el camino entre el caluroso infierno que era Veracruz y el fresco paraíso que era Jalapa. Dicen que la señora la convirtió en un vergel y que allí pasó la mayor parte del tiempo durante los siguientes diecinueve años, ya que el marido casi siempre estaba ausente, metido en guerras e intrigas políticas.

María Inés fue la madre de los cuatro hijos legítimos de Santa Anna, dos mujeres y dos varones, uno de los cuales murió muy chico. Además el general tuvo por supuesto hijos naturales, como casi todos los señores de la época. Según Villalpando, las madres de éstos fueron Nazaria Santos, Rafaela Morenza, María Cesárea y Amada Sandoval. Uno de ellos sería el coronel José María, que años más tarde tomaría preso y mandaría a San Juan de Ulúa nada menos que a Benito Juárez. Este joven se suicidaría en 1886 en La Habana, Cuba, acusado de "cierta responsabilidad en la sustracción de fondos públicos de la nación".

Fanny Calderón relata la magnificencia y el lujo en que vivían los Santa Anna: "La casa es bella y se conserva en buen orden. Fuimos recibidos por un ayuda de campo en uniforme y por varios oficiales que nos condujeron a un apartamento amplio, fresco y agradable, con muy pocos muebles, al que poco después llegó la señora de Santa Anna, alta, delgada y a esa temprana hora de la mañana vestida para recibirnos con una ligera muselina de color blanco, unos zapatos de satén blancos y unos muy espléndidos aretes, broche y anillos de diamantes. Se portó muy amable y nos presentó a su hija Guadalupe, una miniatura de su madre en rasgos y en vestuarios".

Cuenta doña Fanny que en esa ocasión se sirvió un almuerzo magnífico y de muy variados platillos en vajilla de porcelana francesa y que se le acompañó con excelentes vinos también traídos de Europa. Y una vez concluido el ágape, "la señora despachó a un oficial a traer su caja de cigarros que era de oro y con un diamante y me ofreció un cigarro, mismo que decliné y entonces ella prendió el suyo, un pequeño cigarrito de papel, e inmediatamente los caballeros siguieron su buen ejemplo".[43]

De este relato de la esposa del primer embajador de España en México, se colige que a mediados del siglo XIX las damas mexicanas más ricas seguían emperifollándose y enjoyándose como lo habían hecho en tiempos del virreinato, que seguían comiendo copiosamente y viviendo una vida de ocio total, sin absolutamente nada que hacer, y que algunas ya se tomaban libertades propias de los "tiempos modernos" como la de fumar.

Pero la joven señora Santa Anna enfermó repentinamente. Tan grave era su estado que diariamente se le suministraba el viático y su marido "invitaba" a los funcionarios públicos, al alto clero y al cuerpo diplomático al poco agradable acto de presenciar esta ceremonia. En agosto de 1844 murió María Inés. Fue inhumada en la capilla de Nuestra Señora de Guadalupe en la catedral de México.

Como al general no le gustaba el celibato, luego luego se puso a buscar esposa. Villalpando dice que fue a pedir la mano de Concepción Velasco, hija de un riquísimo español que era su apoderado y albacea pero que éste se asustó tanto de imaginar que la muchacha pudiera caer en manos de ese hombre al que conocía muy bien, que en menos de veinticuatro horas la casó con un sobrino y así lo impidió.[44]

De todos modos, para sorpresa de todos y como sabroso manjar para las habladurías, apenas pasada la cuarentena, el viudo casó con Dolores Tosta, una joven bella y de frágil figura que había nacido en México en 1818, que también era hija de comerciantes muy ricos y que también tenía entonces quince años, que por lo visto era la edad que le gustaba a dicho señor (y más si venía acompañada de una considerable fortuna), mientras que él ya pasaba de los cincuenta. Aunque lo más probable es que los padres no les preguntaran a sus hijas si lo querían por marido, según Salado Álvarez, las mujeres se enamoraban de él porque "montaba admirablemente a caballo y a horcajadas sobre una preciosa yegua castaña, parecía mucho más joven y erguido".[45]

Este matrimonio también se realizó por poder, con un alcalde de nombre Cañedo en representación del novio y con la asistencia del presidente de la República, el general Canalizo. Don Antonio no estuvo presente pues por entonces se encontraba encerrado en su hacienda debido a las muchas críticas en su contra no sólo por su política y no sólo porque aumentó los impuestos y creó algunos nuevos, sino también por su tan rápido matrimonio que se consideraba entre la sociedad "decente" como un atentado contra las buenas costumbres.

En su novela sobre Santa Anna *Quince uñas y Casanova aventureros*, el escritor Leopoldo Zamora Plowes describe una escena a la hora del banquete de bodas:

"Cuando los invitados pasaron al resplandeciente comedor a disfrutar el banquete... La desposada ocupó la cabecera de la mesa.

Entonces presidente [Canalizo] y marido [Cañe-
do] sustitutos entablaron la siguiente discusión:

Cañedo: Excelentísimo general, permíta-
me observarle a Su Señoría que el lugar de honor
junto a la desposada me corresponde a mí.

Canalizo: Olvida usted, Señor Alcalde, que
soy el Presidente de la República y que por lo tanto, soy el primero en cualquier parte.

Cañedo: Lamentable equivocación, Señor
Presidente. ¿Quién se casa? El Benemérito de la Patria, el verdadero Presidente, el Constitucional. ¿Quién lo representa aquí con poder? Yo.

Canalizo: Pero tenga usted en cuenta, señor Cañedo, que mi
excelentísimo amigo el señor general Santa Anna no es Presidente en
estos momentos. Yo lo sustituyo, yo soy el Presidente sustituto y me
asiste el derecho a sentarme...

Cañedo: ¡Señor Canalizo! Si usted es el Presidente interino, yo
soy el Esposo Interino, es decir, yo represento al general Antonio López de Santa Anna y no usted. Si lo que usted disputa es la silla presidencial, mándela quitar de aquí, pero yo me siento en el lugar de honor, con la hoy señora de Santa Anna, porque en estos momentos soy
el mismo don Antonio López de Santa Anna."[46]

También a Dolores Tosta le tocaron lujos. El general le regaló la
hacienda El Lencero, un lugar "absolutamente plácido, con una entrada bordeada por laureles y jacarandas" y además le obsequió un pala-
cete en Tacubaya, cerca de la capital. A la señora le gustaban las fiestas
y saraos y los organizaba a menudo, sin importarle lo que estuviera
sucediendo en el país y sin detenerse en gastos. Las malas lenguas aseguran que incluso en los momentos en que había levantamientos contra su marido, ella seguía con lo suyo como si nada.

Se usaba entonces que en las fiestas y en el teatro, cuando llegaba el presidente, se cantara el aria de alguna ópera para así dar inicio
formal al acto o la festividad. En una velada literaria en honor precisamente de Santa Anna, la soprano Enriqueta Sontag, condesa de Rossi,
hizo pública por primera vez la letra que para celebrar a la patria había
escrito González Bocanegra (aquel a quien su esposa o novia —no lo
sabemos a ciencia cierta— había encerrado bajo llave obligándolo a
pensar esos versos), misma a la que se le pondría música cuando Jaime
Nunó ganó el concurso respectivo. La señora Dolores, al escucharlo
¿creyó que era cierto que los mexicanos ganaban todas las batallas? ¿y
se aprendió de memoria aquello de "Mas si osare un extraño enemigo,
profanar con su planta tus suelos, piensa oh Patria querida que el cielo,
un soldado en cada hijo te dio"? ¿o de plano no le hizo caso al himno y
prefirió nada más memorizar el catecismo del padre Ripalda que su se-

ñor marido convirtió en enseñanza obligatoria porque, como se decía entonces, "manda huir de las tentaciones i de la ociosidad... con oración, consejo y recato"?[47]

¿Qué pensaba esta joven despreocupada sobre los afanes desmedidos de gloria que tenía don Antonio, de su gusto por los aplausos y los elogios y de las estatuas que acostumbraba mandarse erigir? ¿qué opinaba de que fuera un jugador empedernido que apostaba mucho, sobre todo a los gallos? ¿tuvo en algún momento miedo de perder su fortuna? ¿o quizá era demasiado joven para darse cuenta de lo que estaba en riesgo y no pensaba sino en sus joyas y vestidos de "gro"?

Con todo, y a pesar de las frivolidades, fue Dolores Tosta quien le acompañó en los difíciles momentos de la caída, cuando todo se vino en contra del hombre y hasta la pierna aquella que le habían amputado y que había sido enterrada con todos los honores, fue exhumada por el populacho y paseada por la ciudad entre vituperios y burlas. Fue ella quien pagó sus deudas y quien sobre todo, no se despegó de su lado durante el tristísimo exilio en una isla del Caribe. Según Yáñez, esa "esposa y compañera paciente y leal" mantuvo su adhesión inquebrantable en "la lucha postrera, tenaz, contra la fortuna que ya era por siempre esquiva a quien tanto mimó".

Se cuenta que la mujer, que nunca tuvo hijos, sufría tanto por la soledad de su marido, que contrataba gente para que hiciera antesala y le dijera que el país lo necesitaba. Así él se sentía buscado e importante. El problema es que el viejo general se lo creyó y se puso a ofrecer sus servicios a quien los quisiera, por igual a Juárez que a Maximiliano, aunque ninguno los aceptó. Entonces fletó por su cuenta un barco para volver a México, pero cuando llegó a puerto no lo dejaron desembarcar y lo mandaron de vuelta a su isla. Decía la copla:

> Cayó Santa Anna,
> cayó el desventurado
> porque estaba mal parado
> solamente sobre un pie.

Tiempo después y luego de muchas gestiones, doña Dolores consiguió por fin que el presidente Lerdo de Tejada diera permiso al octogenario para volver a la Patria. Y aquí lo cuidó hasta el día de su muerte, luego de la cual siguió la costumbre de tantas viudas, que aunque aún fueran jóvenes, permanecían ya por siempre recluidas. Ella lo hizo en la casa de la calle de Vergara número 9, hoy Bolívar 11, "finca de cantera de marcada modestia" dice Yáñez, y único bien que conservó la señora "después del desastre financiero ocurrido por las locas empresas de 1866-1867 que su marido emprendió".

Dolores Tosta murió en el 86, auxiliada por monseñor Pagaza que después sería obispo de Veracruz. Los esposos están enterrados juntos en el panteón del Tepeyac.

Un poema de Salado Álvarez resume la época y a su principal protagonista:

> General, danos la gloria,
> afianza nuestros derechos y vindica tu memoria,
> de otros tiempos y otros hechos,
> que son de luto en la historia.

4

¿Y qué con las esposas de los demás presidentes que por unos días o unos meses gobernaron al país?

Pues allí estaban por supuesto, esperando a sus maridos "en la dulce penumbra del hogar": Manuela Trebuesto y Casasola de Barragán, condesa o marquesa de Miravalle por más señas, nacida en México en 1806, quien había casado en 1821 con don Miguel y había procreado con él un hijo que murió. Luego de enviudar —y por cierto su marido falleció en el ejercicio del cargo— casó en segundas nupcias con un ingeniero de nombre Muñoz con quien se fue a vivir a Francia, donde permaneció hasta su deceso ocurrido en el año 84 en su casa de la Costa Azul.

De Juana Fernanda Ulloa de Corro, sólo sabemos que era oriunda de Guadalajara y de Refugio Almanza de Echeverría, que originaria de Jalapa donde había nacido en 1799 descendiente del virrey Enríquez de Almanza. En 1823 había casado con el abogado pero murió joven en el año 48, cuatro años antes que su marido.

Antonieta Guevara de Bravo, en vida de su marido casi no le vio el pelo, pues él andaba siempre en las luchas por el poder, pero a la hora de la muerte fue asesinada junto con él en la hacienda de Chichihualco en Guerrero, en abril de 1854, al parecer envenenada y Josefa Benita Dávila o Dávalos de Canalizo, era oriunda de Tlaxcala, donde había nacido en 1808 y murió en enero del año 44 cuando su marido estaba en funciones de presidente de la República, siendo por este motivo inhumada con gran solemnidad en el panteón de Los Ángeles. Es curioso, pero en vida nadie las tomaba en consideración aunque fueran esposas del presidente y sin embargo, en el caso de que murieran estando él en funciones, el entierro se volvía un asunto de Estado.

Josefa Cortés de Paredes Arrillaga, era una aristócrata tapatía que por alguna razón incomprensible se había casado con ese hombre humilde que era el general, al que pulió, enseñó modales y relacionó con

gente. Vivió siempre en la capital hasta su muerte ocurrida en los años ochenta cuando ya era septuagenaria.

Josefa Cárdena o Cardeña de Salas era una mujer ya mayor cuando casó con el general, quien también ya era viejo. Josefa Osta de De la Peña y Peña, era "de distinguida familia" como afirma Guillermo Prieto, tercera marquesa de Rivas Cacho y segunda esposa del licenciado (la primera se había llamado Bernardina Illanes). Cuando enviudó casó en segundas nupcias con un señor de apellido Arias.

Guadalupe Martel de Arista era viuda del comandante español Isidro Enrique Barradas, que dirigió la fracasada reconquista de México y con quien tuvo un hijo. Casada en segundas nupcias con el general mexicano, fue abandonada por éste, hecho que causó escándalo en su momento porque el señor se lucía públicamente con otras mujeres e incluso las llevaba a sus departamentos particulares en el Palacio Nacional (¿será para eso que mandó a abrir otra puerta más al norte, la que hasta hoy se llama "Mariana" en su honor?). La señora se fue a vivir al convento de Regina donde murió sola y humillada en el año 64. Según Josefina Muriel encerrarse en un convento era una práctica común en los siglos coloniales pues allí las mujeres encontraban apoyo y protección. Por lo visto la costumbre persistía en el siglo XIX.

De Ana Madrid de Ceballos nada sabemos y de Refugio Alegría de Lombardini, segunda esposa del general (la primera se había llamado Guadalupe Lemus) lo único que conocemos es la fecha de su muerte en el año 86, por una placa que su atribulado marido le dedicó en el panteón de San Fernando.

Dolores Alzagaray de De Herrera, oriunda de Córdoba, Veracruz donde había nacido en 1811 y allí mismo se había casado con el general con quien tuvo tres hijos. En realidad ella nunca fue Primera Dama porque murió un lustro antes de que su marido ocupara las dos veces el cargo. Pero llama la atención que éste no se volvió a casar y tampoco ninguno de sus hijos lo hizo. Se dice que el hombre era tan honesto que mandaba traer de su casa la comida para comer en Palacio Nacional, puesto que no había recursos públicos para comprarla.

Y por último, por lo que se refiere al general Anaya, ése sí era soltero.[48]

5

Estamos a mediados del siglo XIX. El país se encontraba en un estado desolador: desintegrado el territorio, humillada y desmoralizada la gente, la economía en bancarrota y sin crédito externo, los estados no obedecían a la capital y había sublevaciones constantes. Alguno de esos levantamientos hasta llegó a nombrar a su propio presidente de la República en la persona del general Carrera.

Los gobernantes inventaban nuevos impuestos —algunos de ellos francamente absurdos— para agenciarse recursos: que a las ventanas, que a los perros, que a las ruedas de las carretas. Pero poca gente los pagaba y aunque los norteamericanos entregaron una indemnización por los territorios que se anexaron y una suma por el que compraron y aunque se obligaba a los ricos a préstamos forzosos y aunque se vendieron diversos bienes eclesiásticos, las arcas del erario estaban vacías, siempre vacías. ¿A dónde iba a parar todo el dinero?

Seguramente una parte había hallado resguardo en los bolsillos de particulares, pero mucho también se había destinado a pagar, por una parte, el costoso ejército y burocracia que mantenía la administración y por otra, los préstamos de los agiotistas cuyos intereses eran considerables. Como sea, y cualquiera que hubiera sido su destino, el hecho es que no se derramó ni hacia obras públicas ni para el beneficio de las mayorías que seguían siendo tan pobres como siempre, dedicadas a las labores agrícolas, vendiendo su fuerza de trabajo, sus oficios o productos y mendigando o robando. En efecto, los asaltos y crímenes eran frecuentes en un país donde no se sentían las riendas del gobierno ni de la autoridad. La literatura de la época está llena de relatos de estos hechos, siendo los más conocidos los de Inclán y Payno. ¿Podemos imaginar el terror que sentían las personas cuando viajaban de un lugar a otro y de repente se encontraban con los bandidos que salían de los matorrales y detenían los carruajes y las diligencias?: "Mientras unos se abalanzaban sobre las portezuelas, otros se dirigían a la covacha para sacar los equipajes. El capitán obligaba a los pasajeros a descender, les ordenaba que se pusieran a gatas sobre la tierra y les prohibía levantar la cabeza... si alguno se oponía a esas instrucciones era golpeado sin miramientos. En poco tiempo los ladrones sacaban todo lo que era de valor... En cuanto los pasajeros recibían aviso de peligro se suspendían las conversaciones, generalmente animosas entre ellos, y se manifestaba la inquietud por medio de frases reveladoras de la naturaleza de cada uno... Las damas se apresuraban a inquirir si los ladrones tendrían la costumbre de llevarse a las mujeres. Algún varón que se las daba de valiente azuzaba a los demás para que se defendieran... Los religiosos se preguntaban si los bandoleros serían de los que respetaban a los padrecitos o de aquellos que los maltrataban sin mostrar la menor consideración a su alta y espiritual investidura. Algunos pasajeros escondían dinero y objetos de valor en las canales por las que corrían las portezuelas. Otros elegían el relleno de los cojines de cuero colocados sobre los asientos para amortiguar, aunque infructuosamente, el golpeteo del cuerpo, o bien el cielo de raso del carruaje o cualquier otro escondrijo que encontraran. Todo era inútil, los ladrones, conocedores de esos recursos, ya sabían dónde buscar. En ocasiones, ante el peligro de perder lo único de valor que poseían, los viajeros se exponían a peligros mayores y aguzaban el ingenio. Se cuenta la anécdota de una joven que, ante la inminencia del asalto, clavó en la pulpa de un plátano un anillo de mucho valor. Cuando los ladrones estuvieron frente a ella, aparentó estar mordiendo la fruta precisamente en ese momento. La despojaron de otros objetos pero ni tocaron el plátano ni la sortija de diamantes escondida en su interior".[49]

En ocasiones los bandidos no se conformaban con el dinero y las alhajas que llevaban sus víctimas sino que les quitaban también la ropa, de tal suerte que los pasajeros se veían obligados a continuar el camino semidesnudos. Si los carruajes entraban a la ciudad con las cortinas bajadas, era señal inequívoca de que habían sido asaltados y de que venían en condiciones inconvenientes.

Y no se crea que esto sólo sucedía en los caminos. También en las ciudades la criminalidad era elevada. Un caso célebre fue el asesinato de un súbdito británico y de una señora que le acompañaba. Cuenta Mario Moya Palencia: "Marcándoles el alto, los acometieron tres sobre los cuales Egerton disparó una pistola, que a ninguno ofendió. Y entonces uno de los agresores lo aseguró por la espalda y el otro le comenzó a tirar diversas estocadas que le quitaron la vida en el momento. Quedándose dos con el cadáver y registrándolo uno de ellos, que le robó sólo real y medio o dos reales que llevaba en una bolsa, los dos restantes condujeron a la señora, no sin trabajo, por la loma recién barbechada hasta unos árboles del Perú, donde la derribaron, desnudaron, hirieron y golpearon con tanta crueldad como manifestaban las señales de su cuerpo, sin que a ella se le oyesen más voces que las de Jesús, Jesús, después de las cuales quedó muerta".

El asesinato de esas personas no tuvo más motivo que hacerse de un poco de dinero y lo que consiguieron los delincuentes fue en efecto muy poco: apenas algunos reales que cargaba el muerto y algo que obtuvieron por vender la ropa y el sombrero "en el baratillo del Factor por 12 reales". ¿Y para qué maltrataron tanto a la señora? se les preguntó en el juicio, pero eso "no lo quisieron explicar conviniendo unánimes que ninguno la había disfrutado carnalmente".[50]

En 1854, una rebelión animada por el Plan de Ayutla despertó una cadena de sublevaciones en varias partes del país que el gobierno no pudo frenar. Fue entonces cuando Santa Anna renunció de manera definitiva a la Presidencia, abandonado por todos los grupos que ya estaban hartos de él. Tomó la primera magistratura Rómulo Díaz de la Vega quien la tuvo dos días para entregársela al general Martín Carrera, el mismo al que ya habían nombrado los sublevados pero que esta vez la asumía en forma legal. Un mes la conservó y se la devolvió a De la Vega que la tuvo hasta octubre. El puesto era literalmente una papa caliente.

La sublevación triunfante la había encabezado Juan Álvarez, quien redactó un plan con el que llegó a la Presidencia en octubre de 1855, después de difíciles negociaciones con Carrera que no la quería entregar. Inmediatamente formó un gabinete con puros liberales puros. Pero sólo estuvo dos meses en el puesto por una razón que no fue política sino personal: no aguantaba la ciudad de México, y aunque había tratado de gobernar desde Cuernavaca ni allí "se hallaba" con las costumbres y las gentes y menos que nada con la comida. Y es que el hombre extrañaba su tierra. Así que delegó sus facultades en el ministro de Guerra Ignacio Comonfort, quien asumió el cargo en diciembre de ese año, y se fue para su casa.

Según Guillermo Prieto, Comonfort era un "hombre naturalmente dulce, pacífico y de educación la más pulcra y delicada, parecía nacido para el cultivo de los más inocentes goces domésticos".[51] Al llegar a la Presidencia se encontró con que los liberales radicales que estaban en el gobierno empezaron a redactar leyes que insistían en despojar de poder y la riqueza a la Iglesia. Así fue como nacieron las famosas leyes Juárez y Lerdo: "La Reforma liberal pretendía crear una generación de pequeños propietarios urbanos y rurales que ampliarían las clases medias en las cuales se hacía residir todo el progreso del país".[52]

Por supuesto, los conservadores reaccionaron enfurecidos cuando "la excelsa majestad", como se le llamó entonces a la Carta Magna, pasó a convertirse en ley obligatoria. El arzobispo de México prohibió a sus fieles que la juraran. Pronto empezaron a surgir las revueltas y hasta se quiso desconocer al presidente. Éste sin embargo, mandó al exilio al poderoso obispo Antonio Pelagio de Labastida y Dávalos que era un intrigante. Por si todos estos problemas no bastaran, hubo que combatir a bandoleros franceses que pretendían apoderarse de tierras en Sonora.

Como era presidente interino, Comonfort buscó la legalidad y al amparo del nuevo instrumento jurídico liberal logró que lo eligieran legítimamente en diciembre de ese mismo año de 57. Pero pronto se peleó con los radicales y empezaron las sublevaciones en su contra, una de ellas, encabezada por sus amigos más cercanos. Quiso entonces dar un golpe de Estado para que quedara sin efecto la constitución que le había dado la legitimidad y para ello se puso de acuerdo con un militar de su confianza, el general Félix Zuloaga. Pero éste, en lugar de ayudarlo, contribuyó a que lo derrocaran para él mismo tomar el mando en enero del 58. Comonfort huyó a Estados Unidos, pero antes de irse hizo entrega del cargo al presidente de la Suprema Corte de Justicia de la Nación Benito Juárez, a quien le correspondía de acuerdo con la ley.

Durante tres años, hubo en el país dos gobiernos y dos presidentes al mismo tiempo. Como la historia que conocemos es la que escribieron los liberales que a la larga resultaron triunfadores, de ella se ha borrado a los conservadores, pero Félix Zuloaga estuvo casi un año en el poder hasta ser depuesto en diciembre del año 58, y en su lugar quedó Manuel Robles Pezuela, un general y diplomático que sólo lo conservó un mes porque en enero del 59 Zuloaga fue repuesto en el cargo, si bien sólo por unos días para de nuevo caer, ocupándola José Mariano Salas por un mes, entre enero y febrero de ese año, cuando con el apoyo de los conservadores y varios triunfos de sus ejércitos, la asumió el general Miguel Miramón, quien permanecería en el cargo hasta diciembre de 1860, con un breve corte en el mes de agosto durante el cual por dos días lo fue José Ignacio Pavón, entonces presidente de la Suprema Corte de Justicia.

En cambio, según la versión liberal, el presidente durante todo ese tiempo fue Juárez, quien había recibido el mando de Comonfort y quien para sostenerse en el cargo había tenido que abandonar la capital ocupada por los conservadores y llevarse a su gobierno itinerante en una diligencia con todas las ventanillas herméticamente cerradas, por Guanajuato, Guadalajara, Colima, Manzanillo y Veracruz.

Una carta encontrada en un archivo da bien la tónica de ese confuso momento de la historia. En ella un comerciante escribe: "Por aquí anda un indio que dice que es presidente de México y todos se ríen de él". Pero le creyeran o no, ese indio era el presidente legítimo y como tal se puso a expedir leyes "para el bienestar de la nación": nacionalización de los bienes de la Iglesia, supresión de las comunidades religiosas, matrimonio civil, tolerancia de cultos y secularización de cementerios, que siguen constituyendo hoy día la base jurídica de la República.

Y aquí volvemos a la pregunta que anima a este libro: ¿y las esposas?

La señora Pilar Valera, esposa de Rómulo Díaz de la Vega, durmió una noche con un marido presidente pero a la noche siguiente ya no, porque él sólo lo fue dos días. Lo mismo le sucedió a la señora Felipa González del Castillo de Pavón, casada desde el año 43 con el licenciado José Ignacio. Por su parte, la señora María de los Ángeles Lardizábal, esposa del general Carrera, que era oriunda de la capital donde había nacido en 1806 en el seno de una familia "de polendas" como se decía entonces y donde moriría en el año 75, siguió con su vida cotidiana normal durante las pocas semanas que el suyo lo fue.

De la esposa de Juan Álvarez, María Faustina Benítez, que al contrario de la anterior era una mujer del pueblo, no sabemos nada. Nunca salió de su tierra y ni siquiera vino a la capital cuando la Presidencia de su marido. Lo más probable es que igual que él, tampoco se habría "hallado" en la ciudad de México, ni habría gustado de su comida, ni de su gente ni de su manera de comportarse y de hablar. Murió en 1870 en la hacienda La Providencia, cercana al puerto de Acapulco.

Por lo que se refiere a Robles Pezuela, era soltero, de modo que nadie lloró por él cuando lo fusilaron en Puebla.

Y respecto a Comonfort, pues tampoco hubo esposa ya que nunca se casó y vivió siempre con su madre. Escribe Guillermo Prieto: "La pasión profunda y la veneración por la señora a quien llamaba madre, hacían que la acompañase frecuentemente, creando en él el hábito de tratar con señoras ancianas, mimar y condescender con los niños y ser un tesoro para las intimidades de la familia".[53] No sabemos si Prieto ironizaba o si lo decía en serio. Lo que sí sabemos es que la veneración por la madre en nuestro país no es cosa de chiste y que ella conduce a los enredos más extraños. En el caso de Comonfort, aunque no se matrimonió, sí tuvo dos hijas, Adela y Clara, producto de su unión con la señora Carmen Lara, la que nunca se hizo oficial precisamente para no ofender a su señora madre que quería a su hijo por siempre a su lado. ¡Ay de las madres mexicanas! La doble moral imperante hacía que así se manejaran los asuntos personales y que hasta alguien de la estatura de un Melchor Ocampo, liberal combativo y lúcido, tuviera a sus hijas fuera del matrimonio y nunca reconociera a la madre de éstas como su

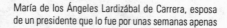

María de los Ángeles Lardizábal de Carrera, esposa
de un presidente que lo fue por unas semanas apenas

mujer. Decía que eran sus sobrinas. De todos modos, las jóvenes hijas de don Ignacio lo cuidaron en los últimos momentos de su vida cuando volvió del exilio para luchar contra los franceses.

La señora viuda de Comonfort era muy metiche y mandona. Y como era tan devota, le recomendó a su hijo desconocer la constitución elaborada por el partido al que él pertenecía, y a la que su confesor consideraba herética, y le instó a reconocer el Plan de Tacubaya ¡que era el de sus enemigos! ¡Y eso que se supone que las mujeres de esa época no estaban enteradas de lo que sucedía y no tenían posiciones políticas! No sería descabellado pensar que los enredos en los que se metió Comonfort hayan sido resultado de las contradicciones entre sus convicciones y las de su madre.

Pero curiosamente, durante su mandato el presidente personalmente hizo obras de caridad como las que hacían las señoras; por ejemplo, en una ocasión ofreció un banquete para festejar la Independencia y al terminar repartió entre las familias pobres ramos de flores que para sorpresa de éstos llevaban entre los pétalos onzas de oro.

La esposa de Félix Zuloaga fue María de la Gracia Palafox, oriunda de Zapotlán, hoy Ciudad Guzmán, en Jalisco, donde había nacido en 1815. Se había casado con el militar en el año de 1842 en la ciudad de México. Según un autor, la vida de esta señora puede resumirse en la palabra "sufrimiento". Su padre era militar y por tanto la familia vivió los ires y venires que esa carrera exigía. Al casar con el general Zuloaga, ese mismo fue su destino de esposa teniendo que vivir sola por largas temporadas y siempre con la angustia de perder al marido. En alguna ocasión hasta corrió la especie de que el hombre había sido fusilado, lo cual estuvo a punto de ser verdad pero no pasó, gracias a que se enfermó y tuvieron que posponer el fusilamiento (por lo visto sólo fusilaban a los sanos) y mientras tanto tuvo la suerte de que la situación política cambió y le perdonaron el castigo. ¡Así de frágil es el hilo del que pende la vida de los humanos!

Los Zuloaga tuvieron tres hijos, dos de los cuales murieron —los dos varones—, uno a los diecisiete años víctima de la locura y otro de seis años por el mal de croup que afecta a las vías respiratorias.

Mientras el general fue presidente no cesaron sus penas. El hombre era honrado y sabiendo cuál era la situación del erario, se negó a cobrar su sueldo y sus viáticos para alimentos y la señora, ante la falta de fondos, pasó momentos muy amargos.

María de la Gracia Palafox de Zuloaga, su vida puede resumirse en la palabra "sufrimiento"

La siguiente anécdota nos muestra el carácter de la mujer: "Se ofreció un banquete en la legación británica al que concurrieron bien alhajadas las principales damas de la sociedad. La presidenta se presentó decentemente sí, pero no ostentaba joyas... Según la etiqueta inglesa, sólo ella debía sentarse a la hora de la cena y las demás señoras estarían en pie hasta que terminara. Lo hizo muy breve pues decía ¿qué dirán estas aristocráticas señoras que por mí, que no lo soy, han estado molestas?".[54]

Pero así como durante el mandato de su marido recibió honores, así cuando él cayó los persiguieron. Luego del asesinato de Melchor Ocampo, a ella la detuvieron y se la llevaron presa durante veinticuatro horas. Y una vez libre, tuvo que permanecer mucho tiempo oculta y pasando grandes necesidades. Sólo hasta la época de la Intervención francesa pudo salir de su escondite, pero una vez caído el imperio extranjero, se vio obligada a emigrar. Vivió en La Habana, Cuba, hasta el año 71, cuando se decretó la amnistía y pudo volver a México, donde se consagró a hacer obras de caridad. En ese tiempo se hizo amiga de los escritores liberales Guillermo Prieto y Manuel Payno, a quienes relataba lo que sabía de las campañas militares de su padre y de su marido.

Una larga enfermedad "sufrida con gran paciencia" como dice un autor con admiración, terminó con su vida en 1889. Fue sepultada en el cementerio Francés y de allí trasladada a la iglesia de la Santa Veracruz, cuya Conferencia de Señoras había presidido en vida y donde yació con sus hijos. Su esposo la sobrevivió por nueve años.

Un periódico de la época aseguraba que las mujeres "vivían voluntariamente en una sociedad privada y amable en la que no se escuchaba el eco de las tempestades públicas". Ya vimos cómo eso no es del todo cierto pues las venturas y desventuras de sus maridos las afectaban profundamente. Unas pasaban angustia o necesidad, otras eran perseguidas y hasta encarceladas o quedaban viudas y desamparadas.

3

Y sin embargo, a pesar de sublevaciones, guerras y cambios de poder, la vida seguía su curso. La gente se casaba y tenía hijos, iba a misa y a hacer compras y visitas; organizaba fiestas y paseos. Las varias veces citadas memorias de Fanny Calderón de la Barca nos hablan de la vida social que era no sólo activa sino incluso brillante. Bailes y fiestas, almuerzos y tertulias, vestidos magníficos y joyas espléndidas, cenas en vajillas de porcelana y con vinos importados. La propia Francis Erskine —que ése es el nombre de pila de la futura marquesa— relata un baile en el Palacio de Minería al que asistieron los ministros y el cuerpo diplomático con sus esposas, todos engalanados y adornados. Las señoras llevaban "ricos vestidos", que en opinión de la embajadora resultaban "un poco pasados de moda por demasiado recargados" y diademas, collares, aretes, broches, pulseras. Escribe la cronista: "En joyas, ninguna dama extranjera podía competir con las damas del país" pues éstas no sólo eran ricas sino que daban a las piedras preciosas mucha importancia. Por eso agrega: "Ningún hombre que esté por encima del rango de lépero se casa en este país sin ofrecer a su novia por lo menos un par de aretes de diamantes o un collar de perlas con broche de diamantes... Son considerados necesarios para la vida, tanto como los zapatos y las medias". Explica doña Fanny que "las piedras de colores eran consideradas basura, lo cual es una pena porque yo creo que los rubíes y las esmeraldas combinadas con los diamantes le darían más variedad y esplendor a sus joyas".[55]

Además de la riqueza, lo que llamó la atención de la europea era que las damas mexicanas fueran tan indolentes. Se levantaban tarde, se desayunaban en la cama el chocolate y los bizcochos, se emperifollaban y el resto del día no hacían nada más que comer y conversar. "La suma flojedad en que han dado en dejar a las mujeres —había dicho sor Juana dos siglos antes y eso seguía tal cual— hacía que su alma fuera débil", su naturaleza "blanda", según el padre Godínez. Y también que su cuerpo lo fuera, pues como no hacían ningún ejercicio ¡ni siquiera caminar! ni tomaban aire y sol, constantemente estaban enfermas, con jaquecas y calenturas, indisposiciones y malestares de todo tipo, que los extranjeros atribuían "al clima tan irritante e inflamatorio que es el responsable de las afecciones nerviosas aquí tan generalizadas". Además, eran bastante gordas por culpa de "una alimentación disparatada con demasiados alimentos de procedencia animal en las varias comidas que hacen cada día desde que se despiertan hasta la noche y por el exceso de dulces", afirma Fanny Calderón y el cronista Salvador Novo dice lo mismo: que las clases pudientes, igual que en tiempos del virreinato, comían demasiado y muy pesado, resultado de la combinación de los productos y modos de preparación españoles con los naturales de aquí: frijoles, tortillas, chocolates, atoles, caldos, sopas secas, frituras y mantecas, chorizos y especies, buñuelos y cajetas, gelatinas, huevos —demasiados huevos— y guisos complicados como el guajolote en pipián, el cerdo en mole y los chiles en nogada que ya se había vuelto un platillo muy gustado.[56]

Además de indolentes y comelonas, las damas mexicanas eran ignorantes. Y lo eran, porque no se consideraba que una mujer pudiera recibir instrucción, así que apenas si sabían leer y escribir y lo único que aprendían era el catecismo y los rezos, las labores domésticas y co-

ser y bordar, esto último "con gran mérito". Por eso Stephen Crane escribió que los ojos de las mujeres mexicanas, por hermosos que fueran, lucían apagados, sin el brillo de la inteligencia ni la chispa de la pasión, pues "toman la vida de manera sencilla". Y doña Fanny Calderón se preguntaba: "¿En qué ocupan su tiempo las mujeres mexicanas? No leen; no escriben; no hacen vida social. En su mayoría no juegan; no dibujan; no van al teatro, no celebran bailes, ni fiestas, ni conciertos; no se pasan la mañana en las tiendas ni se pasean por las calles y tampoco andan a caballo. Lo que no hacen está claro, pero ¿qué es lo que hacen?".[57]

Eso sí, estas señoras llaman la atención de los extranjeros por discretas y finas, por corteses y graciosas. Cuanto viajero pasó por estas tierras admiró sus cualidades, su devoción, su entrega a la familia, sus obras de caridad y, ajenos a un código cultural donde las habladurías eran muchas, pero siempre en voz muy baja, hasta llegaron a afirmar que ellas eran "incapaces" de correr chismes.

4

Voy a detenerme en un personaje femenino de la época que resulta excepcional precisamente por ser común y corriente y por lo tanto, representativo. Se trata de Concepción Lombardo de Miramón, quien cuando tenía más de ochenta años escribió sus memorias que resultan, a pesar de su sesgo exageradamente romántico y ferozmente antiliberal, un documento de gran significación para comprender a las mujeres de buena posición social de la época, un "testimonio único" según afirma Carmen Ramos. Como escribe Emmanuel Carballo en el prólogo a la versión que editó: "Concha Lombardo como mujer es una precursora, no en el sentido feminista de la independencia frente al hombre (imposible de imaginar en el México de esos años) sino en el modo de asumir frente a la sociedad civil unas ideas, una actitud crítica y una pasión amorosa y llevarlas hasta sus últimas consecuencias; en otras palabras, comportarse como sujeto que participa activamente en los asuntos de su tiempo y como objeto pasivo que refleja los puntos de vista del marido".[58]

La descripción del crítico es precisa. Conchita fue una mujer que a pesar del encierro doméstico estuvo enterada de lo que sucedía en el país y tenía una posición política. Pero que también se comportó como las esposas de su época, que seguían y obedecían ciegamente al marido. Si la comparamos con la señora de Abasolo que medio siglo antes se atrevió a tener ideas diferentes a las de su cónyuge (aunque justamente porque las suyas eran las de los aristócratas y conservadores), vemos el flaco favor que les hizo ese tiempo a las mujeres.

Concepción Lombardo Gil de Partearroyo nació en la ciudad de México en noviembre de 1835, hija de un abogado de renombre que

Concepción Lombardo de Miramón, toda resignación y apego al marido, es ya "una dolorosa en duelo" a pesar de que él aún está vivo

fue figura política importante como ministro de Santa Anna. Como todas las niñas "decentes" (así decían los conservadores de la época), recibió una educación que dejaba mucho que desear: "La instrucción
que nos daban se reducía a la lectura y el catecismo que nos obligaban
a aprender de memoria como si fuéramos pericos".[59] Según afirma,
quienes les enseñaban eran tan ignorantes que no sólo "no sabían leer
ni escribir sino ni siquiera discernir entre san José y Jesucristo". Lo único que hacían bien eran las "labores de mano", como se le decía entonces a coser y bordar, que eran sumamente difíciles, y que las niñas
aprendían con lágrimas y castigos.

Mientras en el país había guerras y revoluciones, "seguíamos
nuestra vida ordinaria y poco o nada nos ocupábamos de los acontecimientos políticos". Los soldados "se batían desde las torres, las azoteas
y las calles" y el populacho "saqueaba negocios y casas", pero la gente
bien seguía asistiendo al teatro, bailes y fiestas, desfiles y hasta clases
de canto y de equitación. Un autor cuenta: "En el Teatro Nacional se podía ver lo mismo una obra clásica de Shakespeare que un novedoso acto de perros amaestrados, escuchar una ópera italiana que una comedia
española. Curiosamente, no eran del agrado del público las obras cos-
tumbristas y locales porque, según decían los espectadores, ¿para qué
pagar por ver a pelados mal vestidos, de ésos con quienes se topaba
uno a diario en la calle? Lo interesante era vivir la fantasía de escenas
en Europa, con personajes elegantes y refinados, aunque tramaran adul-
terios o asesinatos".[60]

Muy joven, Conchita quedó huérfana y sin recursos por lo cual
tuvo que cuidar mucho su reputación. Como era de rigor para las señoritas, nunca se encontró sola con sus pretendientes y como toda mujer romántica, cuando encontró a su pareja, convirtió a su historia personal en una de amor apasionado y de sufrimiento, lo cual en su caso
resultó amarga verdad. En una visita que hizo al Colegio Militar, vio a
un guapo teniente al que no hizo caso pero que se prendó de ella y la
empezó a visitar con la intención de casarse. Para quitárselo de encima, le dijo que sólo aceptaría el matrimonio cuando fuera general. Y el
hombre se lo cumplió. Nada más recibió el grado y corrió a ofrecérselo
y a pedirle que cumpliera su promesa. Y fue así que se efectuó el enlace el 24 de octubre de 1858.

Y desde entonces, ella lo amó como sólo pueden amar las heroínas de la literatura romántica: "Tanta felicidad, tanto amor, tanta
generosidad, despertaron en mi alma un santo afecto que basado en la
admiración, en el entusiasmo y la gratitud, creció día a día y se convirtió en amor; se robusteció con el matrimonio y duró vivo y ardiente
hasta que el cruel destino arrancó a ese héroe de mis brazos".

El joven apuesto y valiente con quien se casó Conchita no tiene un lugar en el altar oficial de la Patria a pesar de haber estado en el centro mismo de sus acontecimientos. Era Miguel Miramón, a quien llamaban "el Macabeo". Había sido defensor del castillo de Chapultepec cuando la invasión norteamericana y a los veinticinco años de edad ya cundía su fama de valiente y con gran capacidad militar , si bien siempre del lado de las posiciones de los conservadores, para quienes ganaría importantes batallas y por quienes sufriría toda clase de vejaciones, desde tener que ocultarse hasta ser herido, desde traiciones hasta prisión, desde derrotas hasta la muerte.

Conchita habla con gran admiración de su esposo, dice que era un hombre muy apuesto "dulce y jovial, amable y cortés". Su vida doméstica era en extremo ordenada pues el general era madrugador, parco en el comer, puntual en sus horarios y metódico en sus costumbres. Pronto empezaron a nacer los hijos y aunque algunos murieron por enfermedades entonces incurables, la felicidad de la pareja era grande. Lo único desagradable era que la señora pasaba buena parte del tiempo separada del marido en razón de las circunstancias: "Mi vida en ausencia de mi esposo era bien triste".

En febrero de 1859 los suyos eligieron presidente a Miramón. Tenía entonces veintisiete años de edad. La señora relata cómo "una madrugada me despertaron las salvas de artillería, los repiques de todas las campanas de la ciudad y el son de las músicas militares:

–¿Qué ocurrirá? —pregunté a mi recamarera.

–Voy a ver niña —me contestó.

–¿Qué habrá hecho mi esposo? —pensé. ¿Habrá ganado una nueva batalla? Mi ansiedad crecía cuando entró la recamarera radiante de alegría y me dijo:

–¡Niña, han nombrado Presidente al Señor General!"

Así fue como la señora Concepción Lombardo de Miramón, a quien su sirvienta seguía llamando "niña", se convirtió en Primera Dama de la República sin tener idea siquiera de que eso podía suceder y mucho menos de lo que significaba.

El hecho no le causó alegría, al contrario, le provocó una gran ansiedad: "Mi esposo recibió telegramas de los gobernadores, de los comandantes generales y de los principales jefes del ejército, felicitándolo por su elección de Presidente y por el feliz desenlace de aquella revolución. El Partido Conservador y todo el ejército recibieron con entusiasmo la noticia de aquel nombramiento. Sólo una persona la recibió con tristeza y fui yo, porque mi corazón me presagiaba nuevas dificultades y peligros para aquel ser amado".

Lo que expresa Conchita es lo que seguramente sentían las esposas de todos los involucrados en la agitada vida política del México decimonónico: miedo. Mientras los maridos estaban felices con el alto puesto que representaba el cumplimiento de su máximo anhelo, y mientras tenían "los ojos animados y las mejillas encendidas", ellas sufrían: "Yo me sentía desesperada no pudiendo conformarme con ver a aquél a quien tanto amaba afrontar las dificultades y la responsabilidad de tan alta posición". En lugar de sentir orgullo porque él hubiera alcanzado lo que Krauze llama "el escalón más alto que podía ambicionar un hombre público en nuestro país", a las mujeres las invadía la angustia.

Con todo, como buena esposa que era, lo acompañó y cumplió con lo que le correspondía hacer: se fue con él a vivir a la capital y "en medio de vivas, música, uniformes y del entusiasmo general llegamos al Palacio de Chapultepec, nuestra nueva residencia". Allí esperó a que tomara posesión, pues las mujeres no asistían a esa ceremonia y desde su recámara escuchó los veintiún cañonazos que se disparaban en La Ciudadela para saludar al nuevo mandatario. Y unos meses después, se mudó con él al Palacio Nacional porque ésa era la costumbre y allí debía vivir el presidente.

El Palacio Nacional, que había sido por tres siglos habitación y oficina de los gobernantes de México, era un lugar lóbrego y mal acondicionado. A la señora Miramón le causó mucho desagrado: "Las habitaciones que íbamos a ocupar estaban mal amuebladas y sobre todo muy desaseadas... Nada de cuanto me rodeaba me era agradable; la soledad de aquellos salones, la opresión que me causaba ver tan cerca de mí aquellos centinelas y la esclavitud de no poder salir sin que se llamara la guardia y se detuvieran los transeúntes para verme pasar. Todo aquello me tenía sumamente contrariada". ¡No en balde las esposas de los presidentes preferían no habitar ese sitio y mejor quedarse a vivir en su propia casa!

Ser esposa del presidente de la República no era algo que agradara a Conchita Lombardo. De la noche a la mañana su vida se había convertido en propiedad de los demás: "Aquellos primeros días fueron para mí insoportables, un va y viene de gente que no dejaba a mi esposo un momento en libertad". El hombre estaba tan ocupado que ni tiempo tenía para estar en su casa o con su mujer: "¡Ay de mí, se acabaron mis sueños dorados, se acabó mi tranquilidad, la política me lo ha robado, ya no volveré a tener paz!".

Y era cierto, la política le había robado al marido. Y no sólo ella sino también algunas damas que se acercaban al guapo y famoso militar, quien aceptaba complacido las sonrisas y coqueteos, provocando escenas de llanto de parte de Conchita.[61] En una ocasión, estando él en Europa para una comisión oficial, decide alcanzarlo y darle una sorpresa. Pero la reacción de él al verla llegar es de furia:

"–¿Por qué has venido sin avisarme? —le espeta—, ¿son tus celos verdad?

–Un poquito hay de eso" —responde la señora.

En la edición original de las *Memorias*, Conchita incluye las cartas que le mandó su esposo. Llama la atención ver que son relatos fríos de los acontecimientos acompañados por la fórmula de rigor: "Recibe todo el cariño de tu Miguel". ¿Había inventado ella toda su historia de amor?

Cuando Miramón es nombrado presidente, lo ve muy poco, pues de acuerdo con las costumbres de entonces, no podía asistir con él a ninguna fiesta, ceremonia o función que tuviera carácter oficial, e incluso si iba al teatro no podía sentarse a su lado en el palco presidencial. Por eso no sabemos si asistió a la célebre función de enero de 1860 en el Teatro Nacional en honor de Miramón por sus triunfos contra los liberales, cuando el recinto se engalanó con el estreno de un himno nacional que lo alababa como "el invicto guerrero, de la patria defensa y honor".[62] Tampoco sabemos si en julio de ese mismo año fue a escuchar a Ángela Peralta, quien a los quince años de edad cantó *La Traviata*, la ópera de Giuseppe Verdi, deleitando a los asistentes con su voz que desde entonces se consideró "de ruiseñor".

Según el protocolo, tampoco les estaba permitido a los presidentes bailar con sus esposas en las fiestas, pero Conchita asegura que en una ocasión, por insistencia de él, valsearon juntos y que desde entonces empezaron los chismes y habladurías que la acusaban de "querer sentirse reina".

Pero así como no podía estar con él, tampoco podía salir de casa sin él: "Ni un teatro, ni una diversión ni un paseo me vio la sociedad mexicana en ausencia de mi esposo". ¡Qué atrapadas han estado siempre las esposas de los personajes públicos, pues hagan lo que hagan está mal hecho y despierta suspicacia y envidias! ¡Cómo tienen que estar siempre pendientes del qué dirán! El caso de la señora Miramón no es único. Su historia podrían contarla todas las esposas de los presidentes de México hasta el día de hoy.

Curiosamente, a la señora le sucedió lo que a ninguna esposa antes que a ella (y solamente a Sara Madero le pasaría después): que la gente hablaba de ella aunque la usaba para burlarse del general. Muchas canciones se escribieron sobre los triunfos en el campo de batalla y siempre en ellas aparecía Conchita como la persona a quien él se los presumía o a quien le consultaba sus dudas:

¿Qué de veras Miramón,
como te lo dijo Concha,
que en Veracruz hay un mosco
que cuando pica hace roncha?[63]

Aunque Miramón nunca estuvo de acuerdo con que a México vinieran gobernantes extranjeros, sin embargo se acercó a Maximiliano para ofrecerle sus servicios. Pero el emperador, en lugar de apreciar el gesto, lo mandó con una comisión a Berlín, lo cual mucho ofendió a Conchita porque era un encargo que "no le procuraba honores ni lo colocaba en el lugar social que le correspondía": "El emperador puso lejos de él a los hombres más influyentes del Partido Conservador y se rodeó de sus enemigos", escribió la señora.

Fue hasta noviembre del 66 cuando lo mandó llamar para que prestara sus servicios militares al Segundo Imperio. Era un momento muy difícil, Napoleón había abandonado al Habsburgo, en todo el territorio había guerra y Maximiliano se mostraba indeciso sobre si debía abdicar al trono o pelear. Carlota lo convence de resistir. Miramón se une a la causa perdida y al ejército imperial. Es hecho prisionero y condenado a muerte. "Estoy aquí por no haberle hecho caso a mi esposa" dicen que dijo el general, a lo que Maximiliano, que compartía con él la prisión, respondió "Y yo estoy aquí por haberle hecho caso a la mía".

La narración del episodio final de la vida del general conmueve al lector. Conchita, embarazada, lo visita varias veces en su celda, para lo cual debe hacer largos trámites y humillantes solicitudes y esperas. Y se lanza a recorrer de un lado a otro el país buscando la manera de salvarlo. En un periplo agotador y lleno de peligros, suplica por la vida de su marido ante los funcionarios liberales y trata de hacerlo ante el mismísimo Juárez que sin embargo nunca la recibe. Lerdo de Tejada es el único que se digna responderle: "El gobierno lamenta tener que cumplir tristes deberes".

Miramón fue fusilado en Querétaro junto con Maximiliano, cuando triunfaron los liberales. El príncipe le cedió el lugar del centro frente al pelotón, en agradecimiento a sus servicios y como forma de honrarlo por su valor.

A su esposa le entregaron su última carta, ésa sí afectuosísima, donde le dice que la ama y le ruega "tengas resignación, te cuides para la educación y colocación de los niños, que le quites a Miguel toda idea de venganza y que pienses algunas veces en quien tanto te ha hecho sufrir". Además le entregaron el corazón, que no quiso enterrar hasta que su confesor la obligó a darle cristiana sepultura y —lo mismo que a Ana Huarte de Iturbide hacía cincuenta años— las ropas agujeradas y ensangrentadas que había llevado puestas su marido el día de su muerte. Desde entonces, la señora siempre las llevó consigo a todas partes. En una ocasión incluso la detuvieron en Francia porque les pareció sospechoso encontrar esas prendas en el equipaje.

Aunque sólo estuvieron casados ocho años, Concepción le fue

fiel al marido muerto por el resto de su larga vida: "Así nos separamos en este mundo...Yo perdí con él todo lo que puede halagar a una mujer; posición social, bienestar, honores... pero esos bienes efímeros los he reputado nulos, lloro al que perdí porque me dejó sus virtudes grabadas en la memoria y porque se llevó a la tumba mi paz y mi corazón".

Pasadas unas semanas del fusilamiento, la señora se fue a Europa con sus hijos, sin dinero, sin amigos y llena de amargura. Siguiendo las instrucciones que le había dado Maximiliano, fue a pedir ayuda económica a las cortes austriaca y belga. Aquélla se la dio, ésta la ignoró. Pero ya nunca volvió a su patria, se quedó a vivir en Roma, cuidando a su familia y cuidando la memoria del general, convertida como afirmó Felipe Teixidor en "la viuda por antonomasia", paradigma del padecimiento. Murió en Toulouse en 1921.

La de Conchita Miramón fue una saga dolorosa, como la que seguramente vivieron las esposas de los muchos perdedores en la historia del país. Durante cincuenta años les guardó rencor a los liberales y particularmente a Juárez, "hombre astuto y ambicioso, tenaz como son todos los indios". ¡Qué tan grande sería su odio que cuando supo que don Benito había sido enterrado en el mismo panteón de San Fernando en el que descansaba su marido, mandó a exhumar los restos de Miramón y se los llevó a otra parte!

5

Las memorias de Concepción Miramón son una joya. Se trata de doce cuadernos manuscritos (¿podemos imaginarla día tras día sentada frente a su "secretaire" recordando y escribiendo?) que guardaba en una caja cerrada con una inscripción que era parte de la leyenda que durante dos mil años repitieron los judíos para Jerusalén: "Péguese mi lengua a mi boca si llegara a olvidarte". A su muerte, estos papeles quedaron arrumbados en casa de una nieta en Palermo. Años después, ya vieja ésta y viviendo en la penuria, se los vendió al señor Francisco Cortina Portilla, el cual a su vez los pasó a Felipe Teixidor, quien al ver su importancia, se encargaría de publicarlos.

En ellos Conchita relata la historia de su nacimiento y educación, así como de su matrimonio, de las peripecias por las que pasó y del triste final. Con una buena pluma y un excitado espíritu romántico relata los sustos, los miedos, las traiciones, los triunfos y las derrotas, los errores, las separaciones y las lágrimas, las enfermedades, las salidas de la patria, en fin, "la agitación incesante de los tiempos con sus dramáticas peripecias".

La época, dice Raimundo Lazo, "creaba un ambiente que excitaba la sensibilidad y la fantasía, impulsando así hacia la exaltación y las visiones de la libre inspiración".[64] ¡Cómo les gustaban a las mujeres las lágrimas y los suspiros! ¡cómo se soñaban heroínas de historias de amor como aquélla que escribió Juan Díaz Covarrubias!:

"Luisa era una niña pura como la gota de rocío que la aurora dejó entre los pétalos de la azucena; inocente y sencilla como la primera sonrisa de un niño, tierna y delicada como esa planta que los poetas llaman Sensitiva... Dieciséis veces solamente había visto Luisa cubrirse de flores las anémonas de su pequeño jardín, en el que había pasado, lejos del bullicio de las cortes, al lado de su buena madre y en medio de la tranquilidad de los campos, las horas más serenas de su fugaz existencia... Una tarde, que adormida en sus meditaciones se hallaba reclinada bajo uno de los sauces cercanos a las tapias de su huerto, interrumpieron instantáneamente la calma de aquellas soledades las dulces vibraciones de un arpa y se confundieron con el murmullo de las hojas que el viento del otoño arrancaba de los árboles. Después una voz dulce y armoniosa moduló estas estrofas que Luisa escuchó con avidez:

Abre las rejas de tus balcones,
oye los ecos de mi cantar
y de mi lira los dulces sones,
ven un momento, ven a escuchar.
Yo soy el bardo de los festines,
canto las glorias, canto el amor,
recorro a veces bellos jardines
con mi arpa dulce de trovador."[65]

Una sufrida...

1

La guerra civil parecía imparable: batallas, saqueos, fusilamientos. Un día triunfaba uno de los bandos y al siguiente tomaba la plaza el contrario. Cada uno quería el poder para imponer sus convicciones a toda la sociedad.

Así estaban las cosas y parecían no tener fin, cuando los liberales triunfan en una batalla decisiva: la de Calpulalpan. Entonces el bando constitucionalista derrota a Miramón y toma la capital. Habían ganado los chinacos y Guillermo Prieto se podía burlar de los perdedores: "cangrejos a compás, marchamos para atrás".

Cuando el ejército liberal entra triunfante a la sede de los poderes, Jesús González Ortega se hace cargo del despacho presidencial entre diciembre de 1860 y enero de 1861, momento en el que llega Juárez, al que se recibe con enorme júbilo popular pues la población estaba harta del derramamiento de sangre y deseaba muy sinceramente la paz. Se dice que por eso vitorearon durante horas al caudillo liberal, aunque según los conservadores esta versión es falsa y por el contrario, escasearon tanto el público como las demostraciones de alegría "porque la gente veía en las Leyes de Reforma una obra del demonio".

Lo primero que hizo Juárez el legalista, fue convocar a elecciones, las cuales ganó, con lo que resultó presidente de la República para el periodo de junio de 1861 a noviembre de 1865. Y entonces se puso a trabajar con sus colaboradores en la nada fácil tarea de poner orden y echar a andar al país cuya situación era, como siempre, la falta de recursos, la desorganización administrativa, el desequilibrio fiscal y la deuda externa. Su esfuerzo apuntaba a la creación de un Estado moderno.

La palabra "moderno" significaba para los liberales que debía ser laico, para minar la fuerza de las corporaciones eclesiásticas y militares, y fuerte, para que estuviera al servicio de la sociedad y no de intereses particulares. El eje de su proyecto consistió en dictar las leyes adecuadas para este fin y reorganizar la propiedad de la tierra.[66]

Benito Juárez es el liberal más admirado de México. Por su historia personal —un indio que se levantó de la condición humilde al más alto cargo público— y por su inquebrantable tenacidad, representa para los mexicanos un ejemplo único de integridad y espíritu de lucha. Defendió a la patria en condiciones sumamente difíciles contra un clero y unos conservadores muy poderosos, contra un ejército siempre listo para sublevarse en favor del mejor postor y contra las potencias extranjeras que invadieron el país. Lo hizo con el apoyo de un pequeño grupo de patriotas pero también con el de los muchos mexicanos que creían en sus ideas y en su causa.

2

La historia relata que siendo Benito un joven serio, tranquilo, callado y reflexivo, desapareció súbitamente de su pueblo natal de San Pablo Guelatao y reapareció en la capital del estado de Oaxaca para buscar a su hermana María Josefa, que trabajaba como sirvienta en una casa acomodada. Allí también le dieron trabajo a él y en una ocasión ayudó a servir la cena nada menos al general Santa Anna, quien visitaba el estado. "¡Cosa singular —escribe Justo Sierra—, aquel indito feo y ceñudo debía casarse años después con una de las niñas de la casa que entonces abrigaba su desnudez y su protesta muda contra la suerte! Y debió ser una encantadora muchacha como fue luego una mujer encantadora, toda dulce simpatía y porte y dignidad señorial."[67]

La "niña de la casa" era Margarita Eustaquia Maza. Había nacido en marzo del año 26 y fue adoptada por Antonio Maza, un italiano radicado en la capital Oaxaca, quien parece que era su verdadero padre pero al no ser hija de un matrimonio legítimo, por los prejuicios sociales no la podía reconocer. Dicen que la niña tenía buen carácter y que desde pequeña ayudaba en las labores domésticas y en los negocios de la familia Maza Parada.

Hay dos versiones sobre su matrimonio con Juárez: una según la cual cuando el licenciado don Benito, que le doblaba la edad y había sido sirviente de la familia, la pidió en matrimonio, el padre se opuso y las amigas le hicieron burla, y otra que afirma que por el contrario, el hecho de ser hija expósita —como se asienta en su fe de bautizo—[68] fue razón suficiente para que el señor de la casa autorizara su boda con un indio zapoteca huérfano y pobre, pero "leido y escrebido" como se decía entonces, y que tenía fama de inteligente y trabajador. En cualquier caso el matrimonio se realizó, quedando "dos huérfanos unidos por el destino" como escribe Carlos Velasco.

Juárez ya había estado casado, o por lo menos había vivido con Juana Rosa Chagoya con quien tuvo dos hijos, Tereso y Susana. Aquél moriría en combate durante la intervención francesa y ésta, débil mental, sería recordada por su padre en su testamento.[69]

Margarita y Benito casaron en el altar del templo de San Felipe Neri el 31 de julio de 1843, cuando ella acababa de cumplir diecisiete años y él tenía treinta y siete. Diez años viven tranquilos y en el 53 dice Ángeles Mendieta Alatorre, "empieza el infortunio": "A partir de entonces une doña Margarita su inmenso amor, su cariño y su corazón a los sinsabores y vicisitudes de su esposo como hombre público".[70] Esas vicisitudes fueron los cargos y también las prisiones, exilios y largos viajes que la dejaban sola y sin recursos para criar y mantener a sus hijos.

Porque muchos tuvo la señora de Juárez: al año siguiente de su enlace nació Manuela la primogénita; en el 45 Felícitas; dos años después Margarita; en 1849, cuando Juárez asumió la gubernatura de su estado nació Guadalupe, quien falleció dos años después "y su pequeño ataúd es llevado a hombros de su padre al panteón de San Miguel, recién construido a extramuros de la ciudad pues, en acatamiento a la ley, no quiso enterrarla en el atrio de la iglesia como estaba permitido a los señores gobernadores y gente influyente de aquellos tiempos". En 1850 nace otra niña a quien llaman Soledad y al año siguiente Amada, quien será la favorita de su padre, aunque por breve tiempo porque muere a los tres años de edad. En 1852 nace el primer varón de la familia, a quien llaman por supuesto Benito y que sería el único que sobreviviría, porque los otros dos varones, nacidos posteriormente, morirían en Estados Unidos. Este Benito Juárez Maza llegaría a ser, como su padre, gobernador de Oaxaca en 1911. Luego, en el 54, nacieron las

Margarita Maza de Juárez, paradigma de una
mujer del siglo XIX, paciente y leal. Fue suyo un
padecimiento constante y una gran fortaleza moral

gemelas María de Jesús y Josefa; tres años después José, el "Pepito" tan consentido de su padre; en el 60, el año que se robaron la custodia de la catedral que tenía 5,872 diamantes, 2,653 esmeraldas y 544 rubíes nace otra niña a quien llaman Jerónima Francisca, la que "en acatamiento a las recién promulgadas leyes de Reforma es la primera en aparecer en el libro de nacimientos del Registro Civil". Esta pequeña fallecería dos años después en la ciudad de México y cuatro años después nace Antonio, el Benjamín, el mismo año que nace la primera nieta de los Juárez.

¿Cómo le hizo la señora para dar de comer a tantas bocas mientras su marido se ocupaba de la política y era perseguido? Según Krau-

ze, "Juárez era escrupuloso en su papel de proveedor", pero los demás biógrafos dicen lo contrario: que muchas veces era ella la que le mandaba dinero. Al principio la familia vivía en Etla, en una casa que les había heredado el padre de Margarita y la señora vendía lo que podía, empeñaba lo que podía, pedía prestado lo que podía y hacía los trabajos que podía como tejer ropa y atender un tendajón en el que se expendían "hilos, pan, cigarros, golosinas". Ella fue la que se ocupó del sustento de la familia mientras él andaba resolviendo los problemas nacionales y la penuria económica fue el signo de su vivir.

3

A doña Margarita la conocemos con el cabello siempre recogido hacia atrás, porque ninguna hija de familia de buena posición dejaba su pelo suelto, y con amplios vestidos, pues la crinolina era una prenda de rigor (que en una ocasión ¡hasta le salvó la vida! pues cuando cruzaba la sierra iba a caer a un abismo pero se atoró en una rama). De todos modos, ella y su marido nunca llevaron galas finas o caras primero porque eran pobres y después, cuando él ya era presidente y hubieran podido hacerlo, porque era suyo el principio de la austeridad.

Las cartas y testimonios de la época no dejan lugar a dudas sobre dos cuestiones: que Margarita y su marido se querían mucho y que ella estaba con la causa que él defendía. Así, pues, no era sólo la esposa y la madre atenta sino también una colaboradora que lo apoyó con firmeza dirigiéndose en su correspondencia a él como "mi estimado Juárez", aunque en la vida privada le llamara "Nito", y firmándola con la frase "Libertad y Reforma".

Después de la Revolución de Ayutla, Margarita va por primera vez a la capital, siguiendo a Juárez. Lleva a todos sus hijos, pero la reunión familiar dura poco porque los disturbios la obligan a volver a Oaxaca. Una rebelión en ese estado hace que Comonfort nombre a Juárez otra vez gobernador del estado para que la aplaque, de modo que el hombre vuelve a su casa y cumple con la misión que se le encarga. Cuando Comonfort desconoce la constitución que él mismo había jurado y gracias a la cual lo habían elegido presidente, Juárez está otra vez en la capital con su familia y otra vez Margarita tiene que salir con sus hijos de vuelta a Oaxaca mientras su esposo huye.

Mucho tiempo no supo de él, pero cuando por fin tuvo noticias, se lanzó en su busca con todo y los pequeños, cruzando la Sierra Madre Oriental en una difícil travesía.

Cuenta la historia que la noche de navidad del año de 1860, don Benito se hallaba en compañía del gobernador Gutiérrez Zamora, en el palco del Teatro Principal en el puerto de Veracruz, lleno a toda su capacidad, escuchando una ópera italiana, *Los puritanos* de Vincenzo Bellini, cuando le informaron de la derrota de Miramón y el triunfo de los liberales. La función se suspendió y de pie, el presidente hizo el anuncio. La orquesta tocó diana, se cantó "La Marsellesa" y entre vivas y aclamaciones del público, Juárez salió del lugar para inmediatamente irse de vuelta a la capital.[71]

Por supuesto, la familia lo siguió. Pero no era su destino la tranquilidad. Y es que ya para entonces, la señora Margarita empezaba a estar enferma. Por eso compraron una casa en San Cosme que estaba en las afueras de la ciudad y en donde pensaron que podría sentirse mejor. Pero apenas a un año de instalada en la finca, y ya su marido se enfrentaba a la intervención. La señora Juárez organizó un grupo de señoras, llamado Junta de Caridad, que se encargó de reunir fondos para los hospitales de sangre, trabajo del que se retiró al morir su hija pequeña pues eso la dejó muy abatida.

Cuando Maximiliano ocupó el trono de México, Juárez huyó otra vez de la capital, llevando su gobierno itinerante por diversos rincones del país. Fue a San Luis Potosí, Matehuala, Saltillo, Monterrey, otra vez Saltillo, otra vez Monterrey, Chihuahua, Paso del Norte (hoy Ciudad Juárez), Chihuahua, otra vez Paso del Norte y una vez más Chihuahua, Durango, Zacatecas y San Luis Potosí arrastrando tras de sí once carromatos con los archivos de la nación. Legalista y cuidadoso, tuvo la precaución de nunca abandonar el territorio nacional para no perder su carácter de portador de la legitimidad pero se cuidó de tampoco estar en suelo pisado por la bota francesa.

Para proteger a su familia, don Benito la manda a Saltillo y de allí a Estados Unidos en donde se la verán bastante dura. ¿Podemos imaginar la llegada de la señora Margarita a ese país desconocido, en pleno y crudo invierno, cargando con sus hijos, su yerno y nieta, sin dinero, sin conocer a nadie, sin hablar el idioma y preocupada por su marido? Ésas, que fueron sin duda las horas más duras para la patria y los liberales, lo fueron también para la familia Juárez en el exilio.

Una carta de don Benito a su yerno Pedro Santacilia da fe de estos momentos difíciles: "He tenido un tormento continuado por no saber nada de la suerte de ustedes, pues desde la salida de Cadereyta no he vuelto a saber nada de su marcha. Ya debe usted suponer cuánta será mi aflicción. Esta carta y todas las que he escrito y escriba son para usted y Margarita. ¡Pobre Margarita! ¡Cuánto ha sufrido! Cuídemela usted, lo mismo que a las muchachas, a Beno, al Negrito, a Antonio y a María, dándoles muchos besitos y abrazos a mi nombre y usted reciba el afecto de su padre y amigo Benito Juárez".[72]

Para los mexicanos, que estamos acostumbrados a ver a Juárez como el personaje hierático y tieso que jamás cambiaba la expresión seria de su cara, resultan sorprendentes estas demostraciones de afecto. ¡Hay incluso una carta en la que le dice a su esposa que la ama y desea! Justo Sierra, que lo estudió a principios de este siglo, insiste en que el hombre amaba tiernamente a su familia. La correspondencia muestra que se angustiaba por ellos. Una y otra vez le escribe a la esposa: "No tengas cuidado por mí, no hagas caso de las noticias malas que esparcen los enemigos". Y le pide que ella se cuide, que descanse, que procure distraerse y que no deje de tomar sus polvos curativos y las píldoras de hierro. "Camina mucho —le insiste— para que se te haga la digestión con regularidad."[73]

En Nueva York doña Margarita sufre: "Me figuro cómo estarás con la vida tan indecente que llevas, malpasándote en todo, no sé cómo has podido resistir y tener valor". Y se las arregla para mandarle pañuelos, pantuflas o camisas. Le escribe que lo ama y que lo extraña pero que entiende que no puede verlo "hasta que triunfemos", también le pide que se cuide y que no sea tan confiado. Ella misma se siente deprimida, cansada, enferma: "Cada día siento que me acabo, mi naturaleza está muy gastada y ya no resisto más". Estas palabras las escribió cuando aún no cumplía los cuarenta años.

Y es que en tierras ajenas vería la señora morir a dos de sus pequeños, José y Antonio, los últimos de sus doce hijos. El golpe es muy duro: "Soy muy desgraciada. No me sale el pesar de mis hijos y no tengo esperanza de volverte a ver". Juárez le escribe: "La mala suerte nos persigue, pero contra ella qué vamos a hacer, no está en nuestra mano evitar los golpes y no hay más arbitrio que tener serenidad y resignación".[74]

Por eso un patriota como el biógrafo Velasco, liberal de cepa, no puede más que conmoverse y escribir: "Mientras la familia del legítimo Presidente de México sufría lo indecible en tierra extraña, Maximiliano y su consorte Carlota dilapidaban a manos llenas el dinero del préstamo que les hizo Napoleón mediante el tratado de Miramar y vivían en el oropel del suntuoso palacio de Chapultepec".[75]

Es entonces cuando la salud de Margarita verdaderamente se agrava: había parido muchos hijos, había visto morir a cinco y criado a siete, había ido de un lado a otro, siempre sin recursos, siempre con miedo y angustia.

Que Margarita estaba al tanto de los asuntos de la patria es innegable: "Los franceses cuando más durarán un año. Dios nos dé vida para ver el término de esta revolución". Y que se sentía parte del grupo republicano, tampoco hay duda: "Antes de estos triunfos no teníamos más que ilusiones... cuando empezamos a ganar seguido, nos seguimos de frente." Conocía bien a los colaboradores de su esposo, a algunos de los cuales respetaba y a otros consideraba "una percha de inútiles". Algunos la sorprendían: "No sabía yo que Prieto y tío Ruicito estuvieran de oposición". Es que cuando en el año 65 en que terminaba su periodo, Juárez expidió un decreto para prolongarlo por considerar que las circunstancias no permitían la elección del presidente, muchos colaboradores suyos se molestaron y hasta le retiraron el apoyo. Pero Margarita no se sorprendió. Lo conocía lo suficiente como para saber que así procedería: "El que continúes en la Presidencia no me coge de nuevo porque yo ya me lo tragué desde que vi que no me contestabas nada siempre que te lo preguntaba".[76]

Cuando por fin los franceses salieron del país, el gobierno norteamericano se puso a adular a doña Margarita para así agradar a su marido que encabezaba a los triunfadores. Durante tres semanas la festejaron, invitándola a la Casa Blanca como huésped especial del presidente de ese país y le hicieron una recepción con la asistencia de muchas personalidades y embajadores. La señora se siente "muy atendida y considerada" pero no la pasa bien. ¡Pobre Margarita, hasta las fiestas le causan culpas y pesares!: "Si alguna vez me hubieran dicho que había de llegar el día en que todas las diversiones me habían de atormentar, no lo hubiera creído. Pero ahora estoy en ese estado. Ya no volveré a tener gusto nunca, soy muy desgraciada".

Mal se sentía la mujer de asistir a fiestas y celebraciones mientras su marido enfrentaba tantas dificultades: "No vayan a decir que estando tú en El Paso con tantas miserias yo esté aquí gastando lujos". Mal se sentía con todos esos desconocidos enjoyados y emperifollados y ella que no tenía ni para una ropa decente. A su esposo le escribe: "Toda mi elegancia consistió en un vestido que me compraste en Monterrey hace dos años, el único que tengo regular y que lo guardo para cuando tengo que hacer alguna visita de etiqueta... y unos aretes que tú me regalaste un día de mi santo". Lo mismo que Conchita Lombardo, teme los chismes y habladurías y se asusta de sólo pensar que ella la pudiera pasar bien mientras el esposo se afana y pasa necesidad. Y así como aquélla afirmaba que la sociedad mexicana "no la vería en paseos mientras su marido estaba ausente", así ésta le aseguraba a don Benito que "no gastaba lujos" ni se emperifollaba.

Cuando Juárez vuelve victorioso a la capital, manda inmediatamente a traer a su familia. El 29 de junio, Margarita y sus hijos (incluidos los dos cadáveres embalsamados) salen por ferrocarril en compañía del embajador Matías Romero que los lleva hasta la ciudad de Baltimore. De allí ya siguen solos hasta Cincinnati y luego a Louisville, en donde toman un vapor que baja por el río Ohio hasta el Mississippi y llega a Nueva Orléans. En ese lugar abordan el guardacostas "Wilderness" que les facilitó el gobierno norteamericano y que los lleva a Veracruz, a cuya bahía arriban el 14 de julio donde son recibidos con veintiún cañonazos y los honores que le correspondían a la señora como Primera Dama de la nación y con grandes muestras de júbilo de la población.

¿Qué sintió doña Margarita de no encontrar a Nito esperándola cuando llegó a Veracruz después de tres largos y difíciles años en el exilio?, ¿y qué sintió de no haber estado con él cuando el hombre hizo su entrada triunfal a la capital luego de que la República se había salvado gracias a la tenacidad de los liberales?

Unos días después la familia emprende el camino a la ciudad de México. En todas partes les hacen grandes recibimientos y honores. El 24 de agosto, cuando al declinar la tarde la escolta llegó al poblado de Ayotla en el Estado de México, el comandante mandó a hacer alto pues en sentido opuesto se aproximaba otro carruaje. De él bajó un caballero que era nada menos que el presidente de la República quien venía a recibir a su esposa y a sus hijos. Juntos entraron a la ciudad y se fueron derecho al Palacio Nacional, ese sitio incómodo y lóbrego del que tanto se quejó Conchita Lombardo y que seguramente le pareció hostil también a doña Margarita, aunque ella estaba más acostumbrada a las penurias que aquella señorita de sociedad.

Juárez era sumamente austero en su modo de vida, así que instaló a su familia en un entresuelo y siguió llevando sus famosas levitas negras hechas de telas baratas, de las que se burlaba la gente rica porque le daban un aspecto poco elegante. Pero a él le tenía sin cuidado.

Ése fue el único tiempo en que la señora gozó de paz. Varios de sus hijos se casaron, en ocasiones ella y su marido salían a dar una vuelta o a merendar. Pero su salud no mejoraba. Por eso se la llevaron a su casa de San Cosme a ver si allá se sentía mejor. No fue así. En enero de 1871, murió doña Margarita Maza a los cuarenta y cuatro años de edad parece que de un cáncer. De su muerte da fe un acta civil de defunción, como correspondía hacer al impulsor de las Leyes de Reforma. Del dolor que dicho deceso causó en su marido dan cuenta todos los que en ese momento estuvieron cerca de él.

¿Podemos imaginar la tristeza del presidente Juárez, ese hombre de bronce, de indómito carácter que por fin había logrado su objetivo y que apenas si lo había podido compartir con su esposa? Escribe Fernando del Paso: "Margarita había muerto. Se había muerto la pobre de tanto tener hijos y de tanto que se le habían muerto los hijos. De tanto seguir al licenciado y al señor presidente de aquí para allá para aquí para allá toda la vida".[77] Guillermo Prieto hizo la oración fúnebre para la "Digna y santa matrona... la tierna consorte, virtuosa, modelo, santa madre de familia".

Los periódicos se llenaron de notas que lamentaban el suceso. Todas ellas muestran bien el papel que cumplía la esposa de un hombre público en el siglo XIX mexicano: *El Federalista* la elogiaba porque "Jamás tomó parte alguna en la política ni tuvo la más insignificante injerencia en los negocios del Gobierno y si alguna vez interpuso su influjo respetable de señora, fue en favor de un desvalido, de una viuda o de un ciudadano ameritado". *El Siglo XX* admiraba lo mismo: "Tan reservada que apenas conoció a los ministros". Las virtudes que se le reconocían eran, como decía la prensa, "enteramente domésticas": "Madre de familia, deseosa de dejar una buena educación y una sana moral a sus hijos, aun en medio de los azares de la emigración y el destierro no dejó un momento de llenar cumplidamente los deberes que tiene la cabeza de una familia". Y según el *Diario Oficial*: "El verdadero imperio de aquella alma sensible se encontraba en el encanto y la tranquilidad doméstica". Ignacio Manuel Altamirano la lloró como "ornamento de su sexo, personificación de las virtudes cristianas y de las virtudes patrióticas en la mujer". ¡Ésa era la esposa ideal del héroe más significativo de nuestro panteón nacional! Margarita había padecido las peores penurias en razón de las convicciones que ambos compartían pero a diferencia de él, los elogios que recibía eran sólo por sus virtudes domésticas.

Escribe Velasco: "Margarita Maza ocupa un lugar eminente en las páginas de la historia debido a las muchas cualidades que le caracterizaron como madre abnegada y maestra de sus hijos a quienes educó con el ejemplo de sus propias virtudes. También fue ejemplar su fidelidad de esposa y amantísima compañera del hombre recto e insobornable a quien entregó el corazón y su propia existencia. Y si esto fuera poco, agregaremos sus inquebrantables convicciones republicanas, a la vez que su acendrado patriotismo que puso a prueba en las álgidas horas en que luchó estoica por la recuperación de nuestra hollada soberanía y de nuestra segunda independencia".[78]

...y una infortunada

1

No fue tan difícil aunque sí igual de trágica, la vida de Carlota, esposa de Maximiliano, el efímero emperador de México.

Los Habsburgo habían llegado a estas tierras invitados por un grupo de conservadores que creía que un príncipe extranjero lograría establecer la paz y la buena marcha de la nación, sumida desde hacía tanto tiempo en la guerra civil. Después de recorrer durante años las cortes de Europa solicitando atención a la propuesta, su idea encontró oídos en Napoleón, para quien se convirtió en "el proyecto más glorioso de su reinado"[79] porque le permitía poner un contrapeso al creciente poderío norteamericano y de paso, como su cónyuge era española, lograr una tardía reivindicación.

Cuando el gobierno mexicano suspendió el pago de la deuda con los países extranjeros, apareció el pretexto que hacía rato buscaban. Tres imperios decidieron unirse para la empresa de invadir el país: España, Inglaterra y Francia. Sus buques de guerra llegaron a las costas de Veracruz, pero pronto los dos primeros se retiraron, convencidos de que nada tenían que hacer en un territorio cuyos problemas no les atañían. De modo que quienes penetraron tierra adentro fueron los franceses con sus bayonetas y sus pantalones rojos y aunque se les venció en una importante batalla, llegaron triunfantes hasta la capital a mediados del año de 1862.

Lo primero que hicieron los extranjeros fue nombrar al general Juan Nepomuceno Almonte, a Mariano Salas y al reaccionario arzobispo Pelagio Antonio Labastida y Dávalos para una Regencia que debería gobernar desde junio del año 63 hasta la llegada del príncipe europeo destinado a ocupar el inexistente pero pronto a crearse trono de México.

¿Se sintieron "regentas" las señoras Josefa Cárdena o Cardeña de Salas y Dolores Quezada o Quesadas de Almonte?

Páginas atrás mencionamos ya a la señora Salas y lo poco que se sabe de ella. Y por lo que se refiere a la "generala Almonte" —como le gustaba que la llamaran— era originaria de la ciudad de México donde había nacido en 1820 y veinte años después había casado con el militar que fue hijo del cura Morelos, mayor que ella por quince años y tío carnal suyo, por lo que hubo que pedir dispensa para la boda.

Muchos años había vivido la pareja en Europa, donde se dedicaron a la vida social y a apoyar las gestiones para llevar un príncipe extranjero a México. Conchita Lombardo la conoció por aquel entonces y la describe como una señora metiche, chismosa y sobre todo, intrigante.

Cuando llegan a México los emperadores, Maximiliano nom-

136

bra Gran Mariscal de la corte y Ministro de la casa imperial al señor Almonte y a la señora Dolores, la emperatriz la convierte en dama de la corte. Se cuenta que Carlota la consideraba mucho, al punto de concederle una condecoración que ella agradeció con una carta en la que decía: "Nos reconocemos súbditos leales de tan ilustres príncipes".[80] Los Habsburgo fueron incluso padrinos en la boda de la única hija de los Almonte a la que regalaron la enorme suma de cien mil francos.

Enviados por el gobierno imperial a París, los Almonte permanecieron allá por varios años luego de que cayó la monarquía. Tuvieron suerte de no estar en México, porque muy probablemente don Juan Nepomuceno habría corrido la misma suerte que Miramón y Mejía.

A la muerte del general, la señora regresó a México para reclamar los bienes que le habían confiscado los liberales, pero no logró su propósito y murió en la miseria en el año 90.

2

Maximiliano y Carlota llegaron a México en 1864. En el mes de mayo desembarcaron en Veracruz con todo y sus espléndidas carrozas, damas y caballeros de compañía (condes y condesas, marqueses y marquesas), sus mozos y sirvientes, sus guardias, sus vajillas y vestuarios, para emprender lo que Justo Sierra llamó "la gigantesca aventura de la intervención francesa".

Podemos imaginar su extrañeza y al mismo tiempo su fascinación cuando desde "La Novara" —que así se llamaba la fragata en que viajaron— vieron el imponente Pico de Orizaba —que aquí se llama el Citlaltépetl— y la intensa vegetación tropical.

Cuentan los que han estudiado este asunto, que los príncipes se emperifollaron para bajar del barco, él con su imponente estatura, su porte distinguido, sus ojos azules y sus cabellos y barbas rubios; ella muy joven, alta, de cabello negro y "rostro dulce, sereno e inteligente", aunque no hermosa. Conchita Lombardo escribió que tenía "la cabeza demasiado pequeña, la mirada vaga y el orgullo desmedido". Cuentan también que mucha fue su tristeza al ver las calles vacías sin "ventanas engalanadas ni arcos triunfales ni masas enfervorizadas".[81]

Y es que nadie les dio la bienvenida, no había gente esperándolos ni banderas ni música. Lo que había era una epidemia de fiebre amarilla —que aquí se llamaba vómito prieto— y que había convertido al puerto en un lugar lóbrego y desolado.

Apesadumbrados, siguieron su camino a la capital. Parece que en otros lugares les hicieron más alegre el recibimiento. Y en el mes de junio, entraron por fin a la hermosa ciudad de México, que "se extiende hacia los montes y está rodeada de árboles de los que sobresalen las torres y las cúpulas de las iglesias".[82]

Allí sí los esperaban con cohetes y salvas y tañido de campanas, con banquetes y discursos. Desde los balcones les lanzaban papeles de colores y listones de seda. Pero lo que más les impresionó fue que les echaban un fino polvo amarillo que era nada menos que oro. "Asistieron a recibirlos pobres y ricos. Los carruajes y la vistosa indumentaria de las damas de sociedad daba realce a la fiesta, pero lo que más llamaba la atención eran los arcos artísticamente elaborados para aquella ocasión. Entre ellos sobresalían tres. El primer arco se llamaba de la paz y descansaba sobre dos pilastras en las que se leían versos; a los lados lucían esculturas alegóricas de las artes, el comercio, la música y la agricultura; hacia el frente mostraba los bustos de Napoleón III y la emperatriz Eugenia y en la parte opuesta los de Maximiliano y su esposa Carlota. Más adelante se alzaba el arco de las flores que, a decir de testigos oculares, era el más bello de los tres. Descansaba sobre cuatro columnas y estaba adornado, en su parte inferior, por hermosos macetones de frondosas plantas y en la superior con festones de follaje y flores que descendían cual delgadas cortinas recogidas simétricamente en medio de las columnas. Sobre el lóbulo central del arco aparecía, en un medallón, el busto en relieve de Carlota. El tercer arco se llamó del emperador, era el más artístico, de estilo romano, y ostentaba la leyenda: 'Por base el trono la justicia tiene y en la equidad y el orden se sostiene'."[83]

El glorioso recibimiento culminó con una misa de acción de gracias en la catedral, a donde los emperadores fueron solemnemente recibidos por los arzobispos y el cabildo eclesiástico en pleno.

3

María Carlota Amalia Victoria Leopoldina Clementina de Sajonia Coburgo y Orléans, la malograda emperatriz de México a la que el escritor José de Zorrilla llamaría "augusta señora", era la hija muy amada y muy mimada del rey de Bélgica Leopoldo I. Había nacido en Bruselas en 1840, quedando huérfana de madre y al cuidado de su abuela a los diez años. A los diecisiete la habían casado con el apuesto segundo vástago de los Habsburgo, hermano del poderoso emperador de Austria. Esta boda, que el mito se empeña en ver como ejemplo de amor romántico, no había sido sino resultado de un buen negocio para el novio. Y es que Maximiliano no amaba a Carlota y nunca se repuso de la muerte de la mujer que quería, María Amalia de Braganza, de modo que en la heredera belga sólo vio a la dueña de una inmensa fortuna. Durante meses fueron y vinieron cartas y representaciones para discutir con el padre de la novia los términos del contrato nupcial y de la dote, que por fin se resolvió en la enorme suma de tres millones de francos.

Carlota de Bélgica, que tanto deseaba reinar, consiguió un trono de cactos erizado de ballonetas, cuyo fracaso la llevó a la locura

Una vez casados, la pareja se fue a vivir a un hermoso castillo en Italia, como gobernantes de la región de Lombardía. Y allí se dedicaron a lo que más le gustaba al emperador: no hacer nada. Durante largas horas, el indolente Max observaba el mar con su catalejo, mientras Carlota permanecía en su escritorio escribiendo cartas para media nobleza europea. Los dos hablaban varios idiomas —Carlota lo hacía fluidamente en seis— y gustaban del arte, pero también dedicaban mucho de su tiempo a bailes y fiestas. En una ocasión, se embarcaron para Brasil en un viaje de placer, pero el marido la dejó en la isla de Madeira y siguió su camino con un amigo con el que se le atribuyen amores.[84]

Carlota era una mujer ambiciosa y llena de energía que se aburría encerrada en su castillo. Una y otra vez trató de conseguir algún trono para su marido en cualquier rincón de Europa pero nunca lo logró, así que cuando un grupo de mexicanos le ofreció el de un lejano país americano, dio a su vida el sentido que le faltaba. Por eso fue ella quien lo convenció de aceptar la oferta y quien lo empujó a estudiar español y a leer lo que entonces era la biblia sobre México: el célebre libro del barón Alexander von Humboldt: *Ensayo político sobre el reino de la Nueva España*.

Cuando llegaron a México, se sorprendieron de lo que encontraron: aquí se mezclaban la más ostentosa riqueza y la miseria, los lujosos palacios y las chozas, los ricos que se cubrían de joyas y los indios semidesnudos y flacos. En la ciudad de México, la capital del imperio, "las calles centrales amplias, con buen empedrado, atarjeas y banquetas; en los barrios el lodazal y el caño inmundo, la ausencia de alumbrado y las miserias humanas" escribió Guillermo Prieto.

Sus anfitriones los instalaron en un hermoso palacio pero que estaba tan sucio y era tan poco confortable, que Maximiliano prefirió dormir sobre la mesa de billar para librarse de la cama llena de chinches. Cuentan que muchos pares de ojos lo espiaban por detrás de las cortinas, curiosos y fascinados por la mata de su barba rubia y el azul de sus pupilas. Pronto se mudaron a la casa de campo que el virrey Matías de Gálvez había construido en el hermoso bosque de ahuehuetes centenarios de Chapultepec, en la que el presidente Guadalupe Victoria había fundado un jardín botánico y en los años cuarenta se había establecido el Colegio Militar desde donde se defendió la capital durante la invasión norteamericana.

Según Novo, Maximiliano y Carlota pusieron "especial empeño en hermosear y alhajar el Castillo" hasta convertirlo en lo que un historiador llamó "El paraíso de Chapultepec": mandaron componer las construcciones y los jardines tal que se parecieran a su hogar de Miramar en Italia, que según testimonios de la época, "era de una belleza inimaginable" y las decoraron espléndidamente con los muebles que les regaló Napoleón III y que colocaron en salas, salones y comedores.[85] Además mandaron arreglar los jardines y construir una ancha avenida a la que se llamó Paseo de la Emperatriz.

Como la pareja no era muy bien avenida (y además ésa era la costumbre), se hicieron habitaciones separadas en distintas alas del castillo. La de Carlota era enorme, tenía un lujoso baño con tina de alabastro y daba a un jardín privado. Las ilustres damas mexicanas que formaban su corte, "sus amantes súbditas y ardientes servidoras" como varias de ellas mismas gustaban decir, le obsequiaron un fino tocador de plata labrada, el cual según cuenta Conchita Miramón, les costó muy caro, porque tenía cinco pies de altura y un ancho marco circundado por completo de guirnaldas y ramilletes de plata cincelados en relieve y con la corona imperial sostenida por dos grifos.

Se dice que a los príncipes europeos les gustó México y que fueron felices aquí. A pesar de la difícil relación entre ellos, encontraron complicidad en la causa común. Al menos así lo afirman en su correspondencia: "Soy completamente feliz aquí y Max también" le escribe Carlota a su abuela y él por su parte anota: "El país es hermoso y fértil".[86]

Se dice que les gustaron los indios siempre tan limpios, ellos con sus sombreros y ellas con sus gruesas trenzas y que les gustaron las artesanías, las flores, pájaros, hierbas y semillas; que se atrevieron a degustar la comida aunque algunos platillos les causaran malestar, como el mole y el pulque, mientras que otros despertaron su asombro pues como dice Novo, "la gente en México comía moscos, hormigas, saltamontes y chinches de agua"; que mucho apreciaron los dulces, sobre todo "uno de leche de cabra quemada, oscuro y denso, dulcísimo, llamado cajeta";[87] que les llamaron la atención los trajes de aquí, al punto que el emperador no se quitaba el sombrero de charro ni para dormir y Carlota empezó a ir a misa con mantilla, a las ceremonias de la Semana Santa vestida de riguroso luto y a las fiestas patrias engalanada y adornada con encajes y joyas, lo mismo que hacía en la fiesta de cumpleaños del emperador, en el aniversario de la aparición de la Virgen de Guadalupe y en las ocasiones solemnes como la colocación de la primera piedra para un monumento a la Independencia de México que ella promovió pero que nunca se concluyó;[88] que les fascinaron las extrañas costumbres, sobre todo a la mujer, quien "aprendió a beber agua en la cáscara de una calabaza y a bañarse con una especie de esponja de pasto a la que llamaban estropajo"; que rompieron piñatas, se encantaron con las calaveras de azúcar y las fiestas populares, admiraron embelesados los volcanes y en la Alameda mandaron sembrar rosedales.

Se dice que fueron felices aquí a pesar de que una vez Max se enfermó gravemente y hubo que ponerle sanguijuelas para reventarle una angina[89] y a pesar de que había guerra constante porque era mentira que todo el país los aceptaba, y a pesar de que había temblores que mucho los asustaban y a pesar de que Maximiliano nunca visitó a Carlota en sus habitaciones sino que prefirió recrearse en otros brazos, algunos dicen que los de su secretario particular y otros que los de la esposa del jardinero principal de la residencia Borda en Cuernavaca, la dulce Conchita Sedano, con quien se dice que procreó un hijo que luego sería coronel del ejército francés y al que fusilarían por espía.[90]

Y que fueron felices aquí porque emprendieron viajes a lugares insólitos, él para cazar mariposas y ella para conocer Yucatán donde se impresionó con la recepción que le dieron y con lo que allá encontró —tanto, que escribió diecinueve páginas para contarle a sus parientes cada detalle— y donde dicen que vivió una romántica aventura con el oficial de su escolta.

Y que fueron felices aquí porque los colaboradores del emperador eran señores muy correctos, lo mismo que las damas de compañía de la emperatriz, entre ellas una que era descendiente de Moctezuma y otra de Nezahualcóyotl, señoras muy finas a las que sin embargo ella no trataba con delicadeza. Cuenta Conchita Miramón que el protocolo las obligaba a mantenerse en pie mientras la soberana comía, escuchaba música o descansaba y que esto muchas veces las hacía desfallecer. Y si le pedían autorización para sentarse, ella se las negaba aunque alguna estuviera enferma o embarazada. ¡Hasta hubo una que murió porque el parto se le adelantó! Y es que a la emperatriz le molestaba que las damas de aquí fueran tan flojas, que se levantaran tan tarde y que comieran todo el día. La condesa Paula Kolonitz, que venía con el séquito de la princesa escribió: "A las damas mexicanas jamás las vi ocupadas en algún trabajo". También le molestaba que fumaran mucho, "todo el tiempo echaban humo y dejaban caer las cenizas por doquier". Pero sobre todo, lo que más le chocaba a la emperatriz, es que fueran tan ignorantes al punto que si se les preguntaba por algún hecho histórico o por el nombre de un prócer o de un árbol, ninguna le sabía dar razón. Escribe Kolonitz: "A las damas mexicanas jamás les vi un libro en las manos, como no fuera el libro de oraciones... su ignorancia es completa y no tienen idea de lo que son la historia y la geografía. Para ellas Europa es España en donde viene su origen, Roma donde reina el Papa y París de donde llegan sus vestidos".[91]

Y que fueron felices aquí a pesar de que sólo estaban juntos cuando el protocolo lo exigía y el resto del tiempo cada quien hacía sus propias actividades.[92] Eso sí, hacían muchas fiestas y bailes y recepciones y banquetes a los que invitaban a los apellidos ilustres de la sociedad mexicana, quienes asistían con hermosos vestidos y ricas joyas y cumplían a pie juntillas el complicado ritual social de la corte. Cuentan que en los banquetes se servían platillos estilo alemán que no gustaban al paladar de los mexicanos y que por eso después de cenar se iban a su casa y pedían que les sirvieran sus sabrosas comidas mexicanas.

Y que también fueron felices por la música. A Carlota le gustaban mucho las habaneras que entonces estaban de moda. Seguro se dejaba arrullar con las del compositor Macedonio Alcalá, aunque su preferida era aquella que Concha Méndez cantaba en El Principal y que tiempo después, cuando la emperatriz se fue a Europa, le dedicó con lágrimas en los ojos:

Si a tu ventana llega una paloma,
trátala con cariño que es mi persona.
Cuéntale tus amores, bien de mi vida,
corónala de flores que es cosa mía.[93]

Y que fueron felices aquí porque ocuparon su tiempo en lo que más les gustaba: él en inventar una nobleza y organizar el protocolo: "En la corte de los Habsburgo... había príncipes imperiales y príncipes de Iturbide (de rango militar), cardenales y collares del Águila Mexicana (de rango religioso), grandes dignidades como el mariscal de la corte, el ayudante de campo general o gran chambelán y el limosnero mayor (que recaudaba y distribuía las limosnas para los pobres). Estaba también el tesorero de la Corona y el gran chambelán de la emperatriz. Existía la llamada Casa Militar del emperador y la Casa de la Emperatriz para la cual se dispuso dama mayor, gran chambelán, damas de palacio y damas de honor. Hubo prefectos de los palacios y sitios imperiales, incluso para los castillos imperiales de ultramar como el de Miramar en la costa del mar Adriático o el de la isla de Lacroma".[94] Porque muy preocupado estaba el emperador con el ceremonial y los uniformes y las vajillas y la papelería. Hojas y hojas dictó a su secretario José Luis Blasio indicándole quién debía sentarse en qué lugar y quién debía bailar con quién y cuál atuendo se debía utilizar en cada ocasión. Y muy preocupado estaba también por la sucesión, dado que ellos no tenían hijos y por lo tanto no había heredero. Tres veces ofreció el principado: una al hijo de uno de sus hermanos, otra a un niño indígena y una más al nieto de Iturbide, pero ninguna cuajó.

Y que ella fue feliz aquí porque pudo cumplir su sueño de gobernar, que desde siempre fue lo que más deseó. Ya antes de salir hacia México, Maximiliano la había nombrado regente para cualquier caso de contingencia que le hiciera a él tener que abandonar los asuntos del reino. Y al llegar aquí, dio instrucciones de que "durante mi ausencia,

todos los negocios deberán ser sometidos diariamente a la emperatriz. La emperatriz presidirá en
mi nombre los Consejos de Ministros y dará las
audiencias públicas".[95] Dice Fernando del Paso que
ese trabajo lo hacía bien: "Cuando Carlota se quedaba como regente era cuando se hacían las cosas,
cuando de verdad México tenía un gobernante que
sabía tomar decisiones".[96] En opinión de Weckmann,
Carlota era una mujer "que sabía haber nacido para al-
tos destinos y con un altísimo sentido de responsabilidad... una verdadera Femme d'État".

Pero además, la emperatriz cumplió las tareas que le correspondían a las esposas de los gobernantes, de acuerdo a la tradición de
las monarquías europeas: la de dispensar beneficencia. Como en tiempos de las virreinas, visitaba hospitales, hospicios, orfelinatos y panaderías, hacía donativos, emprendía obras de caridad y fundaba instituciones como el Comité Protector de las Clases Menesterosas, la Casa
de Maternidad e Infancia y la Casa de Partos Ocultos, sitio en donde
madres solteras podían dar a luz a sus hijos clandestinamente.[97] Y pre-
tendió que las esposas de los jefes de departamentos y comisarías en
que se dividió el imperio, se ocuparan también de este tipo de tareas
de beneficencia e instrucción, premiando a las que lo hacían con la Condecoración de San Carlos creada especialmente para las mujeres que
prestaran servicios distinguidos al imperio. Por todo ese trabajo, se le
empezó a llamar "mamá Carlota".

4

Durante los tres años que los emperadores permanecieron
aquí, todo el tiempo hubo quienes los quisieron sacar. Mientras ellos
malgastaban el préstamo francés de más de 32 millones de pesos
encargando vajillas y muebles, haciendo fiestas y viajando en calesas
doradas y mientras desperdiciaban el tiempo diseñando vistosos uniformes para sus guardias y sirvientes y organizando protocolos y cere-
moniales y mientras disponían de los bienes nacionales como si fueran
propios —por ejemplo la mansión que obsequiaron al mariscal Bazaine como regalo de bodas cuando se casó con la jovencísima Pepita Peña— los liberales le hacían la guerra. Y mientras el emperador vitoreaba a Hidalgo y Morelos y mandaba lejos a sus mejores generales del
bando conservador, para cumplir encomiendas inútiles en Europa y
Medio Oriente, los liberales ganaban batallas.

¿Supo Carlota de la fuerza de las mujeres que se les oponían,
de Margarita Maza que desde el exilio apoyaba a su marido o de Sole-

dad Solórzano de Régules quien con todo y sus hijos fue tomada como rehén por los belgas en Tacámbaro y así y todo conminó a su marido a seguir luchando contra el invasor?

No supo nada de esto. No imaginó siquiera lo pronto que su causa estaría perdida. Por eso cuando el emperador quiso abdicar, ella lo disuadió de hacerlo, ignorante de lo que sucedía, erróneamente convencida de lo que no era cierto.

Fue entonces cuando Carlota decidió irse a Europa para solicitar ayuda. Creía que sus buenos oficios salvarían al imperio. Antes de

partir, Maximiliano quiso que los inmortalizaran en la tela para lo cual llamó a Francisco Morales van der Eyden. Él posó para el pintor, pero ella no quiso. De memoria la tuvo que dibujar y el resultado, que es el óleo más conocido de ella, fue más bello que el original.

Viajó la emperatriz en un barco francés en el que obligó al capitán a arriar la bandera gala para izar el pabellón imperial mexicano. De entonces data aquella copla de Vicente Riva Palacio:

> *La nave va en los mares,*
> *botando cual pelota,*
> *adiós mamá Carlota,*
> *adiós mi tierno amor.*[98]

Y sin embargo hay quien cuenta que la prisa de la emperatriz por salir de México se debía menos a las tribulaciones de su marido que al hecho de que iba a tener un hijo producto de sus amores ilícitos con el jefe del ejército belga en México, Carl van der Smissen. Dicen que allá nació ese niño que con el correr del tiempo llegaría a ser un general francés. Porque después de todo, ¿qué necesidad tenía de ir tan lejos y de rogar si con su enorme fortuna personal —que crecía porque además mandaba dinero de México a sus cuentas personales en Europa— hubiera podido mantener al imperio al menos por tres años más?[99]

Como sea, el hecho es que mientras ella estuvo lejos, el emperador siguió haciendo fiestas, en las que se hacía acompañar por Pepita Peña de Bazaine, la esposa del jefe militar francés, quien cumplía las funciones de Primera Dama. Pero a su esposa le mandaba telegramas que hacían parecer que la extrañaba: "Sufro muchísimo sabiendo que tienes que separarte... El trabajo y mis deberes son mi solo consuelo en la tristeza de saber que estás tan lejos por tantas semanas".[100] Ella a su vez le respondía romántica, dirigiéndole las cartas al "Entrañablemente amado Max".

Carlota visitó a Napoleón y al Papa y a ambos les explicó y les rogó y les suplicó. Sólo que ninguno le hizo caso, todos la desairaron, a nadie importó el infortunado emperador y su lejana y malograda aventura mexicana que costaba dinero y no rendía ningún fruto a sus intereses. "Nada conseguido en París" decía un telegrama dirigido a Max, pero agregaba: "No te desalientes, Dios nos bendecirá".

Fue entonces cuando la mujer enloqueció. Algunos lo atribuyen a causas hereditarias, otros a los desdenes sufridos. En opinión de Concepción Lombardo, la razón fue que ella "forzaba demasiado el cerebro para aprender cosas para las que las mujeres no estaban capacitadas".

En una carta la emperatriz le escribe a su marido: "Eres tú el defensor de la independencia y de la autonomía de los mexicanos, pues sólo tú reúnes en tu mano los tres colores de los partidos de que está formado el pueblo: blanco el clero, como príncipe católico, verde los conservadores y rojo los liberales. Nadie, excepto tú, puede unir estos elementos y gobernar... Ante ti debe inclinar la cabeza, pues... la monarquía es la salvación de la humanidad, el monarca es el buen pastor".[101]

No por nada se cantaba aquello de:

En vano fue tu noble
esposa hasta París,
a recibir sólo un desdén de Napoleón.
En vano fue hasta el Vaticano la infeliz
sólo a perder del pensamiento la impresión.[102]

5

En el mes de junio de 1867, los liberales toman Querétaro y apresan al emperador y a sus generales Miramón y Mejía. Se los juzga traidores y como se estilaba entonces, se los condena al pelotón de fusilamiento. ¡Cómo se esforzaron las amigas de los príncipes por conseguir clemencia para los condenados!

La bellísima Inés Le Clerq de Salm Salm visitó a Juárez en el Palacio de Gobierno de San Luis Potosí (a ella sí la recibió el Benemérito, lo que no hizo con Conchita Miramón) y de rodillas lloró y suplicó. ¡Era la época en que las mujeres pedían favores y se les concedían! Cuentan que el presidente se conmovió pero que Lerdo de Tejada le recordó sus deberes: "Ahora o nunca señor", y entonces respondió a la ilustre dama: "Me causa verdadero dolor, señora, verla así de rodillas; mas aunque todos los reyes y todas las reinas estuvieran en vuestro lugar, no podría perdonarle la vida. No soy yo quien se la quita; es el pueblo y la ley que piden su muerte".[103]

Pero doña Inés no cejó en su propósito y se dirigió entonces a la señora Margarita para solicitar su intervención frente a Juárez, lo que también se estilaba: "Princesa —dicen que le dijo ésta cuando aquélla le solicitó que ablandara el corazón del presidente—, el asunto que os trae a mi presencia es verdaderamente muy doloroso y me llena de profunda pena y créame sinceramente que la compadezco. Lamento de veras no poder obsequiar sus deseos porque he de hacer saber a usted que en los asuntos de gobierno Benito es el que ordena y es el capacitado para atender su petición. Respecto a mí, puede usted disponer del mobiliario y útiles de cocina de ésta su casa".[104]

No sabemos si la historia sea o no cierta, ni si el lenguaje florido y la retórica rebuscada eran los de doña Margarita o son los que le atribuye su biógrafo, pero lo importante es que de ella resulta una verdad: que las mujeres en México no se atrevían a tener injerencia en las cuestiones públicas. Ya vimos cómo eventualmente alguna se atrevió a pedirle algún favor a su marido, alguna ayuda o algún perdón, pero por lo general se mantenían apartadas de lo que fuera ajeno a su hogar. En cambio la princesa europea, acostumbrada a otro modo, creyó que podía recurrir a la esposa del presidente para que ésta lo convenciera de otorgar la clemencia. Se ve que no entendió ni el lugar que aquí tenían las mujeres ni que en este caso en particular se trataba de un asunto demasiado serio y de un personaje demasiado importante, en los que iba en juego la nación misma y sus principios, con los que por lo demás, la propia Margarita comulgaba. De vuelta en Europa y para justificar su fracaso, la princesa haría correr la especie de que Juárez no le dio el indulto a Maximiliano porque ella no consiguió juntar las cien mil monedas de oro que él le pidió por su vida.

En el cerro de las Campanas se cumplió la sentencia. Después, el cuerpo de Maximiliano fue vaciado y embalsamado para enviarlo a su patria donde yace en la cripta familiar de los Capuchinos en Viena. Dicen que Juárez lo fue a mirar largamente a los sótanos del convento en donde lo preparaban: quería conocer a su augusto enemigo.

Se había terminado el imperio, "trono de cactos erizado de bayonetas" como lo llama Fernando del Paso, "gran engaño" según dice Alfonso Reyes.

Y allá en Europa, en el castillo de Bouchout, quedaba una mujer, despreciada y burlada, que a los veintiséis años había perdido la razón y que todavía viviría sesenta más, hasta 1926, cargando con sus recuerdos deshilvanados.

6

La historia la escriben los triunfadores. Al menos es su versión la que se vuelve oficial. Según los estudiosos liberales, en el relato del acontecer en nuestro país no deberían figurar estos emperadores espurios a los que arbitrariamente impusieron un soberano extranjero ambicioso y un grupúsculo archiconservador. Pero nadie puede tapar el sol con un dedo ni saltarse lo que no le gusta de los hechos. Y por lo demás, aunque pese reconocerlo, hubo mexicanos que le dieron su apoyo a la empresa, gentes respetables y pensantes, militares de alto rango e incluso algunos caciques indígenas. Escribe Luis Weckmann: "El segundo imperio existió en el espacio y en el tiempo, ejerció actos efectivos de gobierno y su jurisdicción se extendió, aunque de manera fugaz, sobre una buena parte del territorio nacional, habiendo contado incluso con la adhesión sincera o sólo circunstancial de la mayor parte de las provincias mexicanas hoy llamadas estados".[105] ¿Qué otra cosa significa que el alcalde de San Martín Texmelucan le haya enviado un telegrama a Carlota en su cumpleaños deseándole "una larga vida llena de ventura, siempre sobre el trono de México"? ¿o que se cantara un himno llamando a la pareja "salvadores mandados por Dios"? ¿qué otra cosa quieren decir aquellos versos que entonces se oían?:

¡Viva el emperador!
que es un gobernante probo
y a quien México quiere
con todo el corazón.[106]

7

De todos modos, el presidente legítimo de México siguió siendo Benito Juárez, quien para continuar en el cargo mientras los usurpadores ocupaban la capital, había expedido un decreto prolongando su periodo gubernamental que debía terminar en el año 65 pero que ahora se alargaría "hasta que las circunstancias permitieran la elección de presidente".

Muerto el emperador, idos los franceses, el 15 de julio de 1867 Juárez entra a la capital y es recibido con grande júbilo. Se celebraba así el triunfo de dos guerras, la de México contra Francia y la de la República contra el Imperio y se consumaba, por segunda vez, "La causa santa de la independencia y de las instituciones de la República" como dijo el presidente, que ya para entonces había sido designado Benemérito de las Américas. "Encaminemos ahora todos nuestros esfuerzos a obtener y consolidar los beneficios de la paz", diría en su primer discurso y agregaría aquella su frase más famosa: "Entre los individuos como entre las naciones, el respeto al derecho ajeno es la paz".

8

Durante los siguientes diez años, el país viviría su primer esfuerzo serio de democracia. Poco a poco "con gran lentitud y enormes tropiezos" daría inicio la construcción de la tan anhelada nación.

Lo primero que hizo el presidente Juárez fue convocar a elecciones en las que resultó electo para el cuatrienio 1867-1871.

México era "pobre, ignorante y mugroso" afirma Luis González. Estaba poco habitado, mal comunicado, sin industria y luego de tantas guerras y cambios de gobierno, todo estaba en desorden. Cada cacique mandaba en su región, los ricos les quitaban sus tierras a los indios, apoyados por las nuevas leyes, pocos pagaban impuestos y aunque el clero y los conservadores estaban derrotados, y sobre todo humillados, algunos aún se levantaban en armas. Por su parte los triunfadores se sentían cumpliendo un deber sagrado, dirigidos por aquel Benito Juárez que como afirmó Justo Sierra, "fungía como el obispo de una nueva religión cívica".

Casi milagrosamente, un orden fue imponiéndose en el caos. Como había dicho Alamán, resultó cierto que el país "tenía elementos de prosperidad aunque estuviera en la miseria".

Se conoce a esta época como "la República Restaurada", un tiempo en que el gobierno presidido por Juárez se puso a arreglar la administración y las finanzas, a licenciar a buena parte del ejército cuya manutención resultaba muy cara, a hacer alianzas y negociaciones y a dictar leyes. "Se empezó a delinear una política abiertamente impulsora de la actividad de los empresarios particulares que pretendía recuperar los antiguos ritmos de producción y la bonanza minera. Se estimuló a la agricultura, comercio y transportes aunque se dejó relegada a la industria."[107] Y se dio un importante estímulo a la educación —se fundaron muchas escuelas— y a la cultura, en particular a las letras, con la publicación de libros, revistas y periódicos.

Pronto sin embargo se hicieron evidentes los problemas: "Por encima de las intenciones de los reformadores liberales, fue la realidad estructural y la fuerza de las facciones de propietarios lo que realmente decidió el curso concreto de las reformas. En lo inmediato éstas fortalecieron a las grandes haciendas pues en la medida en que la definición de corporación incluía a las comunidades indígenas, facilitaron el despojo de sus tierras".[108] Y empezaron las pugnas en el seno del propio grupo liberal a muchos de los cuales no agradó "el excesivo gusto por el poder" que mostraba el presidente.

Pero Juárez pudo quedarse en el cargo supremo, en donde se mostró como un estadista firme y decidido que actuaba con energía a pesar de las inconformidades de la "discordia civil" como le llama Clementina Díaz y de Ovando y de la oposición sistemática de casi toda la prensa. Lo que no pudo fue vencer a la muerte que le ganó la partida. Una dolorosa angina de pecho se llevó a Benito Juárez en el año de 1872. "El presidente de México se moría sin remedio —escribe Fernando del Paso— no había nada que hacer."

Terminaba una época, de largas luchas y de corto gobierno, un tiempo que a pesar de su brevedad, sentó las bases de la nación mexicana y constituye el modelo y ejemplo que aún hoy nos rige como país.

1

A la muerte de Juárez, asumió el cargo de presidente de la República, el vicepresidente y presidente de la Suprema Corte de Justicia, el atildado abogado veracruzano Sebastián Lerdo de Tejada, quien permaneció como interino entre julio y noviembre del año 72 y fue elegido constitucionalmente para el periodo de diciembre de ese año a noviembre del 76.

Le tocó a él inaugurar la primera línea de ferrocarril que hubo en México y que Juárez había mandado construir para unir a la capital con la ciudad de Veracruz, principal puerto de entrada y salida de personas y mercancías.

En su tiempo, como en el de su predecesor, floreció la libertad de prensa, lo que sirvió para convertirlo a él en el principal blanco de los ataques. Se decía entonces que el periódico *El Ahuizote* de Vicente Riva Palacio le hacía más daño que las balas de Porfirio Díaz, quien se levantó en armas contra Lerdo cuando éste se quiso reelegir en el año 76. Y esta vez, a diferencia de la anterior cuando se había levantado contra Juárez con el mismo pretexto, sí logró su objetivo.

El país volvió entonces a vivir momentos confusos con tres presidentes: uno electo —Lerdo de Tejada—, uno interino —José María Iglesias, designado por la Suprema Corte de Justicia de la Nación, quien estableció su gobierno en Guanajuato primero y luego en Guadalajara, y por fin tuvo que irse del país al exilio en Estados Unidos— y uno nombrado por los sublevados de Tuxtepec —el general Juan N. Méndez— quien asumió provisionalmente la Presidencia y se quedó en ella entre noviembre del 76 y febrero del 77, fecha en la cual se eligió presidente constitucional a Porfirio Díaz para el periodo que terminaría en noviembre de 1880.

2

Díaz era también indio y también de Oaxaca. Hombre práctico y muy listo, se había fogueado en las muchas batallas que libró, algunas de las cuales terminaron en triunfos, otras en derrotas y unas más en huidas, pero que le dieron celebridad como valiente y temerario.

Su primer periodo presidencial duró cuatro años y durante ese tiempo se dedicó con mano dura y pocas palabras a pacificar al país, que era por lo que clamaban los ciudadanos. Aplacó a varios caudillos, sofocó levantamientos, metió en cintura a grupos indígenas rebeldes y castigó severamente a los bandoleros y asaltantes que infestaban los caminos, ciudades y pueblos, hasta conseguir que desaparecieran del mapa.

3

¿Y las esposas?

Lerdo de Tejada nunca se casó y dicen las malas lenguas que no sólo permaneció toda su vida soltero empedernido sino que incluso célibe puesto que era muy tímido. Según José Fuentes Mares, la vida privada de don Sebastián "ha llegado hasta nosotros caprichosamente desfigurada y el pobre ha sido objeto de juicios inquinosos". Aunque era chaparro y rechoncho, andaba siempre impecablemente vestido y un día, cuando tenía cuarenta y dos años, se enamoró por primera y única vez pero perdidamente. Esto sucedió en Chihuahua, allá por el año de 1864 y la susodicha era una joven de catorce años, llamada Manuela Revilla que era hija de buena familia —su padre había sido gobernador del estado— y a la que conoció en una cena. Pero el amor no tuvo final feliz pues la joven no aceptó su propuesta de matrimonio.[109] Después de que lo derrocaron, se fue a vivir a Nueva York y allá se quedó hasta su muerte, siempre solo.

En cambio Iglesias sí estuvo casado, con Juana Calderón Tapia, quien apenas tuvo tiempo de enterarse de que su marido había sido nombrado para el cargo de presidente cuando ya lo habían depuesto.

La señora había nacido en la ciudad de Puebla, en 1822, hija de un militar. Tuvo una instrucción notable para su época, si consideramos lo que entonces se les enseñaba a las mujeres. Como quedó huérfana muy chica, se encargó de ella su abuelo materno en cuya casa un hermano político le enseñó a escribir y el general Anaya (que luego sería presidente de la República) le enseñó el francés que aprendió a hablar, leer y traducir. Afecta a la lectura, leyó historia de México, de Francia y de España y mucha literatura, sobre todo poesía.

Casó con don Chema en Querétaro cuando los norteamericanos ocupaban la capital. Seis hijos tuvo la pareja y la señora se consagró, como todas las damas mexicanas, completamente a su hogar. Según uno de sus vástagos que con el correr de los años sería historiador y político: "Decía doña Juana que las mujeres forman el ca-

Juana Calderón Tapia de Iglesias apenas tuvo tiempo de enterarse de que su marido era presidente

rácter de los hombres y para no minar el de su esposo aceptó siempre con resolución la parte de sacrificio que le correspondía".[110] Con esto se refiere a las separaciones y peligros que soportó estoicamente pues ésas eran las condiciones de quienes participaban en la convulsa política nacional.

Después de la muerte de su marido, la señora se retiró a la vida privada pero en sentido literal pues nunca volvió a salir de su casa ni a recibir visitas. Alejada de lujos y tentaciones, llevando una vida modesta, murió tranquila en su hogar en 1897.

Por su parte, el general Juan N. Méndez había estado casado con la señora Trinidad González Castrueza, originaria también de Puebla donde vivió siempre y donde falleció en el año 68, de modo que no pudo acompañar a su esposo durante los pocos días en que fue presidente de la República.[111]

4

Y por lo que se refiere a Porfirio Díaz, es sabido que tuvo varias mujeres con las que procreó hijos. Villalpando recuerda los nombres de tres: Petronia Esteva, Justa Saavedra y Rafaela Quiñones. Pero la más célebre es su relación con una india de Tehuantepec de nombre Juana Catarina Romero, que se ha querido convertir en una historia romántica. Krauze la llama "la verdadera doña Porfiria" asegurando que siempre fue el gran amor de Díaz. Sin embargo, estudios recientes lo desmienten, como el de la investigadora norteamericana Francie R. Chassen.

Dice la autora, siguiendo al viajero francés Charles Brasseur, que JuanaCata era "una mujer con la piel bronceada, joven, esbelta, elegante y tan bella que encantaba los corazones". Aunque era baja de estatura "caminaba con mucha gracia y su porte impresionaba a todos los que la conocían".[112] "La vida de Juana Catarina Romero... ha sido objeto de mitos y leyendas... Era una joven y analfabeta zapoteca, y conoció al joven capitán liberal Porfirio Díaz en 1858 durante la guerra de Reforma... La leyenda dice que fueron más que amigos, que fueron amantes... No hemos encontrado evidencia de una liga romántica (por ejemplo cartas de amor) pero también es cierto que ella nunca se casó."[113]

Según Chassen, "los ideales liberales compartidos explican los orígenes de su larga amistad. Y en efecto, Porfirio Díaz y Juana Catarina Romero mantuvieron su amistad por toda la vida y seguían escribiéndose cuando la familia Díaz vivía en el exilio europeo, comprobado por la correspondencia existente en la colección Porfirio Díaz y en poder de la familia Romero".

Pero cuando asumió por primera vez el cargo de presidente de la República, Díaz ya vivía con la madre de sus hijos, la señora Delfina Ortega.

Era ella su sobrina carnal, hija natural de su hermana y el doctor Manuel Ortega Reyes quien no le daría su apellido sino hasta muchos años después, cuando antes de casarse el caudillo le exigió que la legitimara y lo recompensó con una senaduría.[114]

Había nacido Delfina en Oaxaca en 1845 y Porfirio la había conocido desde la cuna "cuando jugaba con sus sonajas de semillas", lo mismo que había sucedido entre Benito Juárez y Margarita Maza y entre Juan Nepomuceno Almonte y Dolores Quezada. En una ocasión en que pasó por Oaxaca después de las guerras de intervención, vio a la ya para entonces jovencita floreciente y dieron inicio a su relación.

Díaz andaba por todas partes cumpliendo con sus deberes militares. Cuando volvía a Oaxaca la visitaba y cuando estaba lejos le escribía cartas. En una de ellas se decide por fin a proponerle matrimonio: "Querida Fina: estoy muy ocupado y por eso seré demasiado corto no obstante la gravedad del negocio que voy a proponerte en discusión y que tú resolverás con una palabra. Es evidente que un hombre debe elegir por esposa a la mujer que más ame entre todas las mujeres si tiene seguridad de ser de ella amado y lo es también que en la balanza de mi corazón no tienes rival, faltándome de ser comprendido y correspondido; y sentados estos precedentes no hay razón para que yo permanezca en silencio ni para que deje al tiempo lo que puede ser inmediatamente. Éste es mi deseo y lo someto a tu juicio, rogándote que me contestes lo que te parezca con la seguridad de que si es negativamente no por eso bajarás un punto en mi estimación y en ese caso te adoptaré judicialmente por hija para darte un nuevo carácter que te estreche más a mí y me abstendré de casarme mientras vivas para poder concentrar en ti todo el amor de un verdadero padre. Si mi propuesta es de tu aceptación avísame para dar los pasos convenientes y puedes decírselo a Nicolasa, pero si no es así, te ruego que nadie sepa el contenido de ésta, que tú misma procures olvidarla y la quemes. No me propongas dificultades para que yo te las resuelva, porque perderíamos mucho tiempo en una discusión epistolar. Si me quieres dime sí, o no, claro y pronto. Yo no puedo ser feliz antes de tu sentencia, no me la retardes. Mas a lo sublime del amor hay algo desconocido para el idioma pero no para el corazón y para no tocar lo común en él me despido llamándome sencillamente tuyo".[115]

Porfirio era sin duda un hombre decidido y directo y con su prosa llana de soldado, no se andaba con rodeos y daba órdenes sin usar demasiadas palabras: o me aceptas para esposo o te adopto como hija, pero en cualquier caso te quedas cerca de mí, ¡vaya alternativa!

La carta debe de haber causado estragos en la muchacha, una

joven sencilla y sin demasiadas luces pero seguramente contaminada por el romanticismo de la época. Nada más la recibió, se puso a contestarla: "Mi muy querido Porfirio: tengo ante mis ojos tu amable carta de fecha 18 del presente. No sé cómo comenzar mi contestación; mi alma, mi corazón y toda mi máquina se encuentran profundamente conmovidos al ver los conceptos de aquélla. Yo quisiera en este instante estar delante de ti para hablarte todo lo que siento y que mis palabras llegaran a ti tan vivas como son en sí, pero ya que la Providencia me tiene separada de tu presencia tengo que darte la respuesta tan franca y clara como tú me lo suplicas, pero me permitirás que antes te diga que varias reflexiones me ocurren que debiera exponértelas previamente, pero sacrifico este deber sólo porque te quiero dar una prueba de que vivo tan sólo para ti y que sin perjuicio de que alguna vez tenga derecho a explicarte las citadas reflexiones, me resuelvo con todo el fuego de mi amor a decirte que gustosa recibiré tu mano como esposo a la hora que tú lo dispongas, esperando que mi resolución franca la recibirás no como una ligereza que rebaje mi dignidad, sino por no hacerte sufrir incertidumbres dolorosas. Nada de esto sabe Tía porque no me pareció el decírselo yo, sino que tú se lo digas... Te ruego que te cuides mucho sin ajar tu buen nombre y entre tanto saber que es y será tuya".[116]

¡Qué retórica! Podemos imaginar a Fina pensando, escribiendo borradores y rompiéndolos hasta lograr que la misiva quedara como ella creía que sería lo correcto. Seguramente la conmovió aquello de que "en la balanza de mi corazón no tienes rival" y se sintió la heroína de una novela sentimental, de ésas que tanto gustaban a las mujeres de fines del siglo pasado. Lástima que a tanta belleza sólo acertó a contestar que "su corazón y toda su máquina" se encontraban profundamente conmovidos. Por lo demás, no podía saber que las dulces palabras del tío-novio no eran sino una fórmula, pues por aquel tiempo Porfirio mantenía una relación con quien sería la madre de su hija más querida, a la que puso por nombre precisamente Amada.

¿Conocía la buena Delfina lo que escribían los versificadores de ese tiempo, los poemas de Manuel Acuña que se suicidó a los veinticuatro años por el despecho de la hermosa Rosario o los de Juan de Dios Peza que cantaba en tono melancólico a las dulzuras del hogar? ¿sabía quién era Altamirano, el escritor que retrataba entrelazados a los paisajes de la naturaleza y al amor?

> *Deja el baño, amada mía,*
> *sal de la onda bullidora;*
> *desde que alumbró la aurora*
> *jugueteas loca allí.*
> *¿Acaso el genio que habita*
> *de ese río en los cristales*
> *te brinda delicias tales*
> *que lo prefieres a mí?*[117]

Carlos Tello describe así a Delfina Ortega: "Recibió de su padre la finura de sus rasgos, la sangre más indígena de su madre en cambio, apenas se le vislumbraba. El cabello lo tenía largo, castaño, brillante, peinado casi siempre con caireles. Sus labios eran delgados y la mirada de sus ojos asustada, como la de los venados. Era bonita".[118]

Existen dos versiones de su matrimonio con el caudillo. Según la de Tello, se casaron el 15 de abril del año 67, un lunes por la noche, en el número 18 de la calle Santa Catalina, "una de las casas más hermosas de Oaxaca", que era propiedad del padre de la novia. Porfirio no estuvo presente en la ceremonia, ocupado como estaba en la preparación del sitio de Tacubaya y en su poder y representación asistió Juan de Mata Vázquez. En cambio según Armando Ayala Anguiano, vivían en unión libre y se casaron apresuradamente un día antes del último parto de Delfina porque ella estaba muy enferma y podía morir en cualquier momento. Villalpando afirma que las dos versiones son correctas porque la primera se refiere al matrimonio civil y la segunda al religioso que se llevó a cabo "in articulo mortis" para darle gusto a la mujer que lo pidió por recomendación de su confesor. Por supuesto, hubo que conseguir dispensa por consanguinidad.[119]

Delfina vivió con Díaz en su hacienda La Noria a donde éste se retiró luego de entregarle la capital a Juárez a la salida del invasor francés. Allí permanecieron después del fracaso de la sublevación en contra de la reelección de Juárez. Según Tello, cuando llegaron a Tlacotalpan, acababa de perder uno tras otro a sus tres primeros críos pero el suave clima de esa región le permitió tener dos más, Porfirio y Luz, quienes "heredaron la fragilidad de su semblante". Y es que la mujer sufría mucho de mala salud por lo que "solía convalecer al lado de los suyos en las aguas de Tehuacán".

Cuando el triunfo tuxtepecano, se fue con su esposo a la capital y allí "fue tratada como Primera Dama del país. Las cartas llegaban a su casa desde todos los rincones de la República. De Oaxaca, donde la conocían, le mandaban por lo general peticiones de trabajo para que se las hiciera llegar a su marido. De Campeche en cambio, donde no la conocían, le mandaban más bien rebanadas de cazón para ver si le gustaban".[120]

En 1880, Delfina dio a luz a otra niña a quien pusieron por nombre Victoria y que apenas sobrevivió unas horas. La mujer estaba tan agotada y enferma que nunca se recuperó del parto y murió de fiebre puerperal, en la casa de Moneda número 1 que era la habitación oficial de los presidentes (ese lóbrego sitio que tanto había disgustado a Conchita Miramón y a Margarita Juárez), a los treinta y dos años de edad. Como su marido estaba en funciones de presidente de la República, se le rindieron honores y hubo guardias de miembros de la Suprema Corte, del senado, de la cámara de diputados y del ejército, además de un servicio fúnebre en la Colegiata de Guadalupe. Una larga comitiva acompañó al féretro hasta el panteón del Tepeyac.

En el periódico *La República* del 10 de abril de 1880, se publicó la noticia de esta muerte que "conmovió profundamente a la sociedad entera pues eran conocidas las singularidades y virtudes de la esposa del Primer Magistrado, sobre todo una modestia sin igual... Jamás se advirtió en ella el más leve sentimiento de ostentación". Más adelante la nota insistía: "Se concentró en sus deberes de madre y esposa y en cultivar un pequeñísimo círculo social".

En las notas necrológicas queda patente una vez más lo que ya vimos a lo largo del siglo: que las virtudes que se pedían a las mujeres seguían siendo las mismas y que lo que se elogiaba de la señora Delfina era lo que se había alabado en Ana Huarte y en Margarita Maza, es decir, su inexistencia pública, que paradójicamente se convertía en lo contrario a la hora de su muerte. A la señora incluso le dedicaron un libro completo lleno de palabras pomposas que se referían a sus supuestas cualidades.[121]

El escritor Ignacio Manuel Altamirano, que por esa época ponía en práctica sus ideas de una cultura que olvidando rencores y diferencias permitiera unir al país y construir a la nación, escribió conmovido que había muerto una: "matrona que ha sido el honor de su sexo, el decoro de la Patria y el encanto de su familia". ¡Llamarla matrona a los treinta y dos años! Pero lo que más llama la atención en toda esta palabrería es ¡cuánta floritura para una mujer a la que en vida nadie tomó en cuenta!

...y una enemiga

1

Respetuoso de la ley y de su propia bandera de no reelección, que había usado como pretexto para dos sublevaciones, Díaz se deja sustituir por su compadre y amigo el ministro de Guerra y Marina general Manuel González, apodado "el Manco", porque habían tenido que amputarle el brazo derecho desde el codo por las heridas que recibió durante una batalla gracias a la cual aquél resultó triunfador.

Dicen los que saben, que el caudillo pretendía que fuera su títere y que le devolviera la Presidencia al terminar su periodo y que parece que él estaba de acuerdo.

En los cuatro años que duró su gobierno, González continuó con la política modernizadora iniciada por Juárez y Lerdo, que daba énfasis al tendido de líneas de ferrocarril y a la instalación de luz eléctrica.

Pero como empezara a mostrar cierta independencia de decisiones y sobre todo, una enorme habilidad para enriquecerse, el propio Díaz le organizó zancadillas. No sólo la prensa se dedicó a atacarlo en feroces y burlones editoriales, artículos y caricaturas, sino que incluso hubo manifestaciones populares como aquélla en que le reclamaron por las nuevas monedas que el gobierno había puesto en circulación. La gente estaba furiosa porque al ir a comprar el pan, si se pagaba con monedas de plata lo entregaban cocido pero si se pagaba con las de níquel lo entregaban crudo.[122] Entre las muchas acusaciones que aparecieron entonces, las más reiteradas fueron la de malversación de fondos, la de querer reelegirse y la de llevar una vida personal licenciosa.

2

Esto último era cierto. Los "lances de alcoba" del general fueron motivo no sólo de chismes y de comentarios en todas las mesas de sociedad sino que de plano se convirtieron en escándalo. Claro que este modo de ser no había empezado cuando se convirtió en presidente, sino que había sido su conducta desde siempre. Sus orgías y francachelas en los burdeles y en las casas de sus amigos eran cosa sabida y dicen que hasta mandó traer a dos francesas y a una circasiana, expertas en artes amatorias, y que a esta última la instaló en su hacienda allá por Chapingo.[123] Y todo esto sin el menor recato ni cuidado, a la vista del mundo, ofendiendo y humillando a su familia. Su cinismo llegó al máximo cuando ya no sólo le gustaron las mujeres de la vida alegre sino también las señoritas decentes, hijas de buena familia, a las que convertía en sus amantes y ¡llevaba a vivir a su propio domicilio conyugal! A una de ellas, Juana Horn, la presentaba incluso en los actos públicos como si fuera su esposa y la gente la aclamaba.

Por eso su esposa tomó la increíble decisión para una mujer de esa época de abandonar la casa familiar. Para cuando González llegó al cargo supremo de la República, hacía varios años que ella ya no vivía con él.

La historia es la siguiente: el entonces teniente coronel del ejército conservador Manuel González, había casado en el mes de septiembre del año de 1860, con la muy joven señorita Laura Mantecón Arteaga, de quince años de edad, con quien procrearía dos hijos, uno de los cuales sería apadrinado nada menos que por el general Miramón (a cuyo servicio estaba el hombre) y su esposa Conchita y otro, cuando González ya había cambiado de bando y se había unido a los liberales, por el mismísimo Porfirio Díaz.

Según Morelos Canseco González, descendiente del general y quien escribió un libro en el que reproduce la versión de los hechos que le contó su abuela, la familia González hacía una vida modesta en un segundo piso de la calle de Mesones en una construcción vieja por encima de la tortillería y la lechería (con su trapo blanco anunciando, como se estilaba entonces, que había leche), del estanquillo y la carnicería (con su trapo rojo avisando que había carne fresca).[124]

Tiempo después se fueron a vivir al campo a una finca llamada El Moquetito donde, cuenta el autor, la señora "se ponía pantalones y trabajaba en el campo y dando indicaciones a los albañiles", cosa que nunca se había visto antes y que sirvió para que la calificaran de "rara". Según don Morelos, a pesar de estas extrañezas, "así estuvieron tres muy felices años y luego regresaron a la capital".

Pero para doña Laura no parece que la vida con el militar fuera "muy feliz". Más bien al contrario, parece que desde el principio del matrimonio el marido la maltrató (en una ocasión hasta le provocó un aborto) y la humilló. De otra manera no se explica que haya hecho lo que ninguna mujer hasta entonces: presentar una demanda de divorcio civil. ¡Hacer esto sí que requería de pantalones! ¡Esto sí que era raro!

Conocemos el caso por la señora Mantecón, quien escribió de su puño y letra y luego publicó los documentos del juicio que fue muy sonado, relatando, con pelos y señales de los motivos que la orillaron a tan drástica decisión. El largo escrito, desgarrador y conmovedor, nos muestra mejor que muchos ensayos y novelas la situación de las mujeres en ese fin siglo que se supone era el de la razón, la libertad y la modernidad. Escribe doña Laura "el fiel relato de los hechos en que fundo mi demanda": "Expongo: que mucho tiempo ha vengo luchando con dificultades de orden moral para decidirme a promover un

Laura Mantecón de González, la mujer que sola y sin recursos se atrevió a pelear contra un poderoso marido, harta de los ultrajes y las humillaciones a que éste la sometía

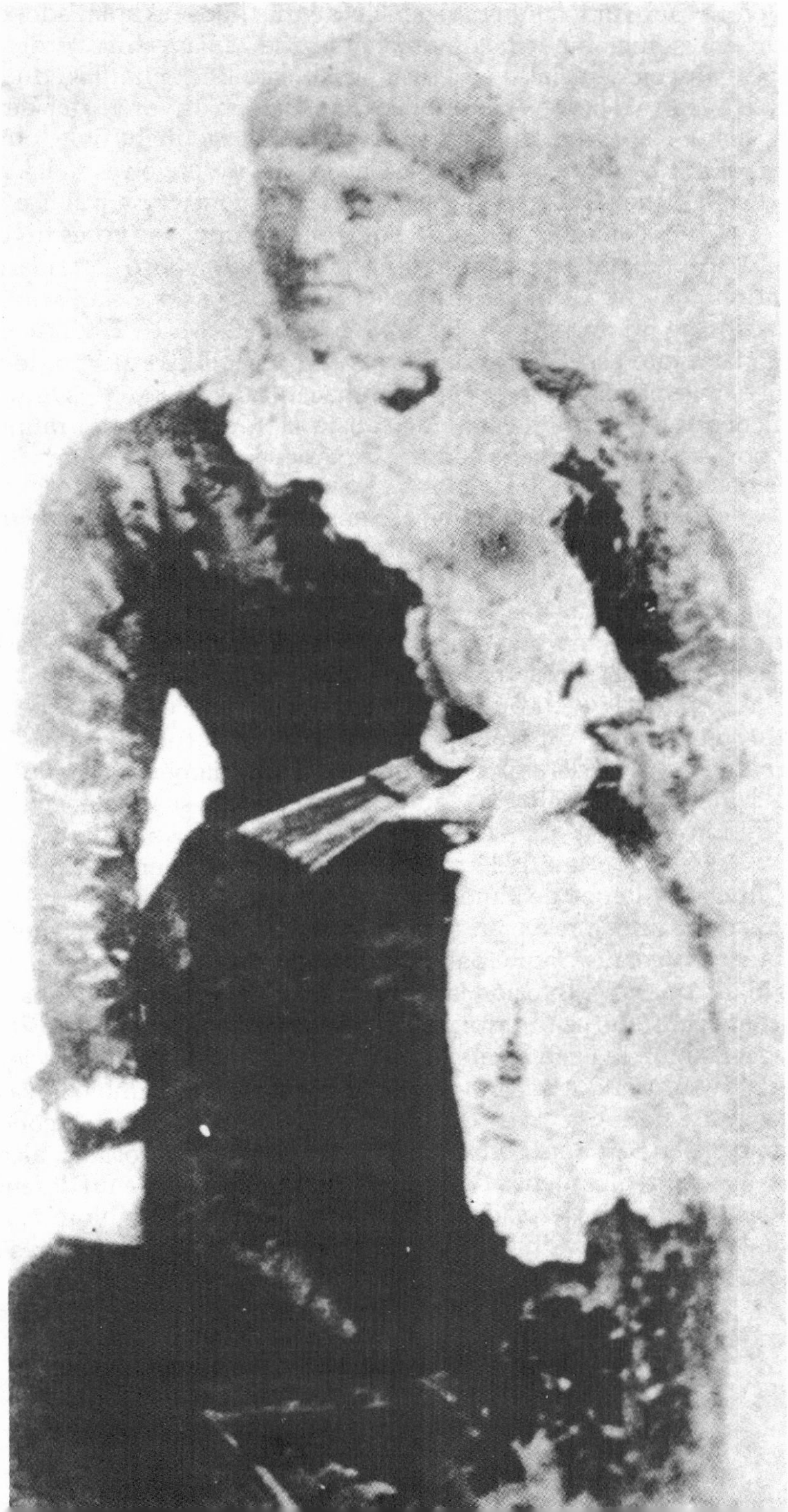

litigio que por ruidoso y en beneficio de mis hijos he aplazado, esperando una solución pacífica y razonable que zanjase dificultades y fijase mi situación social. La necesidad de este litigio ha llegado entre tanto a hacerse del dominio público... Aludo a mi divorcio del General Don Manuel González. Si no fuera una formalidad ineludible, pudiera yo suprimir la enumeración de las causas del divorcio y aun las pruebas de ellas que tambíen, Sr. Juez, están en la conciencia pública".[125]

Cuenta la mujer que desde que se casó, muchas veces tuvo que trabajar o pedir ayuda a su familia porque su esposo la tenía en el abandono. Y que ya desde entonces "tuve que presenciar actos vergonzosos de mi marido con las sirvientas de mi casa". Esto, dice ella, se había vuelto cada vez peor: "En un inconcebible orgasmo de furor erótico mi esposo se ha empeñado en hacer transparentes los muros de su alcoba y ha puesto un lujo de satisfacción en revelar al mundo lo que por espacio de muchos años me empeñara yo en ocultar". Amargamente se queja de "los vicios", "las pasiones", "los eróticos instintos" y "el demonio de lujuria que se enseñoreó de mi marido devorando sus recursos cuantiosos".

Además del adulterio y la vergüenza por la exhibición pública que de sus aventuras hace el general, hay otros hechos que le hacen la vida sumamente amarga: que el señor es irascible y de mal carácter; que es indecente y grosero con ella y le dice palabras soeces e insultos "en la intimidad" y en público; que la obliga a hacer cosas que "desgarraron el velo de mi inocencia pero no aniquilaron mi pudor" ("repugnante escuela" le llama a lo que involuntariamente aprendió con su marido); que la maltrata y golpea "causándole sus violencias lesiones de importancia que la obligaron a acudir a los facultativos". Lo acusa de "exponerla a peligros" llevándola o mandándola por caminos difíciles y llenos de bandidos y desertores, en compañía de soldados rasos que no la respetan. Y por si todo eso no fuera suficiente, "me atribuía ser la causa principal de sus desgracias" y "en mí y en nuestros hijos hicieron explosión las contrariedades sufridas en las casas de sus mancebas que se multiplicaban y sucedían sin tasa ni medida".

El agua le llega al cuello a la mujer cuando el señor le cierra la puerta de su propia casa y no la dejar entrar más y en cambio lleva a ese lugar a una hermosa joven de padres ingleses a quien había conocido en un baile en San Luis Potosí. "Cualquiera que tenga corazón alcanzará a comprender lo intenso de mi pena, lo desgarrador de un desengaño semejante", escribe desolada. La letra se va haciendo temblorosa y difícil de leer. Hay tachaduras, se repiten palabras, "la pluma se resiste a trazar sobre el papel los pormenores".

Pero para no afectar la carrera política del general, en lugar de proceder jurídicamente lo que hace es separarse: "No pudiendo soportar la vida al lado de mi esposo intenté separarme de él para evitar escándalos que pudieran perjudicarle en su carrera política... entonces puso el general González en juego una arma que me honra y que prueba hasta qué punto fiaba en mi generosidad... se me dijo que estando proscrito y confiscados sus bienes no debía yo abandonarlo. Mi resolución fue la que González esperaba".

En efecto, durante siete años la señora vive en otra casa, mientras su marido asciende por la escalera política, se convierte en presidente y cuatro años después concluye en su cargo. Pero mañosamente, él aprovecha ese tiempo para cambiar los bienes conyugales a su nombre y ¡hasta para mandar a hacer cambios en el Código Civil que le impidan a ella salir airosa de la situación!

El Código Civil liberal había sido promulgado en 1870 y dedicaba un largo título al matrimonio, los hijos y el divorcio, autorizando a éste por primera vez en el país. Claro que un cambio tan radical para las mentes y las costumbres no podía hacerse de la noche a la mañana, así que el divorcio que se permitía tenía características muy particulares: sólo se le aceptaba "en casos extremos", definidos éstos por la propia ley, y que tenían que ver con el mal comportamiento de alguno de los cónyuges, por ejemplo el adulterio en las mujeres (no en los hombres), el alcoholismo, algunas enfermedades contagiosas, la demencia, la violencia física exacerbada, el prostituir o corromper a la mujer o a los hijos y el abandono del domicilio común.

Sin atreverse a contradecir de plano las imposiciones de la Iglesia, el divorcio asentaba que el vínculo matrimonial no se disolvía sino que solamente se suspendían algunas de las obligaciones civiles. Lo que resultaba era más bien la separación de cuerpos. Y se asentaba claramente que ninguno de los cónyuges podía volverse a casar mientras el otro estuviera vivo.

Sin embargo, esa ley insistía en dar protección a la esposa: "señalar y asegurar alimentos a la mujer" (entendiéndose por alimentos: "la comida, el vestido, la habitación y la asistencia en caso de enfermedad") y el marido debía mantenerse "como administrador de los bienes del matrimonio sin causar perjuicios a la mujer". La reforma que hace Manuel González en 1884, conserva el espíritu del código anterior pero le hace algunos cambios, destinados nada más a afectar a aquéllas que como su esposa, tuvieran el atrevimiento de quererse defender de maridos abusivos. Se establece entonces que: "El cónyuge que diere causa al divorcio perderá todo su poder y derechos sobre la persona y bienes de sus hijos" y "perderá todo lo que se le hubiere dado o prometido por su consorte". Por lo demás, la mujer "no puede sin licencia del marido, dada por escrito, comparecer en juicio".[126]

Los estudiosos del derecho familiar en México destacan otro

cambio que se refiere a la testamentación, pues en este código queda abolida la herencia forzosa a esposa e hijos legítimos, lo que se supone hizo González para poder heredar a los vástagos que tuvo con otras mujeres.

No hay que ser especialista para darse cuenta de que las reformas fueron hechas en función de los intereses personales del general. Esto fue claramente percibido en su momento por Jacinto Pallares que escribió: "La razón de esta reforma se hizo pronto del dominio público... obedeciendo al deseo de favorecer a un altísimo funcionario cuyas desavenencias de familia exigían las reformas, más que a un sentimiento de interés general".[127]

Y aún así, cínicamente González anunció que los cambios se habían hecho "para afirmar los lazos de familia y suprimir los de egoísmo criminal".[128]

No está de más recordar en este punto que México ha sido siempre un país tradicionalista y que de acuerdo a los preceptos religiosos, las esposas tienen que aguantar al marido que les ha tocado en suerte y cargar su cruz de la que sólo la muerte las puede liberar. Desde siempre se les había dicho a las mujeres que debían "tener estado" o estar casadas y que ese vínculo era indisoluble aún si los esposos las trataban mal. "San Pedro había exhortado a las mujeres mal casadas a permanecer bajo el cuidado de sus esposos porque una esposa con una conducta admirable y piadosa era una buena influencia para un marido que se descarriaba." Y un escritor de la época pensaba lo mismo y ponderaba la abnegación de una esposa fiel al marido "pese al olvido o a las humillaciones a que éste la somete".[129] ¡Cómo no traer aquí a colación a la pobre señora Guadalupe Martel de Arista a la que don Mariano le hizo las mismas humillaciones que a la señora Laura Mantecón pero a ella no le quedó más remedio que terminar sus días sola y pobre en un convento mientras que ésta ya pudo tratar de defenderse!

La ley liberal era moderna, aunque no por eso dejaba del todo atrás el espíritu de las viejas costumbres sobre el matrimonio como institución indisoluble. Y precisamente allí radicó el problema, porque de las contradicciones en el interior de la propia ley y de la contradicción entre la ley y la realidad social del país, resultó la peor situación para la mujer. Como eran las cosas, el divorcio la dejaba completamente desprotegida en lo económico y sin un lugar en la sociedad. Una solterona ("doncella vieja" se les llamaba a las que "se quedaban a vestir santos") o una viuda tenían un espacio en el mundo decimonónico, lo que no sucedía con una divorciada, "esposa sin esposo", quien perdía toda consideración social y era víctima del ostracismo y de la penuria material.

Y sin embargo, hubo algunas que arriesgándose, hicieron lo

que fuera con tal de librarse de los maridos. Deben haber estado muy hartas y desesperadas para recurrir a ese expediente a sabiendas del negro futuro que les esperaba. Escribe Françoise Giraud: "Desde siempre llama la atención las muchas quejas de las mujeres contra sus esposos por violencias, borrachera y adulterio... Estas quejas nos recuerdan que... la sumisión tenía un límite".[130] ¡Cómo olvidar a aquella virreina que en pleno siglo XVI y desesperada por los malos tratos de su marido se atrevió a escribirle al soberano español pidiéndole que interviniera (lo que por cierto, éste nunca hizo)! ¡Y cómo olvidar que durante todo el siglo XIX hubo peticiones de divorcio siempre, iniciadas por las mujeres dice Silvia Marina Arrom, y cuyo causal era la violencia y los maltratos del marido! Algunas esposas incluso los llegaron a matar porque no encontraban otra salida y alguien que visitó la cárcel de mujeres afirmó que lo más impresionante es que ninguna de las allí recluidas sentía remordimientos y todas afirmaban que "el hombre se lo merecía".[131]

¿Pensó Laura Mantecón alguna vez en matar a su marido? ¿le hubiera gustado retarlo a duelo, cosa que era tan común en ese tiempo a pesar de que oficialmente ya se lo había prohibido unos años antes, cuando el escritor Ireneo Paz mató al joven y brillante Santiago Sierra en un acontecimiento que causó gran conmoción?[132]

No sabemos si por su cabeza pasó la idea. Lo que sí sabemos es que la mujer debe haber estado muy harta de los maltratos y humillaciones para atreverse, sola, sin recursos y sin apoyos, a pelear no nada más contra las costumbres sociales sino contra un hombre tan rico y tan poderoso. Así lo dice: "Los ultrajes podía soportarlos en beneficio de mis hijos... pero la infamia, ¡eso nunca!".

Y la respuesta de González fue hacer todo lo que estuvo en sus manos para hundirla. No sólo la corrió de su casa, le quitó a sus hijos y la dejó sin medios de manutención sino que la calumnió para mancillar su nombre y dejarla completamente excluida de la sociedad. Y lo logró. Como da fe el libro escrito por el sobrino del general, durante mucho tiempo se creyó que la señora estaba loca.

¿Qué necesidad tenía ese hombre de hacerle tanto daño a una pobre mujer? Ninguna. En todo caso, hubiera sido a él a quien más convenía quitársela de encima para poder vivir su vida. Por lo demás, siendo como era un hombre riquísimo, hubiera podido pasarle una pensión sin que ello le afectara en lo más mínimo. Pero su orgullo de macho no podía aceptar que una persona de la que se sentía dueño y señor se rebelara y lo pusiera en evidencia. Por eso se decidió a aplastarla. Ana Lidia García Peña piensa que lo hizo además porque entre tantas acusaciones que se le hicieron, no le convenía la de estar divorciado.

Y es que de por sí la lucha entre hombres y mujeres siempre ha sido desigual, ¿podemos imaginar lo que fue en este caso en que el marido era militar, compadre de Porfirio Díaz, presidente de la República y después gobernador de Guanajuato y además con los recursos para comprar a la justicia y volverla a su favor? ¡La señora Laura ni siquiera consiguió que algún abogado quisiera ocuparse de su caso, que algún juez reconociera que su problema era digno de tomarse en consideración!

En un documento ejemplar por su lambisconería y parcialidad hacia el poderoso, el juez de lo civil encargado del caso se olvida por completo de las leyes que supuestamente defiende y representa y según las cuales, era causal del divorcio el adulterio si se cometía en el domicilio común, si había "escándalo o insulto público hecho por el marido a la mujer legítima" o si se maltrataba de palabra o de obra a ésta, acusaciones todas que había presentado doña Laura contra su marido y de las que había pruebas y testigos. Pero el abogado le contesta informándole que su demanda no procede. Salpicando su pomposo y pedante texto de citas de autores en francés y latín, le dice que "la causa jurídica no existe" pues el adulterio no es ilícito en el varón y en consecuencia no debe ni siquiera discutirse el asunto. Tampoco acepta el argumento de que el hombre traía a otras mujeres al domicilio conyugal pues en su opinión, "si la mujer no habita con su marido deja de resentir momento por momento los efectos de vivir en común". Y todavía se permite advertirle que según la ley, la mujer está obligada a vivir con su marido pero no al contrario y que ella debe seguirlo y obedecerlo pues está sujeta a las leyes del hombre y en caso de que su voluntad y la de su marido se contradijesen, "por el bien de la pareja se establece que el señor tenga preeminencia para terminar así con las disputas".[133]

Valiente y decidida, doña Laura insiste ante la autoridad acudiendo a un tribunal superior. Con su letra de señorita bien educada vuelve a defenderse y a dar argumentos. Lo que quiere es vivir lejos de él, pero tener acceso a sus hijos y recibir una pensión alimenticia. Sabe que tiene derecho a ello pues de acuerdo a la ley: "El derecho a recibir alimentos es irrenunciable ni puede ser objeto de transacción". Y termina diciéndole al juez: "Que la majestad augusta de la justicia ordene al esposo desentendido el cumplimiento de sus deberes alimentando decorosamente a la madre de sus hijos, reconociendo el derecho que tiene a impedir que el patrimonio de ellos se dilapide en bastardas mancebías y haciendo respetar a la vez lo que la ley y la naturaleza conceden a la madre honesta".

Al final la señora pierde todo: ninguno de los causales de divorcio es aceptado por los jueces en ninguna instancia. Le quitan techo, sustento y familia dejándola en la peor de las miserias mientras el hombre derrocha fortunas en sus bacanales. Pero lo que a ella más le duele es que le arrebatan "el respeto de mis hijos y de la sociedad".

3

La vida de Laura Mantecón no podría ser más trágica ni su futuro más oscuro. Ella lo advierte: lo que quieren es empujarla al lodo, al fango, a la caída. "¿Qué importa que muera en un hospital desnuda, hambrienta y olvidada?" escribe con pluma a la vez trágica y melodramática.

Unos años después, en su novela *Santa*, el escritor Federico Gamboa recogería el modo de pensar de esta época que doña Laura hacía suyo:

"Trocóse Santa de encogida y cerril en cortesana a la moda, a la que todos los masculinos que disponían del importe de la tarifa anhelaban probar... Como la muchacha de perderse tenía, a nadie se le ocurrió intentar siquiera su rescate, que en este Valle de las Lágrimas fuerza es que todos los mortales carguemos nuestra cruz y que aquel a quien en suerte le tocó una pesada y cruel, pues que perezca... ¡Caída!... ¿dónde finalizaría con semejante vida?... ¡pues en el hospital y en el cementerio, puerto inevitable y postrero en el que por igual fondeamos justos y pecadores!"[134]

Pero Laura Mantecón era una mujer fuerte y levantó cabeza. Ya en los tiempos de su separación había ido a Nueva York donde estudió medicina homeopática.

Y años después al volver a México puso una pequeña tienda de ropa para dama. Y por supuesto, se sintió orgullosa de su esfuerzo: "Sé vivir a expensas de mi trabajo honrado". Murió en la capital en diciembre de 1900 y fue inhumada en el panteón de Dolores.[135]

4

El general Manuel González pasó a la historia como un militar que cambiaba de bandos y un pelele de Díaz, pero sobre todo, como un corrupto que usó el poder para enriquecerse fabulosamente.

Su esposa Laura Mantecón, a la que él humilló y ofendió y que tantos años estuvo olvidada por la historia, está siendo ahora reivindicada por haber estado dispuesta a todo con tal de no aceptar las indignidades que como mujer la sociedad le obligaba a soportar. Porque como ella misma dice con su letra fina "pudiendo sucumbir por los desórdenes y torpezas de su esposo" se negó a ello y se atrevió a luchar. "He aquí el porqué del arrojo que alguna vez he mostrado y que tan poco natural parece en alguna mujer."

Una gran señora

1

A mediados de los años ochenta, Porfirio Díaz gana las elecciones dando inicio a un largo periodo de gobierno, que durará casi treinta años, durante los cuales cada cuatro se hará la faramalla legalista de convocar a comicios a fin de resultar legítimamente electo una y otra vez para la Presidencia de la República.

En cuanto llegó al cargo, Díaz se dedicó a congraciarse con los diversos grupos que hasta ese momento habían disputado entre sí, a fin de lograr una reconciliación nacional. Fue amigo por igual de los liberales que de la Iglesia, de los militares que de los conservadores. Escribe Enrique Krauze: "De los liberales lima las aristas jacobinas y el idealismo democrático, respetando formalmente la ley y colocando al país en las vías de la verdadera modernidad: la del progreso material. De los conservadores lima sus aristas mochas, demostrando con hechos que el país podía progresar en lo material sin renunciar a sus raíces".[136]

Siguiendo la máxima de su amigo Ignacio L. Vallarta, Díaz se dedicó a hacer, dice Luis González, "poca política y mucha administración". Convencido de que los dos problemas centrales para echar a andar el país eran los recursos financieros y las comunicaciones, hizo todo por atraer inversionistas nacionales y extranjeros y por abrir vías de comunicación: convirtió a los ferrocarriles en la columna vertebral del progreso; organizó los telégrafos y teléfonos, las finanzas y los impuestos, eliminó las trabas fiscales, concertó empréstitos y vio que se hicieran leyes adecuadas y que se terminaran las críticas al gobierno en la prensa. En su tiempo progresaron la banca, la agricultura, la minería, la siderúrgica y el comercio, crecieron las ciudades y aumentó la población.

Gracias a lo que el ministro Limantour llamaba "el buen desempeño de los negocios públicos", México adquirió buena fama y buen crédito en el exterior como una nación fuerte y próspera que paga sus deudas y que tiene amistad con la humanidad civilizada. Y como el interior se mantuvo tranquilo se pudo dar, como afirma François Xavier Guerra, "una mutación extraordinaria de la economía y la sociedad".[137]

El de Díaz fue un "régimen de poder personal" en el cual el presidente no compartía su poder con nadie, pero al mismo tiempo supo mantener las relaciones con todos los grupos y personas para que las cosas funcionaran. Cuando en la primera década de este siglo hubo disidencia —huelgas de trabajadores, levantamientos de indígenas, críticas de intelectuales— fueron duramente reprimidas. A la prensa se le jalaron las riendas, a los oficiales del ejército y a los burócratas se les dieron prebendas y en las regiones se dejó que mandaran y se enrique-

cieran los caciques. Y para mantener la apariencia de legalidad que
tanto le importaba, se mantuvo la representación del pueblo aunque
gobernadores, senadores y diputados fueron convenientemente elegidos por el dictador. Por eso decía la copla:

Qué importa a los chamulas,
que no tengan ojos azules,
si dos diputados güeros,
se sientan en sus curules.

2

La Primera Dama de México durante ese periodo fue la muy
noble señora Carmen Romero Rubio y Castelló. Había nacido en 1864
en Tula, Tamaulipas, hija de una familia de abolengo y riqueza, de la
que recibió esmerada educación y exquisitos modales.

El romanticismo de la época, como se le entendía en México,
cuando las novelas llevaban hasta la exageración a sus heroínas senti-
mentales y llorosas, encontró en esta joven delicada, "alta, esbelta, blanca, tez muy expresiva",[138] el modelo perfecto. Era la representación del
ideal de belleza, tal como Gutiérrez Nájera la había prefigurado:

Ágil, nerviosa, blanca, delgada
media de seda bien restirada...
nariz pequeña, garbosa, cuca
y palpitantes sobre la nuca
rizos tan rubios como el cognac.[139]

Para referirse a ella, los poetas hablaban de "esa criatura", "que
apenas toca con sus alas blancas y flotantes el mundo tangiblemente
perecedero, el mundo de la materia".[140]

¿Cómo conoció esa dulce señorita de sociedad a un rudo general que apenas si sabía leer y no tenía modales?

Porfirio conoció a Carmelita en una recepción en la embajada
norteamericana. Allí acordaron que él empezaría a tomar con ella clases de inglés y fue durante ese tiempo que se enamoró. Tanto, que
abandonó a una mujer con un hijo que tenía allá por Tlalpan y como
era su costumbre, se puso a escribirle cartas de amor: "Yo debo avisar
a usted que la amo... Estoy ya en la necesidad de seguirla a usted si no
me lo prohíbe".[141]

Fue el padre de Carmelita, Manuel Romero Rubio, quien organizó el matrimonio, algunos dicen que en contra de la voluntad de su esposa la señora Agustina Castelló, para la cual Díaz no era el héroe de la

Patria sino el indio, el soldado y el jacobino al que despreciaba y temía. Sin embargo, Alfonso de Maria y Campos, cuya madre era amiga de la familia Romero Rubio, afirma que la señora no sólo estaba de acuerdo con este enlace que mucho le convenía, sino que incluso fue ella quien lo promovió. Por supuesto, como se acostumbraba entre la gente de alcurnia, a la única a la que nunca se preguntó su parecer fue a la involucrada, la cual simplemente tuvo que aceptar la decisión que se tomó sobre ella, a pesar de que estaba enamorada de un muchacho, un militar joven y apuesto, según consta en una carta que resguarda el Fondo Reservado de la Biblioteca Nacional.[142] Quizá por eso es que, aunque obedeció a su padre, nunca dejó que el general se acercara a su lecho y murió virgen, "intacta, tal como había nacido", o al menos eso es lo que ella misma le dijo a una amiga poco antes de morir. Como sea, después llegó a querer a don Porfirio y supo ser una esposa ejemplar. Y con esa boda se había sellado una alianza política y social que sería símbolo de la nueva etapa del país.

El matrimonio entre Carmelita (toda la vida la llamarían con su nombre en diminutivo) de dieciocho años y "don" Porfirio (hasta sus enemigos anteponían esta señal de respeto cuando se referían a él) que para entonces pasaba del medio siglo —tenía treinta y tres más que la novia— se realizó siguiendo la ya para entonces costumbre establecida de efectuar un doble acto: el civil en noviembre de 1881 —apenas año y medio después de la muerte de Delfina— siendo testigo el presidente de la República Manuel González y un día después el religioso, recibiendo la bendición nada menos que del arzobispo Labastida y Dávalos, el iracundo monarquista.

La fotografía de la ocasión muestra a una novia bella, "con su traje de faya gris engalonado con blondas de abalorio y con sus ojos grandes que miran a través de los azahares". La cintura estrechísima como se usaba con los apretados corsés, "la prenda más querida del guardarropa femenino", que tantos males causaba a las mujeres. Como regalo el general dio a su nueva esposa "los diamantes que brillaban en los gavilanes de su espada de gala, aquélla que le regaló la ciudad de México por combatir a las fuerzas del imperio".[143]

La luna de miel fue en Nueva York y a ella los acompañó el suegro quien a partir de entonces y hasta su muerte ocuparía alguna cartera en el gobierno de Díaz. Y desde ese momento Carmelita se dio a la tarea de educar y pulir al general "quitándole la dureza de genio a que lo obligaba su vida de campaña" y le enseñó a vestir y a hermosear su imagen. Krauze dice que por ósmosis hasta le blanqueó la piel, pero según Carlos Martínez Assad esto fue resultado de la cuidadosa aplicación de polvos de arroz en el rostro del caudillo. Con ella el soldadote aprendió a comer con cubiertos y a no escupir en la alfombra,

Carmen Romero Rubio de Díaz, criatura que despedía fragancia
de violetas en medio del fasto y fulgor de la corte porfiriana

a no poner los codos sobre la mesa y a utilizar mondadientes. Lo que dicen que nunca pudo enseñarle su esposa, a pesar de muchos esfuerzos, fue a escribir sin faltas de ortografía. "Carmelita fue el alma sorprendente de la evolución del general Díaz hacia una existencia refinada" escribió el obispo Eulogio Gillow, gran amigo de la señora y pieza fundamental en la reconciliación entre el gobierno y la Iglesia.

Cuenta la leyenda, que poco después de casarse doña Carmelita recibió de su marido la siguiente advertencia: "Ahora que ya eres mi esposa, quiero que sepas que en nuestra casa tú serás la reina. Todo el mundo te obedecerá comenzando por mí. Tú decidirás lo que mis hijos tengan que hacer. Yo te entregaré todo mi sueldo y tú lo distribuirás lo mejor que te parezca. Un solo favor te pido: que en todo lo que se relacione con mi vida política tú no tengas nada que ver".[144]

Pero las leyendas exageran y los hechos no siempre fueron así. A pesar de las palabras de don Porfirio, Carmelita tendría una notable participación e influencia en la vida del país, pues su marido la escuchaba cuando recomendaba ministros o sugería contactos con ciertas personas, además de que ella en lo personal otorgaba favores: alguna vez pidió por la vida de algún criminal sentenciado a muerte lo cual a la gente le encantaba. Destacan sobre todo sus acercamientos con la Iglesia católica que desde tiempos de la Reforma estaba alejada del poder gubernamental. Escribe Guerra: "Su mujer jugó un papel público simbólico ya que podía ejercer en las ceremonias religiosas una representación oficial importante para la mayoría católica del país, pero que prohibía a su marido la práctica constitucional".[145] Así, pues, se la vio asistir a misas y tedeum, participó en las obras de decoración de la Basílica de Guadalupe y a ella se debió la erección del templo expiatorio de San Felipe de Jesús en la capital. Tan grandes fueron sus servicios a la institución, que Su Santidad León XIII le obsequió un solideo en reconocimiento. En sus *Reminiscencias* el obispo Gillow escribió que "Carmelita fue el alma sorprendente de... una política de conciliación de tan hondas consecuencias en la vida nacional".[146]

Don Porfirio era muy trabajador y como buen soldado, disciplinado y exigente con su cuerpo. Dormía en catre duro, se levantaba temprano, comía poco y sencillo, hacía duros ejercicios en el gimnasio del Colegio Militar y dedicaba la mayor parte del tiempo a sus obligaciones. Los domingos atendía sus asuntos personales, entre ellos recibir al barbero y al sastre y responder su correspondencia dictándole a un secretario. Según su esposa, "era sobrio en palabras y costumbres" y "en casa siempre evitaba hablar de política".

Doña Carmelita y don Porfirio vivieron y recibieron en tres sedes: el Palacio Nacional al que remozaron y adornaron —el regio salón comedor tenía puerta y muebles de cedro con alfombra y cortinajes guinda—, su casa particular de la calle Capuchinas —decorada con muebles japoneses de ébano con forros de seda amarilla y con un hermoso piano Steinway— y el castillo de Chapultepec, al que Lerdo de Tejada había convertido en residencia oficial de los presidentes y al que también arreglaron con el gusto francés que predominaba en la época. A los baños se los acondicionó con todas las comodidades modernas, se decoraron los salones, se cambiaron los muebles y se mandó poner un elevador de válvulas hidráulicas y un billar para dar gusto a don Porfirio, pues ése era su entretenimiento favorito al que dedicaba todos los días un rato después del almuerzo. Los jardines se embellecieron para hacerlos parecidos al bosque de Boulogne en París y se mandó construir un lago artificial.

Podemos imaginar a la señora cuando "paseaba su hermosura y su bondad por la sala de armas (con la mesa de billar), por el corredor (al que daban trescientas floridas macetas), por los cuartos de la residencia, por la sala de recepción (con su araña de mil luces, sus jarrones de mayólica y sus largos espejos) y por la escalera (también florida) de la casa".[147]

Desde este lugar reinaron los Díaz. ¡Y vaya que fue un reinado! Él "César de Tuxtepec" y ella la "Primera Dama por antonomasia".[148]

3

El fin del siglo XIX y principios del XX en México fueron tiempos de buena vida para quienes podían pagarlo. En sus palacetes afrancesados de las colonias Juárez —la antigua colonia Americana— y Santa María vivían, "entre mármoles, marfiles y tapices", los ricos hacendados, empresarios y comerciantes que formaban la "aristocracia" mexicana. Para ellos, según afirma Nemesio García Naranjo: "La vida transcurría alegremente y sin grandes preocupaciones".

Virginia Fábregas "de arrogante belleza y elegancia europea" como la describe Armando de Maria y Campos, presentaba las últimas novedades teatrales de Europa y la diva francesa Sarah Bernhardt lograba lleno completo cuando presentó *La dama de las camelias* en el Teatro Nacional, pese a que los boletos costaban cinco pesos en luneta y la friolera de ¡cuarenta pesos! por un palco. ¡Y así los ricos porfiristas todavía gastaron dinero para mandarle ramos de flores, tantos, que no cabían en el escenario!

En el teatro Arbeu se escuchaban las óperas dirigidas por Mingardi, aunque en salas semivacías porque a pocos les gustaba ese arte y según escribe un periodista de la época, a los cantantes venidos de allende el mar les iba tan mal, que tenían que pedir limosna para poder comprar el boleto de regreso a su casa. En uno de sus grabados, José Guadalupe Posada dibuja a un cantante de ópera que se esfuerza por

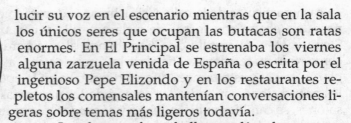

lucir su voz en el escenario mientras que en la sala los únicos seres que ocupan las butacas son ratas enormes. En El Principal se estrenaba los viernes alguna zarzuela venida de España o escrita por el ingenioso Pepe Elizondo y en los restaurantes repletos los comensales mantenían conversaciones ligeras sobre temas más ligeros todavía.

Las damas y los caballeros salían de compras al mediodía, a las Fábricas de Francia y El Palacio de Hierro o recorrían la elegante calle de Plateros (antes San Francisco, hoy Madero) en donde abrían sus puertas lujosos almacenes: La Ciudad de Bruselas, La Parisienne, Sorpresa y Primavera Unidas y otros muchos que vendían productos importados de Europa. Se podían comprar instrumentos musicales y abonos para los conciertos en Wagner y Levien, pistolas con el nuevo sistema Mausser en la Armería Americana y en la Botica Iturbide o en la Perfumería Carlos Félix y Cía. (Antigua Droguería La Palma) los polvos dentífricos y antisépticos Ste. Madeleine y las cremas rosadas Adelina Pratti "que suavizan y embellecen el cutis".[149]

Cuando empezaba a anochecer, desfilaban los carruajes magníficos y las personas distinguidas cambiaban saludos. Escribe Fernando Curiel: "Desde el Teatro Nacional se desprende la procesión de carruajes: cabs, tilburys, sulkys, coupes, landós, victorias, duquesas, faetones, paniers, berlinas, todos con lacayos que usan librea. En ellos viajan doña Catalina Cuevas de Escandón, doña Anita Vinet de Romero de Terreros, doña Paz Romero de Terreros de Rincón Gallardo, doña Agustina Castelló de Romero Rubio, doña Lorenza de Braniff, doña Luisa Rincón Gallardo de Cortina, doña Ana Lascuráin de Cuevas, doña Susana Elguero de García, doña Elena de Iturbide, doña María Cañas de Limantour, doña Isabel Pesado de Mier, doña Guadalupe Rubín de Sierra". Las fiestas estaban a la orden del día: "tenemos muchas diversiones en perspectiva; un gran baile que darán los miembros del Casino Nacional... otro baile de fantasía que dará el Jockey Club; el enlace de la hermosísima Amada Díaz, hija de nuestro presidente".[150]

Era ésa, como apuntaba Salvador Novo, una vida refinada, europea, ultraculta: "La peluquería de Micolo, el Hipódromo de Peralvillo, el baile de Chapultepec, La Concordia, el Jockey Club, las tiendas de la viuda Genin, los billares de Iturbide".[151]

Para esa gente se arregló y embelleció la ciudad de México, con obras de drenaje y pavimentación, con alumbrado público de gas que diez años después se cambió a eléctrico, con jardines, teatros y cafés.

Doña Carmelita experimentó todas las bondades de la época: desde leer en *El Imparcial* los muy esperados romances de Rosa Espino (que luego se descubriría que era seudónimo nada menos que del general Riva Palacio) hasta las revistas para mujeres como el *Álbum de Damas*, donde se enteraba de las modas de París, y la revista *Violetas del Anáhuac* (periódico literario redactado por señoras) donde aparecían crónicas de sociales y algo de literatura escrita por señoras como ella (el *Diario del Hogar* seguro no lo leía, pues a pesar de su nombre tan inocente era de oposición); desde la instalación de un teléfono cuya primera llamada ella misma recibió y era el señor presidente que estaba en Palacio Nacional y así daba por inaugurado este servicio, hasta el cine, pues a don Porfirio le gustaba ver películas y también que lo filmaran; desde ir a los casinos —El Nacional, Francés, Español o Alemán— a donde se reunía lo más granado de la sociedad, hasta las tertulias de media tarde donde se tomaba el té, pues la hispana y añeja costumbre de beber chocolate se había cambiado por la más moderna y suave copiada a los ingleses.

Sin embargo, seguramente también se perdió de otras buenas cosas de su tiempo: como no fumaba, no probó el espléndido tabaco mexicano; como no jugaba a la lotería que era la apuesta más célebre de la época, se perdió de la emoción de ganar; como no viajaba en tranvía no conoció la novedad en el transporte público; como no usaba adornos de plata sino nada más perlas y piedras preciosas, no aprovechó el blanco metal mexicano que era de tan buena ley y tan apreciado en el mundo.

4

Con sus modales aristocráticos, con su elegancia, con su apellido de abolengo, con su dulzura y con todo el poder en sus frágiles manos, doña Carmelita presidió a la alta sociedad mexicana, afrancesada en sus gustos y ocupada de frivolidades. El modelo de mujer era "la que entiende perfectamente el gobierno de su casa... y que en materia de dulces, pastas y curiosidades no hay quien la aventaje". "Las mujeres se disputaban la cintura más estrecha, conseguida con corsets tan apretados que hasta les quitaban la respiración y las hacían desmayarse, rivalizaban en profusión de encajes, aplicaciones, pliegues y bordados. La mujer de la época era de movimientos estudiados y precisos y su figura llena de adornos simbolizaba el romanticismo".[152]

Carmelita supo cumplir con precisión y dedicación su trabajo como Primera Dama, asistiendo a eventos como la colocación de la primera piedra de alguna construcción o la inauguración de alguna obra pública. Asistió a actos religiosos, cívicos y culturales, formó juntas de socorro cuando algún accidente conmovía a la opinión pública y emprendió obras de beneficencia, como mandar construir la casa cuna anexa al templo de San Agustín y obsequiarles una casa a unas monjas francesas para que fundaran su comunidad. Entre sus actividades más significativas —casi al final del gobierno de su marido, lo que indica que no tenía intenciones de irse ni vislumbraba lo que se venía— fue la fundación de las casas hogar y escuela "Amiga de la Obrera", la primera de las cuales estuvo en Tacubaya y albergó a trescientos niños a los que se atendía y daba de comer mientras sus madres trabajaban.

No hay que perder de vista que una de las pocas actividades fuera del hogar que se consideraba propia de la mujer de alta sociedad era la filantropía, en la que participaban señoras y señoritas que se ocupaban de fundar instituciones y como se decía en tiempos coloniales "dotarlas".[153]

Hospitales, casas cuna, orfanatorios, asilos, eso sí se valía. En 1908 se reunió un Congreso Nacional de Madres en el que participaron las más connotadas damas de la capital. "Su plan era reunir una Asamblea para estudiar la alimentación y cuidado del niño, el socorro de las madres pobres, el fomento de los ejercicios físicos, la difusión de los jardines de niños, el establecimiento de casas de maternidad y dispensarios de ayuda a los padres indigentes".[154]

Además, la señora supo cumplir con sus deberes de esposa atendiendo a los hijos del general, ya que propios no tuvo, ocupándose de su educación en los mejores colegios y viendo que hicieran buenos matrimonios. Y por supuesto, le llevó la casa. Era tan estricta en el manejo de las cuentas domésticas, que el cocinero alemán que había contratado prefirió abandonarla porque no soportaba que literalmente "le contara los chiles" (y por cierto se fue a abrir un restaurant que aún hoy existe en la ciudad de México).

Carmelita fue muy querida por la gente. Las crónicas de la época hablan de su corazón noble y sus hermosos sentimientos, "una reina que tiene por vasallos a todos los mexicanos", "cuyas cualidades y virtudes sobresalientes rinden el corazón más exigente". Siguiendo una vieja costumbre, de todas partes le mandaban regalos. Por ejemplo, el señor Alejandro López de la villa de Santiago Tianguistengo puso a disposición del presidente y su esposa un ábaco para enseñar a los niños las operaciones aritméticas con facilidad y una señora del pueblo le bordó un precioso cojín.[155] Los músicos le componían valses como "Amada" de Lerdo, "Arpa de oro" de Martínez, "El México de Porfirio Díaz" de Julio Sesto o "Carmen" de Juventino Rosas, dedicado "A la digna señora Carmen Romero Rubio de Díaz":

Es la ocasión
que he buscado con gran ilusión
para ofrecer mis ensueños
cantándole a usted.
Y espero así que mis versos
expresen completos

mi gran amor, mi respeto y admiración.
Yo quisiera cantar para usted
los poemas de inspiración.[156]

También los poetas le ofrecían sus versos, como aquéllos de Gutiérrez Nájera:

Despedía fragancia de violetas esa criatura,
toda mansedumbre, toda perdón, toda cariño.
Pasaba intacta por el bullicio de las grandes fiestas
como albo cisne por las ondas del estanque.

Algunos escritores le dedicaban sus libros, como José María Vigil quien escribió tres volúmenes sobre poetas mexicanas y Laureana Wright de Kleinhans que inició sus estudios sobre *Mujeres notables* con un texto sobre Carmelita. Según esta autora, la señora era de carácter bondadoso y afable, dulce, de exquisita modestia y natural sencillez. La llama "angelical esposa del héroe de la paz" que "tendió la generosa mano de la caridad a los infelices de la tierra". Por su parte, Virginia Fábregas le dedicó un poema:

Siempre derramando el bien
sale al paso del que llora
y su mano bienhechora
derrama paz y consuelo.[157]

También le escribían cartas, muchas cartas en las que la gente le relataba hechos graves que suponían no conocía y le suplicaban que resolviera problemas. Las mujeres sobre todo, le pedían que intercediera por sus maridos, hijos, padres o hermanos. Algunas son francamente conmovedoras como ésta del 6 de mayo de 1903: "Respetable señora. Con el corazón henchido de esperanza y no teniendo a quién acudir en el presente caso pues somos demasiado pobres para inspirar compasión de nadie que no sea Ud., nos permitimos dirigirle la presente para referirle siquiera someramente nuestra angustiosa situación rogándole humildemente nos imparta su valiosa protección. Acajuba es un pueblecillo de cuatrocientos o quinientos habitantes por desgracia analfabetas y jornaleros en su totalidad. Está incrustado en los terrenos de la Hacienda de Tenguedó, propiedad de los Sres. Villamil cuyo apoderado es el Sr. Manuel Vértiz, residente en esa ciudad (San Bernardo 13) o un señor D. Félix Cuevas. Desde hace mucho tiempo, por razones que no comprendemos, los administradores de la citada hacienda han puesto verdadero empeño en causarnos todo el daño que su maldad les sugiere; comenzaron por tratarnos con extremado rigor en los quehaceres del campo, siguieron por alterar incondicionalmente la renta de pastos para nuestros ganados, obligándonos por esta causa a deshacernos de ese único recurso con que contábamos para casos de extrema necesidad, continuaron por prohivirnos el paso por los diferentes senderos que acortan las distancias a travéz de los campos, reduciéndonos a dos únicas salidas y para no cansar la atención de Usted, han colmado la copa de nuestras desdichas privándonos por medio de enormes bardas construidas al derredor del pueblo, del agua que en la época de lluvias baja de los cerros a surtir nuestro jahuey, único depósito de agua con que contamos para las necesidades del hogar. Así es que mientras nosotros nos ganamos los 25 o 28 centavos en doce o catorce horas de ruda labor, nuestras familias tienen que caminar cinco kilómetros para comprar una poca de agua dulce pues aunque tenemos un pozo es tan difícil como peligroso hacer uso de él a causa de su profundidad y además que no es suficiente para las necesidades de la población. No acudimos a los tribunales en demanda de justicia porque el día que no trabajamos no hay sustento para la familia, y esperar que la autoridad municipal venga en nuestro auxilio es en vano porque no lo hará jamás. Sus atentísimos servidores que atentos su mano besan". [158]

La carta es elocuente. El sufrimiento, la explotación y el maltrato, la arbitrariedad por parte de dueños y administradores y la inutilidad de pretender recurrir a las autoridades y esperar de ellas justicia. Pero aun así, acostumbradas las gentes de este país al paternalismo de

sus patrones y gobernantes, seguían creyendo que su situación se podría resolver si alguien cercano al poder —como la esposa del presidente de la República— intercedía por ellos.

Y es que, fuera de la reducida sociedad dueña de haciendas y palacetes, el país era pura pobreza: "miserables vecindades de insalubridad inimaginable" decía Altamirano.[159]

Ocho millones de habitantes tenía México y como escribió entonces el novelista José López Portillo y Rojas: "Causa verdadero asombro la miseria en que viven los campesinos. Trabajan sin tregua, comen poco, andan casi desnudos y no tienen exigencias ni goces aparte de los meramente animales".[160]

Un millón de personas vivían hacinadas en los barrios pobres de la ciudad de México, con sus calles polvorientas o lodosas según la temporada, donde jamás variaba el paisaje de niños semidesnudos, perros callejeros, montañas de basura y las imprescindibles pulquerías, de las que había casi un millar en la capital.[161]

Porque la ciudad de los palacios seguía siendo, como había escrito en otro tiempo Guillermo Prieto, fuera de las calles centrales que estaban empedradas, con banquetas, atarjeas y alumbrado público, un sitio de estrechos callejones sin luz, con ciénagas, zanjas y muladares.

¿Tenía idea la buena de Carmelita de todo esto? ¿sabía lo que pasaba en esas haciendas donde los peones estaban atados por deudas, en ese Valle Nacional donde se les esclavizaba, en las monterías y las minas donde morían agotados y enfermos? ¿sabía de las levas con las que se nutría el ejército o de la ley fuga con la que se juzgaba a los disidentes matándolos en el acto sin mayor trámite? ¿supo de los italianos a los que trajeron para trabajar aquí y que murieron por las insalubres condiciones? ¿vio con algo de compasión a esas pobres mujeres mal alimentadas y llenas de hijos que eran las madres de la mayoría de los mexicanos? ¿se enteró que entre quienes iniciaron la huelga de Río Blanco había una mujer de nombre Lucrecia López que era madre de veintidós hijos? ¿supo de los movimientos de mujeres, de las luchas que emprendieron por mejores condiciones de vida y de trabajo? ¿estaba obsesionada —como todas las damas de la época— con las muchas prostitutas (once mil afirma Sergio González) que deambulaban por las calles o vivían encerradas en los burdeles desde los más caros hasta los más miserables? ¿sabía de los antros, de la vida bohemia, de los poetas y los músicos, que adoraban a la noche y le dedicaban sus mejores creaciones, deseosos como estaban de oponerse a la moral de la época, "a los cerrojos del catecismo y a las admoniciones del hogar y la familia"?[162] ¿Leyó aquel libro de Rubén Darío poblado de hadas y cisnes, faunos y gnomos? ¿o el de Amado Nervo de las perlas negras y las crónicas brillantes del Duque Job? ¿conocía a los escritores que retrataban a la sociedad, a "Manuel Gutiérrez Nájera, el precursor del refinamiento verbal, Justo Sierra el escritor de vuelo retórico, Rafael Delgado, José López Portillo y Rojas y Emilio Rabasa, serenos y reposados cronistas de la primera sociedad porfiriana y Ángel de Campo, escritor de compasión y ternura para los humildes"?[163]

Es probable que doña Carmelita no supiera nada de esto, metida como estaba en su mundo cerrado y protegido. ¿Cómo saber lo que sucedía más allá de su habitación toda en tonos marfil y rosa? ¿qué podía saber esta "criatura" —como acostumbraban referirse a ella— con sus vestidos de encaje y su nombre pronunciado siempre en diminutivo?

Decía la copla:

> *Allí no penetra nunca*
> *la tierna, exquisita dama*
> *que en los tranquilos hogares*
> *es reina en virtud y gracia.*[164]

¡Y sin embargo, bien que mandó censurar la "Misa negra" de Tablada!

5

El momento del máximo esplendor del régimen fueron las fiestas de celebración del centenario de la Independencia, presididas por la pareja Díaz. La parte visible de la ciudad de México fue embellecida y engalanada. Veinte millones de pesos se derrocharon para agasajar y atender a los invitados extranjeros y nacionales que asistieron a comidas y recepciones, inauguraciones de obras públicas y monumentos, conciertos y actos culturales, desfiles, cenas y bailes.

Los festejos duraron todo el mes de septiembre: se abrieron el día primero con la inauguración del Manicomio General de la Castañeda a la que asistieron los miembros del gabinete y el cuerpo diplomático en pleno, además de unas tres mil personas. Ese mismo día la colonia italiana obsequió a la ciudad una estatua de Garibaldi, que por cierto enojó a quienes veían al prócer como enemigo de la religión católica. Al día siguiente llegó a la capital la pila bautismal de don Miguel Hidalgo que recibió honores militares antes de quedar colocada en un museo. El día 3 puso Díaz la primera piedra de la nueva cárcel de Lecumberri; el 4 hubo desfile de carros alegóricos; el 5 entrega solemnísima de cartas credenciales de los embajadores especiales que venían a las fiestas; el 8 homenaje a los Niños Héroes además del inicio de un Congreso de Americanistas; el 9 una exposición de arte español; el 11 la colocación de la primera piedra del monumento a Pasteur que los franceses obsequiaban a México y un desfile de trajes típicos; el 12 inauguración de la Escuela Normal para Maestros; el 13 se develó en la Biblioteca Nacional un busto de Humboldt, regalo del káiser alemán; el 14 homenaje en la catedral a los Héroes de la Patria y un desfile; y por fin el 15 (la fecha original del levantamiento de Hidalgo se adelantó un día para hacerla coincidir con el cumpleaños del caudillo), "entre una espesa niebla llegada del norte de nuestro valle" tuvo lugar el Grito "en la más suntuosa ceremonia que haya registrado nuestra historia de pueblo libre".[165]

Multitudes expectantes aplaudieron al presidente cuando salió al balcón central y cuando tocó la histórica campana de Dolores —traída especialmente para la ocasión— que le recordaba al pueblo "la hora augusta de su libertad".

Posteriormente, en Palacio Nacional se efectuó una recepción a la que siguieron una cena y un baile que se celebraron en el patio central, al que se había cubierto con un hermoso emplomado especialmente mandado a hacer para la ocasión. Cientos de invitados asistieron engalanados con impecables levitas, elegantes vestidos y ricas joyas. En el convivio degustaron platillos de la comida francesa que como ha dicho Novo, vino a sustituir a la vieja y recargada comida española: "Los ricos mexicanos sucumbieron a la seducción arrolladora, irresistible de la cuisine française". El menú de esa noche de gran gala fue: "consomé de res y ternera, sopa de tortuga, trucha salmonada, filete de res, pollo y pavo con espárragos y legumbres varias, trufas y hongos y patés, todo regado con excelentes vinos, agua mineral y al final cognac".[166] Por supuesto, corrió el champagne que como escribiría Azuela, "ebulle burbujas donde se descomponen la luz y los candiles".

Para ésa que fue la fiesta más importante de la temporada, Carmelita llevaba un vestido de seda bordado con oro, broche y diadema de brillantes y al cuello varios hilos de perlas del mejor oriente. Y don Porfirio, con todas sus condecoraciones al pecho (como se ve en un óleo pintado por Cusachs), destacando entre los soldados de aspecto marcial con sus cascos relucientes. Era "la figura de un hombre que ostentaba en su traje un alto grado militar y las condecoraciones más distinguidas cosechadas sobre el campo de la guerra extranjera. Alto, llevando en su rostro señal de los soles de la campaña, la mirada unas veces benévola y otras terrible, en sus labios unas veces la sátira punzante y otras la sonrisa de la generosidad; fino en extremo, cordial con todos pero manteniendo un aire de superioridad. La majestad de la República".[167]

Esa majestad hablaría, en el momento de mayor solemnidad de las fiestas para afirmar: "El pueblo mexicano, con vigoroso empuje y con lúcido criterio ha pasado de la anarquía a la paz, de la miseria a la riqueza, del desprestigio al crédito y de un aislamiento internacional a la más amplia y cordial amistad con toda la humanidad civilizada. Para obra de un siglo, nadie conceptuará que eso es poco".[168]

"¡Majestad imperante, absoluta, jactándose de haber levantado a la nación mexicana a las primeras alturas de los pueblos cultos. Y bajo los doseles de oro y terciopelo, con la majestad de los Césares antiguos, esperando inquieto que le traiga su insolente fortuna el fallo inflexible de la historia!"[169]

Por supuesto y como era tradición, también hubo bailes populares en el Zócalo y en las calles de la ciudad, profusamente iluminadas y llenas de gente. Cuentan las crónicas de la época que la alegría se prolongó durante toda la noche, con las luces de bengala, las campanas al vuelo en todas las iglesias, la música.

Y al día siguiente, como cierre magnífico de las festividades, se inauguró la columna de la Independencia con la asistencia de don Porfirito y Carmelita, la aristocracia mexicana y los invitados extranjeros.

Se trataba de un monumento diseñado por el arquitecto Antonio Rivas Mercado, en el cual la victoria alada recubierta de oro se elevaba sobre la ciudad desde un altísimo pedestal de casi cuarenta metros levantado en el elegante y afrancesado Paseo de la Reforma, a lo largo del cual ya desde tiempos de Lerdo de Tejada se habían colocado sendas estatuas de los próceres liberales.

El señor diputado Salvador Díaz Mirón, "el primero de los poetas nacionales", declamó las palabras que estremecieron:

Salve a Nuestra Señora
la Virgen Democracia.[170]

6

Y sin embargo, esa brillante majestad caería poco después. Una y otra vez había dicho don Porfirio que vería con buenos ojos que alguien le disputara la Presidencia. Al periodista norteamericano James Creelman le aseguró que ésa era una necesidad ya manifiesta en el país y con la que estaba de acuerdo. Incluso hizo creer a varios de sus colaboradores que ellos serían los seleccionados. El más notable fue el caso del ministro de Hacienda José Ives Limantour, quien sin embargo fue descartado cuando su esposa lo contó en una reunión de señoras y el chisme le llegó a doña Carmelita. Díaz castigó como a él, a todo el que sugiriera siquiera la posibilidad de acceder al máximo cargo.

En el país había inquietud. Se oían rumores, aparecían publicaciones opositoras, los obreros hacían huelgas, se fundaban clubes antirreeleccionistas. En *La fuga de la quimera*, Carlos González Peña describe el ambiente: "Es preciso señores, es preciso digo, reaccionar contra la infame dictadura de Porfirio Díaz. ¿Qué pasa en este país? ¿por qué no hay sufragio? ¿por qué no hay derechos del hombre? ¿por qué no hay libertades para el pobre pueblo oprimido?".[171]

El 25 de mayo de 1911, Díaz renunció. Juan A. Mateos cuenta la escena: "El César continuaba silencioso, sus ministros llenos de pánico y desconcertados, ni quien se atreviera a decir una palabra... Y aquel hombre que había desplegado en todas ocasiones su valor a toda prueba... se entregaba como un cordero al sacrificio y entregaba las llaves del reino... En silencio tendió la mano, mojó la pluma y trémulo de emoción puso su firma en el documento que sería enviado a la Cámara popular... Se ignora quién dio aviso a las multitudes, que se retiraron en medio de aplausos y algazara, gritando ¡Ya renunció!".[172]

El abatido don Porfirio se despidió de sus amigos y acompañado de Carmelita, algunos familiares, dos sirvientas (¿les preguntó alguien si querían irse tan lejos de su casa?), sus muchos objetos personales y ocho baúles que guardaban sus archivos, se dirigió a la estación de San Lázaro para tomar un tren a Veracruz. En el camino los asaltaron unos bandoleros pero a los ilustres viajeros no les sucedió nada como no fuera tener que escuchar los gritos y mueras de la gente.

Cinco días permanecieron en el puerto recibiendo honores oficiales y homenajes populares y por fin el día 31, mientras una compacta muchedumbre los despedía en el muelle cantando el Himno Nacional y se disparaban veintiún cañonazos, la comitiva abordó el barco "Ypiranga" que los llevaría a Europa. Habían transcurrido apenas nueve meses desde los fastuosos festejos de la Independencia.

Los Díaz se instalaron en la capital de Francia donde eran muy respetados no sólo por los dignatarios del gobierno sino también por la gente común. Cuando entraban a algún sitio público los comensales se ponían espontáneamente de pie y esperaban hasta que ellos tomaran asiento.

En adelante, su vida consistió en emprender largas caminatas, hacer algunos viajes por Europa y Medio Oriente y recibir a parientes y visitas con quienes hablaban de la patria amada. Cuentan los testigos de esas conversaciones que ni don Porfirio ni Carmelita entendieron por qué les había sucedido la caída, pues lo mismo que Santa Anna en su momento, siempre creyeron que le habían hecho bien al país y aseguraban que cualquiera que quisiera gobernar a México tendría que hacer lo que hizo el general. Y también como Santa Anna, Díaz nunca perdió la esperanza de que lo llamaran de vuelta, sólo que a diferencia de aquél, no hizo locuras ni trató de forzar la situación. "Porfirio tiene la creencia —le escribió Carmelita a Limantour— de que cuando se calmen las pasiones y lleguen a juzgarse con absoluta frialdad a los hombres y las cosas en México, la verdad acabará por abrirse paso."[173]

Según Carlos Tello, Carmelita sufrió con resignación sus años en el exilio. No estaba sola: con ella vivían sus hermanas y varias damas de apellidos ilustres que habían huido de "la bola" levantada en el país.[174] También el general soportó con dignidad la nueva situación y se dedicó a esperar la muerte, que tardó en llegar pues don Porfirio era "un hombre macizo, de cuerpo alto y fuerte" como bien había advertido Federico Gamboa.

Pero un día de julio de 1916, cuando Europa ardía con la primera guerra mundial, ésta llegó y lo recogió en la tranquilidad de su domicilio de la avenida del bosque de Boulogne.

Según Martín Luis Guzmán, Carmelita acompañó a su marido hasta el último momento, mientras deliraba sobre Oaxaca, sobre su madre y sobre su amada hacienda La Noria hasta que perdió el conocimiento. Ella le acariciaba la cabeza y las manos heladas. "Cuando le cerré los ojos y lo besé por última vez creí morir también" cuentan que dijo. "No había muerto en Oaxaca pero sí entre los suyos" escribió Guzmán. Lo enterraron con todos los honores, junto a su espada y envuelto en la bandera nacional.

Carmelita era aún joven y cualquiera que haya sido la verdad sobre cómo se llevó a cabo su matrimonio, sin duda había llegado a querer mucho al general. Después de la muerte de éste, se quedó unos años más en Francia viviendo de las considerables rentas que le dejaban sus propiedades en México y que a pesar de la Revolución le llegaban puntualmente. Las había heredado de su padre y las administraba un primo suyo que trabajaba en el Banco Nacional de México. "Estaba consciente de vivir, como todos los exiliados, bajo la sombra de don Porfirio. Su departamento, poblado por los objetos que le pertenecieron era, por así decir, un centro de peregrinación al que concurrían con asiduidad los fieles del antiguo régimen."[175]

En noviembre de 1931 la señora Díaz volvió a tierras mexicanas "para vivir aquí sus años de viudez en la mayor discreción". Era una tarde fría cuando llegó a la ciudad de México, "su cabeza ayer rubia, hoy abatida por la desolación, estaba llena de canas respetables y dolientes" escribió Julio Sesto.

Estarían para recibirla muchos amigos fieles que la ayudaron a instalarse en una casa de la calle Quintana Roo, entre reliquias históricas, artísticas y familiares "que le prestan evocador encanto a los salones llenos de recogimiento y recordación".[176] Según Guillermo Gómez, fue entonces cuando en respuesta a la pregunta de un periodista que la entrevistaba, la señora pronunció su frase famosa: "Yo de México no me he separado nunca".

Trece años más tarde y luego de una larga enfermedad, Carmelita Romero Rubio de Díaz dejó de existir, el 25 de junio de 1944, a los ochenta años de edad.[177] La enterraron en el panteón Francés, amortajada toda de blanco, con el hábito de las terciarias de Santo Domingo, orden a la que pertenecía y cuyas reglas observaba rigurosamente, en el pecho un escapulario de la Virgen del Carmen. La misa fue oficiada por el arzobispo Luis María Martínez.

En el periódico *Excélsior*, el periodista Carlos Denegri escribió la frase que cerraba una época: "El corazón del porfirismo dejó de latir ayer".

8

Cuando Porfirio Díaz renunció a la Presidencia de la República, nombró como presidente interino al secretario de Relaciones Exteriores Francisco León de la Barra y Quijano, hijo de una familia de abolengo procedente de Chile, "diplomático por excelencia" según escribió Nemesio García Naranjo. A éste se le llamó "el presidente blanco" porque no tenía compromisos políticos aunque era sin duda un hombre del porfiriato.

Según Mateos: "De la Barra es todo un caballero, instruido y de gran talento, con educación exquisita, humilde y correcto... simboliza la luna de miel de la revolución triunfante... El pueblo lo recibió con los brazos abiertos y lleno de esperanza, la Cámara le dio la bienvenida con una estruendosa ovación".[178]

Cinco meses y diez días duró su mandato, tiempo que sirvió para que se convocaran elecciones y que le alcanzó para dar el tradicional grito la noche del 15 de septiembre, en una ceremonia en la que no hubo el regocijo de los años anteriores "y mucho menos el del más inmediato".

De la Barra estaba casado en segundas nupcias con la señora María del Refugio Barneque, hermana de su primera esposa María Elena Barneque quien muy joven había muerto de tuberculosis. La señora a su vez era viuda y tenía tres hijos. Juntos procrearon otro más y el suyo fue, en opinión de un sobrino, "un matrimonio fantástico".[179] La tía Cuca como le decían, inmediatamente asumió los compromisos que le correspondían: asistió a ceremonias y banquetes, acompañó a su marido a visitar a los presos de la penitenciaria e incluso aceptó una fiesta que en su honor hizo el Colegio Militar en el Hipódromo de la Condesa a la que se presentó con un vestido de encajes y un enorme sombrero con sombrilla a juego.[180] ¿Tenía ella idea de lo que pasaba en el país? ¿supo del levantamiento maderista? ¿podía vislumbrar el cambio tan profundo que se estaba gestando? ¿había oído decir que las mujeres ya desde entonces enarbolaban la bandera del derecho al voto?

Quién sabe. Lo que sí es un hecho es que "después del deslumbrante fulgor de la corte porfiriana, la Presidencia de la República pierde su antiguo fasto y —como afirma Guillermo Gómez— las Primeras Damas desaparecen en la gloriosa penumbra del hogar".[181]

IV. La digna esposa del caudillo

México,
tú vales por el río
de las virtudes de tu mujerío.

Ramón López Velarde

La inseparable...

1

*E*n 1910 empezó la Revolución, exactamente un siglo después de la Independencia.

¡Así es la revolución
que germina con su savia
y que llega a lo más hondo
de la tierra mexicana![1]

Sus orígenes se pueden buscar en la inconformidad de algunos grupos que querían participar en la vida política nacional y no encontraban oportunidad para hacerlo dentro del viejo régimen, de modo que buscaron romper la esclerosis de un gobierno de treinta años, dirigido por oligarcas autoritarios y rígidos, que no parecían entender las necesidades del nuevo siglo y de las nuevas gentes criadas a la sombra de la paz, el auge, la riqueza y también, de las ideas liberales.

Aunque no soy Blas Urrea
ni los periódicos lea
pos no sé ler ni escrebir
la democracia comprendo
y tal como yo la entiendo
se las voy a definir...
pa siembra o pa tamales
han de ser todos iguales...
haiga o no revolución
si todos somos mortales
pos hemos de ser iguales
amo, mayordomo y pión.[2]

Pero sus orígenes se pueden buscar también en la miseria y la explotación de campesinos, mineros y trabajadores cuyas acciones, protestas y huelgas habían sido una y otra vez violentamente reprimidas. Según Castro Leal: "El pueblo mexicano luchó y sufrió lanzado sin más programa que su anhelo, sin más método que su instinto, sin más límite que su piedad y su cólera, a redimir a un país en que había vivido siglos de olvido y servidumbre".[3]

Con mi treinta treinta me voy a embarcar
dentro de las filas de la rebelión,
si mi sangre piden
mi sangre les doy
por los habitantes de nuestra nación.[4]

2

Francisco Madero era originario de Coahuila, hijo de una familia muy rica. Había viajado y leído y creía que la democracia era más necesaria que el pan de cada día. Hasta escribió un libro que resumía esa creencia y planteaba las inquietudes políticas de la época: se llamaba *La sucesión presidencial en 1910* y en él se oponía a la reelección de Díaz.

La conmoción que provocó este texto fue grande. En todas partes se comentaba su propuesta, en las mesas de las familias decentes y en las cantinas y pulquerías. Escribe François-Xavier Guerra: "El éxito del libro de Madero, el éxito del mismo Madero, no se comprende fuera del contexto de una generación alimentada desde la escuela primaria en el culto casi religioso de los valores liberales. En el lenguaje de la Patria de Madero, las ideas democráticas están revestidas y sostenidas por un vocabulario que hace constantemente referencia a las virtudes morales: rectitud, serenidad, honradez, prudencia, magnanimidad, fe, integridad, grandeza de alma, constancia, sinceridad, firmeza, lealtad... Este lenguaje explica el éxito del libro entre los grupos sociales intermedios de las ciudades de provincia y del campo que comparten con el autor el mismo gusto del pueblo y de la democracia ideal, ornamentado con los valores morales y religiosos tradicionales".[5]

Pronto empezaron a surgir los clubes antirreeleccionistas y la gente se empezó a ir a "la bola", armada con su machete. Y resultó que lo que en un principio parecía un movimiento fácil de sofocar, se fue convirtiendo en un fuego que, como había dicho el obispo de Michoacán hacía cien años, amenazaba con incendiarlo todo.

La guerra se extendió por el territorio nacional. Levantamientos simultáneos se sucedieron en diversos lugares del país y surgieron

Sara Pérez de Madero, hermana, colaboradora, compañera
de lucha y guardián del recuerdo del apóstol asesinado

los caudillos cuyos nombres componen el panteón nacional de los héroes y entre los cuales destacan Emiliano Zapata en el sur, "dirigente y símbolo del agrarismo mexicano" y Doroteo Arango, mejor conocido como Pancho Villa en el norte, "cabeza de una formidable insurrección plebeya de intensidad legendaria".[6]

En 1911, Madero se convierte en presidente de México, primero de forma provisional y luego por elecciones en las que triunfa con nada menos que 98 por ciento de los votos. ¡Tenía que ganar dado que formaba parte de las tres fórmulas que contendían por el cargo y que eran: Madero y Pino Suárez, Madero y Vázquez Gómez, Madero y León de la Barra!

Don Francisco era un personaje singular. De baja estatura ("hombrecillo de apariencia insignificante" lo describía la prensa de la época), de cuerpo enclenque y lágrima fácil, era un soñador y un místico, austero y altruista, vegetariano y espiritista, homeópata y predicador. Antonio Caso le llamó San Francisco Madero y otros le decían el Apóstol.

Desde muy joven, consideró que tenía una misión que cumplir como redentor de La Patria. Según Ignacio Solares, la tabla ouija le avisó que sería presidente de México y él aceptó ese anuncio como destino. Por eso anduvo por toda la república organizado clubes antirreeleccionistas y escribiendo panfletos para explicar, convencer y defender —con las armas si era necesario— la causa del "Sufragio efectivo, no reelección".

En este fatigoso trabajo le acompañaba una pequeña comitiva: "La esposa Sara, el estenógrafo Elías de los Ríos y Roque Estrada, cercano colaborador y exigente testigo".[7]

3

Sara Pérez, "la inseparable Sarita" como le llama Bernardo García, era hija de un rico hacendado. Había nacido en San Juan del Río, Querétaro, en 1870 pero creció en Arroyo Zarco. Había conocido a Madero porque era amiga de sus hermanas con quienes había estudiado en un colegio de Estados Unidos y había iniciado con él una relación que fue difícil porque el joven aún no encontraba su camino. Él mismo lo relata en sus *Memorias*: "Diré que cinco años antes había estado en relaciones con ella, que la había ido a visitar con frecuencia a México, que llevábamos muy asidua correspondencia y que nos amábamos entrañablemente. Pero la distancia y la vida disipada que llevaba yo en aquella época, borraron poco a poco en mí esos sentimientos y acabé por romper con ella sin ningún motivo. Para ella fue un golpe terrible y para mí un motivo más para seguir mi vida disipada. Pero a pesar de que cortejé a muchas otras señoritas, en mis momentos de calma, de serenidad, volvía a brotar en las profundidades de mi alma la imagen de Sarita".[8]

Cuando la "adorada mamacita" de Madero enferma muy grave de fiebre tifoidea, el hijo deja de ir a fiestas y paseos para dedicar su tiempo a cuidarla. En esos momentos su mente recuerda a la amiga querida y se da cuenta "que a nadie podía amar con un amor tan grande y que difícilmente encontraría quien pudiera sentir igual cariño por mí". Es entonces cuando se forma "el propósito irrevocable de volver a Sarita". Y lo cumple.

La ceremonia del enlace civil se verifica en enero de 1903 en casa de un tío de la novia en la capital y un día después se lleva a cabo la boda religiosa en la capilla del Arzobispado. El banquete se sirve en el Hotel de la Reforma. Una foto del acontecimiento muestra a la novia, de treinta y tres años, tres más que su marido, en su atuendo tipo francés.

La suya fue una pareja especial, pues más que marido y mujer los Madero fueron colaboradores y amigos, "hermanos" como se consideraban a sí mismos, dedicados en cuerpo y alma —con voto de castidad incluso— a su labor de promover el cambio político, tal como le había sido indicado a él desde el más allá.

Sarita fue una mujer diferente de las tradicionales esposas mexicanas: no fue ama de casa sino una revolucionaria, no fue madre de familia sino una compañera de causa, que estuvo siempre al lado de sus marido, "mientras la imagen carismática de Madero iba creciendo hasta transformarse en el ídolo del México moderno".[9]

A todas partes lo acompañaba, por igual a los campamentos de soldados que a los mítines políticos, en los viajes por caminos difíciles que a la hora de los discursos y de las negociaciones. Allí está cuando él se aloja en hoteles de paso porque ninguno de los decentes le quiere dar cabida dada su fama de "alterador del orden" y allí está en una habitación alquilada frente a la cárcel de San Luis cuando lo meten preso. Escribe Solares: "A fines de junio los trasladaron a la prisión de San Luis Potosí por haberse pronunciado en esa ciudad los discursos sediciosos de que se les acusaba. Tu esposa Sarita fue tras de ustedes, temerosa de que les aplicaran la ley fuga".[10] Siempre estuvo pendiente de sus necesidades, lo consoló, lo apoyó y lo sostuvo, con cariño y serenidad. En las noches de insomnio permaneció sentada junto a él y en las largas horas del día compartió sus sueños e idealismos, su esoterismo, su optimismo y también su pesada carga de trabajo. Así lo reconoce él en una carta que le escribió: "Me siento llevado por el destino, guiado por un deber, alentado por lo noble de nuestra causa... Tengo fe en el triunfo... Sé que adonde quiera que vaya irán conmigo tus tier-

nas y fervientes oraciones y que esos pensamientos... formarán a mi re-
dedor una atmósfera de bienestar que me protegerá siempre... Tu
amor lo llevo siempre en mi corazón".[11]

Tan ciega era la fe de doña Sara en la misión de su marido y tan
segura estaba de que la vía de la lucha armada señalada por él era la
correcta, que ella misma arengaba a las tropas y organizaba actos pro-
selitistas y festivales en pro de las víctimas del movimiento armado;
iba a las reuniones de obreros y recibía a las organizadoras de los clubes políticos (como las antirreeleccionistas Hijas de Cuauhtémoc) y a
comisiones que le presentaban toda clase de problemas. Además, presidía el club Caridad y Progreso y fundó la Cruz Blanca Neutral por la
Humanidad, institución que "sostenía a huérfanos, becaba a estudiantes, creaba escuelas, instituciones de caridad, hospitales y comedores
populares".[12]

A Sarita Madero no le interesaba nada de lo que había gustado
a Carmelita Díaz: ni las reuniones sociales, ni la moda, ni las costumbres de las clases acomodadas. Aunque hacía un esfuerzo por verse

bien vestida —en las fotografías la vemos tratando de ser elegante con sus vestidos largos y sus imponentes sombreros que se le veían ridículos porque era muy menudita— en realidad ése no era su mundo. Pero tampoco era como el común de las mujeres, pues no tenía domicilio fijo ni familia que requirieran de su atención. Como escribe Aurelio de los Reyes: "Ella abandona ovillo y aguja, escoba y trapeador y se lanza a la calle a conseguir sus derechos".[13]

No era la única que hacía esto, pues ya para entonces muchas mujeres salían del hogar y fundaban clubes políticos, organizaban manifestaciones callejeras para apoyar demandas y hasta se lanzaban a la huelga. ¡Incluso hubo el caso de una mujer, Virginia Fábregas, que en 1911 entabló una demanda de divorcio que fue tan sonada como la de Laura Mantecón hacía más de un cuarto de siglo!

Se dice que Madero quiso mucho a su esposa a la que consideraba como su "inseparable y amantísima compañera". Una carta da fe de esto: "Desde que me casé me considero completamente feliz... mi esposa es tan cariñosa conmigo y me ha dado tantas pruebas de su cordura, de su abnegación y de su amor, que creo no poder pedir más a la Providencia". Las misivas dirigidas a ella las firmaba: "Tu amante esposo".[14]

Cuando Madero entra a la capital aquel año de 1911, masas de gente lo aclaman, suenan las sirenas de las fábricas y se echan a vuelo las campanas de las iglesias. Sarita presencia el recorrido que hace el triunfador desde la estación Colonia "en un coche descubierto y tirado por un poderoso tronco de caballos negros. Iba escoltado por un grupo de jinetes compuesto por algunos de los más destacados jefes revolucionarios... La comitiva llegó a la Cámara de Diputados a las once en punto de la mañana. Dentro del recinto parlamentario hubo muestras de júbilo, después se hizo el silencio y don Francisco I. Madero rindió su protesta. Una ovación extraordinaria rubricó la ceremonia y acompañó al nuevo presidente mientras abandonaba la sede de la Cámara baja. De allí se dirigió a Palacio Nacional donde el Lic. De la Barra le entregó en forma formal y solemne el poder y luego pasó a recibir las felicitaciones del cuerpo diplomático. En las calles el pueblo celebró el acontecimiento que llenaba a todos de optimismo: el primer día de la democracia en el México del siglo XX".[15]

¿Podemos imaginar su emoción en ese momento, cuando el sueño parecía cumplido? ¿qué sintió al atravesar la ciudad y ver las mismas bardas que había visto doña Carmelita unos meses antes, pero que en lugar de decir ¡Muera Díaz! decían ¡Viva Madero!? ¿podemos imaginar su felicidad al escuchar las aclamaciones a su marido no sólo por parte de la gente común sino incluso de los jefes revolucionarios, con las campanas al vuelo que repicaban desde catedral y hasta con el temblor de tierra que sacudió a la capital esa madrugada —y que era de diez grados porque duró el tiempo suficiente para rezar diez avemarías— como símbolo de la conmoción nacional que significaba ese triunfo?

Porque allí estaba Sarita, en esos momentos solemnes y allí estaría en todos los demás: acompañando a su marido en los paseos por la ciudad con el embajador norteamericano, en el viaje al sur para negociar con Zapata y en la noche del 15 de septiembre para la celebración de la ceremonia del Grito, que en esta ocasión refrendaba la Independencia, celebrándola con gran júbilo popular. Y también cuando el señor Madero rindió su informe a la nación.

4

Pero "el Apóstol de la democracia" no pudo gobernar: "Adscrito a la vieja legalidad, quiso clausurar la agitación y las expectativas recién abiertas del país para establecer en la República convulsionada simplemente un nuevo gobierno, no un nuevo orden".[16] Pronto encontró resistencia "por igual entre las corrientes que sí querían el cambio como entre los intereses creados que ambicionaban la restauración". En su mismo gabinete, que él ingenuamente quiso que fuera de conciliación nacional, empezaron las peleas entre exporfiristas y revolucionarios y no pudo controlarlas. Tampoco pudo contra la ambición de algunos que, como el general Bernardo Reyes, se sentían calificados para gobernar. Ni pudo con la insurrección campesina que no se calmaba en el sur del país, ansiosa por conseguir reformas sociales y agrarias y que terminó poniéndose en su contra con el Plan de Ayala. Las acusaciones iban desde "inepto" y "ultrajador de la causa de la justicia y las libertades del pueblo" hasta "traidor a la Patria".

¿Qué sentía ahora Sarita Pérez cuando abría los periódicos y veía cómo se burlaban sin piedad de su marido? Porque si algo define ese breve tiempo democrático, es que la prensa fue libre como nunca pues para Madero, la libertad de expresión era un principio fundamental e inviolable. Sólo que paradójicamente, ella "ejerció contra él la más intensa campaña de ofensa y descrédito personal que haya recibido alguien en la historia de México": sátiras, caricaturas y versos se burlaban del presidente no sólo como gobernante sino como persona. El poeta José Juan Tablada le escribe:

> *¡Qué paladín vas a ser,*
> *te lo digo sin inquinas,*
> *gallo bravo quieres ser,*
> *y te falta Chantecler,*
> *lo que ponen las gallinas!*

De todo lo acusaron, de todo se burlaron. Como escribe Solares: "Te acusaron de ser corto de estatura, de no tener el gesto adusto y duro el mirar, de ser joven, de emocionarte al hablar, de no ser militar, de decir discursos directos y transparentes, de ser vegetariano, de ser espiritista, de ser optimista, de haber volado en aeroplano, de gustar del baile y tantas cosas más". ¡Incluso de querer y respetar a su esposa lo acusaron, pues eso no era usual y mucho menos en público!: "Y si hacían befa de tu valor, ¿cómo no hacerlo de lo que más amabas y respetabas, tu esposa?".[17]

Así que también a la señora le tocaron las burlas. ¿Qué sintió doña Sarita cuando encontró aquel pasquín en el que decían que era el perro faldero de su marido y cuando le inventaron aquello de que era el sarape del señor Madero por lo de Sara P.?

5

A quince meses de iniciado su mandato, empezaron los levantamientos en contra de Madero. Para sofocarlos, el presidente llamó a Victoriano Huerta, un general que se convirtió así en el hombre fuerte de la República. En febrero de 1913, varias secciones de la guarnición de la capital se sublevaron, liberaron a los presos Félix Díaz y Bernardo Reyes y trataron de tomar el Palacio Nacional. Como no pudieron, se refugiaron en La Ciudadela, dando así inicio a lo que se conoce como "La decena trágica", diez días de una cruenta lucha civil.

Un testigo de los sucesos relata: "Un domingo nos levantamos temprano para salir con rumbo cerca de la colonia Roma para cobrar los abonos. Como a las siete una persona había salido a la calle y regresó y dijo que en el zócalo había un movimiento militar y que no pudo saber lo que había. Vimos que el zócalo estaba rodeado de soldados con carabina en mano, lo mismo en los altos del Palacio Nacional, en la catedral y sus altos campanarios y las azoteas de las casas cercanas. Nosotros fuimos y abordamos el tren eléctrico y un momento más tarde oímos fuertes tiroteos y los disparos de los cañones... El zócalo se llenó de muertos y heridos. En los diez días que duró la lucha hubo muchas pérdidas de vida en el ejército y en el público... Grandes edificios fueron derribados por las balas de los cañones. En los días que duró, el público no podía salir a ningún lado para arreglar sus asuntos domésticos, sólo podía hacerlo en las dos horas diarias que daban los combatientes como horas de descanso. Un día en esas horas de descanso yo y mi señora salimos y dimos una vuelta caminando hasta llegar cerca de los combatientes y vimos los montones de muertos que estaban listos para quemarlos con gasolina".[18]

Por toda la ciudad aparecen cadáveres, "en los jardines, en las plazas desiertas, en los atrios de los templos, al pie de las paredes, en las avenidas desoladas, debajo de las ruinas, en los quicios de las puertas. Se pudrían en la luz azafrán del atardecer... Casi en cada esquina ardían piras de cuerpos humanos... La humareda permanecía flotando dos o tres metros por encima del nivel del pavimento... El hedor caliente recordaba el de los muladares y las moscas, también".[19]

Huerta detiene al presidente Madero y al vicepresidente Pino Suárez. Sus esposas temen por ellos y van a Palacio Nacional a buscarlos, pero no las dejan entrar. La señora María de Pino Suárez le manda una carta a su esposo en la que le relata el estado de ánimo de la familia que le aguarda en casa y que no piensa sino en qué hacer para liberarlo: "Estoy intentando convencer a los actuales gobernantes de que por ningún motivo has de volverte a meter en política y que sólo deseas recobrar tu libertad para dedicarte por completo a tu familia que tanto te necesita. Espero que comprendan la sinceridad de mi ofrecimiento, que tú cumplirás al pie de la letra".[20] ¡Tan grande era el dolor de las esposas como para andar haciendo estas promesas que quién sabe si sus maridos aprobaban!

Por su parte Sarita, desesperada, se lanza a buscar al embajador de Estados Unidos, Henry Lane Wilson, para pedirle que interceda por don Francisco. "Ésta es una responsabilidad que no puedo echar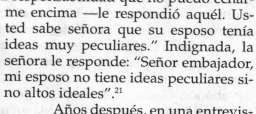me encima —le respondió aquél. Usted sabe señora que su esposo tenía ideas muy peculiares." Indignada, la señora le responde: "Señor embajador, mi esposo no tiene ideas peculiares sino altos ideales".[21]

Años después, en una entrevista, Sara Pérez de Madero declaró: "No volví a ver a mi esposo desde que dejó el castillo de Chapultepec para ir al Palacio Nacional en la mañana del 9 de febrero... Temprano en la tarde traté de hablar con él por el teléfono privado y no pude obtener contestación... Cuando estaba aún en el teléfono llegaron tres ayudantes del presidente... me refirieron lo que había pasado en el Palacio, que Huerta se había apoderado del poder, que se había atentado contra el presidente en su misma oficina... Inmediatamente que los ayudantes del

presidente me refirieron lo que había pasado, busqué refugio en la legación japonesa".[22]

El 22 de febrero de 1913, los prisioneros "fueron sacados y subidos al automóvil que fue escoltado por otro vehículo en el cual iba una guardia de rurales bajo el mando de un tal mayor Cárdenas... Los automóviles avanzaron por un camino tortuoso en la dirección de la Penitenciaría pero pasaron de largo la entrada principal y continuaron hasta el extremo más apartado del edificio donde se les ordenó detenerse. Comenzaron entonces algunos disparos que pasaban por el techo del automóvil y el mayor Cárdenas hizo que sus dos detenidos descendieran de su vehículo. Mientras bajaba Madero, Cárdenas le puso su revólver a un lado del cuello y lo mató de un balazo. Pino Suárez fue conducido hasta el muro de la Penitenciaría y fusilado ahí".[23]

En la citada entrevista de 1916 con el periodista Robert Hammond Murray, la viuda dijo: "Tengo la firme convicción de que si el embajador hubiera hecho enérgicas representaciones, como era razonable esperar que lo hiciera... no sólo se habrían salvado las vidas del presidente y el vicepresidente sino que se habría evitado la responsabilidad que recae con esos hechos en Estados Unidos por los actos de su representante diplomático". Este documento, una vez transcrito, fue firmado y autentificado por ella y por el cónsul de ese país vecino y depositado en la legación norteamericana.

La historia recuerda a Sarita Pérez de Madero en ese momento terrible: "Su imagen piadosa ha quedado fija en el acto de eterno amor custodiando el martirio del apóstol asesinado".[24]

6

Luego de la muerte de su marido, la señora de Madero se exilió primero en Cuba donde la llevó el embajador Manuel Márquez Sterling y después en Estados Unidos. Su casa de la calle Berlín fue saqueada e incendiada. En 1921, volvió a la patria para vivir retirada en su casa de la calle Zacatecas en la colonia Roma de la capital, a donde pasó su viudez en la más absoluta oscuridad, manteniéndose con una pensión del gobierno. Claro que no faltó un periodista que la siguiera y pudiera relatar cómo seguía haciendo algunas obras de caridad. Por ejemplo un día: "fue al hospital Juárez para visitar a una muchacha que ha tenido a su servicio y en ese trance su ayuda fue muy oportuna porque le llevaba dinero para que comprara las medicinas y le hacía buen rato de conversación para animarla".[25]

El escritor José Emilio Pacheco escribiría: "Entre el parque y mi casa vivía doña Sara P. de Madero. Me parecía imposible ver de lejos a una persona de quien hablaban los libros de historia. La viejita frágil, dignísima, siempre de luto por su marido asesinado".[26]

Diariamente Sarita llevó flores a la tumba de su esposo. No fue la única. Las mujeres que habían formado el Club de Lealtad a Madero —entre ellas aquella María González en cuya casa se había alojado el revolucionario cuando su huida a San Antonio— hicieron lo mismo. Todas cuidaron la memoria del mártir.

En julio de 1952, casi cuarenta años después del asesinato de su marido, murió doña Sarita "Primera Dama de la Revolución", como le llamaron los diarios de la época.

...y las acompañantes

1

En febrero de 1913, al sucederse el cuartelazo, había asumido el poder el secretario de Relaciones Exteriores, licenciado Pedro Lascuráin, quien permaneció en el cargo durante cincuenta y seis minutos (algunos dicen que fueron cuarenta y cinco), tiempo que sólo le alcanzó para renunciar a favor del usurpador a fin de "que el nombramiento de Victoriano Huerta adquiriera ropaje de constitucionalidad".

Seguramente la señora María Enriqueta Flores de Lascuráin ni siquiera se enteró de que fue Primera Dama, pues para cuando su marido volvió a casa esa noche y se lo contó, ya había sido y ya había dejado de ser presidente de México. Y es que en ese día sucedió que el país tuvo tres presidentes, aunque no simultáneos como había pasado en el siglo anterior. En esa ocasión, desayunó con Madero, almorzó con Lascuráin y merendó con Huerta.

Victoriano Huerta tenía cincuenta y nueve años cuando asumió el cargo más elevado de la República. Era de estatura pequeña, corpulento, los ojos siempre vigilantes detrás de sus gruesos anteojos. La gente que lo conocía afirmaba que era un barbaján que "predicaba fusiles al tiempo que citaba mil veces a Dios". Circulaba por entonces una canción:

La odiosa leva sembró desolación.
Al obrero, al artesano, al comerciante y al peón
los llevaron a las filas sin tenerles compasión.

Era suya una bien ganada fama de dipsómano que reconocían hasta sus amigos más cercanos: "Pocos hombres he conocido en el mundo que beban tanto como él", decía el periodista Nemesio García Naranjo, testigo presencial de varias de las francachelas del usurpador. ¡Y que alguien llamara la atención por bebedor en un país de coroneles borrachos (como dice el poema de Tablada) era mucho! Tan grande era su vicio, que se podía beber una botella de cognac en una hora. Eso lo cuenta él mismo en sus *Memorias*.[27] Dicen que una vez cambió su elegante abrigo por una botella de tequila barato, con tal de no quedarse sin bebida. ¿Qué pensaba Emilia Águila del alcoholismo de su señor marido? ¿le molestaba o por el contrario, mandaba ella misma a comprarle las botellas de cognac marca Henessy que era el que más le gustaba?

2

La señora Emilia había nacido en Jalapa, capital del estado de Veracruz. Era hija de una familia de buena posición, descendiente de españoles y nadie sabe cómo es que se llegó a casar con este hombre de origen humilde, "indio de raza pura" según Fernando Orozco, y tan patán que según Heriberto Frías le decían "el chichimeca", palabra que era sinónimo de bárbaro.

Si observamos la fotografía de doña Emilia, es probable que la razón de ese matrimonio haya sido que la mujer era muy poco agraciada físicamente. Según Aurelio de los Reyes, la señora Huerta "era un desacato a la elegancia, al porte y a la distinción".[28]

Sin embargo, según la señora Edith O'Shaughnessy, esposa del encargado de negocios de la embajada de Estados Unidos en nuestro país, "la señora Huerta fue una mujer muy bella, de finas cejas y dignos ojos; ahora es seria y callada, con una expresión de sobriedad en el rostro".[29]

Como sea, mientras su marido fue presidente, ella cumplió con sus obligaciones asistiendo a fiestas oficiales y organizando conciertos y festivales de caridad a los que invitaba a los militares, a los ministros y al cuerpo diplomático con sus esposas, aunque eso sí, no asistía nadie de la vieja clase de gente "fina" que para nada quería codearse con ellos. O al menos eso es lo que se observa en las fotografías de las recepciones: "mujeres de pechos exuberantes y pequeña estatura, con cabellos oscuros partidos sobre sus gruesas cejas y sujetos con bandas de pasamanería".

Emilia Águila de Huerta, amable señora, ¿cómo fue que casó con ese hombre bárbaro y grosero?

Escribe la esposa del diplomático: "Cuando llegamos la prime-ra vez a México, las recepciones las presidía la bella doña Carmen Díaz; luego vino la recién casada señora de De la Barra, dulce y sonriente; después la señora de Madero, honrada, pía y apasionada. Ahora la se-ñora de Huerta es la Primera Dama, todo esto en dos años y medio. Ma-ñana Huerta y su señora van a recibir en Chapultepec. Es la primera vez que se usará oficialmente la residencia presidencial". En el acto la esposa del Presidente vistió "un traje de corte princesa entallado de ter-ciopelo con un camisolín de satén blanco y guantes negros glacé". La familia Huerta (tenían trece hijos) no se mudó al castillo y permaneció en su casa de la colonia San Rafael.

Como se infiere del relato de la señora O'Shaughnessy, con to-do y las balas la vida seguía su curso y las personas trataban de que no les afectara tanta guerra. El historiador Edmundo O'Gorman recuerda cómo en su casona de San Ángel, amenazada por las tropas revolucio-narias, el padre enarboló una bandera inglesa en el portón principal como señal de paz y por las tardes reunía a la familia para cumplir el ritual de lectura de una novela. ¡Y todo eso mientras afuera retumba-ban los cañonazos![30]

Diecisiete meses duró Victoriano Huerta en el cargo, un perio-do al que la historia oficial calificaría de "usurpación", aunque en aquel momento el hombre recibió el reconocimiento de muchos y toda suerte de felicitaciones y festejos: "Millares de hombres y mujeres de toda condición, frenéticos, felices, irracionalmente contagiados de re-gocijo, marchaban en compactas legiones hacia el Zócalo gritando mueras a Madero, vivas a Huerta y bromas a quienes desde azoteas y ventanas los veían desfilar".[31]

Sin embargo, a pesar de ese regocijo, su gobierno se tuvo que enfrentar a muchos revolucionarios que seguían levantados. Y por si eso no bastara, con el pretexto de combatir al usurpador y de desagra-viar su bandera, los norteamericanos invadieron el territorio, entrando por Veracruz, "esa frontera junto al mar" como llamó el escritor José Mancisidor al puerto. El 21 de abril de 1914 un periódico publicó la si-guiente noticia: "Después de un reñido combate en que los cadetes de la Escuela Naval y algunas tropas del 19° Batallón intentaron resistir a los invasores, marineros provenientes de la escuadra estadounidense anclada en ese puerto se apoderaron finalmente de la ciudad".[32]

Siete meses duraría la ocupación. Pero al "tal Huerta" —como le llamaba una canción de la época—, al "vil canalla" —como le llama-ban sus enemigos— lo derrocó el gobernador de Coahuila Venustiano Carranza, quien encabezó un movimiento armado para combatirlo.

El general se va del país, a Europa. Pero no "se halla" tan lejos de México. Decide entonces instalarse en Estados Unidos para estar más cerca de México y una vez allí, empieza a planear su regreso al terruño. Pero como los norteamericanos no quieren problemas con su vecino del sur, lo detienen y lo encierran en la prisión militar de Fort Bliss. Allí "el chacal" se convierte en un gatito que llora porque no le permiten ingerir su acostumbrada ración de alcohol. Amargamente suplica y gime pidiendo bebida que no le dan. "Murió en su cama de cirrosis hepática el 14 de enero de 1916."[33]

La señora Emilia, que mucho debe haber sufrido con ese marido no sólo por su alcoholismo y su grosería sino también porque era muy mujeriego, murió en el año de 1940. ¿Disfrutó durante ese cuarto de siglo de su viudez ya sin nadie que la importunara?

3

Venustiano Carranza, el gobernador de Coahuila que derrocó a Huerta, era el onceavo vástago de una familia de terratenientes de raigambre liberal-juarista, que había sido senador durante el porfiriato y que se había instaurado a sí mismo como defensor del constitucionalismo frente a las muchas facciones revolucionarias en pugna.

Alto, de imponente porte, elegante en el vestir, rondaba los sesenta años cuando logró vencer al usurpador y por eso el escritor Fernando Benítez le llamó "El rey viejo".

Al caer Huerta, el cargo de presidente de la República lo había asumido el licenciado Francisco Carvajal, presidente de la Suprema Corte de Justicia, quien permaneció en él entre julio y agosto de 1914, tiempo que utilizó para hacer ceremonias honrando a Juárez, hasta que los ejércitos constitucionalistas entraron triunfantes a la capital. Ésta, como acostumbraba hacer con los victoriosos de cualquier facción, les hizo un recibimiento multitudinario y festivo a los nuevos amos.

Encabezándolos venía don Venustiano, ataviado con el traje que le gustaba vestir y que según Benítez estaba "a medio camino entre militar y civil", con su famosa "barba de chivo" y su célebre ecuanimidad. Según uno de sus biógrafos, el hombre "carecía de ingenio pero también de nerviosismo o incertidumbre. No fumaba y apenas si bebía. Era muy astuto".[34] Pero lo que más llamaba la atención en él era, según quienes lo conocieron, "su natural tozudo" que para Fuentes Mares no era otra cosa que "su terquedad de aragonés".[35]

Inmediatamente se hizo cargo de la Primera Magistratura: "Ayer, después de medio día, llegó a la ciudad de México el señor Carranza y de acuerdo con el Plan de Guadalupe, asumió la dirección de la República".[36]

Mucho regocijo hubo en el país por la vuelta de la legalidad. Y en el mes de septiembre, éste creció por el aviso que hicieron los norteamericanos de la pronta evacuación de las tropas invasoras, ordenada por el presidente Wilson porque "habían desaparecido las causas que motivaron la ocupación". La noche del 15 de septiembre, un Carranza emocionado leyó desde el balcón central del Palacio Nacional el cablegrama respectivo y "los toques de la campana se perdieron entre los gritos del entusiasmo popular".[37]

4

En 1882, cuando tenía veinticuatro años de edad, Carranza había casado con la señorita Virginia Salinas, una mujer enjuta y fea, originaria también de Cuatro Ciénagas, Coahuila, hija de una respetable familia de terratenientes, que tenía entonces veinte años de edad y era considerada como un buen partido. Con ella procrearía dos hijas.[38]

En aquel entonces, el hombre estaba dedicado a la ganadería y, por lo menos en apariencia, lejos de las ambiciones políticas. Aurelio de los Reyes afirma que la señora no aceptó de buena gana el cambio en su marido cuando éste se metió en los enjuagues de la política y que cuando llegó a presidente se negó a acompañarlo en los actos oficiales. En opinión de este autor: "A partir de Carranza las mujeres de los políticos no aparecen... La vida política es difícil y se consideraba patrimonio varonil".[39]

Sin embargo, las fotografías de la época desmienten esa afirmación pues en ellas aparece la esposa del presidente en actos públicos, tanto acompañando a su marido como sola, tanto en ceremonias oficiales como haciendo repartos de ropa entre los pobres, labor típica de las esposas de los mandatarios. Se la ve muy emperifollada, con vestidos que pretendían estar a la moda y con sombreros que le iban muy mal.

Y es que por el aislamiento de México después de tantos años de guerra, las mujeres no conocían las transformaciones en el vestir que fueron muy significativas en la primera década del siglo. Como dejaron de llegar los periódicos y revistas extranjeros que en sus páginas incluían los figurines que dictaban la moda, las señoras se tuvieron que conformar con guiarse por lo que usaban las actrices italianas en las películas y así fue como comenzó a generalizarse la imitación, hasta que "el atuendo a la italiana fue lugar común en las mujeres de la ciudad".[40]

¿Conoció la señora Carranza la idea de nación que tenía su marido? ¿estuvo enterada de los problemas que tuvo en el cargo, de los líos de leyes y acciones, de iglesias y curas, de levantamientos y oposiciones? ¿supo de sus esfuerzos para gobernar por encima de sus rivales? ¿sabía que muchas mujeres ya estaban activas en lo que entonces se llamaba "la cosa pública", entre ellas la secretaria particular del

Primer Jefe, la señora Hermila Galindo de Topete, a quien éste había conocido porque a su entrada a la capital ella había pronunciado un discurso de bienvenida? ¿conoció a esta señora que era editora de la revista *La Mujer Moderna* y promotora desde tan temprana fecha del derecho de la mujer al voto, y que incluso ganó unas elecciones que el colegio electoral no le quiso reconocer?[41]

El asunto del sufragio femenino ya estaba presente en nuestro país y pronto se le discutiría ampliamente en el Primer Congreso Feminista a celebrarse en Yucatán en el año 16, en el que las mujeres exigirían derechos políticos y educación pero no lo conseguirían. El argumento que se dio en su momento para negárselos aparece publicado en el *Diario del Congreso Constituyente*: "En el estado en que se encuentra nuestra sociedad, la actividad de la mujer no ha salido del círculo del hogar doméstico ni sus intereses se han desvinculado de los nombres masculinos de la familia... las mujeres no sienten pues la necesidad de participar en los asuntos públicos".[42]

Virginia Salinas de Carranza, esposa oficial pero apenas una de las cuatro mujeres del Primer Jefe

Y mientras la esposa del primer mandatario y las demás mujeres mexicanas permanecían en "el círculo del hogar doméstico", el país trataba de organizarse. Con el afán de legitimar al movimiento revolucionario, se reunió en octubre del 14 la Convención de Aguascalientes a la que acudieron representantes de las distintas facciones en pugna. Allí los señores no se pudieron poner de acuerdo en casi nada, pero en una cosa sí: le quitaron la Presidencia a Carranza y se la dieron, a título provisional, al general Eulalio Gutiérrez. Escribe José Vasconcelos: "La Convención consumó el parto de los montes: eligió presidente por veinte días, mientras volvía a haber quórum, al general Eulalio Gutiérrez, tercero en discordia, candidato de transacción que no solicitó un solo voto pero que se aprestó a cumplir con su deber tan pronto estuvo nombrado. Tan patente era el absurdo, que en otra sesión le dieron nombramiento indefinido".[43]

Lo primero que hizo fue ofrecer un banquete en Palacio Nacional al que asistió el cuerpo diplomático en pleno y también los caudillos rurales que habían llegado a la capital: Villa —que se presentó vestido con un sencillo traje de civil— y Zapata —que se presentó colgado de adornos y abalorios.

Por supuesto, Carranza no reconoció el nombramiento de Gutiérrez y otra vez el país tuvo dos presidentes: uno que instaló su gobierno en el puerto jarocho y otro que, apoyado por la Convención, estaba en la capital y al que poco le importaba que aquél "rabiara en su islote de Veracruz".

Y mientras la señora Virginia Salinas esperaba a que su marido volviera a la capital, la señora Petra Treviño de Gutiérrez veía al suyo ir diariamente a Palacio Nacional a tratar de gobernar.

5

El año de 1915 fue uno de los más terribles en la historia nacional. El país ardía en batallas y guerrillas, en violencia y confusión, en saqueos y muertes. Como escribió Salvador Novo, era "el florecimiento de los máussers" y como afirmó José Rubén Romero, era "el pillaje, el vandalismo". En su célebre novela *Los de abajo*, Mariano Azuela narra lo que era la Revolución:

"Y cuando comienza un tiroteo lejano, donde va la vanguardia, ni siquiera se sorprenden ya. Los reclutas vuelven grupas en desenfrenada fuga buscando la salida del cañón.

¡Fuego!... ¡Fuego sobre los que corran!...

¡A quitarles las alturas!, ruge después como una fiera.

Pero el enemigo, escondido a millaradas, desgrana sus ametralladoras y los hombres de Demetrio caen como espigas cortadas por la hoz.

Demetrio derrama lágrimas de rabia y de dolor cuando Anastasio resbala lentamente de su caballo, sin exhalar una queja, y se queda tendido, inmóvil. Venancio cae a su lado, con el pecho horriblemente abierto por la ametralladora y el Meco se desbarranca y rueda al fondo del abismo. De repente Demetrio se encuentra solo. Las balas zumban en sus oídos como una granizada. Desmonta, arrástrase por las rocas hasta encontrar un parapeto, coloca una piedra que le defienda la cabeza y, pecho a tierra, comienza a disparar."[44]

En uno de sus relatos más conmovedores, la escritora Nellie Campobello cuenta lo que eran esos tiempos desde el lado de la gente común que no iba a las batallas:

"Fue al mediodía. Se oyó un balazo grande, retumbó toda la calle, se estremecieron las casas. El brazo de mi hermanito, hecho trizas, apareció arrastrado por un cuerpo ennegrecido; su ropa y su cara destrozadas, renegridas. El plomo se le incrustó en todas partes. Corrió llevando su carne rota ante mamá. Primero caminaron una cuadra: iban a buscar un médico. Luego se devolvieron porque ya no pudieron seguir: el niño se moría. Ella, enloquecida, iba y venía. Se le moría su hijo. Le gritaba a Dios, le pedía a la Virgen, lloraba."[45]

En la capital había hambre. Rubén Salazar Mallén le llamó a esta temporada "el tiempo del hambre". Faltaban los alimentos, el agua y el combustible, se sentía miedo. Los habitantes estaban humillados dice Julio Sesto, al borde del colapso: "La ciudad de rodillas y los congales llenos de mujeres".[46]

La gente se comía lo que podía ¡hasta a los perros callejeros! y cortaba sus muebles y hasta los centenarios ahuehuetes de Chapultepec para hacer leña. Escribe Alejandra Moreno Toscano: "Días antes de la primera entrada de los zapatistas a México, el comercio cerró. La población urbana comenzó a comprar alimentos en exceso para almacenarlos en sus casas. Se temía a los saqueos. Cuando entró Villa con sus tropas, se repitió la escena pero además lo acompañaban veinte mil soldados que también demandaban alimentos. Cuando volvió Obregón y los zapatistas se replegaron a Padierna, se suspendió el suministro de luz (porque los zapatistas cerraron las fuentes de Xochimilco) y como tampoco había carbón, los habitantes tenían que salir de noche y a escondidas, a cortar árboles de calles y avenidas para hacer fuego. Todas las fábricas del Distrito Federal habían cerrado y tampoco los ferrocarriles introducían materias primas para la producción. La ciudad estaba llena de desempleados y de limosneros que deambulaban sin rumbo fijo y dormían en las calles. El tifus comenzó a hacer estragos. El Ayuntamiento reconoció su incapacidad para mantener el gobierno de la ciudad en esas condiciones y la abandonó a su propia suerte. Declaró que no podía hacerse cargo ni mantener a los huérfanos y ancianos de los asilos ni a los pensionados del manicomio de La Castañeda y abrió las puertas de esos establecimientos".[47]

En la confusión y el miedo, algunos se escondían tras las puertas cerradas a piedra y lodo de sus casas y otros salían de la ciudad buscando refugio: "Enjambres de familias fugitivas huían" escribe Bernardo García.

En ese año fatal, distintos ejércitos revolucionarios ocuparon la capital y cada uno de ellos se apoderó a su gusto de bienes, alimentos y personas y se puso a emitir billetes que nada valían pero que la gente se veía obligada a aceptar. Villa y Zapata llegaron hasta el Palacio Nacional. Allí el primero se sentó en la silla presidencial. ¿Cuántas primeras damas tuvimos en esos breves momentos si nada más el general norteño estaba casado con Juana Torres, Luz Corral, Austreberta Rentería y Soledad Seáñez y además tenía una mujer en cada pueblo por donde pasaba?

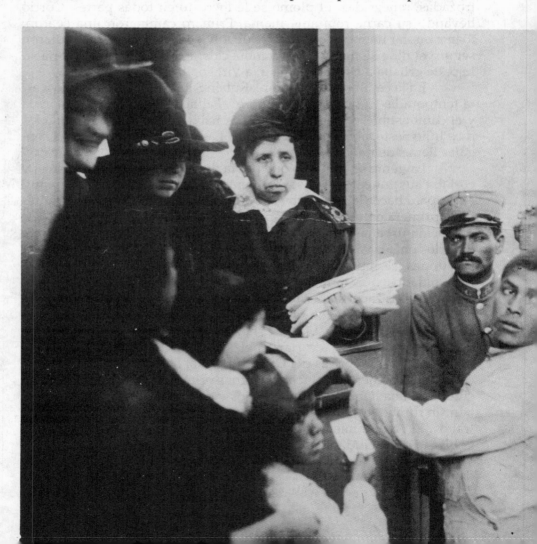

6

En la madrugada del 16 de enero de 1915, el presidente Gutié-rrez huyó. En una difícil travesía cruzó el desierto para llegar al otro lado de la frontera, a Estados Unidos, arrastrando además de su persona a la señora Petra, su esposa.

Para el cargo fue nombrado el también general Roque Gonzá-lez Garza quien poco después se vio obligado a llevarse su gobierno a Cuernavaca ante la amenaza de los ejércitos carrancistas que se acercaban a la capital. Sólo unos meses aguantó en el puesto: renunció en junio por sus diferencias con los jefes rebeldes y en su lugar fue designado el abogado veracruzano Francisco Lagos Cházaro quien tampoco pudo sostenerse y en octubre salió del país. ¿Los acompañaron sus esposas cuyos nombres nadie recogió para la Historia?

Por fin, a la ciudad de México abandonada por los gobiernos de la Convención, entró el general Álvaro Obregón, que venía al mando de los constitucionalistas. Jorge Aguilar Mora describe ese momento: "Por la Reforma llegaron los soldados que parecían vaqueros tejanos con sombreros de fieltro de anchas alas, su camisola de paño color verde, su pantalón de montar color kaki y sus polainas cafés. Al cinto exhibían un revólver y cruzadas al pecho dos, tres y hasta cuatro carrilleras de parque. Atrás de ellos la infantería harapienta, sudorosa y desmelenada, campesinos malolientes llenos de polvo que miraban asombrados los lujos de la capital y se dejaban mirar asombrados por empleados de bombín, cuello duro y corbata y por señoritas que les echaban claveles y les gritaban vivas".[48]

Y es que de verdad los capitalinos se pusieron felices de ver entrar a los obregonistas para defenderlos de las tropas de Villa y Zapata a las que mucho temían. Por eso la bienvenida fue entusiasta y los gritos y aclamaciones, la música y los repiques de campanas ponían de manifiesto el respiro que sentían los atosigados ciudadanos.

"La derrota militar de la Convención no puede separarse de su fracaso mayor consistente en la incapacidad para asumir el peso de la administración nacional", afirma un estudioso.[49] Y es que no era fácil controlar a este país, ni siquiera a esta ciudad que como decía el general Villa, "es un rancho muy grande para nosotros".

7

Desde entonces, Carranza pudo dedicarse a gobernar desde esa Presidencia que de hecho nunca había dejado. Pronto fue reconocido por varios países latinoamericanos y también por Estados Unidos. Durante las fiestas septembrinas del año 16, se iniciaron las conferencias entre México y el vecino del norte sobre el retiro de las tropas norteamericanas de la frontera, por lo que la fecha se celebró con varios actos oficiales, ceremonias, juegos deportivos y exposiciones.

Expidió una serie de leyes importantes, las relativas al municipio y la restitución y dotación de ejidos cuyo carácter social recogía los postulados de la Revolución. Además convocó a un Congreso Constituyente que se reunió en la ciudad de Querétaro en 1916 y que, retomando el carácter liberal de la Carta Magna del 57 que entonces aún regía a la nación, hizo una nueva a la que le agregó reformas de tipo social. Ésta se promulgó el 5 de febrero de 1917, exactamente sesenta años después de la que habían redactado los liberales de la Reforma. De acuerdo a sus postulados, se celebraron elecciones que ganó el señor Carranza quien tomó posesión del cargo en mayo de ese mismo año, por un periodo que debía terminar en noviembre de 1920.

Durante su mandato, don Venustiano mandó limpiar y embellecer la ciudad, prohibió las drogas, el alcohol y los juegos de azar, hizo repartos de ropa, alimentos y medicinas en los pueblos y ciudades devastados por la guerra, trató de resolver el problema de los transportes, de reparar caminos y parques y de sembrar árboles y dictó medidas para la disminución de las rentas y de los impuestos. Muchos ciudadanos le escribían sobre sus problemas y muchas veces él les respondía: "Una viuda recibía leche a la puerta de su casa y un alma solitaria que le pidió dinero para visitar a su familia en Monterrey recibió cien pesos del presidente".[50]

Poco a poco la vida fue retomando su curso. El teatro Arbeu recibió al gran pianista Arthur Rubinstein, el Principal a la gran bailarina Ana Pavlova, en el Salón Rojo pasaban películas del gran actor Charles Chaplin.

En noviembre de 1919, el mismo año en que se consumó la traición y asesinato de Zapata, murió en la ciudad de Querétaro la señora Virginia Salinas de Carranza: "Después de una prolongada enfermedad falleció la esposa del Primer Mandatario estando presentes todos los familiares de la distinguida dama en tan lamentable desenlace. Fue sepultada al día siguiente en el panteón de la Cruz junto a la fosa de la corregidora Domínguez".[51]

A pesar de ser Primera Dama, no se le rindieron honores especiales ni se llenaron los diarios de lamentos como había sucedido en casos similares anteriores. Pero es que el romanticismo con su lenguaje florido había quedado atrás, y su lugar lo ocupaba el duro realismo de los generales revolucionarios. Por lo demás, para entonces don Venustiano ya tenía otra esposa y no era cosa de hacerle tanto ruido a la muerta.

Y es que el "varón de Cuatro Ciénagas", como se conocía a Carranza por el lugar en que había nacido, tenía fama de gustar de las mujeres y según Douglas Richmond, su biógrafo, "disfrutaba teniendo aventuras" aunque a diferencia de muchos que también las tenían, sabía ser discreto.

Don Venustiano tuvo varias mujeres con hijos, una que vivía en Celaya, una en Cuatro Ciénagas, una en Querétaro y una en México. Ésta era Ernestina de la Garza (y no Hernández como afirma Gustavo Casasola) con quien tuvo una "aventura amorosa que duró muchos años y la mujer le dio cuatro hijos".[52] Por esta mujer hasta cambió el Código Civil a fin de poderse divorciar de su esposa Virginia para casarse con ella. Pero no lo hizo. Se casaron cuando ésta murió y el matrimonio duró apenas dieciséis días pues a él lo mataron.

Ernestina era una mujer menudita, de muy mal carácter y con muchos desplantes, que en su juventud fue bella, con el cabello rubio muy largo y que vivió hasta los ciento siete años de edad en su casona de la avenida Palmas en las Lomas de Chapultepec de la ciudad de México, donde murió en 1964.[53]

De todos modos, en la casa de Carranza que hoy es museo, no existe retrato ni mención de ella y sólo se hace presente la familia "oficial", compuesta por la señora Virginia, su hija mayor del mismo nombre que se casó con el general Cándido Aguilar y no tuvo hijos y su hija menor Julia que permaneció soltera y vivió un tiempo en casa de Ernestina ayudándole a cuidar a sus medio hermanos, antes de irse a radicar a Estados Unidos.[54]

Sus descendientes hoy, saben unos de la existencia de los otros pero no se llevan: "somos distintos y estamos distanciados" dice la señora Martha Carranza de Astorga, una bisnieta, "principalmente por causa de la herencia".[55] Y es que don Venustiano dejó bastantes bienes: "Todos los presidentes han salido con algo, mi bisabuelo también, ¿por qué no?". El Primer Jefe tenía fama de gustar de las riquezas. Una anécdota cuenta que en un banquete en que estaba sentado junto al embajador de España, desapareció el hermoso reloj que éste llevaba. Dicen que el diplomático perdió la compostura y armó gran escándalo acusando a todo mundo de robo hasta que el mandatario lo llamó a un lado y le devolvió la joya pidiéndole que ya no hiciera tantos aspavientos. Y la señora Martha asegura que siendo niña vio en su casa baúles llenos de monedas de oro. ¡No en balde se acuñó el término carrancear como sinónimo de robar!

Estando cerca del fin de su periodo, Carranza quiso imponer a su candidato a la Presidencia de la República y entonces surgió una vez más la oposición. El Plan de Agua Prieta lo desconoce y levanta la rebelión que se extiende rápidamente. El presidente decide salir a combatir a los rebeldes y llevarse el gobierno otra vez a Veracruz.

En un alto del camino, en la sierra de Puebla, en un lugar llamado San Antonio Tlaxcalantongo, lo asesinan. Escribe Martín Luis Guzmán: "Cerca de las tres o las tres y media los fugitivos despertaron al clamor de grandes voces y a los disparos que se oían a la puerta misma de las chozas. Parecía que los asaltaban. ¡Viva Peláez! ¡Viva Obregón! y sonaba nutrido el fuego de fusilería... En el interior de la choza de don Venustiano las descargas se habían sentido cerradas desde el primer momento. Hendían las tablas por la parte donde estaba acostado él; lanzaban pedazos de las tazas y platos que habían quedado sobre la mesa. Afuera, junto a las tablas mismas, las voces gritaban: Sal viejo arrastrado, aquí viene tu padre, sal viejo, ora sí vamos a cogerte por las barbas. Y brillaba intermitentemente, por entre los resquicios, la lumbre de los fogonazos... Pasaron así diez minutos, quince, quizá veinte. Disminuía el tiroteo y aumentaban las voces. Suárez seguía sosteniendo a don Venustiano; sentía correr la sangre y vibrar en el cuerpo el estertor. De pronto se resolvieron aquellas sensaciones y la oscuridad de la choza, en la cercanía de un grupo de asaltantes que llegaban a la puerta intimando rendición y ordenando que salieran todos los que estaban dentro. Alguien les informó que el presidente se hallaba herido, que podían entrar, que nadie haría resistencia. Los asaltantes les mandaron entonces encender la luz y, encendida ésta, pasaron... Entraron apuntando las carabinas, profiriendo injurias contra Carranza, cogiéndolo todo... Don Venustiano agonizaba. Su estertor era un ronquido más y más grueso, que se iba yendo, que se iba apagando... Todos callaron y esperaron. El estertor se hizo opaco y tenue. Don Venustiano expiró. Amanecía. Serían las cinco de la mañana. La niebla y la lluvia, ya menos copiosas, tamizaban la luz".[56]

Sus hijas presidieron el concurrido velatorio en la casona de la calle Lerma número 35 en la colonia Cuauhtémoc de la capital, al que asistieron generales, ministros, diplomáticos y políticos. De acuerdo a sus deseos, se sepultó a don Venustiano en el panteón civil de Dolores "en una tumba de tercera clase, donde se enterraba a la gente pobre".[57] Sin embargo, el 5 de febrero de 1942 se exhumaron sus restos y se llevaron al monumento a la Revolución.

¿Quién se quedó con la chaqueta, el sombrero y las polainas del muerto, con los anteojos que usaba para su astigmatismo, con el reloj y la pistola que le habían quitado a don Venustiano? ¿quién se hincó junto al cadáver y acarició esa pierna rota por donde el hombre se había desangrado?

10

"Con la muerte de Carranza terminaba el periodo tumultuoso y militar de la Revolución mexicana y principiaba una época de reconocimiento y restauración", escribió Fuentes Mares.[58]

Muerto el presidente de la República, el Congreso de la Unión nombró como provisional a Adolfo de la Huerta, un sonorense que era entonces gobernador de su estado. Hombre de carácter afable, "de ninguna manera se le podía acusar de ser majestuoso o ampuloso. Era persona sencilla y franca".[59] Había nacido en Guaymas, un puerto con mucho movimiento, donde estudió violín y canto con un profesor italiano. Tenía una buena voz de tenor y cantaba en las fiestas de sociedad. Luego se sumó a la Revolución, a pesar de ser civil.

De la Huerta tomó posesión el primero de junio de 1920, instalando, como era costumbre, sus oficinas en el Palacio Nacional y su residencia particular en el castillo de Chapultepec, donde se llevaban a cabo las recepciones.

El hecho de que el presidente se hubiera ido a vivir a ese lugar sin su familia es quizá lo que hizo pensar a los historiadores que era soltero. Pero no. Estaba casado con Clara Oriol, también originaria de Guaymas y a quien había conocido gracias a la música pues ella era una consumada pianista.[60] La señora se había quedado en Hermosillo con sus hijos Arturo y Adolfo, como afirma un estudioso: "para que a través de ellos sus gobernados sintieran su presencia".

Sin embargo, pronto tuvieron que venirse a la capital porque al señor le dio un ataque de apendicitis que lo obligó a suspender las ceremonias oficiales de la toma de posesión, incluido el desfile. Escribe Aurelio de los Reyes: "El 22 de junio despachaba en sus oficinas de Palacio cuando se agudizó su padecimiento; los médicos recomendaron reposo absoluto y desde la tarde se retiró a sus habitaciones. Seguramente se avisó por telégrafo a su esposa porque acompañada de sus hijos llegó a la ciudad de México el 27".[61]

Aunque ya se quedaría a vivir con él en la capital, la señora del presidente casi no se dejó ver en ceremonias oficiales y llevó una vida tranquila dedicada a sus labores domésticas y a alguna que otra reunión social. De los Reyes asegura que: "Lejos estaba de sentirse emperatriz e imponer la moda y de la exuberancia social de doña Carmen Romero Rubio de Díaz, o de la militancia de doña Sara Pérez de Madero; era aún más discreta que doña Virginia Salinas de Carranza y al

igual que ésta, seguía a las actrices italianas en su arreglo personal".
Eso sí, no faltó a las ceremonias del 15 de septiembre en las que después del tradicional Grito se servía lo que se llamaba un "lunch-cham-
pagne", que era un buffet frío durante el cual departían el gabinete y
el cuerpo diplomático.

En los pocos meses que estuvo al frente del gobierno, De la
Huerta se dedicó a consolidar la paz: "El breve interinato de Adolfo de
la Huerta fue un periodo más importante de lo que se ha creído. Entre
otras cosas, el suave presidente logró la pacificación general por méto-

Clara Oriol de De la Huerta, soportó el
exilio y las estrecheces económicas

dos civiles: Villa, Pablo González, los jefes zapatistas que quedaban, Manuel Peláez, Juan Andreu Almazán, Marcelo Caraveo... uno a uno fueron deponiendo las armas por la buena".[62]

Terminado su periodo, entregó el poder de modo tranquilo a su sucesor y recibió de él otros encargos ministeriales, pero años después quiso otra vez la Presidencia y hasta se levantó en armas para lograrlo. La sublevación fracasó y el hombre tuvo que salir al exilio en Estados Unidos. Según Pedro Castro Martínez, atrás de él y con un salvoconducto de Obregón, fue la familia. Como el hombre se mantenía en la clandestinidad, la señora y sus hijos se instalaron en Los Angeles, donde pasaron miserias viviendo de la costura. Cuando por fin su marido volvió a casa, abrieron una escuela de canto cercana a Hollywood donde entonces empezaba el cine sonoro. Allí don Adolfo tuvo importantes alumnos a quienes enseñaba acompañado al piano por su esposa. Aunque trabajaban hasta catorce horas diarias, doña Clarita recordó siempre esta época como los mejores años de su vida.

Volvieron a México en los años cuarenta y ya se quedaron aquí, viviendo de lo que él ganaba en puestos de segunda en el gobierno. La señora murió muy anciana, pero siempre se mantuvo lúcida y conservó los recuerdos de uno de los raros matrimonios bien avenidos entre los políticos. ¿Se debió esto quizá a que soportaba con paciencia las prédicas moralizantes que le dio por soltar a don Adolfo endilgándole a cualquier persona que se dejara su idea de que todo mundo debía ser abstemio y puritano como se había vuelto él?

Esposas fecundas

1

A la medianoche del 30 de noviembre de 1920, tomó posesión de la Presidencia de la República el general Álvaro Obregón, para un periodo que terminaría cuatro años después. Lo hizo en la cámara de diputados, ante quinientos cincuenta asistentes vestidos de rigurosa etiqueta, que se presentaron a esa extraña hora elegida por él, que así pretendía cumplir escrupulosamente con la ley y "evitar cualquier falla o desfase en cuanto al lapso para su gobierno marcado constitucionalmente".[63] Bandas militares, uniformes de gala y campanas al vuelo en las iglesias acompañaron el hecho.

Obregón había llegado a la Primera Magistratura sustentado en su fama de militar victorioso así como en sus muchos amigos, que le permitieron ganar limpiamente las elecciones después de la rebelión triunfante de Agua Prieta.

Había nacido en 1880 en la hacienda Siquisiva en Sonora y era un hombre apuesto, "fuerte y bien constituido", famoso por su inagotable energía, su prodigiosa memoria, un gran sentido del humor y cierta especial capacidad como conversador. Pero también, por su ambición política y por sus enormes deseos de riqueza. Éstos eran tales, que después de la batalla de Celaya en la que perdió una mano, él mismo hacía chistes diciendo que si la quisiera encontrar, bastaría con lanzar una moneda de oro y la mano saldría de donde sea que estuviera escondida con tal de recoger el rubio metal. Pero ese gusto por los dineros no debía preocupar a los ciudadanos insistía don Álvaro, al contrario, pues la ventaja de que su presidente tuviera una sola mano en vez de dos, era que podía robar menos.

Obregón fue un buen estratega, tenía don de mando y capacidad de organización y las batallas que dirigió definieron el triunfo del ala carrancista. Su gobierno dio pie, según las palabras de un autor norteamericano, a que la Revolución fuera respetable, porque si bien aún hubo algunas sublevaciones, fue quien dio inicio a la era de la estabilidad y la reconstrucción.

Lo primero que hizo, fue tratar de echar a andar la maltrecha economía del país. Gracias al reconocimiento norteamericano a su gobierno, mismo que le fue demostrado tanto con apoyo militar directo como con un sustancial adelanto de los impuestos de las compañías petroleras —quince millones de pesos según Ricardo Pozas—[64] se pudieron reparar vías férreas y líneas telegráficas y se emprendió un ambicioso programa educativo dirigido desde la Secretaría de Educación Pública por José Vasconcelos. Además se redujo el ejército, se empezó a organizar y a dar apoyo a los obreros y se trató de llegar a acuerdos con la Iglesia católica, que era muy crítica de la Revolución y de sus generales por el anticlericalismo furibundo de éstos. Para congraciarse con ella, Obregón fue a la Catedral Metropolitana acompañado por el cuerpo diplomático y depositó una ofrenda frente al altar donde reposaban los restos del malogrado emperador Iturbide.[65] Ésa fue su manera de celebrar el centenario de la consumación de la Independencia en 1921: en lugar del tradicional desfile, se llevó a cabo una ceremonia solemne en la que la orquesta sinfónica de México tocó la obertura de *Tannhäuser* de Wagner.

A mediados del año 23, fue asesinado el último jefe revolucionario de importancia, el general Francisco Villa. Con su muerte y la de un centenar de jefes rebeldes que disentían de su caudillaje, Obregón pretendía poner fin a los movimientos que pudieran representar algún peligro para su gobierno.

2

Dos esposas tuvo el general Obregón: con la primera, Refugio Urrea, se había casado en 1903 y habían comprado una pequeña finca en la que sembraban garbanzo. Tuvieron cuatro hijos y la vida parecía feliz y tranquila cuando en el curso de un solo año, el de 1907, murieron ella y dos de los hijos dejándolo muy abatido. Tres de sus hermanas que eran solteras le ayudaron a criar a los huérfanos mientras él se ocupaba de proveer para la economía familiar. Al iniciarse la Revolución, el agricultor se transformó en soldado y se fue a las batallas para así iniciar su rápida carrera hasta general.

Con la segunda esposa casó Obregón en marzo de 1916. Se llamaba María Tapia Monteverde. Era originaria de Guaymas, donde había nacido el 30 de octubre de 1888, pero radicaba desde niña en la capital del estado. Hija de una familia acomodada, había estudiado en Los Angeles, California, por lo que hablaba perfectamente el inglés (lo que mucho ayudaría a su marido después). Era ella una joven de cara agradable y fresca que cumplía el ideal de belleza de la época: "mujeres blancas, gorditas y de aspecto juvenil" como lo ofrecían los anuncios de cremas blanqueadoras para la piel y de pastillas para engordar. Por eso hasta fue reina del carnaval y una vez en un baile Carranza la eligió para un vals. El matrimonio se llevó a cabo en la catedral de Hermosillo y la luna de miel en Querétaro. Y pronto empezaron a nacer los hijos, uno detrás de otro hasta sumar siete.[66]

Dice la hija que su marido la quería mucho y que por eso decidió tomar la ciudad de México en la fecha de su santo, un 15 de agosto. Quién sabe. Lo que sí es que a ella le tocó el momento más difícil en la vida del general que decía haber recorrido ocho mil kilómetros de campañas militares, de las que había salido con grande fama, aunque sin un brazo que le tuvo que ser amputado después de perder la mano en la batalla de Celaya. Había dejado de ser dicharachero y cuentachistes para volverse quejumbroso y de carácter agrio; su cuerpo antes fuerte y robusto empezó a engordar y a enfermar. Según Jorge Aguilar Mora, Obregón envejeció prematuramente y a los cuarenta y tantos años parecía de setenta. Su salud se convirtió en su principal preocupación y se volvió un hipocondriaco que buscaba pretextos para ir a hospitales norteamericanos a curarse de supuestos males.

Pero a la señora Tapia le tocaron también los placeres del poder. Se fue con su marido a vivir a la capital y una vez allá, en su calidad de esposa del mandatario, tuvo que cumplir con una serie de compromisos. Era éste un cambio importante porque a los generales de la Revolución no les gustaba que sus mujeres salieran a la luz pública. "Los puestos indivisibles no han de compartirse con persona alguna

por más amada que sea y por más identificados que estemos con ella", dice Rubén Romero que decía don Álvaro, y según Aurelio de los Reyes: "El general parece haber deseado que la gestión presidencial no alterase el papel de ama de casa de su esposa. Como tal es la imagen que en los primeros meses de gobierno de Obregón proyecta María Tapia".[67] Sin embargo no le quedó más remedio que hacerla participar en actos protocolarios y ceremonias. Y es que los tiempos habían cambiado. Ahora había en México admiración —y ganas de ser aceptados— por Estados Unidos, "ese maravilloso animal colectivo que vive junto a nosotros" como había dicho Justo Sierra. Y en ese país hacía más de un siglo que las llamadas "primeras damas" tenían un lugar social y unas funciones que cumplir y la opinión pública se interesaba por sus actividades. ¿Cómo no hacer lo mismo aquí si tanto queríamos parecernos a ellos? Así fue como esos generalotes bebedores y parranderos, que dejaban a sus mujeres en la casa mientras iban con las artistas de moda, empezaron a posar para retratos de familia con la esposa y los hijos (todavía no se usaba como hoy, incluir al perro).[68] Y así fue como María Tapia abandonó "la dulce penumbra del hogar" y salió a la luz pública. Poco todavía porque era apenas el principio, pero desde entonces ya nunca las consortes volverían a la oscuridad del encierro doméstico.

En septiembre de 1921, la señora hizo los honores de la casa para recibir a los embajadores, delegaciones e invitados especiales para las fiestas del centenario de la consumación de la Independencia en las que hubo bailes, desfiles, exposiciones y funciones de teatro. ¿Se le antojaría mejor participar de las verbenas populares en las que la gente salía a las calles, bailaba y bebía hasta el amanecer y disparaba balazos porque era la moda soltar tiros con cualquier pretexto? ¿qué pensó al escuchar los discursos nacionalistas que entonces se pusieron en boga? ¿qué le pareció cuando vio bailar el jarabe tapatío que desde entonces se convirtió en parte imprescindible de las celebraciones oficiales del 15 de septiembre? ¿se mandó a hacer un traje de china poblana como hicieron tantas señoras de sociedad? ¿le gustó cuando aquí les dio por el costumbrismo y el folclor, por gritar vivas a México y a lo mexicano y como afirmaba el pintor José Clemente Orozco, por inundar al país de petates, ollas, huaraches y sarapes? Años después el vate Ricardo López Méndez lo pondría en forma melodramática:

México, creo en ti.
Porque escribes tu nombre con la equis,
que algo tiene de cruz y de calvario.[69]

María Tapia de Obregón, trece años de matrimonio, siete hijos y una larga viudez

Cada vez más María Tapia sale a la luz pública: ya no sólo acompaña a su marido sino que hasta va sola a alguna comida con los diputados, a repartir juguetes entre los niños pobres, a entregar premios, a visitar exposiciones escolares, hospicios y orfanatorios y a hacer algunas obras de beneficencia por las que hasta recibe una condecoración de la Cruz Roja.

Como por entonces la Secretaría de Educación inició el reparto de desayunos escolares, la esposa del mandatario presencia y preside estos actos que luego se volverán característicos de las primeras damas. Las fotografías de la época nos la muestran en las fiestas de la Virgen de la Covadonga que organizaba anualmente la colonia española, presentándose a la solemne misa tocada con la clásica mantilla. La vemos también asistiendo a los toros y al Hipódromo de la Condesa y vacacionando junto al lago de Chapala —que era un sitio favorito de las clases altas— a donde le gustaba pasar la semana santa.

Y es que, como cuenta Carmen Collado, la vida social había recuperado su esplendor. Se hacían fiestas, bailes y muchos banquetes porque el general Obregón era particularmente afecto a éstos.[70] Con cualquier pretexto había desfiles y kermeses, espectáculos y corridas de toros, carreras de caballos y comedias en los teatros que hacían chistes sobre la vida política nacional. En ese momento las más conocidas era *La Huerta de don Adolfo* y *El jardín de Obregón*.

Como el ministro de Educación Pública José Vasconcelos quería volver cultos a los mexicanos, mandaba maestros y repartía libros por todo el país. La cruzada cultural llegó a los más apartados rincones y le tocó a todo tipo de gente. Por ejemplo, cuando se escenificó la ópera *Aída* en El Toreo, acarrearon a un montón de soldados con sus esposas enrebozadas que se aburrieron solemnemente viendo a aquellas gordas vestidas de blanco pegando estrepitosos gritos en un idioma incomprensible.[71] En una ocasión, se presentó una obra de teatro en la que la trama era un padre que no dejaba que su hija se reuniera con su enamorado y de entre el público se levantó un soldado con la pistola desenfundada y le gritó al actor que lo representaba: "o los deja que se queran o aquí mesmo me lo quebro". ¡Y cuando pasaban películas en las que se veía venir un tren la gente salía corriendo porque sentía que el monstruo se le echaba encima!

¿Sabía la señora Tapia que estos esfuerzos eran parte de las campañas educativas —"la santa cruzada del alfabeto y la cultura" como se decía entonces— que se emprendieron durante el mandato de su marido? ¿sabía de los intentos por incorporar a los indígenas a la vida nacional? ¿tenía idea de la importante vida cultural que había en México con escritores y pintores de primer nivel? ¿supo que la poeta chilena Gabriela Mistral vino al país invitada por el gobierno para preparar un libro de lecturas para mujeres destinado a usarse en las escuelas? ¿oyó hablar de Antonieta Rivas Mercado que desafió las convenciones sociales sobre el matrimonio y terminó suicidándose?

3

Eran los años cuando había terminado en Europa la gran guerra y aquí, en estas tierras, también se iniciaba la paz. La vida era tranquila otra vez en la "Patria dulce, Patria del maíz, de las minas y del niño Dios" de que había hablado el poeta López Velarde. Para las personas decentes todo era ir de la casa a la misa, de la misa al trabajo, del trabajo a la casa, echar siesta después del almuerzo y tomar el chocolate a media tarde. Las señoras de clase alta, herederas de los apellidos ilustres del porfiriato, organizaban fiestas con el pretexto de matrimonios y bautizos y también lo hacían las esposas de los políticos como la señora Esther Pani, cuyo marido era secretario de Relaciones Exteriores y que era tan infatigable para organizar actos sociales que la llamaban "la Primera Dama de la diplomacia mexicana".

Algunos se desvelaban hasta altas horas de la madrugada disfrutando de la vida nocturna de la capital en los salones de baile y cantinas, en las carpas, en las peleas de gallos, en el box y en los antros y burdeles. La ciudad estaba llena de autos (había más fordcitos que generales afirmaba Novo y ¡eso era mucho decir!), de luces, radios, edificios, ruido, "ciudad insurrecta de anuncios luminosos" escribió Maples Arce.

La moda que en esos años se abría paso entre las damas mexicanas traía un cambio verdaderamente drástico: vestidos rectos, el talle bajo y suelto —nada de cintura— y las faldas que subían dejando asomar ya no sólo la punta del botín sino incluso "la tibia, la pantorrilla y el peroné" como diría después la canción. Eran tiempos de plumas y flecos, de chaquiras, canutillo y lentejuelas, de plisados y drapeados, de collares largos.[72] Tiempos en que todas las mujeres se maquillaban y no sólo las actrices, con polvos de arroz, rímel y hasta lápiz labial. Poco a poco van abandonando el incómodo y rígido corset y recortan las mangas de sus vestidos hasta el

codo. ¡Y ni qué decir de los nuevos y atrevidos escotes! ¡y de los trajes de baño que se ponían para ir a nadar a los balnearios públicos!

No por nada los curas estaban furiosos: "Hoy ya no se ve en las calles y reuniones a la señorita ni a la dama cubiertas como Dios manda con todo decoro, sino por el contrario, por donde quiera y aun en el templo mismo, se siente náusea de la desnudez femenil". A la menor oportunidad estos señores echaban discursos contra el relajamiento moral y el desmoronamiento de las buenas costumbres y amenazaban con el infierno, mientras los miembros del Ejército de Salvación andaban por las calles tratando de "redimir a las víctimas del vicio y de los amores clandestinos".

Los mayores estragos los hacía el nuevo modo de llevar el cabello cortísimo, a la altura de las orejas, lo que se lograba ¡oh sacrilegio!, lléndolo a cortar en alguna de las peluquerías que por entonces se inauguraban. Escribe Arqueles Vela dando fe de esto: "Era feminista. En una peluquería reuníase todos los días con sus compañeras. Su voz tenía el ruido telefónico del feminismo".[73] Y surgían por supuesto las canciones alusivas:

> *Estaban las tres pelonas*
> *sentadas en un balcón*
> *y una a otra le decía*
> *¡Que viva Álvaro Obregón!*[74]

¿Fue alguna vez María Tapia a una de esas peluquerías? ¿frecuentó los nuevos cafés y restaurantes como Sanborns, el Tacuba o Lady Baltimore? ¿aprendió a jugar el bridge que entonces se puso de moda? ¿le gustaba ir al cine Parisiana en la colonia Juárez, en uno de cuyos palquitos se sentaba la señora Dolores Asúnsolo de Martínez del Río que sería conocida después como eximia actriz? ¿o a alguno de los muchos teatros de revista y de zarzuela? ¿sabía lo que se presentaba en el Lírico y el Colón, en el Olimpia, el Iris y el Ideal? ¿tenía idea de que el general su esposo, era el personaje central de las farsas y los chistes en los teatros y carpas? ¿había oído hablar de Celia Montalván, de María Conesa —la Gatita Blanca—, de la Rivas Cacho, de Mimí Derba —"con tres partes de Afrodita y otra parte de Minerva"—,[75] de las cupletistas y divettes que volvían locos a los generales y ministros incluido su señor?

Salvador Novo escribiría tiempo después la copla adecuada:

> *Tres autos esperan a tres generales,*
> *un vaho de pianola*
> *nos salpica cabeza,*
> *tronco y extremidades.*
> *¡Esa chica no trae medias!*[76]

¿Tuvo celos de Alma Reed, la hermosa extranjera a la que llamaban "Peregrina"? ¿oía el radio, hablaba por teléfono, compraba vestidos y sombreros en las grandes tiendas recién inauguradas, paseaba en automóvil que era algo tan popular que según un poeta ya no se podía ni oir cuando cantaban los gallos?

Quince millones de habitantes había entonces en la república, dedicados la mayoría a las labores agrícolas. La miseria y las enfermedades estaban a la orden del día: de cada mil niños nacidos, morían doscientos veintidós y de cada mil difuntos, trescientos cuarenta y nueve lo eran por enfermedades estomacales. Los servicios públicos, hospitalarios y asistenciales, eran casi inexistentes.

La ciudad de México, con sus 700 mil habitantes y a pesar de sus modernos edificios, sus tranvías y sus cables, seguía resignada a inundarse periódicamente, a tener cortes de luz, falta de agua y sobre todo, exceso de basura. Sus límites se habían extendido con fraccionamientos para las clases altas y medias que abandonaban el centro y se establecían en las nuevas urbanizaciones: la colonia Toriello Guerra allá por Tlalpan, Chapultepec Heights que era la más lujosa y cara. A las pocas colonias donde se aislaban los ricos, las rodeaba "toda la astrosa muchedumbre" como le llama José Joaquín Blanco, compuesta por los pobres y sus oficios: aguadores y serenos, limosneros y vagabundos. Como lo había sido a lo largo de su historia, el país seguía siendo el de la desigualdad: "Cuerpos, gestos y vidas diferenciadas abismalmente entre sí: del sobrealimentado hombre de frac al indio desnutrido con calzón de manta y descalzo, del español pretendidamente castizo al dialecto o al idioma indígena, de la cocina criolla sofisticadísima a la mera tortilla".[77]

4

En el año de 1924, con el país pacificado y los generales revoltosos pasados por las armas, Obregón entregó el poder a su gran amigo, el también general y también sonorense secretario de Gobernación Plutarco Elías Calles, y se fue con su familia —María Tapia y sus siete hijos más los dos que tenía de su esposa anterior— a su rancho en Sonora. Nada más de regreso en sus tierras, el general se puso de nuevo a hacer negocios para los que tanta habilidad y buen ojo tenía. Así fue como convirtió a su propiedad en un muy productivo emporio agrícola. ¿Tenía idea la señora Tapia de lo rico que era su esposo? ¿o simplemente lo disfrutaba y ya, sin preguntar de dónde salió la inmensa fortuna?

5

Plutarco Elías Calles era un hombre corpulento, serio y de pocas palabras. Había nacido en 1877 en Guaymas, hijo fuera del matrimonio de una relación de su madre María de Jesús Campuzano con un empleado del Ayuntamiento de nombre Plutarco Elías Lucero. Con ella vivió el niño hasta los cuatro años de edad, fecha en que falleció la señora y a partir de ese momento y hasta los veinte, permaneció en el hogar de su tía materna María Josefa Campuzano y de su marido Juan Bautista Calles "de quien adoptó el apellido ya que éste era un individuo generoso y paternal aunque en extremo enérgico y disciplinado".[78] ¡Curiosa situación en que adoptó el apellido del que lo abandonó y del que lo cuidó y a la que dejó fuera fue nada menos que a su madre!

Desde muy joven trabajó como maestro de escuela y dejó de serlo a los treinta y tres años cuando se fue a la Revolución y se metió a la política. Era tan amigo de Obregón que se decía que era el brazo que éste había perdido en Celaya. Fue gracias a esa relación que a los cuarenta y siete años ocupó la silla presidencial.

Tomó posesión del cargo en el flamante Stadium Nacional, como se le llamaba entonces al estadio construido en los terrenos del antiguo panteón de La Piedad, en una ceremonia a la que asistieron más de cuarenta mil personas "muy en el estilo de la política de masas inaugurada por el general Obregón". Al acto le siguió un jolgorio que continuó toda la noche frente a la casa del presidente en la calle de Marsella.

El nuevo mandatario era un político entre los generales, que supo granjearse a los más importantes líderes de la época para que lo apoyaran en su tarea de continuar con la reconstrucción del país iniciada por su antecesor. Según Ricardo Pozas, Calles asentó su poder sobre cuatro pilares: el apoyo de Obregón que era el principal caudillo del momento; la profesionalización y descaudillización del ejército; la organización de las bases sociales que llevaría a la creación del PNR, el partido en cuyo interior debían gravitar todas las fuerzas de la Revolución y dirimir sus diferencias; y el apoyo norteamericano con todo y renegociación de la deuda.[79]

En su cuatrienio se organizó el Banco de México como único autorizado para emitir moneda y se hizo reparto de tierras —que desde la Revolución se consideraba tarea esencial del gobierno—, construcción de carreteras y otras obras de infraestructura, pero se dio el rompimiento del precario equilibrio que desde tiempos de Carranza se mantenía entre la Iglesia y el Estado, porque a la jerarquía eclesiástica le dio por hacer críticas y propuestas de enmiendas a algunos artículos de la Constitución. En el año 26, el arzobispo de México monseñor Mora y del Río, publicó una declaración en contra de lo que consideraba como el contenido anticlerical de la Carta Magna. Entonces el presidente, para afirmar su poder y la primacía de la ley, mandó clausurar conventos y escuelas confesionales y deportó a sacerdotes. En respuesta, la Iglesia decretó la suspensión de cultos, medida muy grave que se tomaba por tercera vez en la historia de México.[80] Los fieles cubrieron sus casas con consignas de ¡Viva Cristo Rey! y se fueron a la guerra.

Con una estampa de Cristo en el sombrero y un escapulario al pecho, los llamados "cristeros" se lanzaron en contra del gobierno y de la ley:

"Manchas de sangre, como clavos de lumbre, motean sus anchos calzoncillos y sus burdas camisas de manta. Por los pies amarillentos, llenos de cuarteaduras, les escurre la sangre, como chorreaduras de cirios que se consumen alumbrando el firmamento. Y cinco sombreros de alta copa aguzada se levantan a sus pies como piras mortuorias.

Todo el mujerío y los chicos de la ranchería les forman rueda.

–¡Probe criatura, si toavía traiba la leche en los labios!"[81]

Para fines de los años veinte, el centro del país estaba incendiado, las balas volvían a oirse y los trenes a volar en pedazos con todo y pasajeros.

En agosto de 1899, Calles se había casado, sólo por lo civil —pues era ultralaico, ultrajacobino y anticlerical—, con una señorita oriunda de Mazatlán, Sinaloa, pero que vivía en Guaymas, Sonora. Se llamaba Natalia Chacón Amarillas y había nacido el primero de diciembre de 1879 por lo que tenía entonces veinte años, dos menos que su esposo. Era hija de un inspector de aduanas y tenía un padecimiento asmático que le causaba fuertes rachas de tos, no obstante lo cual se dio a la tarea de procrear uno tras otro muchos hijos. "La máquina está andando" le gustaba decir al esposo, complacido de la fecundidad de su mujer. ¡No en balde como dice el dicho, para los hombres la esposa es como una escopeta, que debe estar siempre cargada y en el rincón!

En 1913, mientras él se lanzaba a la lucha contra el usurpador Huerta, ella se refugió con la familia del otro lado de la frontera en Arizona, y luego regresó a vivir a Nogales donde permaneció hasta 1920 viendo muy de vez en cuando a su marido, cuando éste pasaba por allí en los momentos en que se lo permitían sus ocupaciones militares y políticas.

Ocho años duró la separación de los esposos y durante ese tiempo la señora no dejó de recomendarle que se cuidara mucho y que no dejara de tomar sus purgas. Después de Agua Prieta, doña Natalia se fue con su esposo a la capital. Cuatro años más tarde, él sería presidente de la República.

Según afirma Hortensia Calles: "En los años veinte, no se acostumbraba que las mujeres se ocuparan de nada que no fuera su hogar, ni los maridos se los permitían". La mujer debía permanecer en casa, cumpliendo con sus labores domésticas y familiares, toda ella "dulce abnegación, casta ternura, noble decoro, santa maternidad". Y sin embargo, ser esposa del presidente, como vimos, ya empezaba a significar ciertas obligaciones como la de acompañar al marido en algunas ceremonias y hacer obras de asistencia social. La señora Chacón hizo algunos trabajos en ese sentido, como inaugurar la primera red de comedores infantiles de México que funcionó por iniciativa suya.[82] Pero muy poco fue lo que pudo dedicarse a estas labores pues estaba siempre enferma.

Y es que doña Natalia era una mujer desgastada por "calenturas y miles de achaques e insomnios". Y a su mala salud contribuía el hecho de tener tantos hijos y tan seguidos partos (los Calles tuvieron doce, de los cuales sólo siete sobrevivieron) así como las angustias que pasaba por su marido que siempre andaba lejos y en peligro en un país en el que las diferencias se dirimían a balazos. Así se lo hacía saber en sus cartas en las que le advertía: "No me pondré bien hasta que tú vengas o nos vayamos nosotros... Quisiera que tú vinieras". Siempre las firmaba: "Quien verte desea".

Sin duda también le afectó sospechar un engaño del general, pues le reprocha el abandono y la escasez de correspondencia. Y es que en efecto, como cuenta su biógrafo: "Plutarco conoció y congenió con una joven residente de Agua Prieta, originaria de Cananea, que contaba con apenas diecisiete años de edad. Se llamaba Amanda Ruiz... El hecho es que ambos tuvieron una inesperada y fugaz aventura durante los no más de tres días en que el personaje permaneció en ese lugar y la semana que duró el viaje a la capital... De aquella pasajera afinidad nació un pequeño que fue bautizado con el nombre de Manuel".[83]

Fuera por angustias o por enfermedades, el hecho es que doña Natalia no aparece ni en las ceremonias del Grito de la Independencia que era una costumbre ya muy arraigada y que tenían lugar en el Palacio Nacional cada 15 de septiembre, ni en otros actos oficiales a los que por tradición asistía la esposa del primer mandatario. Su vida es una pura queja: "Estoy mala y sumamente nerviosa, paso las noches sin dormir y con una asfixia horrible". A diferencia de su antecesora

Natalia Chacón de Calles, enfermiza y angustiada, tuvo doce hijos y murió joven

que había sido una mujer alegre, ella llegó a estar tan desesperada que hasta escribió: "Constantes y tantas cosas que pesan sobre mí, yo quisiera ya mejor morirme".[84]

Escribe Macías: "A decir verdad, como esposa nunca fue un factor esencial que hiciera las veces de consejera o cómplice para que Calles cobrara aliento en sus ambiciosas empresas. Plutarco no la enteraba de las incidencias de su trabajo y no solía confiarle las situaciones que lo hicieran parecer débil, sensible o en exceso preocupado".[85]

Pero si no podía cumplir con compromisos públicos, la señora en cambio fue muy apegada a su hogar y a sus hijos con quienes pasaba la mayor parte del tiempo y a quienes "nunca regañaba". Vestía siempre de oscuro, pero con cuellos de encaje blanco —"tenía delirio por los encajes" afirma su hija menor— y le gustaba preparar comida sonorense —la machaca y el turrón de clara batida con nueces eran sus platillos favoritos.[86]

¿Supo la señora Calles que en ese entonces estaban arreglando el Palacio Nacional y que le agregaron un piso logrando que se viera más esbelto? ¿supo que fue su marido quien inició la costumbre de hacer una ceremonia en el monumento a la Independencia que había mandado levantar don Porfirio? ¿le gustaba oirlo hablar por radio, lo que él empezó a hacer desde que era candidato? ¿se enteró del festejo para recibir al famoso aviador Charles Lindbergh que desde que se bajó de su avión en el campo aéreo de los llanos de Balbuena y hasta que

llegó a la casa del embajador norteamericano Morrow en las calles de Londres de la colonia Juárez (con cuya hija estaba comprometido en matrimonio) fue aplaudido y bañado en confeti por los capitalinos? ¿y supo del festejo que continuó esa noche en el teatro Iris amenizado por las orquestas de Miguel Lerdo de Tejada, Esparza Oteo, Tata Nacho y los cantantes Guty Cárdenas y Pedro Vargas?[87] ¿supo que se promovía a México en el extranjero para que viniera el turismo y que Taxco y Cuernavaca se volvieron lugares favoritos y muchos escritores famosos llegaron aquí buscando el sol, la luz y el exotismo del país?

7

En 1927, a los cuarenta y ocho años de edad, se le cumple el deseo a la señora Natalia y muere. Había estado internada en un hospital en Estados Unidos donde no la pudieron curar. Por ser la esposa del presidente en funciones la traen desde allá en el tren del ejecutivo, se le rinden honores y se le levanta un monumento en el panteón de Dolores de la capital.

Según su hija mayor, sólo en dos ocasiones se vio llorar al general Calles. Una fue cuando murió su padrastro y otra cuando murió su esposa. Lo que doña Tencha no quiso nunca aceptar es que su padre lloraría una tercera vez, y mucho, por la muerte de su segunda mujer.[88]

Desde entonces el trabajo de acompañante oficial del presidente lo cumplió ella, Hortensia, quien debido a la enfermedad de su madre ya había fungido como "Primera Dama sustituta", según el concepto ideado por Alfonso Morales. Era una joven dinámica, que ejemplifica el cambio de vida para las mujeres de las clases acomodadas: vestida a la moda de los años veinte con la ropa suelta, libre ya de los rígidos corsets, adornada con los collares largos y el cabello corto arreglado en la peluquería, se la ve en fiestas y bailes de sociedad, con las jazz-bands que era la música en boga (en el famoso salón Chapultepec con sus paredes de vidrio), jugando tennis de punta en blanco o manejando sus autos de lujo.[89]

"La Tencha" se había casado con el señor Fernando Torreblanca, quien había sido secretario particular del general Obregón y que luego sería colaborador muy cercano de Calles. La suya había sido una boda muy rumbosa que se había llevado a cabo con gran despliegue de lujos y la novia había lucido un vestido y unos zapatos carísimos traídos de Europa. La ceremonia civil había sido en el rancho La Hormiga, siendo testigos el entonces presidente Obregón y su esposa, quienes le obsequiaron una magnífica sala Luis XVI y la ceremonia religiosa (¡sí, de la hija de Calles el anticlerical!) se había efectuado en la iglesia de moda entre los nuevos ricos mexicanos, la de Santa Brígida.

Para darnos cuenta cómo andaban las cosas entre quienes habían hecho la Revolución en contra de los ricos y a favor de los que nada tenían, basta mencionar que entre los muchos regalos que recibió la
pareja, había un piano de cola y un automóvil Packard. Quizá por esas
cosas es que en 1922 el poeta Tablada había escrito:

> *Pavo real, largo fulgor,*
> *por el gallinero demócrata*
> *pasas como una procesión.*[90]

Unos años después, cuando ya no era presidente, el general
volvió a casarse, con una yucateca joven y bonita que era soprano de
la Compañía Nacional de Ópera y se llamaba Leonor Llorente, quien
le dio otros dos hijos. "Era muy alegre, todo el día cantaba y acariciaba
al general, se querían mucho" afirma Artemisa, la hija menor de Ca-

lles. Pero también ella murió pronto, en noviembre del año 32, de un tumor en el cerebro, después de dar a luz a su segundo hijo. "El Chato", como le llamaba cariñosamente a Calles (que por cierto era todo lo contrario de eso), quedó con una gran pena: "Pobre viejo, sufrió mucho" decía Micha, la hija. "Para mí, ésta es una amarga temporada" escribió el hombre. Al sepelio asistió la plana mayor de los políticos encabezados por el presidente de la República quien decretó la suspensión de labores en las oficinas de gobierno y duelo nacional nada menos que de ¡un mes! ¡por una mujer que no significaba nada para la vida del país!

A partir de entonces, el general vivió solo en alguna de sus muchas propiedades desde las cuales manejó los hilos de la política nacional. En 1945, envejecido y agotado, murió a los sesenta y ocho años de edad. Su hija reunió y cuidó sus archivos que aún están resguardados en su vieja casona de la colonia Condesa en la ciudad de México, y que ahora cuida una de sus nietas.

8

Cuando estaba por terminar el periodo presidencial de Calles y era la hora de elegir candidato, más de uno se apuntó y hasta hubo quien se levantó en armas para conseguir el nombramiento. Entre éstos, estaba otra vez el general Obregón que decía vivir retirado de la política en su hacienda norteña pero a quien le seguía atrayendo el puesto. Él mismo hacía bromas sobre eso y cuando le preguntaban qué tan buena vista tenía respondía que muy buena porque desde Sonora alcanzaba a ver la silla presidencial en la capital.

Cuentan que una gitana le había augurado que sería presidente por segunda vez y dado que eso cuadraba con lo que él quería, pues se puso a buscar cómo lograrlo. Ayudado por su amigo el general Calles, logró que el congreso reformara la Constitución y le permitiera lanzarse otra vez como candidato, lo que hizo en el año de 1928.

¿Qué sintió María Tapia de pensar que tendría que abandonar su hermosa hacienda de Náinari y regresar a la capital, a la casa de la avenida Jalisco 185? ¿qué opinó de que su marido iniciara otra vez una campaña recorriendo el país en el tren al que puso por nombre "Siquisiva" y circulando en carros con capota descubierta para que los burócratas lo ovacionaran? ¿tuvo miedo cuando el hombre sufrió un atentado en plena campaña electoral?

Obregón ganó las elecciones pero nunca tomó posesión del cargo porque lo asesinaron. Mataron al héroe de tantas batallas, al vencedor de Pancho Villa, al que sostuvo a Carranza y empujó a Calles, al hombre al que dos veces estuvieron a punto de fusilar y que una vez se quiso suicidar, al que supo hacer que fueran convenientemente liquidados sus principales contrincantes en lo que se conoció como "la poda de generales". Martín Luis Guzmán lo relata en su novela *La sombra del caudillo*: "Entonces, señores, aplastemos la reacción una vez más; suprimamos de un golpe esas dos docenas de traidores, ya que actos así son propios e inevitables en cuanto traemos a cuestas el enorme fardo de la pureza revolucionaria. ¡Qué le vamos a hacer! Cada dos años, cada tres, cada cuatro, se impone el sacrificio de descabezar a dos o tres docenas de traidores para que la continuidad revolucionaria no se interrumpa".[91]

A Obregón lo balacearon durante uno de esos banquetes a que tanto le gustaba asistir, mientras comía cabrito y escuchaba su canción favorita "El limoncito". Estaba celebrando su triunfo como presidente electo para un segundo periodo:

Al pasar por tu ventana
me tiraste un limón,
el limón me dio en la cara
y el zumo en el corazón.

El asesino era un joven católico que, molesto por el trato que se daba a la Iglesia, decidió tomar su propia venganza y convertirse en mártir. Su nombre era José de León Toral.

Muerto don Álvaro, María Tapia se retiró a Huatabampo, Sonora, a vivir su viudez con una pensión del gobierno federal y con el mucho dinero que le había dejado su riquísimo marido. Allí vería crecer a sus hijos, uno de los cuales sería gobernador de su estado, y allí le nacerían muchos nietos, veintiocho para ser exactos. Según afirma su hija Mona, vivió hasta la vejez, sana y fuerte, menos los últimos años en que padeció diabetes. Y nunca jamás se mencionó frente a ella el nombre de Toral. La señora murió el 18 de febrero de 1971, poco antes de que el presidente Echeverría (cuya esposa María Esther Zuno era su ahijada) expropiara sus tierras a la familia. Está enterrada allí mismo y desde entonces, año con año en una escuela que lleva su nombre se la recuerda en este día con un acto. En el más reciente se leyó un poema escrito por el profesor David Humberto Miranda:

Fue mujer de corazón...
luz señorial.

Un primer esfuerzo

1

Con el asesinato del presidente electo, se desataron fuertes tensiones. El gobierno fue blanco de numerosos ataques y acusaciones y corrían rumores de levantamientos armados. Calles anunció entonces el fin de la era de los caudillos y de las pistolas y el inicio del tiempo de las instituciones: "Orientar definitivamente la política del país por rumbos de una verdadera vida institucional, procurar pasar de una vez por todas de la condición histórica de país de un hombre a la de nación de instituciones y leyes".[92]

Obligados a nombrar presidente, los políticos se pusieron a buscar entre los posibles. Varios aspiraban al cargo, entre ellos Luis N. Morones, "el hombre de la cara de luna" según Dulles, que era amigo del presidente y cabeza del movimiento obrero, prototipo del líder enriquecido que lucía costosos trajes, autos de lujo y enormes anillos de brillantes. Sólo que no tuvo apoyo suficiente y como se decía entonces

Carmen García de Portes Gil, primera dama a los veintitrés años,
inició el cumplimiento de las tareas de la esposa del presidente

jugando con su apellido, "se desmoronó". El nombramiento recayó sobre el gobernador de Tamaulipas Emilio Cándido Portes Gil.

El hombre que lleva los nombres de la Ilustración había nacido en 1890 en Villa de Victoria, capital del estado de Tamaulipas, era abogado y tenía treinta y ocho años de edad cuando asumió el cargo de presidente provisional de México. Tomó posesión en el Estadio Nacional el primero de diciembre de 1928, con la asistencia de su madre doña Adelaida Gil viuda de Portes y de su esposa Carmen García, dando así inicio a la costumbre de que las familias de los presidentes asistieran a la ceremonia de protesta, la que se prolonga hasta hoy.[93] Eso sí, al banquete de festejo para más de quinientas personas en el castillo de Chapultepec, sólo asistieron hombres.

El de Portes Gil sería un mandato breve, de dos años nada más, durante los cuales fue un primer mandatario que, usando la expresión del escritor Martín Luis Guzmán, estuvo siempre "bajo la sombra del caudillo". Y es que durante este periodo, Calles dominó la política nacional. Se conoce a la época como "el maximato" y ella duró hasta mediados de la década de los treinta.

"En sus escasos días en la silla presidencial, Portes Gil intentó realizar un ambicioso proyecto político y legislativo: reformar el Código Agrario y volver a repartir tierras... modificar el Código Civil y las formas de elección de los representantes del Poder Judicial, reformar el Código Penal, establecer nuevas y amistosas relaciones con Estados Unidos y acabar con las rebeliones cristeras."[94] El país estuvo otra vez en paz.

Durante su gestión se fundó el PNR, el partido oficial que según el estudioso de este periodo, Arturo Alvarado, "funcionaba como un aparato gobiernista que legitimaba las decisiones en materia de elecciones y apoyaba al gobierno movilizando a las masas. Además era un mecanismo de reclutamiento, formación y pertenencia de la elite en el gobierno".[95]

El esfuerzo de Portes Gil fue en el sentido de poner orden, de organizar, de institucionalizar, de legalizar y todo esto "con fina mano izquierda y hábil derecha" como dijera Salvador Novo. "Este astuto político aceptó la premisa del maximato sólo para encontrarle diarias excepciones y asumir múltiples iniciativas constructivas."[96]

2

En el año de 1922, en plena agitación política y electoral, "cuando estaba buscando cómo influir en la forma de actuar de los grupos políticos en el congreso" Portes Gil se había casado con la señorita Carmen García, oriunda de General Terán en Nuevo León. La historia de cómo se conocieron gustaba de contarla él mismo: ella era la hija menor de una familia de buena posición y muy numerosa. A los diecisiete años la mandaron a Tamaulipas para visitar a una hermana casada que vivía allá. Por alguna razón, en la estación de trenes estaba Emilio, que a la sazón tenía treinta años de edad, era diputado, nunca había contraído matrimonio y vivía solo con su madre que era viuda y había visto morir a dos de sus tres hijos. Al ver bajar a la joven del ferrocarril, se prendó de ella y les anunció a sus acompañantes que sería con quien se casaría. Sin esperar más, la mandó seguir y una vez que supo quién era, se presentó a un baile al que ella asistía y la comenzó a cortejar. Poco después le propuso matrimonio y ella aceptó. Una vez efectuado el enlace, se fueron a vivir a una amplia casa, llevando consigo a la madre de Portes Gil, "la abuelita", que permanecería con ellos hasta su muerte.[97]

Unos años más tarde, cuando apenas tenía veintitrés años, la señora Carmen se convirtió en Primera Dama.

Su esposo —que la llamaba "hija" con la misma actitud paternalista y protectora con que a Conchita Miramón le decían "niña"— le pidió que le ayudara con los pequeños desvalidos, para lo cual ella se reunió con un grupo de amigas y esposas de los colaboradores del presidente y juntas empezaron a hacer trabajo social.

En 1929, la señora Portes Gil creó y presidió el Comité Nacional de Protección a la Infancia cu-

yas oficinas estuvieron en el propio castillo de Chapultepec, siendo su secretaria la señora Hortensia Calles de Torreblanca. Según doña Tencha: "El comité directivo trabajó incesantemente creando delegaciones en casi todas las capitales de los estados de la república".[98]

Además, retomando la idea iniciada en tiempos de Vasconcelos de repartir desayunos escolares, la señora fundó La Gota de Leche, una asociación que obsequiaba ese importante alimento a los niños humildes, la que se sostenía con dinero del gobierno y con donativos de particulares.

Se fundaron centros de asistencia social, uno de ellos la Casa de Salud del Periodista en las Lomas de Chapultepec, otro la Unidad Mé-

dico Higiénica anexa al Deportivo Venustiano Carranza y otro más en la populosa colonia Obrera; escuelas-hogar, que eran sitios en los que las madres podían dejar a sus hijos en cuidado mientras ellas salían a trabajar (la idea era parecida a las Casas Amiga de la Obrera que había creado Carmelita Díaz); casas de salud para niños cuyo principal objetivo era combatir la alta mortalidad infantil y para mujeres en estado de gravidez (de las cuales también hubo delegaciones en casi todos los estados de la república); y muchas escuelas. Según Gustavo Casasola, la señora "demostraba voluntad, paciencia y cariño por la niñez así como por las mujeres en estado de gravidez carentes de recursos económicos".[99]

Con todos estos esfuerzos, la actividad asistencial empezaba a dejar de tener un carácter de voluntad personal y pretendía convertirse en beneficencia instituida, organizada y dirigida desde el gobierno.

Además, doña Carmen se presentó como acompañante de don Emilio en las ceremonias oficiales que para entonces eran cada vez más solemnes y más largas: el desfile militar del 16 de septiembre de 1929 duró ¡siete horas!

Fotografías de la época nos la muestran arreglada muy a la moda de los años veinte. "Le gustaba muchísimo la ropa" dice su hija Rosalba y era arriesgada para ponerse lo último: los vestidos sueltos y de telas ligeras que le llegaban al tobillo, los zapatos de tacón con adornos, las estolas de pieles y los sombreritos de casquete, todo perfectamente cortado y combinado. Además usaba el cabello corto, para escándalo de algunos tradicionalistas que, como ya vimos, se burlaban de las mujeres que iban a las peluquerías. ¿Dónde compraba sus atuendos? ¿quién le enseñó a vestir como las artistas de renombre?

La señora estaba siempre en acción: presidiendo actos deportivos —estaban de moda las tablas gimnásticas con decenas de jovencitos vestidos de blanco que hacían pirámides unos sobre otros— y festivales, recibiendo peticiones o repartiendo ropa y juguetes, visitando hospitales, hospicios, escuelas, centros de higiene y centros obreros "para decir frases de aliento y palabras de consuelo" o para "regalar un obsequio".

Fue designada presidenta honoraria de la Cruz Roja, cuyo hospital visitaba periódicamente, y madrina de la Asociación Mexicana de Exploradores; apoyó importantes campañas de salud —contra el paludismo, la tuberculosis, la lepra y el mal de pinto— y una que fue la que más enorgulleció al régimen, contra el alcoholismo, que en ese momento se consideraba uno de los males más graves del país. Desde el balcón central de Palacio Nacional, el mandatario y su esposa (la primera ocasión en que la mujer de un presidente salía a este lugar) observaron una manifestación infantil en contra de este vicio, en la que doce mil pequeños desfilaron, y se emitió un timbre postal por cuyas ventas se obtuvieron más de cinco millones de pesos.

¿Por qué se decidió en México luchar contra el alcohol siendo que aquí era parte esencial del modo de ser de la gente y no había un político ni general que no fuera afecto al trago? ¿podemos creer que el presidente Portes Gil no se tomaba sus copitas cuando le servían las comidas típicas de Tamaulipas, que tanto le gustaban y que años después lo harían asiduo de su restaurant favorito, el Tampico en la ciudad de México? Pero ya hemos visto cómo nos llegaban de fuera las ideas de la "modernidad". En este caso, la campaña contra lo que se consideraba un grave vicio vino de Estados Unidos, que por ese entonces luchaba a un tiempo contra la depresión y por la prohibición.

"Para darse una idea de la intensa labor llevada a cabo por la joven Primera Dama del país, señalaremos... que tenía que asistir a todas las juntas del comité, visitar a los distintos establecimientos de beneficencia, a los festivales y ceremonias organizadas con motivo de la campaña de protección infantil, sin contar con las fiestas y ceremonias oficiales a las que tenía que acompañar al jefe del ejecutivo." Su agenda estaba siempre muy llena. Un ejemplo: el 31 de enero visitó la Cruz Roja, el 20 de febrero visitó la casa de Amparo y Protección a la Mujer "Isabel la Católica", el 27 de abril jugó con los niños de la Escuela del Bosque de Chapultepec, el 8 de mayo asistió a una comida organizada por el Club de Rotarios, el 11 del mismo mes presidió un festival en el Tribunal de Menores, el 12 de junio visitó el hospicio de niños de la Calzada de Tlalpan, el 4 de agosto asistió a un té danzante benéfico, el 4 de septiembre presidió un festival deportivo, el 8 de ese mismo mes inauguró una unidad médico-higiénica, el 10 de octubre inauguró una escuela-hogar, el 12 visitó un hospital, el primero de noviembre inauguró un centro de higiene infantil... y etcétera, etcétera.[100]

La labor de la señora Portes Gil constituye un esfuerzo importante y sobre todo pionero, que sentó las bases de lo que en adelante sería el papel público de las primeras damas en nuestro país.

3

A la señora Carmen le encantaban los reflectores; "le gustaba arreglarse y asistir a los eventos y se emocionaba cuando tocaban el himno nacional y la gente se ponía de pie al iniciar cualquier acto oficial", dicen sus hijas. Siempre acompañaba a su marido y también recibía en su casa donde era excelente anfitriona. ¡Hasta mandó traer músicos de la tierra de don Emilio para que acompañaran sus nostalgias y así es como llegaron a la capital los Trovadores Tamaulipecos![101] Pero también, según sus hijas, "sufría mucho por la época tan peligrosa en que le tocó vivir". A su marido lo amenazaron varias veces y en una ocasión hasta ella recibió por correo un anónimo que con temblorosa letra manuscrita decía:

Urgente
a la Sra. Portes Gil
esposa del presidente
México: Chapultepec
México D.F. Febrero 8-929
Sra. Portes Gil
Urgente
Si no se suspende la ejecución a José Toral, Ud. y su niña acabara en la misma forma, con primera oportunidad, Obregón era un criminal mas grande en nuestra república.
Su amigo revolucionario cromista y católico
[firma ilegible][102]

¿Se asustó doña Carmen cuando el tren en que viajaba con su marido y su pequeña hija Rosalba sufrió un atentado precisamente el día en que fusilaban al asesino de Obregón? ¿podía entender a este país suyo en que algunas gentes echaban flores y prendían velas por donde pasaba el cadáver de León Toral mientras que otras marchaban para protestar por el asesinato del líder comunista Julio Antonio Mella? ¿podía comprender que mientras el gobierno combatía los vicios los poetas los alabaran? Allí estaban los versos de Villaurrutia según los cuales es grande "el placer que revela el vicio" y la prosa de Leduc que anunciaba su deseo de cultivar todos los vicios porque mañana no lo serán más: "Nuestra frugalidad será dispesia, nuestra castidad impotencia, nuestro miedo a la muerte teosofía".[103]

Según Cecilia Gironella, la señora Carmen "fue una de las primeras damas partidarias del feminismo culto".[104] ¿Qué quería decir con eso? ¿Se refería a que compartía las luchas de las mujeres por el derecho al voto, algunas de las cuales habían triunfado para desmayo de las damas de la buena sociedad? ¿o que estaba de acuerdo con la proliferación de los clubes feministas y con los esfuerzos de organización de las maestras, las inquilinas y las prostitutas que querían mejorar sus condiciones de vida? ¿o que le daba gusto que se hubiera formado el primer cuerpo de policía femenina? ¿o quizá significa que compartía las ideas sobre el amor libre y en contra del matrimonio que armaban gran revuelo?

4

Una vez terminada su presidencia, Portes Gil tendría diversos cargos en el gobierno y en la empresa privada. Fue embajador en Francia y la India, secretario de Relaciones Exteriores, en algún momento quiso volver a ser gobernador de su estado pero fracasó, fue procurador, dirigente del partido oficial y director de la Comisión Nacional de Seguros.

Doña Carmen siempre lo acompañó. En Relaciones Exteriores se emperifolló para ir con él a cenas y recepciones todas las noches y en el extranjero le llevó la casa. ¿Le hubiera gustado más quedarse en su hogar art decó de la colonia Roma leyendo las nuevas novelas sobre la Revolución que se estaban publicando por esos años (y que la pintaban de manera muy brutal)? ¿o quizá hubiera preferido ir al cine Olimpia a ver la primera película con sonido que se exhibió en México? ¿qué sintió cuando supo que su yerno había ingresado al Partido Comunista, ése que su marido había prohibido y que desde entonces era clandestino?[105] ¿pensó entonces que había valido la pena que Portes Gil hubiera ordenado que en nuestro país se empezaran a fabricar aeroplanos y así estar preparados para combatir la "amenaza roja"? ¿se enteró alguna vez de que cuando su esposo fue presidente había cesado a Ramón Beteta de su cargo en la Secretaría de Hacienda por un chisme en relación a ella? Así lo cuenta la esposa del susodicho, la señora Elizabeth de Cou:

"Alguien, tal vez celoso de su éxito, le había atribuido un chiste de mal gusto sobre lo adecuado que resultó que la entonces Primera Dama, bella mujer dotada de un magnífico busto, fuera la patrona de La Gota de Leche... Ramón jamás hizo este chiste, pero como era conocido como autor de otros muy pesados, resultó fácil adjudicárselo y sus enemigos supieron escoger muy bien el momento adecuado para hacerlo."[106]

Don Emilio murió en 1980 y poco después, apenas pasados cinco meses, falleció doña Carmen, de un cáncer que ella nunca supo que padecía pues, como se estilaba entonces, sus hijas no se lo hicieron saber. Él tenía ochenta y ocho años y ella setenta y cinco.

En su escrito *La imagen de mi madre*, publicado en 1967, Portes Gil escribió: "Cuando contraje matrimonio en el año de 1922, puedo decir que hice un matrimonio muy feliz. Desde esa época mi esposa compartió con mi madre todas las penalidades y puedo decir que la felicidad de mi hogar fue la consecuencia de la fusión de los corazones de esas dos santas y nobles mujeres. Mi esposa, siempre cariñosa y prudente, otorgaba a mi madre confianza plena y la hacía sentirse siempre el centro de la casa. En cambio, mi madre, generosamente, renunciaba a todo lo que significara autoridad y depositaba en mi mujer el cetro que las dos compartían como reinas de mi hogar".[107]

5

El general e ingeniero michoacano Pascual Ortiz Rubio, fue el siguiente presidente de México. Según John Dulles, "era un hombre con una hoja de servicios que se tenía en gran estima" y que incluía la gubernatura de su estado natal y varias embajadas. Había sido el primer candidato oficial del nuevo partido político contra el que parecía seguro triunfador, el señor Aarón Sáenz, quien según dicen, fue descartado porque no era católico. Y se había enfrentado también a un intelectual con mucho reconocimiento, José Vasconcelos. Decía la copla que por entonces se escuchaba:

Con Vasconcelos en la Presidencia
muchos milagros se van a realizar,
los políticos quedan sin hueso
y es el pueblo el que ya va a mandar.

Pero no fue así y el que mandó fue otra vez Calles, quien impuso a su amigo don Pascual.

Como ya era tradición, Ortiz Rubio tomó posesión en el Estadio Nacional sobre la calzada de La Piedad —hoy avenida Cuauhtémoc— y como también ya se estaba volviendo costumbre, en la tribuna estuvo presente su esposa junto con la del presidente saliente. Terminada la ceremonia se dirigió a Palacio Nacional para instalar a su gabinete y recibir felicitaciones.

Cuando salía por la Puerta de Honor para dirigirse al automóvil convertible que lo esperaba, se dio cuenta de que el coche de su esposa estaba estacionado y que dentro iba la señora, acompañada por su hermana y una sobrina.

—Vente conmigo —invitó don Pascual a doña Josefina.

–Mejor vente tú conmigo, yo en coche descubierto no voy.

Él aceptó y se subió al lujoso Lincoln. Y ese cambio de planes le salvó la vida.

Porque apenas si empezaba a avanzar por entre la valla de gente que le saludaba cuando sufrió un atentado: "Una bala penetró y rozó la oreja de la esposa del presidente y alcanzó al ingeniero en el carrillo derecho".[108]

Cuenta Mejía Prieto que cuando a toda velocidad la ambulancia lo trasladaba al hospital brincando y saltando por los baches y desniveles, el herido alcanzó a decir: "¡Qué calles tiene México. Ésa es la causa de mis dolores!".[109]

Dos meses duró la convalecencia de don Pascual en el hospital de la Cruz Roja y durante todo ese tiempo, la señora Josefina Ortiz de Ortiz Rubio no se separó de su lado.

6

Y es que ella nunca estaba lejos de él. A todas partes donde iba don Pascual allí iba doña Josefina. Según Carlos Macías: "Los esposos Josefina-Pascual Ortiz Rubio evidenciaron en sus epístolas influencia recíproca y constante compañía".[110]

La dama era también michoacana. Había nacido el 13 de febrero de 1892 en Copándaro, en una hacienda propiedad de su padre que era abogado. Había sido educada en el Colegio Teresiano de Morelia, con las interrupciones de la Revolución, pues en cuanto alguien advertía que se acercaban los de a caballo, corría a dar aviso a las casas para que escondieran a las señoritas y no salían de allí hasta que aquéllos estuvieran lejos. Como tantas jóvenes de las clases acomodadas, Josefina y su hermana Esther pasaron muchas horas encerradas en algún sótano mientras su madre y las sirvientas rezaban para que no las encontraran los alzados.[111]

Al padre de Josefina le gustaba mucho el ajedrez. El gobernador del estado, que era precisamente Ortiz Rubio, su pariente lejano, lo procuraba para jugar, pues también a él le apasionaba mover a los reyes y peones. Y como se dice, terminó robándose a la reina.

Pascual y Josefina se casaron el 13 de agosto de 1920. Las vicisitudes de la política los llevaron a vivir a la capital donde él ocupó diversos puestos en el gobierno, hasta que se hartó y decidió alejarse. Así fue como empezaron a viajar: vivieron en Europa —en Barcelona pusieron un negocio de libros y tabaquería cuyo anuncio era de una bebé con una pipa que era nada menos que su hija Ofelia— y en Egipto —donde permanecieron seis meses mientras el ingeniero estudiaba los sistemas de riego que los ingleses habían llevado a ese país.

Josefina Ortiz de Ortiz Rubio, fue feliz cuando su marido renunció al cargo

Estando en Alemania, Obregón le pidió que tomara, "por la buena o por la mala", la embajada de México en Berlín que se encontraba en manos opositoras, encargo que don Pascual cumplió. Y allá se quedaron, encantados con el país y con las amistades que hicieron entre los altos mandos del ejército alemán. Se cuenta que Hindenburg los apreciaba tanto, que a pesar de que era enemigo de los franceses, en las cenas en las que los Ortiz Rubio estaban presentes insistía en hablar francés como una deferencia ante la señora Josefina que no sabía alemán.

Electo presidente el general Calles, los visitó en Alemania donde lo recibieron y le brindaron todas las atenciones. Antes de volver y agradecido, le preguntó a la señora si había algo que él pudiera hacer por ella:

–Sí —le respondió. Cuando sea presidente mándenos por favor a un lugar donde haya sol.

Dicho y hecho. Para sorpresa y disgusto de don Pascual, un día llegó el telegrama que los mandaba muy lejos del invierno, hasta Brasil. Y allá permanecerían durante tres años hasta que el presidente Portes Gil le solicitó su regreso a la patria, para ser candidato a la Presidencia.[112]

Doña Josefina Ortiz de Ortiz Rubio era una matrona gorda (le gustaban mucho los dulces y en la mesa se ponían al menos tres bandejas de postres), con piel apiñonada, cabello negro, una expresión de dulzura en el rostro y unos hermosos ojos oscuros. Tenía la barbilla partida, rasgo que le heredaron sus hijos y varios de sus nietos. A los treinta y cuatro años de edad fue Primera Dama y aceptó el encargo como había aceptado seguir en todo a su marido. De modo que se mudó al castillo de Chapultepec.

"Allá fuimos muy felices" coinciden en afirmar los tres hijos de la pareja. Vivían en la parte alta del edificio y perseguidos por su institutriz alemana correteaban por las muchas habitaciones, patios y jardines, subían y bajaban por el hermoso elevador hidráulico de tiempos de don Porfirio y en ocasiones entraban a escondidas a la zona prohibida que era donde se guardaban las reliquias del Segundo Imperio.

¿Qué vestido se puso la señora Josefina para la boda de Artemisa, la hija del general Calles, quien echó la casa por la ventana para la celebración como era su costumbre? ¿sintió celos de la esbelta jovencita que ganó el concurso de "la belleza mexicana"? ¿se le antojó irse en avión a los juegos olímpicos como hicieron muchos compatriotas ricos? ¿o prefería seguir viajando por el país en tren, en auto y a caballo que era lo que le gustaba hacer a su marido? ¿vio la primera película sonora que se filmó en México y que era nada menos que *Santa*, aquella historia de una mujer que se vuelve prostituta, escrita por Federico Gamboa a principios del siglo?

Siguiendo la costumbre impuesta por su antecesora, la señora apareció al lado de su marido en homenajes, inauguraciones, banquetes y ceremonias oficiales. Y continuó con la obra asistencial de La Gota de Leche y con la de las casas hogar —cuyo número aumentó—, así como el reparto de desayunos a los que agregó un sistema dominical exclusivo para niños indígenas. Gracias a su influencia, la Casa de Salud del Periodista se transformó en Maternidad Pública que muchos años funcionó bajo la tutela de la Secretaría de Salubridad y Asistencia Pública.[113]

Pero sobre todo, la señora Ortiz Rubio se ocupó de atender su hogar y de la vida familiar tanto en la ciudad de México como en la finca a la que iban a descansar allá por Tizapán y que ella había adquirido con sus propios recursos pues al morir su padre le había heredado un dinero.[114] Allí pasarían sus fines de semana entre árboles frutales y hermosos jardines hasta que su ahijado, Maximino Ávila Camacho, consiguió, después de mucho insistir, que se la vendieran.

¿Alguna vez llamó al teléfono Ericsson 11-70 o al Mexicana 16-37 para encargar que le mandaran a domicilio la gasolina marca El Águila, Sinclair o Mexican Gulf para el lujoso Lincoln negro? ¿se imaginaba que tiempo después su marido sería el director de Petromex y como tal mandaría instalar una refinería en la que se haría la mejor gasolina, la llamada Mexolina?

7

El presidente Ortiz Rubio nunca pudo realmente gobernar. Escribe Medin: "Si durante el periodo provisional podemos analizar en qué medida se sometió Portes Gil y en qué medida fue independiente, durante el periodo de Ortiz Rubio la claudicación fue casi total y casi total fue también la quiebra de los verdaderos intereses revolucionarios... fue dirigido totalmente por Calles quien inclusive participaba en las reuniones del gobierno sin tener representación oficial alguna".[115]

Se dice que había más gente haciendo antesala para consultar al expresidente en su casa particular que la que esperaba al presidente de la República en Palacio Nacional y se dice también que ni los gobernadores ni el congreso le hacían caso alguno a don Pascual. "Aquí vive el presidente —se murmuraba cuando alguien pasaba frente al castillo de Chapultepec— pero el que manda vive enfrente", pues la casa de Calles estaba al pie del bosque, en lo que hoy es la colonia Verónica Anzures.

Según Fuentes Mares, en su afán por hacer algo notable, Ortiz Rubio convertía cualquier actividad, por nimia que fuera, en un pretexto para hacer ceremonias muy formales. Así por ejemplo, con bom-

bos, platillos y bandas de guerra que ejecutaban el Himno Nacional, fue a inaugurar las obras de un paso subterráneo para peatones en la esquina de 16 de septiembre y San Juan de Letrán, "una obra digna de figurar en el programa de obras materiales del presidente municipal del villorio más infeliz".[116]

Lo más significativo que se recuerda de su gobierno fue el impulso a la Doctrina Estrada que durante años serviría de guía a las relaciones internacionales de México.

¿Qué pensaba doña Josefina de la situación tan difícil en la que se vio envuelto su marido, obligado a aceptar un cargo que no podía ejercer? ¿escuchó los chistes cada vez más corrosivos que se contaban sobre él?

No sabemos. Lo que sí sabemos es que entre el presidente Ortiz Rubio y Plutarco Elías Calles llegaron a producirse serias fricciones. En 1932, al día siguiente de su segundo informe, don Pascual renunció debido a "una situación de crisis crónica que ha existido desde la iniciación de mi gobierno haciendo débil y pálida su acción y mezquinos sus resultados". Antes de irse y haciendo eco a la atmósfera de golpe de Estado que se respiraba, afirmó: "Salgo con las manos limpias de sangre y dinero y prefiero irme y no quedarme aquí sostenido por las bayonetas del ejército mexicano".[117]

Apenas liberado de su encargo en la Presidencia ("El día más feliz de la vida de mamá fue cuando 'papapai renunció'" coinciden en afirmar los hijos), Ortiz Rubio se fue con su familia a vivir a Estados Unidos y sólo volvió a México cuando el presidente Cárdenas, que era su amigo, lo llamó.

Una vez aquí, se ocupó de atender algunos encargos presidenciales y sus negocios personales. Y se dedicó a viajar por el país. ¿Le gustó a la señora que la llevaran por todos esos caminos y brechas? ¿qué sintió cuando tuvo el privilegio de ver el nacimiento del Paricutín, con sus luces de colores y su imponente tamaño?

Doña Josefina fue una mujer de gran autoridad moral sobre su familia, que la quiso y respetó hasta el último día de su larga vida. Y es que a pesar de tantas dificultades y cambios, supo estar siempre al lado de su marido y mantenerse serena. Y supo también darle a sus hijos una educación sólida y cristiana. ¡Y conste que hubo tiempos —cuando sus hijos eran chicos— en que eso era muy difícil en México, pues por la pugna entre el gobierno y la Iglesia, los fieles tenían que hacer clandestinamente sus enseñanzas del catecismo y sus ceremonias de bautizo y matrimonio![118] Pero la señora era tan creyente, que durante el gobierno de su marido consiguió que él diera permiso para traer un órgano monumental para la Basílica de Guadalupe y hasta el fin de sus días haría fuertes donativos a una parroquia cercana a su domicilio.

Señora muy fina, jamás faltó a sus compromisos, cumpliendo con las muchas invitaciones que les hacían, visitando amistades y enfermos. Y así siguió durante los veinte años que duró su viudez. "Siempre tenía mucho quehacer", pues tejía a gancho, leía poesía, tocaba piano, cantaba zarzuela, cuidaba con esmero su jardín y sus pájaros y vivía rodeada por el cariño de dieciocho nietos y varios bisnietos. Murió en 1983, a los noventa y un años de edad.[119]

9

La renuncia de Ortiz Rubio dejó al país sumido en una seria crisis política. A esto se aunaban "los efectos de la gran depresión económica de Estados Unidos que se sintieron con fuerza. En la capital el Banco de México era asediado por los ahorradores temerosos".[120]

El congreso nombra como presidente interino al general Abelardo L. Rodríguez, un millonario sonorense, que había sido gobernador de Baja California y secretario de Guerra y Marina y a quien lo único que interesaba eran los negocios. Y se dedicó con fruición a ellos:

desde empacadoras de pescado hasta procesadoras de alimentos, desde fábricas de aviones hasta astilleros y empresas navieras, desde bancos hasta compañías de seguros, desde minas hasta cementeras, madereras y huleras, desde radiodifusoras hasta productoras y distribuidoras de cine, desde inmobiliarias y fraccionadoras hasta constructoras, desde casinos hasta hoteles y galgódromos, bares y restaurantes.[121] Por eso Jorge Mejía Prieto decía que Rodríguez "era un tahúr profesional que tenía como afición la Presidencia de la República".[122]

Durante su gestión él también se mantuvo a la sombra del "jefe máximo", como se le llamaba a Calles. En su autobiografía, Rodríguez lo justifica afirmando que lo único que quería era "nivelar el presupuesto y poner en orden la administración del gobierno" y aseguraba que su intención era "permanecer al margen de la dirección política dejando esa actividad en manos de los políticos".[123]

Cómo serían las cosas, que aunque no se quería meter en las decisiones políticas terminó por enviar una circular a los funcionarios de su gobierno en la cual les advertía que: "En lo sucesivo se abstengan de someter a la consideración y consulta del general Calles los asuntos de la competencia de las Secretarías y Departamentos a su cargo y en aquellos casos que desearan conocer la opinión del mismo general Calles, lo hagan invariablemente por mi conducto ya que tengo por costumbre oir siempre su autorizada opinión".[124]

Durante este gobierno se crearon la Comisión Federal de Electricidad, la Nacional Financiera, la Procuraduría General de la República y la empresa Petromex. Seguía viento en popa el proceso de organización e institucionalización.

Escribe Fernando Orozco: "La política seguida por el gobierno del general Rodríguez fue contradictoria: hizo que se reformara el artículo tercero para implantar la educación socialista pero le dio gran impulso y muchas concesiones a la iniciativa privada. Hablaba de libertad y mandó reprimir con lujo de fuerza una manifestación de madres de familia que protestaban por la imposición de la educación sexual en las escuelas. Se opuso a la participación de los sindicatos en las actividades políticas del país pero él mismo decretó el salario mínimo así como la ley del servicio civil para proteger a los trabajadores y asegurar su estabilidad en el empleo".[125]

10

En el México de la tercera década del siglo se vivía bien. Como había escrito Tablada, "teatros y cafés abrigaban en su seno toda la alegría de la ciudad". Había carpas y cantinas, jardines y mercados, hermosas iglesias, "las viejas iglesias barrocas y los conventos" que tanto llamaron la atención del escritor Graham Greene. En las colonias Juárez, Roma y San Rafael se levantaban lujosas casas y en los barrios pobres como La Merced, La Candelaria de los Patos y Tepito, vecindades ocupadas por obreros, choferes, ferrocarrileros y mecánicos, secretarias y enfermeras. El novelista Mariano Azuela describe una de éstas: "Doce departamentos sobre el patio central y cuarenta viviendas en los cuatro largos y angostos pasillos que lo cruzaban". Aquí y allá los cafés de chinos, los cines, los baños públicos y los puestos de tacos.

En las esquinas se vendían naranjas, "jaletinas" de jerez y de limón. En los zaguanes platicaban parejas de novios y en las azoteas tapizadas de tinacos colgaba la ropa tendida al sol. Los tranvías de color rojo oscuro con asientos de madera traqueteaban por las calles mientras los niños jugaban canicas o "avión" en las banquetas.

Amanece en la ciudad: "Muy temprano de las panaderías flotaba un santo olor... pasaba uno que otro camión... Los trenes urbanos... zafando el trole en las esquinas... Algunos carteles recientes... y los gendarmes de tráfico... En los almacenes se alzaban las cortinas de acero y desde el fondo, saludaban avalanchas de zapatos. Se instalaban los sitios de autos... los choferes enjuagaban el coche afanosos, en mangas de camisa, y medían el aire de las llantas", escribió Salvador Novo.

Una ciudad de gente que trabaja y suda: "Las manos fuertes que perfumaba el sensual aroma del aceite" decía Novo; "ríos de blusas azules que desbordan las esclusas de las fábricas", escribió Maples Arce.

Una ciudad de familias: "Y el ritmo de los días y el domingo y la familia siempre y el padre que trabaja y regresa y la hora de comer y los amigos y las familias y las visitas y el traje nuevo y las cartas de otra ciudad", escribió José Vasconcelos.

Una ciudad de tiendas, escaparates, galerías: "La ciudad se le entrega sin reservas en los escaparates, le otorga sus intimidades, le desvela sus secretos, le rinde pleitesía", escribe José Martínez Sotomayor; "Los escaparates asaltan las aceras", escribe Manuel Maples Arce. Y también una ciudad de cafés: "La Concordia, en la calle de Madero, el Cazador, en el portal de Mercaderes, el del Progreso, donde hoy se alza el edificio del Banco de Londres y México, el de La Gran Sociedad, sito en los bajos de la actual Casa Boker", escribió Novo. En Lady Baltimore los helados ya no son solamente de limón, de fresa o de amantecado como solían, sino que las listas de sabores se han vuelto largas e incomprensibles y "los ice cream sodas llenos de espumarajos y con dos popotes eran ¡de mocha! ¡y de maple!".

Alfonso Reyes asiste a la inauguración de una casa de antigüedades en la avenida Juárez y Octavio Barreda deja correr el tiempo recargado bajo el toldo de una droguería viendo pasar a las mujeres.

Y al llegar el anochecer: "Diez mil lámparas eléctricas que de pronto, como si se hubiera alzado un telón, se encendían".

Y es que la ciudad de México ya exhibía con exageración la luz eléctrica (decía Salazar Mallén), luces de neón (decía Azuela), teléfonos (decía Novo), telégrafos (decía Maples Arce), fonógrafos (había dicho Tablada), cines (decía Owen), anuncios (decía Martínez Sotomayor) y autos que ensuciaban el aire con sus humos, se enredaban en las esquinas y hacían tanto ruido "que ya no se podía oir cantar a los gallos".[126]

11

Abelardo Rodríguez había nacido en el seno de una familia muy numerosa y pobre. Como él mismo escribe en sus memorias ya citadas: "A los seis años usaba zapatos sólo en determinadas ocasiones... Hube de trabajar para ayudar a mis padres y por eso suspendí los estudios sin terminar siquiera la educación primaria". Y sin embargo, logró encumbrarse como dice él mismo, tanto en el mundo oficial como en el de la iniciativa privada.

Tres veces casó el general, que dicen era bien parecido. La primera, en 1917, con la señorita Luisa Montijo, originaria de Guaymas, hija menor de una familia que la mimaba mucho. Tuvieron un hijo y se divorciaron poco después. La segunda, en 1921, con la norteamericana Earthyl Vera Meier, quien desesperada por su soledad en este país desconocido, se suicidó. La tercera, en febrero de 1924 en Mexicali, cuando era gobernador del territorio de Baja California Norte, con una joven de veinte años de edad, nacida en Puebla, la señorita Aída Sullivan Coya, hija del ingeniero norteamericano John Sullivan, que trabajaba en la construcción del ferrocarril y de la señora María Coya, originaria de Cuba. Con ella permaneció por el resto de sus días y tuvieron tres hijos, todos varones. "Ella ordenó mi vida" afirmó el general en sus memorias. Y debe haber sido cierto porque la señora era de un carácter muy fuerte —le decían "la generala"— y de una imponente personalidad.

Doña Aída lo acompañaría durante sus encargos oficiales y en sus muchos viajes por todo el mundo y cuidaría de su salud porque el hombre era diabético. Y por supuesto, se hizo cargo del hogar y la familia.

Según Guillermo Gómez, la señora era una mujer muy bella, "de figura aristocrática". En esto coinciden todos los que la conocieron.[127] Alta, delgada y de buena figura, tenía la piel blanquísima, los ojos amielados y el cabello negro que llevaba muy largo aunque recogido en un chongo de moño.[128] Lo que más llamaba la atención eran sus manos hermosas. Era una mujer sumamente elegante que siempre

Aída Sullivan de Rodríguez, mujer guapa y elegante,
apoyó al marido pero fue dura con los hijos

andaba impecablemente arreglada y "hasta dormía maquillada —dice su nieta Hortensia— con tal de que nadie la viera desarreglada". Escribe Enriqueta de Parodi: "Paseaba su elegancia por las terrazas del castillo de Chapultepec"[129], pues en efecto, como era la costumbre, vivió en ese espléndido lugar, donde servía el té en tazas de porcelana importada y dejaba lucir sus largos collares de perlas.

La señora continuó con la obra de asistencia social, tal como lo habían hecho sus antecesoras y participó en las recepciones oficiales en las que se servía abundante champagne, aunque dicen que a ella no le gustaban las fiestas y sólo asistía "si era indispensable su presencia dentro del protocolo oficial".

Dos causas hizo suyas doña Aída: la primera, la de adoptar en México la bandera de las Américas, idea que por aquel entonces había surgido en el sur del continente y que proponía ondearla y reverenciarla en todos los países hispanoamericanos. Al secretario de Educación Pública le escribió: "Tenemos la obligación moral de estrechar los vínculos de amor entre esa constelación de Repúblicas hermanas que se extienden en nuestro continente. Por esto necesitamos no solamente operar a través de la frialdad diplomática sino ir derecho al corazón".[130] La segunda causa, la de tratar de traer a nuestro país los métodos más modernos en puericultura, una materia que entonces se ponía de moda en los países desarrollados y que tenía que ver con el cuidado de los niños, su alimentación e higiene. "Impresionada por la fuerte mortalidad infantil que se registra en México y ante la realidad imperiosa de inyectar a nuestra raza una pujante energía vital", la señora mandó a escribir un *Libro para la madre mexicana* que se distribuyó gratuita y masivamente en 1933 con la intención de "liberar a las madres de consejas y supersticiones y enseñarle a saber las cosas correctamente".[131]

Los consejos que se le daban a la mujer en dicho texto eran: visitar al médico regularmente (p. 2), vivir en habitaciones amplias, bien ventiladas, asoleadas y limpias (p. 9), alimentarse con "leche, verduras, cereales, fruta y huevos" (p. 10), contar con un marido que la apoye (p. 24), tener ropa adecuada para el bebé (p. 38 en la que se incluye una lista de lo que se considera "básico"), bañarse diariamente ella y el niño (p. 67), hacer ejercicio y pasear y vacunarlo (p. 108).

¿Se le olvidaba a la señora Aída en qué país vivía, en el que la mayoría vivía en la extrema pobreza? ¿o creía que todas las mujeres mexicanas eran de clase media y podían seguir sus consejos?

12

¿Leía la señora las noticias en *El Universal* y *Excélsior* o prefería oirlas por radio, ese invento genial que encantaba a todos? ¿le gustó el nuevo pan de caja marca Ideal y la nueva bebida que sabía a medicina y se llamaba Coca Cola? ¿se enteró de que por aquí andaba el escritor inglés D. H. Lawrence maravillado con la luz de las mañanas de México? ¿asistió a la inauguración del imponente Palacio de Bellas Artes, a la que fueron tantos actores y actrices célebres para escuchar cantar al tenor Jorge Negrete y tocar a la Orquesta Sinfónica de México bajo la dirección del maestro Carlos Chávez? ¿se enteró de que su marido hizo todo por limitar la inmigración de los chinos a los que se consideraba "extranjeros perniciosos" aunque se aseguraba que no era por racismo sino por razones económicas? ¿sabía que en el país había dieciséis y medio millones de habitantes, la mayoría brutalmente pobres? ¿supo allá arriba del cerro del Chapulín de lo que sucedía abajo, en ésa que Alfonso Reyes había llamado "la región más transparente del aire"? ¿qué opinó cuando se decidió la implantación de la educación sexual en las escuelas, medida que provocó la inconformidad y protestas de muchas mujeres? ¿le agradó que su marido le construyera una casa en el lujoso fraccionamiento de moda, Chapultepec Heights, que estaba muy cerca de la residencia presidencial? ¿escogía ella los trajes que él usaba, los Kuppenheimer de fino casimir que costaban 125 pesos en High Life o en El Palacio de Hierro? ¿lo acompañaba al Zócalo, frente a Palacio Nacional, por un sombrero marca Tardan que hiciera juego? ¿disfrutaba de las joyas que él le obsequiaba? ¿sabía de dónde había salido el mucho dinero que tenían y con el cual adquirieron vastas propiedades y caros automóviles? ¿o simplemente gozaba de estos recursos sin indagar más?

Según Carlos Martínez Assad, para entonces las esposas de los políticos ya habían aprendido a aprovechar las riquezas de sus maridos y andaban muy emperifolladas con vestidos finos, joyas y abrigos de pieles, paseando en enormes automóviles con chofer, dedicadas a jugar bridge, a organizar tés-canasta y a ir al Country Club donde tomaban cocktails y high-balls.[132]

Y es que como esas mujeres no tenían nada que hacer, pasaban el tiempo en actividades sociales, rodeadas de amistades y disfrutando del dinero y la posición de sus esposos, mientras ellos hacían negocios, comían con sus amigos en el restaurant Prendes, se bañaban en las magníficas regaderas nuevas adyacentes al vapor del hotel Regis, tenían segundos frentes y amantes y protagonizaban escándalos con artistas y tiples.[133]

En su novela *Las batallas en el desierto*, José Emilio Pacheco describiría años después, una situación por entonces ya muy común: "La mamá de Jim es la querida de ese tipo. La esposa es una vieja horrible que sale mucho en sociales, espantosa, gordísima. Parece guacamaya o mamut. En cambio la mamá de Jim es muy guapa, muy joven. Dicen que tiene mujeres por todas partes. Hasta estrellas de cine y toda la cosa. La mamá de Jim sólo es una entre muchas".[134]

Y es que la "casa chica" —que como decía el chiste, era casi siempre la más grande y lujosa— era una institución. Y lo era incluso para los presidentes que casi en todos los casos tuvieron hijos ilegítimos. Y seguramente las esposas lo sabían, porque lo sabía todo mundo, pero nada decían.

13

Terminada la presidencia, los Rodríguez se fueron a Europa, instalándose en Londres. Volvieron un año después. El general todavía sería gobernador de su estado natal, Sonora, lugar donde la señora Aída estableció una fundación para becar a estudiantes pobres.

Dos tragedias familiares le afectaron profundamente: la muerte de su hijo mayor en un accidente de aviación y la de su nuera, madre de cuatro hijos pequeños, a quienes la señora tomó bajo su cuidado y crió. Ellos serían los herederos de su fortuna porque como no le gustaron las esposas que eligieron sus otros hijos, simple y llanamente los des-

heredó. Era una madre convencida de que tenía la razón y de que podía decidir y manipular las vidas de los suyos. Amargos recuerdos
quedan entre los descendientes a los que se quitó del árbol familiar,
pero la señora Rodríguez fue implacable.

      Don Abelardo murió en 1967 en un hospital de California. La
señora Aída, aunque era treinta años menor que él, falleció en 1975,
apenas ocho años después.[135]

Historias de amor

1

El siguiente de los elegidos por el "jefe máximo" y por el PNR para gobernar al país, fue el general Lázaro Cárdenas del Río. "Para Calles la postulación de Cárdenas constituía un intento táctico de seguir dominando la situación" afirma Tzvi Medin, sólo que esta vez no le daría resultado.

El general era originario de Jiquilpan, Michoacán, donde había nacido en 1895. Muy joven se había incorporado a las filas de la Revolución en las que ascendió por los rangos militares y también muy joven fue gobernador de su estado y presidente de la República.

Desde su campaña electoral, Cárdenas había mostrado que se interesaba por el país, por su gente y por resolver sus problemas. Por eso recorrió, de manera intensa y decidida, casi 28 mil kilómetros de territorio nacional, en ferrocarril, automóvil, aeroplano, barco y a caballo, "con la intención de tener un conocimiento lo más exacto y completo sobre las condiciones que prevalecían" y para, como acostumbraba decir, "recoger y sembrar inquietudes".

Lo mismo que sus antecesores, tomó posesión en el Estadio Nacional convertido por decreto en recinto oficial, el mediodía del primero de diciembre de 1934 para un periodo que por primera vez sería de seis años debido a las reformas hechas a la Constitución. Pero a diferencia de aquéllos, el acto hizo pública una sencillez que lo volvería famoso pues se presentó a recibir el cargo en traje de calle —sus antecesores lo hicieron en sendos jaquets— y luego, en lugar de hacer fiestas y ofrecer costosos banquetes, se fue con su familia a descansar a su finca de Cuernavaca. Este modo austero se repetiría en todas las ceremonias oficiales, incluida la de cada 15 de septiembre, a la que quitó el lujo y derroche que se habían vuelto tradicionales. Además, inició la costumbre simbólica de, al menos una vez durante su mandato, "dar el Grito" en la ciudad de Dolores, cuna de la gesta independentista.

Otras muestras de sencillez del nuevo presidente fueron mandar suspender los clarines que todas las mañanas lanzaban al aire el saludo anunciando a la ciudad de México la llegada del jefe de Estado al Palacio Nacional y prohibir que se sirvieran licores en su mesa y en el tren "Olivo", que era el medio de transporte oficial del primer mandatario. Y entre las primeras medidas que tomó, estuvo la de clausurar centros y clubes de juego y de apuestas, aunque sus dueños fueran políticos poderosos: "El martes 4 de diciembre apareció en los diarios la noticia de que se habían clausurado por disposición presidencial los casinos Casablanca y Casino de la Selva en Cuernavaca que fueron convertidos en escuelas y el Foreign Club del Estado de México en donde se instaló un leprosario. Había que cortar de raíz todo aquello que recordara el estilo de los generales sonorenses".[136]

El país estaba prácticamente estabilizado —aunque todavía hubo que sofocar la rebelión de algún alzado, como el general Saturnino Cedillo— de modo que el presidente se pudo dedicar a cumplir con su trabajo que consistía en tratar de llevar a la práctica los postulados de la Revolución.

El de Cárdenas fue un régimen que se diría "arquetípico de una Revolución", pues se sustentó en un acendrado nacionalismo y una de-

cidida entrega a las causas sociales. "Cárdenas eligió el derrotero de las reformas sociales y económicas" afirma un estudioso de este periodo.

La idea de nación soberana preside todo su gobierno en sus ideas, en sus discursos y en su actuación y ella se sustenta en algunos pilares: el Estado como activo promotor e impulsor de la buena marcha de los negocios públicos; el agrarismo y el laborismo; la especial atención a la educación; el decidido anticlericalismo y el acendrado nacionalismo.

Su gobierno apoyó a los trabajadores y campesinos en sus demandas laborales, salariales, de reparto de tierras, de ayuda para la producción y de organización. En el año 36 se creó la Confederación de Trabajadores de México, CTM, y en el 38 la Confederación Nacional Campesina, CNC: "La clase obrera y campesina unidas en un frente común para luchar activamente por la realización de sus aspiraciones sociales y de sus intereses específicos".

La reforma agraria emprendida fue de gran envergadura pues se propuso liquidar el latifundio y convertir al ejido en la forma básica del agro. Durante este sexenio se repartieron más de diecisiete millones de hectáreas, una cantidad que superaba con creces lo que hasta entonces se había hecho y a ello se agregó apoyo con crédito, irrigación, maquinaria, asesoramiento e infraestructura y se dio atención específica a los indígenas y a los grupos más pobres de la población.

Por lo que se refiere a la educación, apoyó la implantación de la llamada educación socialista, que excluía de la enseñanza a las doctrinas religiosas. En octubre del año 34, la cámara de senadores aprobó la reforma al artículo tercero constitucional para así "combatir el fanatismo y los prejuicios y en cambio organizar las enseñanzas y actividades de tal forma que la juventud lograra un concepto racional y exacto del universo y de la vida social".[137]

El partido oficial fue reestructurado convirtiéndolo en PRM (1938) y nació uno de oposición, el PAN (1939); se apoyó a organizaciones sociales; se hizo obra pública; se crearon instituciones y se tomó la trascendental medida de nacionalizar los ferrocarriles. En materia de política internacional, el principio fundamental fue el antiimperialismo que se manifestó de manera directa en las denuncias contra el fascismo y sus invasiones así como en el apoyo a los republicanos españoles.

Pero la medida que causó más impacto fue la nacionalización de las empresas petroleras extranjeras, en un acto valiente que causó mucho enojo a las poderosas transnacionales y que se convirtió en una dura prueba para el país. El 18 de marzo de 1938, en sus *Apuntes* el presidente Cárdenas escribió: "En el acuerdo colectivo celebrado hoy a las 20 horas comuniqué al Gabinete que se aplicará la ley de expropiación

Amalia Solórzano de Cárdenas, no quiso asumir el papel porque en su opinión "Primeras Damas somos todas las mujeres de este país" a los bienes de las compañías petroleras por su actitud rebelde... A las 22 horas di a conocer por radio a toda la Nación el paso dado por el Gobierno en defensa de su soberanía, reintegrando a su dominio la riqueza petrolera que el capital imperialista ha venido aprovechando para mantener al país dentro de una situación humillante". Y un día después agregó: "Con voluntad y un poco de sacrificio del pueblo para resistir los ataques de los intereses afectados, México logrará salir airoso. Hoy podrá la Nación fincar buena parte de su crédito en la industria del petróleo y desarrollar con amplitud su economía".[138]

Tal como lo previó Cárdenas, el apoyo popular permitió superar la prueba. Escribe Carlos Martínez Assad: "En marzo de 1938 el Zócalo se convirtió en un bosque humano donde la multitud celebraba la expropiación petrolera y representaba a las compañías extranjeras en cajas de muerto". En septiembre de ese año, "el Grito resultó apoteósico, la gente estaba muy entusiasmada y el desfile del 16 fue el más grande de toda nuestra vida de pueblo libre".[139] Una canción de la época daba fe del estado de ánimo que reinaba:

> *Sigue en plena ebullición*
> *el entusiasmo vital*
> *que ha surgido en la Nación*
> *al sonar del atabal*
> *la santa expropiación.*[140]

En adelante, todas las batallas del gobierno cardenista celebrarían sus triunfos en la plaza mayor de la ciudad de México, que se convirtió en el punto de encuentro espontáneo del pueblo con el poder: "El Zócalo fue tomado por el pueblo y se convirtió en el lugar de las manifestaciones de izquierda y también de derecha. Los agraristas pasaban por allí cuando decidían pedir a Tata Lázaro —como le llamaban a Cárdenas— un pedazo de tierra o solicitar la regularización de su tenencia... fue también el lugar de enfrentamiento entre los llamados camisas doradas y el sindicato de taxistas".[141]

Y siempre el presidente respondía. Desde el balcón central de Palacio Nacional se oía su voz, distorsionada por los altavoces colocados en las esquinas, a la que la gente recibía con vítores y júbilo. Era tan novedoso este proceder, que un bolero de la Alameda sorprendido, respondió a la pregunta de un periodista: "Hasta que hubo un presidente que se preocupa por el pueblo".

El cardenismo fue un momento muy especial en la vida nacional: "La ciudad se pobló de pancartas y de manifestaciones obreras. El overol y las gorras se convirtieron en prendas que mostraban con orgullo la posición de clase de quienes las portaban. Se podía hablar de socialismo e incluso de comunismo, enarbolar banderas rojas y exhibir el escudo de la hoz y el martillo, lo cual no impedía que se siguieran adquiriendo los modelos Ford de lujo como el V-8 y que El Palacio de Hierro anunciara sombreros de fieltro en colores negro, tabaco, plomo, perla, castor y belly hasta en 16.50 pesos, que representaban la mitad del salario mensual de un obrero".[142]

Para llevar a cabo lo que se había propuesto, Cárdenas tuvo que tomar una medida radical: ordenar la expulsión del país del general Calles y de varios de sus seguidores que querían continuar manejando los hilos de la política. En una ocasión en que éste expresó opiniones adversas al modo como el presidente conducía su gobierno y a lo que le parecía "su exagerado izquierdismo", sin más trámite lo mandó al exilio: "El ejecutivo federal está dispuesto a obrar con toda decisión. Por ningún motivo el presidente de la República permitirá excesos de ninguna especie". De esta manera se libró del tutelaje del caudillo para lograr "que las aguas de la política volvieran a su cauce normal".

También esta medida contó con el apoyo popular: "Los trabajadores afiliados a la Confederación de Trabajadores de México, de reciente formación, llenaron las calles y realizaron mítines para rechazar la actitud del jefe máximo y para apoyar a Cárdenas". Su líder y primer secretario general Vicente Lombardo Toledano, así lo constataba en incendiarios discursos. Escribe Martínez Assad: "Con Cárdenas la institucionalización del poder político llegó a su máxima expresión... el nuevo régimen encontró los mecanismos y las alianzas necesarias para la estabilidad política y para asegurar la continuidad del régimen surgido de la Revolución mexicana".

Pero supuesto, hubo también quienes no estuvieron de acuerdo con el gobierno. Circulaba por entonces un versillo que decía:

> En tiempos de la vieja dictadura
> el gobierno editaba El Imparcial
> y el pueblo al leerlo se decía
> quítenle el in para decir verdad.
> Ahora en tiempos de la joven dictadura
> subvenciona el gobierno a El Popular
> y el pueblo al saberlo reflexiona
> póngale el in para decir verdad.[143]

2

La señorita Amalia Solórzano y el general Lázaro Cárdenas se habían conocido cuando él andaba en campaña para ser gobernador de su estado natal. Ella vivía en Tacámbaro, un lugar pequeño y pintoresco de Michoacán y era hija de una familia de buena posición. "Un 3 de junio el general visitó nuestra casa que era un poquito más presentable que las otras del pueblo. Fue a la casa y estuvimos platicando... permaneció cuatro días recorriendo la zona... entonces hubo la manera de tener un poquito más de trato... luego nos vimos en otra comida que le ofrecieron en una huerta que se llamaba Los Pinos. Allí fue donde nos tratamos más y donde nos hicimos novios."[144]

Era ella una muchacha muy joven —tenía diecisiete años— "alta y bien formada, graciosa y bonita, con una sonrisa encantadora y un porte lleno de dignidad",[145] "tipo perfecto de la hermosa y dulce provinciana que cantaba López Velarde", a la que según Guillermo Gómez, mucho impresionó "la apostura militar, erguida y seria del general".[146] ¿O serían los ojos claros y la mirada intensa de la esfinge de Jiquilpan?

Sin embargo, su familia se opuso a la relación. Eran gente devota que seguramente veían en el pretendiente de su hija mayor a un jacobino y enemigo de su fe y además no les gustaba que fuera soldado pues se decía que: "ésos siempre abandonan a sus mujeres". "Mi papá no lo recibió en casa" le dijo Amalia al periodista Luis Suárez.

Cuenta William Townsend que para evitar que avanzara el noviazgo, "la internaron en la escuela de un convento en la ciudad de México... e instruyeron a las monjas para que la vigilasen estrechamen-

te". Pero así y todo, durante el tiempo de su encierro recibió cartas y regalos de su pretendiente e incluso visitas. Y según cuenta en su libro de memorias publicado muchos años después, las monjas se encariñaron tanto con el general que cuando fue presidente hasta le bordaron una de las bandas que usó.[147]

Se casaron nada más terminado el periodo de gobierno de Cárdenas en Michoacán. Era el 25 de septiembre de 1932 y lo hicieron en una ceremonia civil que era la única que reconocían las leyes del país y la única que el general aceptaba. El acto fue de carácter íntimo y se llevó a cabo en la sala de la casa de la novia y "los padres de Amalia se abstuvieron de estar presentes por no estar conformes en que prescindiéramos del acto eclesiástico que en nuestro caso no es necesario".[148]

¡Esta actitud firme y decidida en una muchacha tan joven nos da la tónica de lo que era su fuerte carácter que hasta hoy conocemos bien los mexicanos!

Luego de la boda, los Cárdenas se fueron a pasear por varios lugares del estado —el general tenía un rancho cerca de Pátzcuaro— hasta que él recibió órdenes de irse a Puebla a donde lo habían comisionado. De allí y por sus diversos cargos, pasaron a la ciudad de México donde se instalaron en una casa en la colonia Guadalupe Inn.

La pareja tuvo dos hijos, una pequeña ("fruto de nuestro afecto" escribió el general) que nació en junio de 1933 y a la que pusieron por nombre Palmira pero que falleció a poco de nacida y un varón que nació un año después, a quien llamaron Cuauhtémoc y al que la madre se dedicó con devoción convirtiéndolo desde pequeño en su acompañante en los viajes por el país y en participante de la vida política de su padre.

Al asumir el cargo, el general no quiso ir a vivir al castillo de Chapultepec, que le parecía demasiado suntuoso y poco acorde con los principios de la Revolución, de modo que la majestuosa residencia fue convertida en el Museo Nacional de Historia y la familia permaneció en su casa particular mientras buscaban un sitio adecuado. Éste se encontró en un terreno que era propiedad del Estado, situado en el extremo poniente del bosque, junto al viejo e histórico Molino del Rey. Se llamaba La Hormiga y algunos afirman que eran unas caballerizas, otros que eran unos talleres y otros más que una vieja escuela de telégrafos. En realidad se trataba de un rancho que había sido incautado a sus propietarios durante el gobierno del presidente Carranza, para que lo habitaran los funcionarios de confianza del primer mandatario, lo cual efectivamente sucedió. Allí había vivido el general Calles cuando era parte del gabinete obregonista y luego el general Amaro, arquitecto del moderno ejército mexicano.

"En cuanto al origen del nombre de La Hormiga —escribe

Marcela Escobosa Hass de Rangel— don Carlos Martínez del Río (que
había sido su dueño) cuenta que muy probablemente su padre la llamó así por el tamaño, pues comparativamente hablando, junto a las
demás propiedades de la familia Martínez del Río que eran tan vastas,
sobre todo la de Chihuahua, ésta de la ciudad de México era 'la hormiga' por pequeña. Pero hay otra versión que también parece tener su
razón de ser y es que hace muchos años hubo abundancia de hormigas
grandes y rojas, de las llamadas arrieras."[149]

Como sea, el lugar llamó la atención de Cárdenas porque "se
adaptaba a su manera de ser y le gustó la idea de irse a vivir allí",[150] cosa que hizo después de mandarle a hacer algunos arreglos. Y una vez
instalado, le cambió el nombre por el de Los Pinos que era el del lugar
cerca de Tacámbaro en donde había conocido a Amalia.

Los Cárdenas arreglaron su hogar con modestia: algunos cuartos, un solo baño, pisos sin alfombras, muebles sencillos. Según doña
Amalia, el general era hogareño y gustaba de convivir con la familia.
Llevaban una vida ordenada y sencilla. Todos los días desayunaban
juntos. Él la llamaba "Chula" o "Mamu".

Ella se dedicaba a cuidar a su hijo y a otros niños que vivían en
la casa, algunos de ellos hijos que había tenido el general en sus andanzas por el país y varios pequeños que acostumbraba recoger en sus
giras o que eran hijos de sus ayudantes y empleados y que se convertían en compañeros del hijo único. Según un testigo: "En los días en
que estuvo en la Presidencia se podían ver jugando por la casa y jardines de Los Pinos ocho o nueve chiquillos y una niña".[151]

La actividad que más le gustaba a la señora Amalia era salir a
pasear a caballo por los llanos de lo que había sido la Hacienda de los
Morales y que sería la colonia Polanco. ¿No le apetecía mejor ver películas de cine como *Vámonos con Pancho Villa* y *Allá en el rancho grande*?
¿o quedarse a leer los nuevos libros que se publicaban como *La sombra
del caudillo* de Martín Luis Guzmán, *El indio* de Mauricio Magdaleno y
Ulises criollo de José Vasconcelos? ¿conocía la pintura de Orozco y la de
Mérida que veían con nuevos ojos al país? ¿oyó hablar de la revista *Taller* en la que Efraín Huerta denostaba a la ciudad de México "harapienta y cruel" y un joven llamado Octavio Paz publicaba sus poemas?
¿se enteró del corrido que le dedicaron a su marido, de los atentados
en su contra, de las niñas de escuela que le llevaban a firmar el libro de
los visitantes distinguidos cuando les hacía el honor de pasar por su
plantel?[152]

El general y su esposa tenían una finca en el estado de Morelos
a la que se retiraban "los sábados y domingos a sembrar árboles y flores que a semejanza de los hijos se ven crecer con cariño", según escribió él en sus *Apuntes*. Allí, aislados del bullicio de la ciudad, respiran-

do el aire sano del campo, se sentían contentos. Les gustaba nadar y andar en bicicleta.

Doña Amalia vestía con discretos trajes de calle y sin joyas, aunque gustaba de usar sombreros. Nunca jugó bridge ni lució pieles como acostumbraban hacer las señoras de buena posición y tampoco tuvo una vida social activa. Durante los primeros años del gobierno de su marido ni siquiera estuvo presente en los actos oficiales: no asistió a su toma de posesión (a Fernando Benítez le dijo que porque en ese entonces no se usaba pero sabemos que algunas esposas de presidentes anteriores ya lo habían hecho)[153] y se excusaba para no presidir los festivales del día de las madres que ya para entonces se habían puesto de moda.

La razón de esto era, en sus propias palabras, que: "El general pensó que yo, en mi participación social, debería mantener una actitud discreta, no aparecer mucho, para que él trabajara libremente".[154] Lo que más bien respetaba la señora era la opinión de su marido según la cual el papel que le correspondía como esposa del primer mandatario era el mismo que cumplían todas las mujeres de la patria: el de atender su hogar y cuidar a su familia, "modelar el espíritu de sus hijos para que sean buenos ciudadanos". Por eso nunca aceptó que se la considerara Primera Dama de la nación: "El general me acostumbró a no sentirme Primera Dama. Tú no puedes usar un título para adornarte —decía— porque el pueblo ha elegido al primer mandatario pero no a su esposa. Por lo demás, primeras damas somos todas las mujeres de este país porque nos desempeñamos en nuestros hogares como compañeras, amigas y consejeras de los maridos".[155]

3

De todos modos y a pesar de las declaraciones, la señora Cárdenas no se pudo librar del todo de los deberes públicos: "Para entonces yo ya había contraído algunas obligaciones, ya era otra cosa la vida".[156] Tuvo que presidir algunos actos femeninos, mítines sindicales y asambleas de intelectuales (de "acentuada tendencia izquierdista" según Guillermo Gómez) e incluso estableció una oficina desde la cual llevaba correspondencia con mujeres de todo el país para conocer sus problemas. Además formó dos asociaciones de asistencia a la infancia: la Asociación del Niño Indígena y el Comité de Ayuda a los Niños Españoles que llegaron a México en calidad de refugiados.

En junio de 1937 llegó a las costas de Veracruz un barco procedente de Europa, en el que venían quinientos niños cuyos padres los habían mandado a México con la esperanza de salvarlos de la guerra. Un grupo de damas mexicanas los recibió en el puerto y otro, encabe-

zado por la esposa del presidente, en la estación de ferrocarril de la capital. De allí los mandaron a Morelia donde se les dio techo, sustento y educación. Años después, uno de ellos escribiría agradecido:

Y tú, México libre, pueblo abierto
eres tú esta vez quien nos reconquistas.[157]

No sólo niños vinieron en esos años, también muchos adultos y no sólo de España, sino también de otros países pues huían del fascismo en Alemania e Italia y de las pésimas condiciones de vida en los países del este de Europa o del Medio Oriente. Aunque no a todos se les quiso recibir (barcos cargados de pasajeros se quedaron esperando el permiso para desembarcar que nunca llegó), a muchos se les permitió quedarse a vivir aquí, donde se integraron de manera pacífica y productiva a la vida nacional pues como se dijo en aquel entonces, no se les consideraba "como náufragos de la persecución dictatorial sino como exponentes de la causa imperecedera de las libertades del hombre".

Pero la participación pública más importante de la señora Amalia fue la que se dio a raíz de la expropiación petrolera. Así lo cuenta ella misma: "No fue sino hasta muy avanzado su gobierno que yo empecé a participar en forma activa en la vida de mi esposo como presidente. Esto sucedió en el año 1938, en el momento trascendental en que se decidió el decreto de la expropiación petrolera... cuando se hizo el llamado para pedir la ayuda popular".[158] "El general me dijo: Chula, creo se debe invitar a la mujer a una participación directa y motivarla en este momento en que es urgente la presencia de todos los mexicanos. Hay que hacer labor en las escuelas, en las familias, en fin, un llamado nacional."[159]

No hizo falta demasiado esfuerzo para que las mujeres participaran. Ya lo venían haciendo desde hacía varios años, algunas para exigir el derecho al voto y otras al contrario para oponerse a los derechos políticos y a la educación sexual. Aquéllas se habían organizado y celebraban congresos en los que se discutía acaloradamente y a mediados de la década crearon el Frente Único Pro Derechos de la Mujer con cincuenta mil afiliadas. Éstas por su parte, emitían comunicados y hacían manifestaciones públicas para pedir: "Que todas las mujeres que prestaran servicios en las oficinas públicas fuesen desterradas, que se las obligase a casarse dentro del menor tiempo posible y se establecieran sanciones para las que se rehusen a contraer matrimonio y premios para las que tuvieran varios hijos".[160] ¿Sabía la señora de todas estas "conspiradoras" como les llamó Novo, de María Ríos que escribió libros y fundó la Confederación Femenil Revolucionaria, de Refugio García y Esther Chapa que luchaban en favor de la mujer como ciudadana y por su elevación intelectual y moral?

Doña Amalia encabezó un comité femenino y presidió en el Palacio de Bellas Artes la colecta pública destinada a reunir fondos para el pago de la deuda. Como decía un diario de la época: "Espontánea y patrióticamente se prestó a colaborar en el Programa de Redención Nacional ideado por su esposo". El acto resultó conmovedor pues a él acudieron hombres, mujeres y niños de toda condición social que pusieron a disposición del gobierno su poco dinero o cualquier cosa que tuvieran, una gallina, una alcancía, una alianza matrimonial, para cubrir el adeudo con las empresas. Ricardo Pérez Montfort reproduce el siguiente diálogo tomado de una tira cómica de la época:

"Niño rico: Mi papá dio 50 pesos para el pago de la deuda del petróleo.

Timoteo: El mío también dio 50 pesos y va a seguir dando un día de sueldo cada mes y mi mamá dio diez gallinas y sus aretes. ¿Cuánto gana tu papá?

Niño rico: Más de mil pesos al mes ¿y el tuyo?

Timoteo: El salario mínimo: dos pesos diarios".[161]

La solidaridad con el gobierno se convirtió en lema nacional y como decía la canción:

Hombres, mujeres y niños
estrujan sus escarcelas
en las que hacen escudriños
para aumentar las gabelas.[162]

¿Eran estos mexicanos los mismos que según un libro de reciente publicación del filósofo Samuel Ramos estaban marcados por un complejo de inferioridad, por resentimientos y fatalismos y agobiados de complejos?

4

Quienes los conocieron afirman que el general quería mucho a su esposa. Así lo escribió: "Amalia siempre estimuló las tareas de mis responsabilidades políticas y sociales ya en lo nacional como en lo internacional. Tengo mucho que agradecerle a Amalia que es comprensión y sensibilidad. Cuando serví en la Primera Magistratura del país su conducta fue ejemplar, modesta, sin alardes. En Amalia he tenido siempre un gran estímulo. Inteligente, comprensiva y cariñosa, ha sabido compartir mis responsabilidades. Afín a mis ideas políticas y sociales... su actitud fue discreta y de gran sensibilidad".[163]

En el último día del gobierno del general, la señora lo acompañó a la cámara de diputados, a donde le tributaron una fuerte ovación que mucho la emocionó. Y vio cómo con tranquilidad entregaba el poder al sucesor.

Amalia Solórzano fue siempre la más solidaria compañera del general a pesar de que al principio, según sus propias palabras, "no me percataba del valor que en ese momento él representaba como persona, como político", pues "como era tan joven y pasé tantos puestos importantes en la vida de él, que al principio ni cuenta me di bien de ello".[164]

Y sin embargo, siempre lo admiró por su disciplina y su entrega a las mejores causas y sin duda llegó a entender el sentido de su obra. A todos los que la han entrevistado les ha reiterado la misma idea: "Creo sinceramente que la figura de Lázaro Cárdenas rige en la historia de México como la de un hombre que dedicó su vida a redimir a las capas populares. A mi juicio sus ideales, en la medida de lo posible, han fructificado". Y se manifiesta orgullosa "por haber sido la esposa de un mexicano excepcional".

Ese mismo apoyo y solidaridad que tuvo para su marido lo sigue manteniendo hasta hoy la señora viuda de Cárdenas para su hijo Cuauhtémoc. "Aquí seguimos hasta hoy unidos en familia... Hemos seguido con una casa para todos y todos la consideran su hogar... Nunca me he sentido sola, mi familia hace mi felicidad."[165]

5

Y sin embargo y a pesar de sus declaraciones en contra del concepto y del papel de la Primera Dama, la señora Amalia es la única de todas las esposas de los presidentes que se convirtió en una "exPrimera Dama profesional", pues constantemente se la invita dentro y fuera de México para presidir actos y ceremonias en los que se honra una cierta ideología o forma de trabajo social como las que impulsó el general Cárdenas. Y ese papel lo ha desempeñado durante muchos años con la mayor dignidad. Todavía en 1998, fue hasta San Cristóbal de las Casas en Chiapas, para estar presente en los actos de apoyo de grupos de la sociedad civil al movimiento neozapatista.

6

Llegado el momento de la sucesión, había varios candidatos dentro de la llamada "familia revolucionaria", además de los de oposición. Éstos, en su deseo de resultar elegidos, provocaron movilizaciones, choques, violencia y balazos. Pero el triunfador fue el político poblano Manuel Ávila Camacho, quien aunque había ocupado cargos públicos de importancia, era un "soldado desconocido". Según Jorge

Mejía Prieto, era un "general de escritorio, sin batallas", "cuyos méritos militares se ignoran y cuyos méritos civiles se desconocen por completo". "No tenía ni vocación ni preparación política, su elevación fue fruto de una coalición", escribió Francisco Javier Gaxiola en sus memorias y un estudioso norteamericano estuvo de acuerdo: "Era solamente un hombre sereno, juicioso y buen administrador... con una hoja de servicios limpia aunque limitada en la política y una habilidad excepcional para atraerse la cooperación de la gente que tenía puntos de vista antagónicos".[166]

Varios autores explican la elección de este sucesor por lo que llaman "el viraje de Cárdenas" y según el cual, en los dos últimos años de su gobierno, el general dejó de insistir en las medidas radicales que había emprendido para ocuparse de consolidar el empuje dado al crecimiento y buscar el alivio de las tensiones con los grupos poderosos, sobre todo con la nueva clase empresarial que despuntaba, asegurándole que no se toparía con trabas ni hostilidades pues sus recursos le eran necesarios al país. Por eso Adalbert Dessau afirma que a fines de los años treinta, "la burguesía nacional recuperó su papel dirigente".[167] Y es que para entonces los catrines habían triunfado por sobre los calzonudos que habían hecho la Revolución.

7

Ávila Camacho tomó posesión del cargo la soleada mañana del domingo primero de diciembre de 1940, en una ceremonia sobria que tuvo lugar en el majestuoso edificio de la cámara de diputados. Por primera vez acudían a ese acto embajadores enviados en misión especial por los países del mundo con los cuales México tenía relaciones. En su discurso inaugural el presidente afirmó: "El clamor de la República entera demanda ahora la consolidación material y espiritual de nuestras conquistas sociales en una economía próspera y poderosa. Demanda una era de construcción, de vida abundante y de expansión económica". Y para ello ofreció: "Combatir la pobreza, elevar el nivel nacional, dar garantías a la propiedad rural, defender la salud del pueblo y apoyar a la juventud... y pidió cooperación y concordia para hacer una Patria más grande".[168]

Las palabras "cooperación" y "concordia" daban fe de un espíritu nuevo para enfocar los asuntos públicos. Con ellas el presidente hacía patente su propósito de frenar el impulso reformista de la Revolución para en su lugar "fincar una política económica en la cual imperaría el apoyo al capital, la protección a los propietarios agrícolas y la acogida a los inversionistas extranjeros como ejes y motores del deseado despegue económico a la modernidad".[169]

Uno de los ejes de este esfuerzo era la "unidad nacional", término por él acuñado que anunciaba su pretensión de terminar con las rencillas en el seno de la familia revolucionaria: "Una política de comprensión, de simpatía humana, de solidaridad social... una coalición de los ciudadanos de los partidos y de los grupos políticos".[170]

El término significaba también dar fin a los conflictos con la Iglesia que tanta sangre habían costado a los mexicanos y para ello, el nuevo presidente se declaró —en una entrevista con una revista de circulación nacional— "creyente y católico por origen y por sentimiento moral".

Y por fin, el término tenía que ver con la educación, cuestión que tantas ronchas había levantado en tiempos de su antecesor, de modo que otra vez se enmendó el artículo tercero constitucional y se eliminaron las ideas de educación socialista y de educación sexual a fin de que todos quedaran conformes.

Un acto en la plaza de la Constitución al que asistieron todos los expresidentes dio inicio oficial a esta política.

Con Ávila Camacho el Estado mexicano adquirió fuerza ya no sólo porque cumplió con sus funciones como administrador y legislador sino también por su activa intervención en la economía. Si los años entre las dos guerras mundiales habían sido para nuestro país "el periodo en el que se formó la base del sistema político: se acabó con el predominio de los caudillos militares, se organizó en el seno del partido oficial a obreros y campesinos, se reformó la política del gasto público para orientarla al fomento económico y social, se establecieron los fundamentos del sistema financiero con la fundación del Banco de México y se dio impulso a la reforma agraria", ahora la coyuntura de la segunda guerra mundial abría la posibilidad de un importante empuje económico, pues aunque faltaron combustibles y algunos otros productos, la industria recibió fuerte estímulo ya que tuvo que sustituir lo que no le vendían los países en guerra y producir y vender muchos de los productos que ellos necesitaban y que no podían ocuparse en fabricar, orientada como estaba toda su economía a la industria bélica. La producción no sólo aumentó sino que empezó a ser predominantemente industrial para dejar atrás el país rural y agrario que hasta entonces era México.[171]

En la primavera de 1942, un submarino alemán hundió a los buques-tanque "Potrero del Llano" y "Faja de Oro" que transportaban petróleo mexicano y en el ataque murieron varios de sus tripulantes. Hacía apenas unos meses que Estados Unidos había entrado a la guerra luego del ataque aéreo a Pearl Harbor y había presionado a nuestro país para que hiciera lo mismo. "Día a día la situación de México sufría con creciente intensidad los impactos de la segunda guerra mundial

—escribe Gaxiola en las memorias citadas—: No éramos beligerantes pero nuestra proximidad con Estados Unidos nos obligaba ineludiblemente a participar en el esfuerzo bélico."

Y efectivamente, el gobierno decidió ponerse del lado de los aliados y entrar a la guerra contra el Eje. Decía la canción:

> *El pueblo mexicano*
> *deplora el hundimiento*
> *que a México enlutó.*
> *La muerte de los bravos*
> *el día 13 de mayo*
> *la ruta nos marcó.*

El primero de junio el presidente Ávila Camacho anunció el "estado de guerra" entre nuestro país y Alemania, Italia y Japón.

> *¡Ora es cuando!*
> *¡Ora es cuando mexicanos!*
> *¡Ah qué muchachos!*
> *Probaremos que nosotros*
> *somos gallos de pelea*
> *y gritando ¡México a acabar con la ralea!*
> *deberemos apoyar al presidente que es Camacho.*[172]

El 15 de septiembre la ceremonia del Grito fue una demostración de patriotismo y en el desfile militar del día siguiente salieron a la calle cuarenta y siete mil hombres de todas las armas más los aviones de la fuerza aérea. Al presidente lo acompañaban en el balcón central de Palacio Nacional varios jefes militares de Estados Unidos. Así dio inicio una estrecha colaboración con el vecino del norte en la cual México quedaba como vendedor de materias primas y surtidor de brazos para llevar a cabo los trabajos que muchos norteamericanos, por estar reclutados, no podían hacer.

La primera mitad de la década de los cuarenta estuvo marcada por dos procesos: por una parte el grupo gobernante optó por una política moderada y de concordia y por la otra, la guerra mundial incidió favorablemente en la economía del país y en sus relaciones con Estados Unidos.

8

México se volvió un remanso para exiliados y refugiados de todo el mundo: "Y ellos, los recién llegados, en sus pobres vestidos oscuros, en su pobre soledad, cargando sus atados, sus baúles con lo poco que pudieron llevar consigo, los edredones de plumas, los cubiertos, los iconos y las bendiciones, las viejas fotografías amarillentas, la llave de la casa, el candelabro, la taza de porcelana transparentísima, el misal... ¿qué conducta debe seguirse en estas tierras desconocidas, entre los desconocidos?... ¿A qué sabrán todas esas frutas, a qué olerán todas esas flores jamás vistas por sus ojos ni imaginadas por sus mentes? ¿qué son esos enormes recipientes de color tierra en los que juntan el agua? ¿Por qué el azúcar de aquí sabe más dulce que la de casa?... ¿Qué hacer si uno se enferma, cómo conseguir un médico y cómo confiarle? ¿Llegarán las cartas a esta extrañísima dirección? ¿Cómo hacer para cumplir con nuestras obligaciones religiosas, cómo conseguir maridos para nuestras hijas, dónde enterrar a nuestros muertos?".[173]

Pero no nada más pobres llegaron a estas tierras, también nobles, reyes destronados, ricos empresarios y artistas que querían salvar la vida y que trajeron además de sus capitales sus modos de vida. Uno de los más célebres fue aquel rey Karol de Rumania, dueño de un pene descomunal según cuenta Hugo Gutiérrez Vega, quien llegó aquí con su amante la señora Lupescu y se fue lo más pronto que pudo porque no le gustaba la barbacoa que le ofrecían las señoras mexicanas en sus fiestas.

Y también llegaron un montón de aventureros, impostores y buscadores de fortuna que timaron a los burgueses mexicanos quienes admiraban cualquier cosa que viniera de afuera. Luis Spota lo contaría varios años después en su novela más célebre *Casi el paraíso*:

"El príncipe tornó a abrir los ojos. Se apoyó firmemente, con las manos en el descansabrazos de la butaca:

—Alonso... ¡he seducido a su hija!

—¿Qué? ¡Usted...! —barbotó Rondia. Se había puesto rojo de cólera al levantarse. Luego alzó el puño poco a poco, hasta dejarlo colgando a lo largo de su cuerpo.

Ugo asintió...

—He abusado de la bondad de usted —comenzó, con voz lastimera, como si decir las palabras le causara un gran dolor. Traicioné al amigo... deshonré su casa, seduje a su hija... Yo, yo la amo, señor Rondia. Pero somos jóvenes, inexpertos y nos queremos... Ahora... ahora Teresa va a tener un hijo...

La revelación fue para Rondia como si dentro de su cabeza estallara una carga de dinamita. Al escuchar que su hija estaba embarazada y que tendría un chico del príncipe, sintió no pena ni furia sino una extraña sensación de locura, un algo incontenible que le aflojaba las piernas, que lo cegaba y hacía zumbar sus oídos.

Con la vista perdida, Alonso se dejó caer en el sillón frontero al de Ugo. Éste lo escuchó repetir, en el temblor agitado de su floja sotabarba.

Soledad Orozco de Ávila Camacho, su labor como Primera Dama fue
estar siempre al lado del presidente en ceremonias y actos oficiales

–Un hijo... Teresa un hijo.

Conti ni tenía prisa. Estaba satisfecho. Lo que esperaba que hiciera Alonso estaba cumpliéndose punto por punto. Dejó que el presidente de la Junta Intersecretarial de Inversiones se repusiera del azoro.

Ugo lo tomó por los hombros obligándolo a escucharlo:

–Quiero casarme con su hija... No por compromiso, sino porque estoy enamorado de ella... Deseo hacerla la Princesa Conti ahora que por gracia de Dios, lleva en sus entrañas al ser que heredará la gloriosa tradición de mis antepasados... Con ese hijo la línea sucesoria de los Conti está asegurada...

Alonso Rondia se estremeció. Las palabras de Ugo, dichas con tan desgarradora sinceridad lo emocionaban. Por fin brotaron las lágrimas y el hombrón lloró ruidosamente, ebrio de felicidad, mientras Conti le palmeaba la espalda. Un viejo sueño se realizaba sencillamente. Su familia, esa familia por la que había luchado tanto y tan duramente, iba a ingresar en la antesala del cielo, en la nobleza. Él mismo, a partir de ese momento, se convertiría en parte de la aristocracia universal y su nombre quedaría para siempre ligado, lo mismo que su sangre, al nombre y a la sangre de los Conti."[174]

Claro que los lectores nos enteramos al final, como seguramente se enteraron tarde muchos de los engañados, que el tal príncipe no lo era, sino que era un aventurero que quería hacerse rico de manera fácil para lo cual se aprovechó del muy petulante pero muy ignorante nuevo rico mexicano.

9

Pero así como tanta gente llegó a estas tierras en busca de refugio seguro, así también México se volvió entonces un lugar que expulsaba a su gente. Millones de mexicanos (se les llamaba "braceros" o "espaldas mojadas") se iban del otro lado de la frontera, a Estados Unidos a buscar trabajo (que mucho había pues los hombres de aquel país estaban en el ejército) y a ganarse el sustento:

"–¿Mojados? —indagó el barquero.

Estaban sentados a la orilla del canal, cerca de las canoas. Estaban allí porque el gasolinero les había dicho que con un poco de suerte podrían engancharse en cualquiera de las lanchas pescadoras. El barquero parecía bonachón y amable. Los había estado observando, durante más de un cuarto de hora, sin dejar de escarbarse las narices.

–¿No se nos echa de ver? —ironizó Paván— mojadísimos y escurriendo...

–Digo, del otro estilo. Todos los que vienen aquí lo son. Santa

Isabel de los Mojados debería llamarse el pueblo. Siempre hay trabajo, comida y un rincón para dormir.

–¿Y tendremos vela en el entierro?

–Depende.

–¿De qué?

–De que haya entierro, de que haya trabajo —y el barquero soltó la carcajada.

Pavón sintió que su hambre se hacía pesada como piedra dentro del estómago.

–Mientras hay trabajo, ¿no tiene un taco?"[175]

10

La señora Soledad Orozco era una mujer guapa y elegante a la que según Amalia Solórzano de Cárdenas, el general Ávila Camacho "le tenía mucha estimación". Ésa era la manera de aquella época de decir que la quería.

Ella y el llamado "presidente caballero" se habían casado según algunos en Sayula y según otros en Zapopan en 1925. Como sucedió en varios casos de los que ya hemos hablado, la familia de ella no estaba de acuerdo con que su hija casara con un militar que tan mala fama tenían, por lo que la mamá de Chole no asistió al enlace. ¿Se enamoró esa mujer alegre y enérgica del carácter apacible del general? ¿o fue de sus ojos pequeños pero de mirada vivaz?

Una vez casados, se instalaron en la ciudad de México, en una residencia en el lujoso fraccionamiento de las Lomas de Chapultepec, aquella colonia Chapultepec Heights, que ya para entonces se llamaba con su nombre en español.

Cuando su marido llegó a la primera magistratura, decidieron mudarse a Los Pinos para así continuar la costumbre iniciada por su antecesor, a pesar de que mucha gente les pidió que volvieran al castillo de Chapultepec al que consideraban un lugar más adecuado para el desempeño del importante cargo.

Una nota necrológica aparecida muchos años después, cuando murió doña Soledad, resume su vida: "Su labor como Primera Dama del país fue siempre estar al lado del presidente Manuel Ávila Camacho".[176] Y en efecto, doña Chole tuvo como prioridad la atención a su hogar y a su marido, pues no tuvo hijos: "Con su finura y discreción lo secundaba siempre porque su vida fue darle gusto en todo y por todo a su esposo a quien cariñosamente llamaba Manolo —diría años después un sobrino en una entrevista—: El tío Manuel respetó mucho la vida matrimonial y le dio su lugar a la señora... eran una pareja muy unida y en casi todos los actos públicos ella lo acompañaba".[177]

Ese modo de tratar a su esposa lo había aprendido don Manuel en su casa de soltero, en la que había admirado y cuidado a su madre doña Eufrosina "por quien sentía verdadera veneración", según aseguran quienes los conocieron.

A doña Soledad le gustaba mucho aparecer en público y en las nuevas secciones de sociales de los periódicos. Participaba en actos y ceremonias oficiales tales como los informes de gobierno (a partir del segundo ocupó ya su lugar fijo en la cámara de diputados siendo la primera vez que eso sucedía), brindis en las embajadas, inauguraciones y clausuras. En particular se la recuerda a lado de su esposo en ese momento significativo que fue la visita del presidente de Estados Unidos y su esposa, los señores Roosevelt, que vinieron en 1943 a nuestro país para terminar con una larga historia de agresiones y dar inicio a una época de cooperación y cordialidad entre las dos naciones.

La señora Eleanor era una mujer muy especial que cambió de manera definitiva e irreversible el papel de la Primera Dama en su país, puesto que se ocupó de manera seria de los grupos más desprotegidos y se opuso de manera decidida al racismo. Mucho debe haber impactado a doña Soledad haber conocido a quien se había convertido en un personaje tan célebre y tan controvertido.[178] ¡Qué extrañas se veían juntas, la norteamericana alta, fea y desgarbada y la mexicana elegantísima y a la última moda!

Y es que doña Chole siempre se vistió muy bien. En las fotografías aparece con trajes finos, cubierta de pieles y con imponentes y llamativos sombreros. Como afirma Rosa Castro, esta prenda, prodigio de la imaginación, permite conocer a su portadora. Esto es muy cierto para doña Chole con los suyos, porque eran exagerados de tamaño y llenos de adornos, flores, plumas y gasas, que le valían constantes chistes y simpáticas anécdotas. Una de ellas la relata el entonces joven escritor Luis Spota: "Hubo un gran banquete, el desayuno de la amistad en el Campo Marte, en el cual cinco mil burócratas agradecían algo al señor presidente Ávila Camacho. El periódico me mandó cubrir esa actividad en el aspecto no de reportero sino de hacer comentarios un poco al margen de lo que estaba ocurriendo. Recuerdo que publiqué una majadería que consistió más o menos en lo siguiente: llega la señora del presidente y en lugar de sombrero trae un par de huevos fritos, porque efectivamente, no sé por qué todas las presidentas que son muy competentes para otras cosas, no lo son para vestir. La señora Ávila Camacho en su sombrero no era muy afortunada. Esto se publicó al mediodía del día siguiente y por la tarde llegó a mi casa una persona de la Presidencia con un recado: el señor presidente quería verme...

El señor me pregunta: –¿Es usted fulano de tal?

–Sí señor, yo soy.

–¡Pues es usted un majadero! Y es usted un majadero, jovencito, porque uno no tiene derecho a burlarse de una señora y usted no tiene derecho a decir por escrito lo que ha dicho de la esposa del presidente de la República. Efectivamente las señoras no se saben vestir. Efectivamente yo le había dicho a doña Soledad pues que ese sombrero no era bonito. Efectivamente sí parecía un par de huevos fritos...

Cierto, parecía aquella pintura de Dalí 'La persistencia de la memoria' donde está escurrido un huevo. Además tenía unas plumas y un nido."[179]

Hasta aquí la anécdota. Ella nos sirve para varias cosas: para darnos cuenta del modo de ser tan particular de doña Soledad y de cuánto su marido la cuidaba y protegía. Pero también de la omnipotencia de los presidentes que en todo se metían.

Desde siempre, las señoras ricas copiaron sus modelos de los españoles, italianos o franceses. Vimos ya que una virreina mexicana hasta se atrevió a pelear con su majestad la reina de España porque a aquélla le parecía mejor una moda y a ésta le gustaba más otra. Durante el siglo XIX las luchas civiles hicieron que estas cuestiones pasaran a un segundo plano, con la breve excepción del periodo del imperio, pero la señora de Díaz volvió a convertir a la moda en un aspecto central de la vida social. De nuevo la Revolución rompe con esto y las esposas de los presidentes de principios de siglo no se caracterizan por su bien vestir aunque trataban de hacerlo usando vestidos y sombreros que en su opinión estaban al día. Según Aurelio de los Reyes, a más de una le llamaban la atención los atuendos de las artistas italianas en boga, por ejemplo cuando las señoras María Tapia y Clara Oriol fueron en representación del presidente a unas festividades organizadas por la colonia española, se presentaron vestidas de acuerdo a esa moda que tanto gustaba. Luego Amalia Solórzano se desinteresaría del asunto, vistiendo siempre con gran sencillez. No así doña Soledad que iba muy a la moda tan favorecedora de los años cuarenta, aunque eso sí, exagerando en el uso de pieles si se considera el clima caluroso de México.

Y es que mientras en Europa ardía la guerra y millones morían en los frentes de batalla y en los campos de concentración, las personalidades y los ricos que habían huido de allá y se habían establecido en nuestro país, convirtieron a la capital en un centro cosmopolita. Restaurantes y clubes nocturnos abrieron sus puertas a los hombres y las mujeres "ebrios de perfumes" como decía Salvador Novo, que disfrutaban de excelentes comidas y bebidas, shows y fiestas, bailes y desveladas.

Con ellos llegaron los nombres parisinos de la moda como Chanel, Dior y Patou y pronto México tuvo sus propios modistos como Chatillon, Pavigniani y Valdés Peza, quienes le dieron sentido a la palabra "chic", un término que a un tiempo hablaba de elegancia y de estilo y que con el correr de los años ha significado faldas que suben o bajan, sombreros y corsets que crecen o se achican (o que de plano desaparecen), cinturas que se ajustan o se sueltan, bustos que se exhiben o se ocultan, mangas que se amplían o se encojen, hombreras que hacen a las mujeres parecer boxeadores o al contrario, hombros que se dejan caer con suavidad, cabelleras que se recogen o se dejan libres, tacones altos y delgados o anchos y bajos, uñas y labios hoy de rojo intenso y mañana de rosa nacarado, rostros un día pálidos porque sus dueñas tomaban vinagre para verse siempre al borde del desmayo y otro día rebosantes de salud y con las mejillas rosadas como resultado de que se inventaron las vitaminas.

Las mujeres se cubrían de pieles y joyas, se envolvían en sedas, encajes, chifones, gasas, tafetas, brocados, satines, terciopelos, paños y angoras, y se adornaban con lentejuelas, alforzas y olanes, flecos y pliegues. 1940 es el año en que la fábrica Dupont anuncia "que había descubierto un hilo sintético de carbón, piedra, agua y aire llamado nylon con el que se fabricaban medias que no se corrían ni necesitaban zurcirse, sutiles como una telaraña, flexibles en las rodillas, ajustables a las formas de las piernas y que costaban diez veces menos que las medias de seda —por lo demás, imposibles de conseguir pues ésta se usaba para hacer paracaídas".[180]

Era el México de los años cuarenta, un rincón de paz en medio de la tormenta que asolaba al mundo y en él estaba en su apogeo lo que Rosa Castro ha llamado "el espumoso mundo de las frivolidades", donde el capricho, la fantasía y la vanidad eran ilimitados, como se demuestra con los sombreros que acostumbraba usar la señora Ávila Camacho en los actos públicos y que motivaron la burla del escritor.

11

La señora Soledad Orozco no sólo estuvo presente en actos sociales sino que también cumplió con la asistencia pública de modo similar a sus antecesoras, en aquello que tenía que ver con la ayuda a la niñez y la mujer. Realizó visitas a escuelas y hospitales y participó en varias campañas importantes como la de alfabetización, la de legalización de matrimonios y la de dar educación vial a los escolares. Pero sobre todo, le encantaba organizar y presidir repartos de regalos a soldados, niños y madres humildes. Es impresionante ver las fotografías de las colas en las que miles de personas esperaban durante horas para recibir de la Primera Dama algún juguete, alguna ropa o algún alimento.

Ella fue quien institucionalizó lo que había sido una iniciativa del periódico *Excélsior* en 1922, de dedicar un día del año —el 10 de

mayo— a celebrar a las madres. En aquella ocasión Rafael Alducin había invitado a los mexicanos a "hacer un monumento de amor y de ternura a la que nos dio el ser, a manifestar en una palabra que todos los sacrificios, que todas las infinitas ansiedades de que es capaz el corazón de la mujer cuando se trata de sus hijos sean valorados por éstos". Y desde que era candidato, don Manuel se había comprometido "a organizar una campaña de veneración, de respeto a la madre".[181]

La idea copiaba una costumbre de otros países y aprovechaba el sentimentalismo de los mexicanos para convertir el asunto en buen negocio, y de paso, servía para combatir la fuerza que estaban adquiriendo los movimientos feministas en favor del voto para las mujeres insistiendo en el argumento de fortalecer a la familia. Por eso contó con el apoyo de la "buena sociedad" y de la Iglesia. El arzobispo de México declaró que le parecía una bellísima idea y pronto muchos grupos e instituciones se adhirieron a la propuesta y la Primera Dama terminó encabezando los festejos.

En ese día, la esposa del presidente de la República regalaba útiles obsequios a las madres humildes, tales como estufas o planchas y en una ocasión, según cuenta Alfonso Taracena, el gobierno pagó las boletas de empeño en el Monte de Piedad a fin de que se devolvieran cientos de máquinas de coser a mujeres que por necesidad económica las habían empeñado. Éstas le agradecieron con sorprendida emoción y el hecho causó gran revuelo. Julio Sesto escribió un artículo en el que manifestó su admiración por la señora Ávila Camacho quien según él: "dio pruebas de tener un corazón enorme y ese gesto insólito será imborrable en los anales del sentimiento mexicano".[182]

La señora Soledad fue responsable de que la gente se acostumbrara a esperar que el gobierno le hiciera regalos en los días festivos: navidad, día del niño, día de la madre. El paternalismo que el gobierno manifestaba en sus políticas hacia los obreros y campesinos, ella lo puso en práctica con los más pobres, sobre todo niños y mujeres que salían a la calle y acudían a los actos a aplaudir para ver si les tocaba algo. Muchas fotografías dan fe de esto y una en particular resulta simbólica: en ella aparece doña Chole sobre un estrado, vestida de negro y con una estola de pieles que cae suavemente sobre el escudo nacional bordado que cubre la mesa desde la cual reparte los regalos entre los necesitados, toda sonrisas, toda labios y uñas de color rojo intenso.

¿Se preguntó alguna vez sobre la incongruencia de ir tan emperifollada con los más pobres? ¿se enteró de las marchas que había protestando por la carestía de la vida? ¿supo de la participación de las mujeres en las luchas, entre ellas una que precisamente se llamaba Soledad Orozco, viuda y madre de seis hijos que formaba parte del Frente Único Pro Derechos de la Mujer y que contendió para diputada por un distrito en León, Guanajuato, y el mismísimo PNR le reconoció el triunfo? ¿tuvo idea de las batallas campales que se desataban en las calles de la ciudad entre los jóvenes fascistas y los antifascistas?[183]

Pero el trabajo que más se le reconoce a la esposa del presidente es el que realizó tras bambalinas para zanjar el pleito entre el gobierno y la Iglesia. Así como Carmelita Romero Rubio lo hizo en su momento en estrecha relación con el obispo Eulogio Gillow, así doña Chole consiguió que el arzobispo Luis María Martínez tuviera acceso al oído del presidente. Según Guillermo Gómez: "El pueblo católico de México no esconde su gratitud hacia la distinguida dama por lo mucho que ella hizo en defensa de la libertad de expresión religiosa. Se cree que la tolerancia religiosa observada durante el gobierno del general Ávila Camacho no es extraña a los sentimientos católicos de doña Soledad Orozco de Ávila Camacho".[184]

Esos mismos sentimientos tenían su lado negativo pues la hacían tener una idea tan rígida de la moral que hasta ¡mandó ponerle taparrabos a la escultura de la Diana Cazadora que por aquel entonces había hecho el escultor Olaguíbel para adornar una de las principales avenidas de la ciudad de México! (No se lo quitarían sino hasta muchos años después, en el sexenio de Díaz Ordaz, en una ceremonia que a pesar de que se realizó a altas horas de la madrugada congregó a bastante gente que aplaudió a rabiar.)

En su vida privada, doña Chole era alegre y dinámica. Como no tenía hijos, varios sobrinos se fueron a vivir a la casa presidencial y fueron educados por ella. Acostumbraba invitar todos los días gente a comer y gustaba mucho de los deportes. El profesor Ramón Velázquez, a quien se contrató para dirigir las actividades deportivas de los habitantes de la residencia oficial, relata que la señora era incansable a la hora de jugar tenis, "prolongándose las sesiones algunas veces hasta las dos de la tarde".[185]

Pero su verdadera pasión, que compartía con su esposo, eran los caballos finos. Al general no había cosa que le gustara más que montar y también ella era una gran amazona que salía a cabalgar en hermosos ejemplares que le regalaba don Manuel. Esta afición la supo aprovechar el empresario Bruno Pagliai quien por entonces construyó el Hipódromo de las Américas, que la señora inauguró recibiendo como regalo un palco para ella y el presidente.

¡Qué tiempos aquellos donde los gobernantes se podían tomar tiempo para hacer deporte buena parte del día, pasear, comer con sus amistades o ver cine! Porque a la señora y a su marido les gustaba el cine. Según Carlos Martínez Assad, el presidente dispuso que todas las noches hubiera función de cine en la residencia oficial de Los Pinos y él no se perdía la de los jueves. A su esposa, dice el historiador, "le gus-

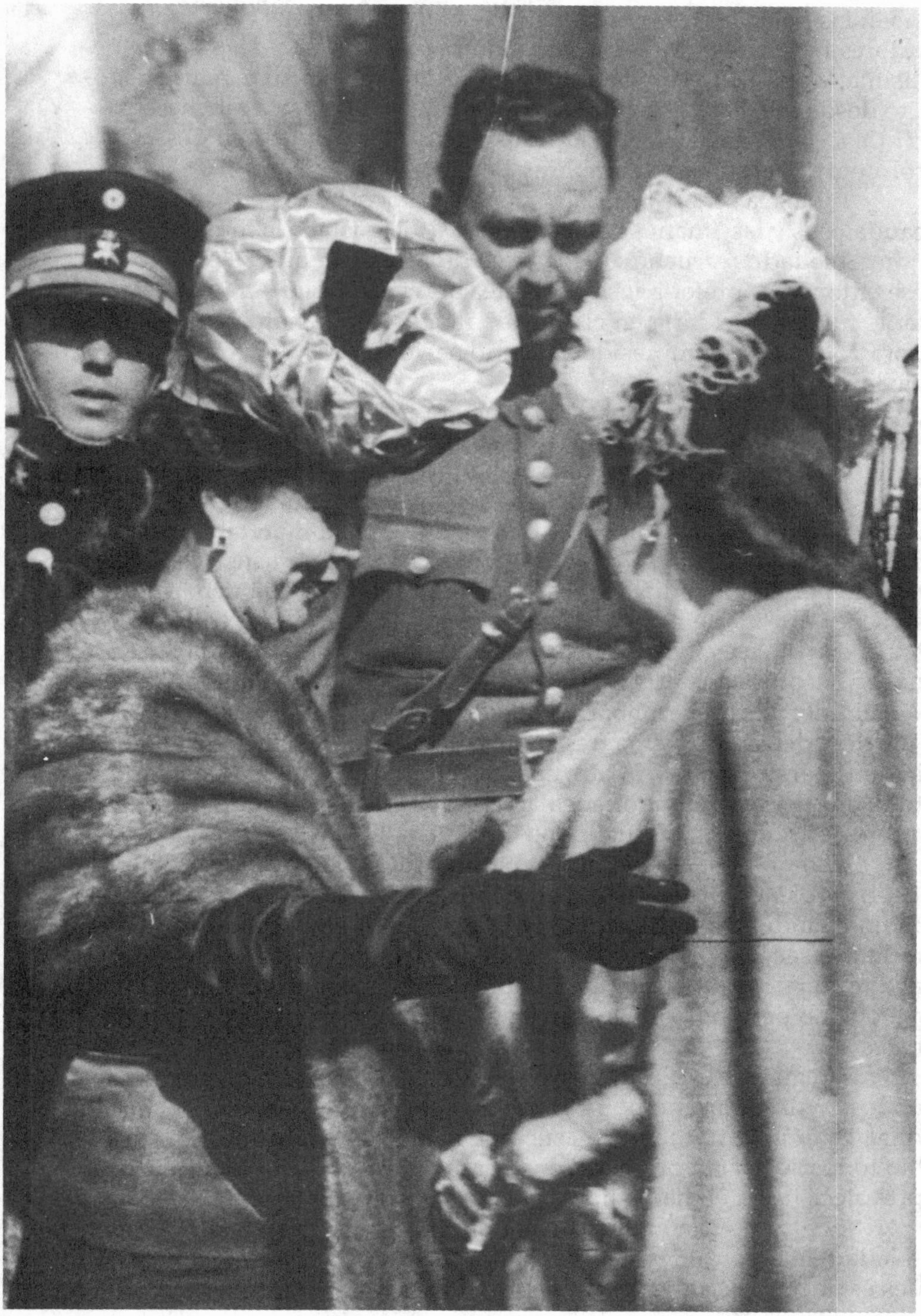

taban las películas que contienen un fondo educativo y humano... con valores familiares".[186] ¡Seguro que vio *El peñón de las ánimas* con la bellísima María Félix y el galán Jorge Negrete que era su cantante favorito desde que había abandonado la ópera por la música ranchera, *María Candelaria* con Dolores del Río y Pedro Armendáriz y *Casablanca* con Ingrid Bergman y Humphrey Bogart!

¿Leía la señora Soledad? ¿conocía al poeta Pellicer, el de los ríos caudalosos y las "manos llenas de color"? ¿le gustaba la música a la señora Soledad? ¿escuchó el *Huapango* de Moncayo que se estrenó por ese entonces o prefería los desplantes bravíos de Lucha Reyes, la cantante que se suicidaría en el año 44? ¿le gustaba la naturaleza a la señora Soledad? ¿se impresionó cuando nació el Paricutín echando ceniza, lava y piedras?

La vida de los Ávila Camacho era tranquila. Él era un hombre sensato y sereno —a diferencia de su hermano Maximino que era un cacique borracho, jugador, mujeriego y matón— y por eso mucho se debe de haber asustado doña Soledad con los tres infartos que le dieron, uno durante la campaña y dos ya durante su mandato presidencial, de los que nada se dijo a la población para no asustarla. ¿Rezó mucho por él? ¿le pidió a las estrellas que le depararan buena suerte a su señor? ¿le cantó mil veces al oído su canción favorita "Dos arbolitos" para que se aliviara? ¿le echó la culpa a la tensión que le ocasionaban los problemas del mundo y los nacionales y a algunas gentes como el líder Vicente Lombardo Toledano que era socialista pero dicen que de todos modos tenía trescientos trajes en su armario, eso sí, todos iguales para que no se notara cuántas veces estrenaba? ("De lo que se trata es que todo mundo tenga acceso a los bienes, no que todos sean pobres", argumentaba cuando lo criticaban.)

Lo que en cambio no pudieron ocultar fue cuando un día de 1944, en pleno Palacio Nacional, el presidente sufrió un atentado. Sucedió cuando se dirigía a sus oficinas y "un joven vestido con ropas militares sacó su pistola y le hizo un disparo". Ávila Camacho detuvo al agresor y resultó ileso. Las crónicas de la época dicen que se salvó porque no perdió la calma. Otros afirman que fue por su chaleco antibalas.

Según algunos autores, éste fue el momento más triste del paso de los Ávila Camacho por Los Pinos. Pero según otros, el peor fue el final, cuando ya nombrado el sucesor, nadie los visitaba más y en cambio todos se hacían presentes en la casa del candidato, costumbre que prevalece hasta el día de hoy.

En su novela *El primer día*, Luis Spota relataría años después la soledad de un presidente en cuanto el poder deja de ser suyo: las grandes estancias y jardines de su mansión vacíos, se arrancan sus retratos de las paredes en las oficinas públicas, desaparece el enjambre de ayudantes y encargados de seguridad y "ya nadie le adivina el pensamiento como antes". Y lo mismo le sucede por supuesto a su esposa, la Primera Dama: "Desde que se resignó a aceptar que todo había terminado para nosotros y que ellos vendrían a apropiarse y a disfrutar de lo que había sido nuestro, la pobre empezó a marchitarse... se le fue el color de la cara y la alegría del cuerpo. Ya no era la misma que había sido antes".[187]

Terminado su periodo en la Presidencia, los Ávila Camacho se retiraron de los reflectores y se dedicaron a una intensa vida social: "Reuniones del jet-set político e intelectual... Entre otros personajes a su residencia de La Herradura llegaron Rita Hayworth, Emil Ludwig, Carlos Chávez, José Clemente Orozco, Juan Rulfo, Dolores del Río, Carlos Pellicer, Eleanor Roosevelt, Harry S. Truman, los príncipes Felipe de Edimburgo y Bernardo de Holanda, los duques de Windsor, Fulgencio Batista, Orson Welles".[188]

Para entonces ya se habían cambiado de casa a un enorme terreno en el que había además de la residencia un rancho ganadero. Tiempo después esta propiedad fue convertida en lujoso fraccionamiento —La Herradura— pero "ellos conservaron más de cinco mil metros de jardín y tres soberbias edificaciones que componían su casa particular, amuebladas y adornadas espléndidamente con muebles italianos y franceses, cuadros y esculturas, porcelanas y platería, vajillas y candiles además de una biblioteca con libros de la disciplina militar".

Don Manuel murió en el año 55. Desde entonces y hasta su muerte en 1996 a los noventa y un años de edad, la señora se dedicó a presidir actos en memoria de su marido. Año con año, vestida de riguroso luto, recibió a los cada vez menos avilacamachistas sobrevivientes que se presentaban el día de la efeméride a rendirle homenaje al general.[189] Están enterrados juntos en el panteón francés de San Joaquín.

Antes de morir, doña Soledad donó al gobierno de México la enorme mansión para "que se dedique en el futuro a residencia ocasional de mandatarios extranjeros en visita oficial a nuestro país, alojándolos con decoro en forma digna que ennoblezca la hospitalidad mexicana".[190]

Historias de conveniencia

1

El primero de diciembre de 1946, protestó como presidente de la República el primer civil que asumía el cargo después de la cauda de militares que había traído consigo la Revolución.

¿En qué acabaron?
aquellos generales
tan gloriosos
¿qué se hicieron?[191]

Se trataba del abogado veracruzano Miguel Alemán Valdés. Su candidatura había enfrentado fuertes oposiciones, entre ellas la del poderoso hermano del presidente Ávila Camacho que quería ser elegido pero que convenientemente murió antes de convertirse en un problema. La votación misma, que muchos tildaron de fraudulenta, había sido impugnada por el perdedor.

Más de tres mil personas presenciaron el acto de toma de posesión en el Palacio de Bellas Artes declarado recinto oficial: "Protesto guardar y hacer guardar la Constitución Política de los Estados Unidos Mexicanos y las leyes que de ella emanan y desempeñar leal y patrióticamente el cargo de presidente de la República que el pueblo me ha conferido, mirando en todo por el bien y la prosperidad de la Unión y si así no lo hiciere, que la nación me lo demande".[192]

Con Alemán daba inicio el "país de los cachorros de la Revolución" como les había llamado el dirigente obrero Vicente Lombardo Toledano a los nuevos políticos, diciendo que eran "los herederos legítimos de Francisco I. Madero y de Lázaro Cárdenas". Con él daba inicio también el país de los licenciados, que sustituían a los generales luego de que la guerra había dejado en todo el mundo un gran recelo contra lo militar y como afirma el investigador norteamericano Robert C. Scott, "había dado lugar a una gran valoración de las formas de la democracia". Y por fin, con él daba inicio el país del PRI, partido que había nacido en 1945 cuando el presidente anterior transformó al PRM: "El país tiene un nuevo y poderoso partido... los principios de la Revolución se consideran ya suficientemente válidos, depurados y claros como para convertirlos en una forma de vida nacional".[193]

Con él también empezó el empuje modernizador de México. Como lo advirtió en su programa de gobierno: "El Estado brindaría la más amplia libertad para las inversiones particulares reconociendo que el desarrollo económico general es campo primordialmente de la iniciativa privada".[194] Desde su discurso de toma de posesión, el presidente dio la bienvenida a los inversionistas y les aseguró que gozarían de sus utilidades sin problema. Y para apoyarlos emprendió una importante labor de construcción de infraestructura —multifamiliares, carreteras, rascacielos, fraccionamientos, aeropuertos, presas— y de creación de instituciones financieras y de servicios. Todo ello sirvió de estímulo a la industrialización: "La primera etapa de la industrialización se acelera hasta alcanzar un ritmo febril... México se aproximaba a ser el país latinoamericano que mejor había sabido adaptarse al clima del capitalismo en la segunda mitad del siglo XX".[195]

La Presidencia se convirtió en un reducto del poder absoluto que negociaba secretamente sus diferencias mientras que públicamente se manifestaba en puras inauguraciones y clausuras, discursos y sonrisas, adulación y aplausos. La imagen típica del sexenio alemanista es la de un montón de niñas vestidas de blanco que rompen los cercos policiacos para entregarle flores al presidente mientras burócratas de traje y corbata gris aplauden. Y es que en ese México todo eran sonrisas, la concordia era la marca del periodo. A derecha e izquierda del espectro político, todos se sumaron al gobierno: desde el socialista Vicente Lombardo Toledano hasta el arzobispo Luis María Martínez, desde el pintor José Clemente Orozco hasta la actriz María Félix, desde los enriquecidos empresarios hasta el ejército, desde los obreros hasta los periodistas. La frase más escuchada en el sexenio fue: "El señor licenciado Alemán y su gobierno cuentan con todo el apoyo sincero y afectuoso de...": "México es uno y obreros y burgueses, campesinos y clasemedieros, católicos, protestantes y ateos, caben en un solo espíritu que detesta a los nazis, admira el cine nacional, reconoce las cualidades del progreso norteamericano, se confiesa romántico oyendo boleros y ama la pobreza si es ostensiblemente pintoresca... ¿Para qué obstinarse en pleitos ideológicos si se tiene a mano la edificación de una sociedad moderna?"[196]

Hasta los vecinos, tanto del norte como del sur, adulan al país y mandan a sus agregados militares y a sus contingentes de cadetes a los desfiles del 16 de septiembre. Nos visitan mandatarios y dignatarios, incluido el presidente norteamericano Truman y el nuestro es recibido apoteósicamente en Washington.

El sistema funciona. Hay estabilidad política y paz social, los negocios florecen, la corrupción es el aceite que lubrica a un sólido entramado de lealtades y recompensas.

Una anécdota ejemplar de la época es la de un policía que detiene un automóvil. Y lo que encuentra es que en él viaja una novia que se dirige a la iglesia para casarse. Pero ni aun así la deja irse si no le da su "mordida", que era en ese tiempo la forma de decirle al dinero que se le daba a alguna autoridad de manera ilegal. Como la joven no traía ni bolso, pues ¡le tuvo que entregar sus arras!

Mover influencias, tener amigos, hacer negocios: ésas eran las consignas. Según Francisco Martínez de la Vega, "el alemanismo es una fórmula práctica para utilizar los recursos del poder en beneficio de un grupo". José Emilio Pacheco describe en una novela al personaje típico de la época: "El poderosísimo amigo íntimo y compañero de banca de Miguel Alemán, el ganador de millones y millones a cada iniciativa del presidente: contratos por todas partes, terrenos, permisos de exportación, constructoras, reventa, contrabando, obras... millones de pesos cambiados a dólares y depositados en Suiza el día anterior a la devaluación".[197]

En *La estrella vacía*, Luis Spota, el novelista del poder, ejemplifica:

"Debían ser las nueve cuando Many la despertó anunciándole la visita de un joven. Media hora después Olga entraba a la sala.

Al verla se irguió rápidamente el joven. Hizo una tiesa caravana:

—Me manda el licenciado Guillén —explicó— con esto para usted...

Le entregó dos llaves atadas con una cadenita de oro. Olga pareció extrañarse.

—El coche está abajo, señorita. Puede usted verlo desde aquí. Yo quedaré a sus órdenes. Mi nombre es Tomás Téllez.

Era un auto espléndido. Un Lincoln Continental blanco, convertible, lujosísimo, forrado de seda. Olga probó la comodidad de los asientos, admiró las aplicaciones, los adornos, los accesorios relucientes.

—El licenciado —habló de nuevo Téllez cuando le entregaba una tarjeta— me encarga decirle que le llame y que le diga si el coche le gustó.

Olga regresó al apartamento, excitadísima. Many le preguntó si había recibido buenas noticias.

—¡Y en qué forma! —repuso, sin reprimir su entusiasmo. ¡Mira qué noticia!

A Many el coche le pareció fantástico y muy merecido por la señorita. Luego, Olga tomó el teléfono. La voz de Guillén al otro lado de la línea:

—¡Bueno! —emitió un gruñido.

—Licenciado —Olga ensayó la entonación más suave— quiero darle las gracias por el coche...

—¿Le gusta?

—Es maravilloso y no encuentro palabras...

—Ni las busque. Prefiero que me las diga en persona.

—Estoy a sus órdenes, mi jefe..."[198]

Este relato que en la novela parecía una exageración, de hecho palidecía frente a la realidad. En una entrevista la actriz María Félix contó: "Jorge Pasquel [figura prominente del grupo alemanista] fue el hombre más espléndido que he conocido. Cuando filmamos la película *Maclovia* en Pátzcuaro dejó en el lago su hidroavión a mi disposición para todo lo que se me ofreciera. Un día se acabó el hielo en el hotel y a las pocas horas ya estaba el hidroavión de regreso de la ciudad de

México con un enorme refrigerador. Él me acompañó hasta Pátzcuaro y nos fuimos por la carretera con seis Cadillacs que nos seguían en fila india. En ellos viajaban los camareros uniformados, barberos, cocinero, valet, tres sirvientas, masajista y hasta un armero. Comimos en un lugar bonito del camino: los criados, en un abrir y cerrar de ojos, pusieron tiendas de campaña, un stand para que Jorge practicara tiro al blanco y una mesa con manteles largos en donde el cocinero nos sirvió un gran banquete...".[199]

"Los Quijotes engordan" escribió Jorge Ferretis, "se vuelven acomodaticios" escribió López y Fuentes. Ésa era la Revolución que les hacía por fin justicia a sus hijos, a sus cachorros, a sus herederos legítimos y que como dijo un periodista con frase afortunada, "se había bajado del caballo para subirse al Cadillac".[200]

2

Y es que muchos Cadillacs y Lincolns y Packards circulaban por las anchas avenidas de la flamante capital, bordeada de altos edificios: "Hay que tirarse de cuarenta pisos para reflexionar en el camino" había escrito List Arzubide. En los nuevos fraccionamientos se construían lujosas mansiones con amplias habitaciones, modernos baños, jardines y "garages", como se les decía copiando la palabra norteamericana a los lugares para estacionar los autos. "El derroche, el lujo, la ostentación sin límite llegaron a la insolencia" escribió Rafael Solana.

Los comercios exhibían sus productos en escaparates profusamente iluminados: "Los escaparates asaltan las aceras" había dicho un poeta y por doquier aparecían anuncios que como había escrito Martínez Sotomayor, "estiran y encogen sus músculos luminosos, enloquecidos por la gimnasia sueca concordante y rítmica: un movimiento por segundo. Uno... dos, uno... dos, uno...".[201]

Eran tiempos aquellos de aire puro, de cielo azul y luz brillante, "la región más transparente" como la había llamado Alfonso Reyes, con el clima tibio y espléndido del valle del Anáhuac, el de "la primavera inmortal" de que hablaba Salvador Novo. La gente disfrutaba de la vida, sobre todo de la nocturna que era muy animada, en los nightclubs donde se bebía y bailaba al ritmo de las grandes orquestas como la de Luis Arcaraz y las mujeres "tiran sus copas a la pista para demostrar su alegría".[202] La música importada de "swing" marca el ritmo, pero también se luce la canción romántica nacional:

Bésame, bésame mucho,
como si fuera esta noche la última vez.

"Se comía en el Ambassadeurs y el Ciro's, en el Centro Gallego, en el Prendes, el Tampico, el Bellinghausen, Las Cazuelas, la Fonda Santa Anita y el Edén... Se adquirían libros en las librerías Robredo, Porrúa, de Cristal y las editoriales Botas y Espasa Calpe producían libros a todo vapor. Las galerías de arte aparecían por todas partes... la ciudad de México cambió su fisonomía, pasó de 46 kilómetros cuadrados a 117 y su población rebasó el millón de personas... el alumbrado público se había extendido y la tira asfáltica también, los ríos se habían entubado, desecado el lago de Texcoco... los carros de mulitas y los viejos tranvías habían dejado el paso a modernos transportes eléctricos y a los camiones de veinte centavos. Numerosos taxis y autos particulares transitaban por sus anchas avenidas, los anuncios eléctricos destacaban, aparecieron grandes aparadores para ofrecer sus mercancías, extendiéndose desde las tiendas más conocidas como la Casa Boker, El Centro Mercantil, El Borceguí hasta los comercios del barrio de La Merced atendidos por árabes (designados con este genérico libaneses y sirios), españoles y judíos. Las marcas extranjeras llenaban los espacios periodísticos: Colgate, Bour Jois, Richard Hudnut, High Life, Hinds, Barbara Gould, Coca Cola, Easterbrook, Parker."[203]

Nunca como entonces se divirtieron tanto los ricos y los políticos con sus amantes, viajes y joyas. Como dice José Agustín, "había una atmósfera de fiesta colectiva".

Además de la vida nocturna en la capital, estaban las míticas parrandas en Acapulco. La Quebrada lucía iluminada y desde el restaurant La Perla, la internacional concurrencia le aplaudía al clavadista que se echaba al mar en mitad de la noche. ¡Y allí estaba, en una de las mesas, la bellísima Rita Hayworth acompañada de alguno de sus célebres galanes!

Los teatros están llenos de espectadores, los jardines de paseantes y los mercados de flores, frutas y verduras. "En las casas empezaban a aparecer las aspiradoras y los frigoríficos que se pagaban a plazos. Los bienes raíces alcanzaron gran auge, nacieron nuevos barrios residenciales y las otrora despobladas colonias fueron ocupadas hasta sus últimos reductos. Las instalaciones industriales aumentaron y el combustible quemado fue impregnando el aire."[204]

El cine mexicano compartía las salas de exhibición con el norteamericano y ponía en pantalla las nuevas situaciones sociales (*Nosotros los pobres* y *Ustedes los ricos*, *Una familia de tantas*), y la vida de noche que estaba en su apogeo (*Aventurera*, *Sensualidad*). Las películas de Cantinflas hacían reír porque llevaban a la exageración los modos de ser del mexicano. No faltaban por supuesto las de la Revolución y las que daban fe de los nuevos ideales emanados de ella (*Río escondido* en la que aparece el perfil del presidente de la República que le encomienda a la maestra rural que cumpla con su trabajo y la felicita cuando lo hace).

El público conoce y adora a las estrellas del entretenimiento moderno por excelencia, en ésa que se considera la "época de oro" del cine mexicano: Jorge Negrete y María Félix, Pedro Infante y Dolores del Río, Pedro Armendáriz y Gloria Marín. Y por supuesto, también a las divas y a los galanes de Hollywood.

¡Qué cosmopolitas y modernos nos sentíamos! ¡La gente hasta dejó de hacer siesta porque eso era muy provinciano y había demasiado que hacer! O al menos así parece en las secciones de sociales de los periódicos que retratan las diversiones de la gente bien: sus tés canasta y sus bodas, sus bailes de sociedad como el famoso "Blanco y Negro" y los de beneficencia, sus viajes y vacaciones. El cronista llamado "duque de Otranto" publica dos gruesos volúmenes con tapas de fino terciopelo rojo para dar fe de quienes, según él, conformaban lo más granado de la sociedad mexicana. Y para no hacerle el feo hasta incluye a la Primera Dama de la nación.[205]

La moda era favorecedora. Trajes sastre, vestidos de línea sencilla, zapatos de tacón ancho, medias con una gruesa costura que subía por la pierna, labios de color rojo intenso. Las mujeres se veían femeninas y elegantes. Los vestidos de noche eran largos, se llevaban con guantes hasta el codo y con estolas de mink en tonos gris y café claro. El señor Matsumoto cultivaba orquídeas y en las ocasiones especiales los maridos enviaban a su esposa un "corsage" que se ponía del lado izquierdo del vestido, casi a la altura del hombro, y que después se guardaba por varios días en el refrigerador.

También los pobres se divertían. En las cantinas se bebía bajo un letrero que advertía: "Se prohíbe disparar". Llenos estaban los cabarets y teatros de revista en los que Ninón Sevilla y Tongolele aparecían en bikini, pero sin enseñar el ombligo pues eso estaba prohibido, o María Victoria, enfundada en un vestido untado que hacía destacar su enorme trasero, cantaba con sus célebres pugidos "Cuidadito, cuidadito, cuidadito". Llenos estaban los animados salones de baile —el Smyrna, el Colonial— en los que los parroquianos se movían a ritmo de danzón y del nuevo ritmo de mambo que trajera desde Cuba Pérez Prado. Y en el Salón México, desde su fundación, un letrero advertía: "Se prohíbe tirar colillas porque las damas se queman los pies".

Y todos, ricos y pobres por igual, terminan la noche en los caldos de Indianilla.

Y allí están los ritos inmutables para dar fe de la estabilidad: cada 15 de septiembre el Grito y el festejo posterior en Palacio Nacional para los invitados especiales y en el Zócalo para el pueblo y cada día 16 los desfiles militares y una vez al año el informe, ese discurso

grandilocuente lleno de cifras que relatan lo que se había hecho y que apuntalan el progreso.

Tanta es la felicidad nacional que hasta el delegado apostólico se permite volverse poeta a la hora del elogio: "México, como en majestuoso navío atravesando el oceano del progreso y la civilización, surcando las olas mansas en la bonanza y adelantándose soberanamente hacia destinos de gloria. En el puente de mando se yergue el experto capitán, el jefe de la nación, el presidente de la República... Bajo su mando y dirección México avanza en la trayectoria de su prosperidad".[206]

Muchos pensaban como él. En su libro *El laberinto de la soledad*, Octavio Paz escribiría: "Hemos dejado de ser materia inerte sobre la que se ejerce la voluntad de los poderosos. Éramos objetos, empezamos a ser agentes de los cambios históricos... Somos por primera vez en nuestra historia contemporáneos de todos los hombres".[207]

3

La señorita Beatriz Velasco Mendoza había nacido en la ciudad de Guanajuato del estado del mismo nombre, aunque su familia era de Celaya. Se había casado con el joven Miguel Alemán Valdés en 1931, el mismo año en que él se había recibido de abogado y cuando se iniciaba en la política (como auxiliar del ayudante del asesor del licenciado) por cuyos escalones subiría con rapidez. Los había presentado en la ciudad de México un cuñado y el cortejo había comenzado inmediatamente. El joven era huérfano de padre y carecía de recursos, de modo que cuando la visitaba, se quedaban en casa oyendo la hora íntima en la XEW:

> *Mujer, mujer divina,*
> *tienes vibración de sonatina pasional.*

A veces la invitaba a dar una vuelta, a comer un helado o al cine, quizá de excursión a Xochimilco. Eso era todo, pues no tenía con qué. Pero seguramente a ella le gustó su sonrisa seductora que con el tiempo se haría famosa por irresistible. Por su parte, el propio Miguel Alemán escribiría en sus *Testimonios y remembranzas* que la joven de dieciocho años le atrajo por ser "de finísimo trato y con una gracia natural que me cautivó tanto como sus hermosos ojos azules".[208] Muy probablemente también lo cautivó su buena posición social y económica.

La boda religiosa se efectuó en la iglesia de San Cosme. La novia llevaba un vestido de terciopelo color marfil. Y la civil en casa de los padres de Beatriz en la calle Durango, luego de la cual se sirvió un banquete en el restaurant El Retiro. Se trató de un acontecimiento social, que salió en los periódicos con todo y foto. La luna de miel fue en San Antonio, Texas, hasta donde la joven pareja se fue por tren.

Doña Beatriz fue una "dama de la más pura cepa provinciana, amante del hogar y de su familia, experta en las labores femeninas como la alta costura, el bordado, el tejido, y por supuesto la cocina, actividades a las cuales dedicó buena parte de su tiempo, pero ante todo, defendiendo con gran celo la paz y la tranquilidad de su casa".[209]

Ella estaría al lado del licenciado Alemán durante sus cargos como magistrado, senador, gobernador de su estado natal y secretario de Gobernación, pero según se rumoraba entonces, ya estaban separados cuando él fue nominado candidato a la Presidencia y se volvieron a juntar para dar la imagen de familia que la sociedad exigía.[210]

Y una vez que entraron a vivir a Los Pinos, la señora siguió la tradición y acompañó al presidente de la República en las ceremonias y recepciones oficiales que señalaba el protocolo, entre las cuales la más sonada año con año era la del Grito de Independencia. La familia completa salía al balcón central de Palacio Nacional y después estaba presente en la recepción para los miembros del gabinete, el cuerpo diplomático y los invitados especiales, elegantemente ataviados y alhajados.

La señora se ocupó también, como ya era costumbre, de la atención a la niñez desvalida: "Desde que el señor licenciado Miguel Alemán se hizo cargo de la Presidencia de la República, mi principal preocupación fue la de estar en posibilidad de atender los urgentes y complicados cuadros de las clases necesitadas que por su situación económica no pudieran bastarse a ellas mismas y sobre todo el problema de la niñez, muy especialmente el de la alimentación del niño en sus primeros años. Además, reviste superlativo interés la vigilancia de la salud de la madre, no sólo cuando ésta se halla en estado de gravidez sino también en el periodo postnatal para que el niño nazca en condiciones normales y reciba a su debido tiempo las atenciones requeridas sin descuidar para ello la falta de recursos de aquellas madres que viven en condiciones precarias. Por todo lo anterior, se concibió la idea de crear la Asociación Pro Nutrición Infantil, consagrada especialmente al estudio y solución de este problema capital, ya que para todos los habitantes del país y para nuestro espíritu de mexicanos, debe ser más humano y más lógico pensar en el niño que significa esencialmente el espíritu de la Patria".[211]

Así fue como nació la Asociación Pro Nutrición Infantil, con domicilio en la ciudad de México, que se propuso distribuir desayunos que costaban veinte centavos —pues se consideraba fundamental que los niños no los percibieran como caridad— así como orientar a las madres sobre hábitos de higiene, vacunación y nutrición.[212] Una idea animaba esa labor: "El niño bien nutrido es la primera piedra, base de una familia. La familia es el espíritu de una raza fuerte".[213]

La labor social de esta asociación se mantenía gracias a donativos de particulares —como los que daban los ricos empresarios Loren-

zo Servitje y Bruno Pagliai— y a fondos conseguidos mediante festivales y espectáculos que presidía la Primera Dama y también gracias a la ayuda gubernamental y de algunos organismos internacionales como la FAO.

Además se abrieron albergues, clínicas, asilos y dispensarios —uno de ellos en la propia residencia oficial— y se construyeron dos institutos gemelos, uno para la recuperación de la vista y otro para la recuperación del oído, mismos que se levantaron en la zona de Coyoacán y que fueron inaugurados por el presidente en noviembre del año 52, casi al terminar su periodo, con sendas placas que dicen: "Construido a iniciativa de la señora doña Beatriz Velasco de Alemán".

Por supuesto, en las fechas significativas la señora continuó con la tradición de hacer festivales con repartos de ropa, juguetes y dulces a niños y mujeres de escasos recursos. En su sexenio los regalos llegaron a ser magníficos: en el día de las madres el gobierno del D.F. regalaba nada menos que casas en diferentes rumbos de la ciudad, llevando a su punto más alto la celebración de esa fecha con todo su sentimentalismo. El 10 de mayo de 1949, doña Beatriz inauguró el monumento a la madre que aún está en el parque Sullivan de la capital, con una placa que lo dedicaba: "A la que nos amó antes de conocernos".[214]

Según el más célebre cronista de sociales de la época: "La excelentísima señora de Alemán ha tenido siempre, desde su más tierna edad, gran afición por la costura, sobre todo para la confección de sus vestidos, actividad a la que ha dedicado siempre gran parte de su tiempo".[215] Por eso fundó un club de tejido y costura que funcionaba en casa de Hortensia Calles de Torreblanca, tesorera de la asociación, en el cual las esposas de los funcionarios del gobierno preparaban canastillas que donaban al Hospital General de México.[216] Con ella se iniciaría la costumbre de que cada Primera Dama diera prioridad y volviera públicas las actividades que respondían a sus gustos o intereses personales. En su caso fue la costura, en otros sería la educación, el fomento a las artesanías o el apoyo a la música.

Durante el periodo presidencial nació el último de los hijos de la pareja: "La señora doña Beatriz Velasco de Alemán es la primera esposa de un Presidente en cincuenta años en dar a luz a un hijo durante el gobierno de su esposo" escribió un periodista. El licenciado Alemán no la pudo acompañar en el hospital durante el alumbramiento pues sus ocupaciones se lo impidieron. Por lo demás, tampoco lo había hecho en el de los dos hijos anteriores.

Pero en este caso sucedió que por esos días vino a México en visita oficial el presidente de Estados Unidos Harry S. Truman. Era el suyo un viaje de amistad y buena voluntad al país que había sido su aliado durante la guerra. Su esposa Besse "tuvo que desistir de acompañarlo puesto que la señora Alemán se encontraba hospitalizada después del parto y la Primera Dama norteamericana no quiso complicar las rígidas cuestiones del protocolo". Tampoco pudo la señora Alemán acompañar a su marido en la visita oficial que éste hizo poco después a Washington y en la que fue recibido con grandes honores.

Aunque los Alemán conservaron su lujosa residencia particular en la colonia Polanco —en la calle Fundición, hoy Rubén Darío, una hermosa avenida frente al bosque de Chapultepec— se cambiaron a la residencia oficial de Los Pinos unos meses después de la toma de posesión. Para ese momento, a la original que habitaron Cárdenas y Ávila Camacho, se le había agregado una casa adyacente y se había arreglado todo el conjunto "hasta darle las comodidades y prestancia adecuadas a su función, que no era sólo la de habitación para la familia del presidente sino también de oficinas y de lugar de recepción para visitantes extranjeros distinguidos".

La señora Beatriz la decoró en estilo francés, con muebles y objetos traídos de ese país europeo: cómodas de Boulle, sillones Luis XV y Luis XVI, esculturas de bronce y mármol, porcelanas de Sèvres y Limoges, candiles de Baccarat, jarrones de Meissen, tapetes persas y chinos, cuadros. Entonces no estaba de moda ni se apreciaba lo autóctono mexicano, de modo que seguramente ni siquiera se planteó que pudiera decorar la casa de ese modo para con ello hacer algún tipo de afirmación nacionalista. Ésos eran tiempos en que por el contrario, queríamos ser cosmopolitas. Cuando años después las cosas cambiaron, su hija Beatriz se sintió obligada a justificar la elección: "Por ser una casa que iba a dar la imagen de México al mundo, se pensó no exactamente en mostrar lo nuestro sino en mostrar que también sabemos reconocer y asimilar lo bueno que Europa nos había legado".[217]

En 1950 empezaron las transmisiones de la televisión. Entre las privilegiadas que pudieron ver las primeras —el último informe presidencial fue una de ésas— que se hicieron desde el canal XHTV-4 cuyas oficinas se instalaron en el edificio de la Lotería Nacional, que era el más alto de México, estuvo la Primera Dama, gracias a que las empresas RCA Víctor y General Electric repartieron aparatos entre los funcionarios del gobierno y por supuesto al presidente de la República le tocó uno. Dicen quienes los conocían que el momento fue tan emocionante que el entonces muy joven Miguel hijo tomó la decisión de que se dedicaría a eso. Y hoy sabemos que lo cumplió y en grande, como directivo de una de las empresas televisivas más importantes del mundo.

¿Llevó la señora uno de estos aparatos a su casa de Cuernavaca donde pasaba los fines de semana con sus hijos aunque sin su marido que prefería irse a Acapulco?

Y es que al presidente, como buen jarocho que era, le gustaba

divertirse. Muchas fiestas hubo en la residencia oficial durante el sexenio. Cada aniversario de bodas, don Miguel bailaba con su esposa
"Aquellos ojos verdes", interpretada para ellos por alguna de las orquestas de moda, pero la de más postín fue la del matrimonio civil de
su hija Beatriz para la cual "fueron abiertos por primera vez a la sociedad mexicana y al mundo diplomático y político nacional e internacional los salones de la nueva residencia".[218] Como existía una tradición
laica para el gobierno mexicano, la boda religiosa no fue en Los Pinos
sino que se llevó a cabo en el lujoso rancho de los Ávila Camacho allá
por La Herradura.

Los artistas y cantantes más famosos del momento se presentaban en la casa presidencial para entretenerlo a él y a sus invitados. Era
el tiempo de oro del llamado "flaco de oro", el compositor Agustín Lara que cantaba:

Acuérdate de Acapulco,
María bonita, María del alma.

O aquella canción que le recordaba su tierra al presidente:

Veracruz, rinconcito
donde hacen su nido las olas del mar.

La señora Beatriz no asistía a esas fiestas privadas del presidente. Según Francisca Acosta Lagunes, "no le gustaba mezclarse con asuntos de la política y como él recibía a muchos políticos en su casa y organizaba desayunos y comidas, de plano mandó construir un comedor aparte".[219]

Quizá lo que sucedía es que él no la convidaba, porque a esos saraos no sólo acudían políticos como Fidel Velázquez o empresarios como Carlos Trouyet sino también artistas de cine, modelos y vedettes. Y es que si algo hizo famoso a Miguel Alemán fue que le encantaban las mujeres y no se privaba de recibirlas y atenderlas. ¡Tal vez por eso fue entonces cuando se le dio fuerte impulso al concurso de belleza Miss México! Se decía que si se quería conseguir algo del presidente,

bastaba con enviar un contingente femenino acompañando al peticionista y entonces era seguro que los recibía. Él mismo cuenta en sus memorias que le gustaba escuchar las conversaciones femeninas sobre chismes y vestidos, "que cómo estuvo el baile", "que de qué tela más corriente era el vestido de la Chata".

¿Sabía la señora Beatriz de las fiestas que hacía su esposo en Baja California a las que según la revista norteamericana *Time* llegaban aviones cargados de invitados y bellas señoritas a una casa magnífica que le regalaron los fraccionadores de allá con tal de que el gobierno mandara a construir los caminos y pusiera los servicios?

¿Sabía la señora Beatriz que a su marido le decían Alí Babá y a sus colaboradores los cuarenta ladrones porque se habían vuelto riquísimos? ¿se preguntó alguna vez de dónde salió tanto dinero o simplemente lo aceptó sin mayores cuestionamientos? ¿tenía idea de las dimensiones de los negocios que hacían y de la corrupción o también se hacía de la vista gorda y del oído sordo? Escribe Adolfo Osorio: "La de Alemán es la historia de un abogadito ratonero que unos años antes vivía en una paupérrima casucha olorosa a humedad y mandaba ponerle medias suelas a sus zapatos y hoy le compra el sistema planetario a su esposa para que se adorne el cuello y las orejas, les regala mansiones a sus queridas y amontona millones en los bancos nacionales y extranjeros".[220]

¿Sabía la señora Beatriz lo que pasaba más allá de su casa en esa ciudad a la que el poeta Efraín Huerta encontraba llena de cinismo? ¿sabía que en los nuevos y flamantes edificios de la Universidad Nacional daban clase los mejores pensadores del momento (aunque a José Gaos y a sus discípulos les gustaba más ir a la cantina La Rambla)? ¿había leído al escritor José Revueltas que negaba el optimismo alemanista y decía que lo único que teníamos era "un sucederse de agonías desde la época de la raza antigua color de cobre" y afirmaba que el nuestro es un "país de mestizos con la sangre envenenada", un "país de muertos caminando, hondo país en busca del ancla, del sostén secreto"?[221] ¿cómo se explicaba que algunos vieran a México de manera tan trágica y otros tan alborozada? ¿se lo preguntaba siquiera? ¿pensaba ella, la inauguradora del monumento a la madre, en aquellas madres sufridas y agotadas que empezaban a trabajar muy de madrugada echando las tortillas y seguían trabajando tarde en la noche atendiendo, recogiendo, sirviendo, preparando? ¿pensaba en esas mujeres como las que describió Magdalena Mondragón: "Se tragó sus lágrimas pero una fuerza interior la obligaba desde hacía años a la lucha... No era ella sola, muchas madres han hecho lo mismo en horas de convulsión y de prueba"?[222]

Cuando terminó el periodo presidencial, la señora Alemán se fue a su casa mientras su marido, nombrado para presidir la recién creada Oficina de Turismo de México, se dedicó a viajar y a salir retratado en los periódicos acompañado de hermosas mujeres, una de las cuales, la más asidua, era la guapa brasileña Leonora Amar.

Entre las personas que la conocieron, algunas aseguran que a veces la señora se ponía celosa pero la que más se enojaba por las andanzas de don Miguel era su hija Beatriz (a la que llamaban cariñosamente la Chata) quien nunca aceptó a una hija que tuvo su padre con una mujer austriaca y que años después, cuando éste se encontraba postrado en su lecho de muerte, sería su visitante más asidua.

La señora Beatriz se fue amargando y enfermó. Según Acosta Lagunes: "Le dio una hemiplejia y así vivió hasta diciembre de 1981, cuando falleció". Y aunque el licenciado murió varios años más tarde, están enterrados juntos.

Por aquel entonces Tomás Perrín escribió unos versos que se publicaron en *Últimas Noticias* de *Excélsior*:

> *Del bien que calladamente*
> *hizo a muchos, fui testigo.*
> *¡Sí! por su dulce y silente*
> *ayuda a la humilde gente,*
> *la recuerdo y la bendigo.*[223]

5

Francisco Gabilondo Soler, conocido como Cri-Crí el Grillito Cantor, era un personaje muy querido por el público, porque componía canciones para niños, pero no faltaba quien les encontraba doble sentido. Así sucedió a la hora de la sucesión cuando se hizo famosa la que decía:

> *Corren los caballitos,*
> *los grandotes y los chiquitos,*
> *porque allá en la caballeriza,*
> *la comida se sirvió...*

Y es que desde mediados del año 49, se sentía la agitación por la sucesión presidencial. Un rumor empezó a correr que hablaba de reelección o "prorrogismo" como gustaban decir sus propagadores. Pero la feroz oposición de importantes personalidades, entre ellas el general

Cárdenas, hizo que el asunto no prosperara y el propio Alemán lo desmintió. De modo que las cosas siguieron su curso normal, lo cual en esa época quería decir que entre los varios nombres que sonaban como posibles candidatos, uno de ellos era "el tapado" que sería elegido a su debido tiempo por el presidente.

Según el investigador norteamericano Robert C. Scott, en México se había vuelto costumbre que se alternaran para la Presidencia de la República "un joven y dinámico líder que efectúa grandes cambios con un administrador que viene al puesto para consolidar los hechos".[224]

Y así fue. Del mismo modo como el sucesor del radical Cárdenas había sido el moderado Ávila Camacho, así el que siguió al empresario Alemán fue el señor —pues no era licenciado ni tenía título alguno— Adolfo Ruiz Cortines, veracruzano también y civil también (aunque algunos afirman que fue capitán en tiempos de Carranza pero que obtuvo su retiro del ejército), quien había sido secretario de Gobernación con Alemán y "cuya reputación se basaba más en su éxito como administrador y burócrata que sobre el esplendor de las campañas políticas". Carlos Fuentes lo dice de modo contundente: "A la agitación de la bamba jarocha con la que Miguel Alemán pretendía hacer simpática su política del saqueo nacional... sigue la severidad gris y moralizante de Ruiz Cortines".[225]

El nuevo mandatario tomó posesión el primero de diciembre de 1952, en el Palacio de Bellas Artes convertido en recinto oficial. Como ya se había vuelto costumbre, después de la ceremonia resonaron veintiún cañonazos y dio principio un desfile militar en el que quince mil hombres recorrieron las principales avenidas de la capital rumbo a la Plaza de la Constitución, mientras dieciséis escuadrillas y dos escuadrones de la fuerza aérea sobrevolaban la zona, para así mostrarle su apoyo. Éste era importante porque su periodo presidencial se había iniciado con un fuerte zafarrancho de los seguidores del candidato perdedor, el general Henríquez Guzmán, mismo que fue violentamente reprimido.[226]

En su discurso inaugural, Ruiz Cortines se distancia de su antecesor y habla de "justicia social" haciendo promesas que eran al mismo tiempo críticas al régimen anterior por derrochador y corrupto: "Recordó la modestia de los recursos nacionales y la necesidad de usarlos con razonada moderación. Señaló las carencias de las mayorías y en tono dramático habló de un plan de emergencia para poner al alcance del pueblo el maíz, el frijol, el azúcar o el piloncillo, las grasas comestibles, la manta, la mezclilla y el percal" y afirmó que sus colaboradores "se sujetarían a patrones de honestidad administrativa más rígidos que nunca... Seré infalible con los servidores públicos que se aparten de la honradez y la decencia", dijo.[227]

Don Adolfo tenía sesenta y dos años cuando recibió el cargo y por eso le llamaban "el viejito". Una anécdota de la época cuenta que cuando le criticaban su edad acostumbraba responder: "No me eligieron para semental sino para presidente y el pueblo será testigo de que en esa tarea sirvo. Lo otro no es de su incumbencia".[228]

Ruiz Cortines tenía fama de ser liberal y admirador de Hidalgo, Morelos y Juárez, Madero y Carranza. Se decía que incluso, por el lado materno, descendía de personajes célebres del siglo XIX como Zarco y Altamirano. Era un hombre de pocas palabras, pero las que pronunciaba iban bien cargadas de ironías y sobrentendidos. Era metódico y supersticioso —dicen que en el bolsillo del pantalón cargaba siempre un palillo para poder tocar madera cuando se ofreciera y jamás pasaba debajo de un andamio—, honrado —cosa excepcional en ese México de Alí Babá y sus mucho más de cuarenta ladrones— y austero (más bien tacaño según afirman quienes lo conocieron), lo que llevaba hasta sus últimas consecuencias pues no aceptaba regalos y mandaba a su esposa a devolver los que les enviaban. No quiso ni arreglar la casa de Los Pinos pues le pareció que como estaba servía bien a su propósito, viajaba en tren y no en avión y durante sus giras se alojaba en las habitaciones más económicas de los hoteles.

Era mañoso y muy terco (hasta taimado según muchos) pero supo manejar los hilos de la política mexicana tan complicada y enredada y tener la paciencia necesaria para siempre salirse con la suya. Por eso su biógrafo Rodríguez Prats lo califica de "político clásico".[229]

Su obsesión por la elegancia y la pulcritud lo hacían objeto de burlas y chistes, sobre todo porque andaba muy atildado y usaba corbata de moño, que ya entonces estaba pasada de moda. Le gustaba jugar billar y tenía pasión por el dominó al que se dedicaba todos los sábados por la tarde con sus amigos, con los que se seguía reuniendo como antes de ser presidente. Con su atuendo y su modo de ser, don Adolfo era el ejemplo perfecto de un catrín o como decía el pintor Siqueiros, "un embrión de dandy porteño". Escribe Jorge Hernández:

María Izaguirre de Ruiz Cortines, "gozosa de la vida y divertida", pero también creyente y devota

México...
necesita
un hombre fuerte
un presidente enérgico
que le lleve la rienda...
Yo soy ese
solitario,
odiado,
temido
pero amado.
Yo hago brotar las cosechas
caer la lluvia
callar el trueno
sano a los enfermos
y engendro toros bravos.
Yo soy el Excelentísimo Señor
Presidente de la República.[230]

La presidencia de Ruiz Cortines permitió terminar y consolidar la obra de Miguel Alemán, concluyó los pendientes, ordenó los asuntos, tomó las decisiones, protegió la paz y la unidad y se rodeó de cortesanos y burócratas, de un parlamento domesticado y de una prensa servil. Y el discurso siguió siendo el de alabar a la Revolución.

Según la costumbre, impulsó obras públicas, repartió tierras y se interesó por la educación. Y como aportación propia, embelleció la capital, cuyo regente mandó a sembrar flores por todas partes, lo que dio lugar a muchos chistes.

Fue entonces cuando se inauguró el que sería el edificio más alto del país, la Torre Latinoamericana, que con sus 180 metros de altura se convertiría en el símbolo del México moderno frente al Ángel de la Independencia que representaba al México porfirista. El supuesto enfrentamiento entre ambos adquirió significado cuando durante un temblor a mediados del año 57 (exactamente un siglo después del más fuerte que se había registrado durante el XIX) la majestuosa estatua cayó por tierra y aunque rápidamente fue restaurada y colocada en su sitio, no por eso dejó de causar estupor entre los capitalinos que miraron fascinados cómo la enorme torre de oficinas sí se mantuvo incólume en su sitio. Nunca como entonces parecía más cierto aquello de que la ciudad se llenaba de rascacielos y de que la modernidad era lo mejor que nos podía suceder.

Eran buenos tiempos esos, los años cincuenta, el país tranquilo y trabajando, aunque para ello las mayorías siguieran en la pobreza y para sostener la fachada de progreso se tuvieran que pedir préstamos al extranjero y devaluar el peso que de 8.70 se llegó a cotizar en 12.50 pesos por un dólar, lo cual dio lugar a una canción:

Sube el rubio,
baja el prieto
y en el pueblo hay desazón;
oye güero,
estáte quieto,
ya está bien de vacilón.[231]

Lo que más le interesaba a Ruiz Cortines eran las instituciones y sentía gran respeto por la investidura. Dicen que cuando se le salía una mala palabra (y se le salían muchas porque como buen veracruzano era muy mal hablado) era a ella, a la investidura, a quien pedía disculpas y no a sus interlocutores. Por eso Rodríguez Prats lo llama "el enamorado de las formas".

Carlos Fuentes caracteriza así a la época: "Ni el radicalismo de Cárdenas ni el derechismo de Alemán; el gobierno mexicano se ubica en el espacio puro, vacío e ilocalizable del centro. Desde allí dirime, obsequia, advierte, cumple funciones de árbitro y padre benévolo de todos los mexicanos, sin distingos de clase o de ideología; levanta el templo de la unidad nacional, iglesia que distribuye hostias a unos cuantos, tacos a la mayoría, sermones idénticos a todos, excomuniones a los descontentos, absoluciones a los arrepentidos, conserva el paraíso a los pudientes y se los promete a los desheredados".[232]

6

En el año de 1914, el de la invasión norteamericana a Veracruz, el joven Adolfo había conocido a la que sería su primera esposa, la señorita Lucía Carrillo Gutiérrez, hija del general y exgobernador de Chihuahua Lauro Carrillo. Ella había llegado al puerto para iniciar un viaje a Europa y un cuñado los presentó. Así que al volver a México, Adolfo la empezó a visitar en su domicilio de la calle Reforma. "Fue desde el principio un romance apasionado. La familia de la novia se opuso al noviazgo con excepción de doña Adelita que se convertiría en su suegra", dice Rodríguez Prats. En sus *Memorias*, Gonzalo N. Santos afirma que la razón por la cual no lo querían en esa casa era por sus dos famas, una de mujeriego y otra de traidor a la patria. La primera la había adquirido por sus asiduas visitas a antros y burdeles y la segunda, porque durante la invasión norteamericana había permanecido como si nada en su puesto de la aduana, cosa que el susodicho siempre negó y que según José Luis Melgarejo se le atribuía por las acciones de un homónimo.

De todos modos se casaron, el 31 de diciembre de 1915, cuando él tenía veintiséis años de edad y ella unos cuantos más. Según cuentan, para obligar a la familia de ella a aceptar el matrimonio, el hombre fingió que iba a morir por una enfermedad —el tifo— de la que finalmente "resultó" que se curó. Y es que la señorita Lucía ya estaba para entonces embarazada del "Faquir" (apodo con el que se conocía a Adolfo, uno entre muchos, pues también le decían "el tío Coba" y "el Mayor").

Una vez más como tantas en la historia de México, se casaba una señorita de buena posición con un joven sin recursos ("muy jodido" según escribió sin elegancia alguna el pintoresco cacique potosino Gonzalo N. Santos), huérfano de padre y criado por su madre y su hermana (a quienes él adoraba). Y lo hacía a pesar de la oposición de su familia.

Por las chambas del señor dentro del escalafón de la burocracia política, la pareja se fue a vivir a la ciudad de México, en una casa de la calle de Durango en la colonia Roma, donde procrearon cuatro hijos de los cuales sólo uno sobreviviría.

Según doña Teresa González Salas de Franco, la señora Lucía tenía muy mal genio.[233] Y es que, aseguran quienes la conocieron, siempre le chocó la política. Y por eso se fueron distanciando hasta que el matrimonio se disolvió en 1935, cuando don Adolfo era oficial mayor de la Secretaría de Gobernación.

Poco tiempo después, paseando por Veracruz, el hombre se encontró con una antigua novia, María de los Dolores Izaguirre, hija del capitán de fragata Manuel E. Izaguirre, que para entonces ya estaba divorciada de su primer marido, era viuda del segundo y tenía dos hijos.

Parece que la idea de casarse no la tuvo él sino que alguien se la sugirió, pues para hacer carrera en la política y sobre todo para llegar hasta el puesto más alto, era necesario tener una familia y una apariencia de vida "normal". Quién sabe si esto es cierto y si como cuentan, ambos se pusieron de acuerdo para formalizar el matrimonio como un negocio que a los dos les convenía o si las suyas fueron razones menos materiales. El hecho es que en 1941 firmaron los papeles. "Los dos eran de edad y experiencia cuando se casaron" afirma Rodríguez Prats.

Con el tiempo don Adolfo llegó a querer bien a doña Mariquita (como la llamaba) y llegó a decir que "su estrella había empezado a cambiar y a volverse buena desde que había contraído nupcias con ella".[234] La señora por su parte, llegó a tener gran ascendiente sobre su marido.

María Izaguirre era una mujer elegante. Estaban entonces de moda las cinturas estrechas con las faldas hamponas y los cabellos peinados en complicados "chongos" que se detenían con "laca", como se le llamaba a la pegajosa goma que servía para construirlos. Doña María se peinaba con uno de éstos, lo que "la envejecía mucho" según decía Novo, pero le confería elegancia. Estaban también de moda las estolas de piel y de éstas, así como de mantillas, doña María tenía una bien surtida colección y las lucía con garbo. Según Tere Márquez era una mujer "gozosa de la vida y divertida".[235] Hablaba varios idiomas, tocaba el piano, le encantaban los inventos modernos como el avión, que a su marido, chapado a la antigua, le daban miedo, le gustaban las buenas conversaciones y era muy aficionada al teatro. Amiga personal de Salvador Novo, iba con él a las funciones y a comer a restaurantes. Entre sus favoritos estaban La Capilla, propiedad de don Salvador, con su célebre sopa de queso y el Paolo del hotel Regis a donde servían cocina italiana que mucho le agradaba.[236] Según el cronista, la señora María: "Es muy delgada, con su pelo entrecano, pero vivaz, alerta y se conoce que de muy franco y sencillo carácter... muy llana y muy simpática... tan adorable señora...".[237]

Pero lo que más le gustaba hacer y a lo que dedicaba muchas de sus noches era a jugar a la baraja. Eran legendarias sus desveladas hasta altas horas de la madrugada por la canasta, en las que encerraba a sus invitadas quienes no se podían ir hasta que ella se levantara de la mesa (y muchas veces ya había amanecido) y en las que, para angustia de muchas señoras, tenían que apostar fuerte.[238]

Quizá por esa forma de ser es que se corrieron tantos chismes y rumores sobre la señora. Pero por lo visto, a ella ni le fueron ni le vinieron.

María Izaguirre era sumamente devota. Un día antes de que su marido tomara posesión fue a rezar y allí declaró: "Mi presencia en un templo en vísperas de iniciarse las gestiones del nuevo gobierno, la aproveché para pedir a Dios conceda a mi esposo acierto, energías y valor para bien de la Patria".[239] Dicen los que saben, que también oraba por la recuperación de don Adolfo a quien secretamente acababan de operar.

Durante la gestión presidencial, la señora tomó parte activa en ceremonias y actos de tipo religioso y lo mismo que algunas de sus antecesoras (Carmelita Díaz, Josefina Ortiz Rubio y Soledad Ávila Camacho) apoyó decididamente a la Iglesia: "Encabezaría el patronato de ayuda a las obras de la Basílica de Guadalupe y... aceptó posar en la inauguración de la corona colocada en el pórtico de la Basílica".[240] Muchas de las fotografías que se le tomaron en la época la muestran acompañando a los jerarcas católicos, bautizando una ambulancia o re-

zando con gran concentración. Y una vez al año, les regalaba autos de lujo a los obispos.[241]

Su devoción sin embargo, no fue impedimento para que tanto ella como sus hijos, parientes y amigos, hicieran muchos y jugosos negocios durante el tiempo en que duró su cercanía con el poder. Don Adolfo nada dijo y siempre se hizo de la vista gorda.

7

Casi un año tardaron los Ruiz Cortines en irse a vivir a Los Pinos porque a don Adolfo la residencia le parecía demasiado ostentosa. Prefería permanecer en su propia casa de la avenida Insurgentes al sur de la ciudad —pequeña y modesta pero moderna, ya no la casa mexicana alrededor de un patio sino el nuevo estilo californiano de los años cincuenta, con un jardincito bien cuidado— y atender los asuntos oficiales en Palacio Nacional. Hasta que por razones de seguridad el Estado Mayor le solicitó que se fuera para allá. Y lo hizo, pero no aceptó gastar ni un quinto (como se les decía entonces a las monedas de cinco centavos) en hacerle arreglo alguno.

"Al entrar al vestíbulo principal —recuerda Mauricio Locken, hijo de la señora Izaguirre— a la izquierda estaba el despacho del señor Presidente, el salón de juntas, la peluquería a la cual acudía a darle servicio su antiguo peluquero desde que estaba en Gobernación y en seguida el consultorio dental. Del lado derecho de la sala principal estaba el comedor, un antecomedor y luego la cocina. En la planta alta, arriba del despacho presidencial, estaban sus habitaciones divididas por una pequeña sala y del otro lado las recámaras de los huéspedes... En el sótano había un gran salón que podía utilizarse para fiestas o reuniones con mesas y pista para bailar y sala de proyección de cine al cual tanto don Adolfo como mi madre eran muy aficionados y todos los domingos les llevaban películas de estreno proporcionadas por la Secretaría de Gobernación."[242]

¿Qué películas veían? ¿de acción, suspenso, policiacas, cómicas o dramáticas? Era ésa la época de las grandes estrellas, Kirk Douglas el guapo y Marilyn Monroe la sexy, Spencer Tracy el fuerte y Bette Davis la mala y también la época de oro del cine mexicano, Arturo de Córdova el duro y Libertad Lamarque, la mujer que cantaba y lloraba al mismo tiempo, sufriendo siempre, ya fuera por un hijo ilegítimo, por un marido que la traicionaba, por defender su hogar o por cuidar la moral. ¡Si hasta se vestían igual ella y la señora María!

¿Leía la Primera Dama? ¿se conmovió con los secos pueblos de los relatos de Juan Rulfo, habitados por ánimas en pena que arrastraban su desesperanza? ¿conoció las historias mágicas de Arreola, la narrativa densa de Yáñez? ¿le gustaron las imágenes de los cerros pelones y las piedras grises, de los caminos polvosos y del viento "que no deja crecer ni a las dulcamaras", esas plantitas tristes que tan poco quieren para sobrevivir?[243]: "... y la tierra es empinada. Se desgaja por todos lados en barrancas hondas, de un fondo que se pierde de tan lejano".[244]

8

Con Ruiz Cortines se acaba el México de las parrandas y se instala el de la austeridad. El regente de la ciudad de México Ernesto Uruchurtu, manda a cerrar los night-clubs y bares a la una de la mañana para proteger el salario de la familia y para que la gente se duerma temprano y descanse y se levante al día siguiente para trabajar. Las damas de sociedad hacen sus tés de caridad a media tarde y la gente decente se recoge a las ocho de la noche. A las ocho de la mañana las calles se llenan de obreros con la cabeza aún mojada y de mecanógrafas con las mejillas frescas. "El sol barre la escoria de la noche y los pasillos de las vecindades... recién regados, dejan escapar una limpia humedad y permiten contemplar las macetas de geranios y las jaulas de los pájaros. En una esquina, una pequeña casa de un piso ostenta su fachada cubierta de enredaderas provincianas y abre sus puertas hacia el alegre tendedero del patio."[245]

Escribe Carlos Fuentes: "El potentado mexicano evoluciona en esta época de la casa de merengue neocolonial (Polanco) a la mansión de líneas japonesas con parte de la piscina dentro de la sala (Pedregal); del traje de gabardina y sombrero tejano al casimir de solapa angosta y el zapato de punta italiana... de la publicidad pagada de sus saraos a la discreción".[246]

De todos modos, quedan algunos rincones de la ciudad donde la llegada de la oscuridad, "cuando se encienden las llamas decadentes de los puestos de hojas con alcohol y se apagan las lámparas de la mesa hogareña" da inicio a una vida "que la hipocresía de la época se empeña en ocultar": los bebedores llegan al Bombay y al Babalú, a La Conga y el London. "En el oscuro y estrecho callejón de San Camilito se esconden los vendedores de marihuana disfrazados de boleros y el sombrío pasillo de la Amargura da entrada a los tugurios de la cerrada Plaza de Tlaxcaltongo... uno que otro gendarme se refugia a jugar cubilete en la cervecería que abre sus puertas en la esquina de Montero. No falta un rincón donde han encendido una fogata papeleritos y niños callejeros."[247]

9

Doña María Izaguirre fue Primera Dama de México entre 1952 y 1958 y durante ese tiempo cumplió las funciones que le correspondían: asistió a los actos oficiales, entre los que destaca la tradicional celebración del Grito los días 15 de septiembre con su recepción posterior; se ocupó de la asistencia social que ya era una tradición para las primeras damas y a la que se había referido el presidente en su toma de posesión como uno de los servicios que prestaba el Estado y continuó con el reparto de desayunos escolares, de ropa y de juguetes para la niñez. En sus notas sobre la época, Salvador Novo cuenta que en varias ocasiones las funciones de teatro se dedicaban a obras de beneficio social y que muchas damas de sociedad le ofrecían organizar actividades para juntar fondos para la causa que ella quisiera. Siempre aceptó, menos cuando se trataba de desfiles de modas a los que no consideraba adecuado asistir siendo como era Primera Dama de un país tan pobre.

"Del 30 de abril al 10 de mayo de 1953 se celebraron las jornadas en pro de la niñez en toda la República. En ellas se obtuvieron aportaciones para proteger a la infancia, fundamentalmente en su nutrición y atención médica. En agosto de 1953 se celebró el Congreso Nacional de Protección a la Infancia con la intención de mejorar todas las acciones asistenciales intercambiando experiencias con organismos internacionales. En él se propuso la creación de un instituto dedicado exclusivamente a proteger a los menores de edad para que no pudieran ya ser explotados ni maltratados sin aplicarse el rigor de la ley."[248]

A la celebración del día de Reyes, la Primera Dama le dio un impulso especial: "El día 6 de enero de 1954, en el campo Anáhuac, la señora de Ruiz Cortines regaló dulces y ropa a treinta mil niños pobres elegidos en veintidós colonias proletarias del Distrito Federal".[249]

Otra fecha que recibió atención por parte de la esposa del presidente, fue el día de las madres, a quienes se les ofrecían magnos festivales en todo el país y la Primera Dama encabezaba las felicitaciones que aparecían en los diarios de circulación nacional con su sarta de lugares comunes: "En este 10 de mayo envío un cariñoso saludo a las madres mexicanas. Con él va toda mi simpatía y mi admiración por la entereza de su conducta y por su fe en el destino de México. Les deseo toda la felicidad para sus hogares y la mejor ventura para sus hijos".[250] Por supuesto, en ese día repartía regalos: "Cuarenta mil familias humildes recibieron, con motivo del día de la madre, seiscientas toneladas de víveres que en seis rumbos de la ciudad les entregó la Primera Dama de la Nación".[251]

En su último informe, el presidente de la República resumió la labor de asistencia social de su gobierno: "En favor de la mujer se fundaron 73 casas para aseguradas en las que 107 mil mujeres reciben enseñanzas prácticas, servicios y prestaciones en beneficio del hogar; 364 clubes de aseguradas, 36 misiones médico-sociales, 45 centros de iniciación cultural y 23 centros de extensión para las no aseguradas".[252]

10

Al tomar posesión de su cargo, Ruiz Cortines había anunciado: "Los problemas educativos y asistenciales específicos de la mujer serán atendidos con acucioso empeño y en cuanto a su participación en la vida pública del país, yo promoveré ante nuestra soberanía las reformas legales pertinentes para que disfruten de los mismos derechos políticos del hombre".

Esto último se cumplió. Una semana después de tomar posesión, el presidente mandó al congreso la iniciativa de ley y durante su gestión se reformaron los artículos 34 y 115 de la Constitución y se concedió el voto a las mujeres, con lo que se establecía su igualdad de derechos civiles y políticos: "Las esforzadas mujeres mexicanas escucharon que la Cámara de Diputados votaba afirmativamente la reforma en virtud de la cual se les conceden los derechos políticos plenos", decía un diario de la época.

Los intentos por otorgar el voto a la mujer se remontan, afirma Gabriela Cano, al Constituyente pero adquirieron seriedad en tiempos

de Cárdenas que ya había logrado en 1937 que las dos cámaras acep-
taran la reforma, la cual sin embargo no se puso en marcha.[253] Ahora
por fin se lograba.

Muchas mujeres, luchadoras sociales e intelectuales, asistieron
ese día al recinto parlamentario para estar presentes en el histórico
momento y atestiguar "el triunfo de la razón y la justicia y la derrota
de esa lamentable institución llamada machismo".[254] Entre ellas estaban María Lavalle Urbina, Amalia Castillo Ledón, Adelina Zendejas y
Adela Formoso de Obregón Santacilia quien en un artículo que apareció publicado en el diario *Excélsior* en 1951 llevaría muy lejos esto de
los derechos y diría una "barbaridad" que causó indignación al atreverse a preguntar: ¿Y por qué no una señora presidenta?

La señora María de Ruiz Cortines no asistió aquel día al recinto
parlamentario ni tampoco al acto de homenaje a su marido en el Palacio
de Bellas Artes, al que acudieron cuatro mil mujeres, pero pronto haría
uso de sus derechos recientemente adquiridos cuando pudo votar para
elegir al sucesor de don Adolfo. ¿Qué sintió cuando depositó su voto en
una urna, lo que consta en fotografías ampliamente difundidas por la
prensa? ¿qué sintieron las mujeres en esos momentos cuando por primera vez en la historia de nuestro país tuvieron el derecho de elegir a
sus gobernantes? ¿y qué sintieron cuando en septiembre del 54 ocupó su
lugar en el recinto legislativo del apenas creado estado de Baja California Norte la primera diputada federal, "la señora abogada de treinta
años de edad, madre de dos pequeños, Adela Jiménez de Palacios"?

Varias caricaturas de la época muestran el ánimo que reinaba
al respecto. En ellas es obvio que a los hombres (y a muchas mujeres)
aún les molestaba este hecho pues les hacen burla y las dibujan como
machos. El propio presidente de la República insistía en que las mujeres no deben olvidar que aunque sean ciudadanas su papel es alentar
al hombre, tener virtudes morales y ser abnegadas. Así, al informar sobre la primera participación de las mujeres en unos comicios para elegir legisladores, mostró que a pesar del derecho al voto, se mantenía
vigente la vieja concepción de la mujer, aquélla que no la consideraba
como un ser humano en la plenitud de sus facultades y sí en cambio como uno que aún necesitaba de la guía paternal del hombre y del Estado. En palabras del primer magistrado de la nación, las mujeres habían
acudido a las urnas: "Con el empeño e interés de quien comprende la
trascendencia y alcance de su intervención en la vida pública nacional,
el valioso significado de su categoría ciudadana, el atributo pleno de
esa personalidad y el completo disfrute de su libertad dentro de las
normas de moral y decencia que han distinguido en todos los terrenos
a la mujer mexicana". ¿Qué tenía que ver la decencia y la moral con el
voto? ¿por qué a los hombres no se les pedía lo mismo?

Tres años después, el presidente insistía: "Nuestras mujeres, con su tradicional sentido del deber, con su ejemplo de abnegación y trabajo y con su carácter de fieles guardianes de la familia y el hogar... con la constancia que distingue todos sus actos... proseguirán siendo el bastión principal de su hogar, como madres, como esposas, como hijas. Que no las confundan prédicas engañosas, que bien saben cuáles son sus obligaciones para con su dignidad de mujeres y ciudadanas".[255] Así, pues, aunque se les concedía el derecho de elegir a sus representantes, se las conminaba a seguir siendo las mismas que antes, dedicadas a su hogar y a su familia, guardianes de la moral y la decencia y advirtiéndoles contra las influencias ajenas y sobre todo, contra la idea perniciosa de salir de su casa. Esto era una copia fiel de lo que sucedía en Estados Unidos, donde una vez terminadas la guerras se necesitaba que los empleos fueran otra vez para los hombres y se pedía a las mujeres que volvieran al hogar, envolviendo esto con un discurso sobre la familia, la moral y los altos valores. En este mismo sentido iba el secretario de Educación Pública cuando hacía el símil de la Patria con la mujer mexicana: "Madre de la fe y esposa de la esperanza".

11

A los Ruiz Cortines les gustaba salir a caminar sin guardias ni acompañantes. En esos momentos de intimidad, conversaban sobre diversos asuntos tanto familiares como nacionales. ¿Le ayudó ella a tomar la decisión de expulsar de México a su propio hijo porque era un alcohólico que causaba muchos problemas? ¿le explicó por qué se había opuesto a que visitara a su hija cuando estuvo tan enferma? ¿hablaron

de Fidel Velázquez, el poderoso líder de los obreros, de Rufino Tamayo que pintaba grandes sandías rojas sobre fondos morados y "defendía un arte con sentido poético",[256] de Ana Luisa Peluffo que se desnudaba en las películas y de Pedro Infante que cantaba "Amorcito corazón"? ¿le contaba él de las presiones que tenía para elegir a su sucesor?

Es probable que la señora María hubiera hablado del tema de la sucesión con su esposo, porque de lo contrario no se explica que faltando poco tiempo para que se nombrara al candidato, le mandara una carta a su gran amiga, la Nena Izquierdo, esposa de Gilberto Flores Muñoz, diciéndole: "Estaría bien que recorrieras este caserón [se refería a Los Pinos] para ir planeando los cambios que quieras hacer cuando te mudes aquí". Incluso dicen que en todas partes la presentaba como la futura Primera Dama y según Gonzalo N. Santos ¡hasta lo gritaba en las fiestas!

Y sin embargo, a la hora de la hora, no fue así. El tapado resultó ser otro hombre, el "del trabajo fecundo y creador" como había dicho mañosamente el presidente cuando se le preguntó. Y la señora María, como todos los mexicanos, se tuvo que plegar a la decisión.

12

Terminada la presidencia, los Ruiz Cortines se retiraron de la luz pública y no siguieron viviendo juntos. Él se fue solo a su natal Veracruz a una casa sencilla y austera que daba fe de la honestidad que siempre se le atribuyó. Por las tardes iba a Los Portales a buscar a sus viejos amigos para jugar dominó. Ella se quedó en la capital, viviendo de las rentas que le daban sus muchas propiedades y dedicándose de tiempo completo a su pasión de jugar cartas.

En sus últimos días, don Adolfo no permitió que nadie lo visitara, ni siquiera su única hija sobreviviente. Vivía semiabandonado —escribió Julio Scherer— quizá arrepentido porque "no hicimos todo lo que debimos" (lo mismo que cuarenta años después diría José López Portillo).

Según Rodríguez Prats, Ruiz Cortines murió solo, en la cama que había sido de su madre y en su testamento le dejó un mensaje de amor a su esposa.

El primero en acudir al lugar del deceso fue el hijo de doña María. Entre él y su madre decidieron traerlo a la capital y aquí velarlo y enterrarlo, a pesar de que el hombre había pedido en reiteradas ocasiones que quería reposar en su tierra natal al lado de su progenitora, que según se decía, fue la mujer a quien más quiso. Una nota periodística da fe del último acto público de la señora Ruiz Cortines: "Colocó sobre el féretro gris claro tres gladiolos blancos".

13

En 1950, Octavio Paz había publicado *El laberinto de la soledad*, un ensayo que intentaba responder a la pregunta que atormentaba a los pensadores desde hacía veinte años: ¿quiénes somos los mexicanos? Su respuesta a esa "búsqueda de nosotros mismos", pareció caer en el vacío: los mexicanos somos pura máscara, dice el escritor, de resignación, de disimulo, de pudor: "El mexicano excede en el disimulo de sus pasiones, no camina, se desliza, no propone, insinúa, no replica, rezonga". El poeta insistía en hablar con la verdad en medio del triunfalismo y el optimismo reinantes: "¡Pueblo mío, pueblo que mis magros pensamientos alimentan con migajas, con exhaustas imágenes penosamente extraídas de la piedra!".[257]

Una Primera Dama y una última dama

1

En 1958, el escritor Carlos Fuentes publicó *La región más transparente*, una novela en la que presentaba un México dividido en dos. Uno era el de los pobres en el que: "Tú que gritas los pescados y las legumbres, tú que arrastras los pies en el cabaret... tú que corres lejos a cruzar el río granizado de plomo y a arrancar las naranjas vecinas, tú, tú tameme, que no supiste ni cuándo, que sientes a los hijos salir chupados y negros, que buscas qué comer, que duermes en los portales, que viajas de mosca en los camiones, que no sabes hablar del dolor, tú que nada más te aguantas, tú que esperas en cuclillas, tú que ya sientes las ganas, tú que te quedaste solo en una barriada donde hay que defenderse, tú que no tienes zapatos, que te llenas de fritangas y aguardiente, tú que te fuiste y llegaste y te volviste a ir sin que nadie pronunciara la palabra de bienvenida o de adiós". Y otro era el México de los ricos en el que: "Ustedes que fueron los contados, los elegidos del reino de la tuna, ustedes que viajan y van y vienen y poseen un nombre y un destino claro... que construyen carreteras y altos hornos y sociedades anónimas y consorcios industriales y comparten su consejo de administración con míster aquiteinvierto... y ustedes que van del jockey al versalles al amba al focolare al club de yates al penthouse de don lameculo... y ustedes que ancho es el mundo y ustedes con bidet y lociones y ustedes que tienen su nombre, su nombre".[258]

Así era el México que entraba en la sexta década del siglo XX.

2

314

Según Robert C. Scott, a fines de los años cincuenta se esperaba del jefe de la nación "que tuviera características personales y hasta físicas que correspondan al puesto que pretende y al ambiente político en el cual se mueve. Debe por lo tanto estar saludable, tener suficiente energía y no ser demasiado feo. Aunque se le debe considerar muy hombre, debe sin duda evitar la reputación de macho, pues políticamente resulta mucho más efectivo aparecer como un hombre de familia con una esposa que se interesa en los asuntos públicos... La esposa no debe ser extranjera y menos todavía norteamericana... La cuestión religiosa puede variar desde ser un católico practicante hasta ser librepensador, pero en ningún caso debe ser una posición tan extrema como para que se le pueda considerar un fanático que sirva ciegamente a la Iglesia o un militante ateísta que la ataque con la misma ceguera".[259]

Adolfo López Mateos cumplía sin duda con esta caracterización. Era un hombre bien parecido, con carisma y simpatía —lo que le había ayudado a subir por la escalera de la política— y nada extremoso ni en su machismo ni en la cuestión religiosa.

A la época que corre de 1958 a 1964, cuando fue presidente, se la conoce como "el milagro mexicano", porque se mantuvo el crecimiento económico aunado a la estabilidad social. Siguiendo el mismo esquema de sus antecesores, su régimen mantuvo la fuerte participación del Estado en la economía, ejerció la inversión pública en la construcción de infraestructura —aunque ya no sólo de presas y carreteras sino también de museos, puesto que la cultura se empezó a considerar parte esencial de la modernidad—, aceleró el reparto de tierras, nacionalizó la industria eléctrica, invirtió en petroquímica, impuso nuevas políticas fiscales y comerciales, consiguió mantener estable y fuerte la moneda y dictó medidas proteccionistas para estimular a la recién nacida industria, principalmente en las ramas de transformación, alimentos y textiles. Fuertes cantidades de dinero se invirtieron en educación —de entonces data el libro de texto gratuito—, en salud y en vivienda y se aumentaron los salarios y las prestaciones de los trabajadores, lo que dio por resultado un aumento en el consumo de bienes entre amplios sectores sociales.

La originalidad del régimen de López Mateos radicó en que se preocupó por dar a conocer a México en el extranjero y sacarlo de la exclusiva órbita norteamericana, para lo cual hizo varios viajes internacionales —incluso a países comunistas como la URSS, lo que en aquel tiempo no agradó para nada a los vecinos del norte—, invitó a varios gobernantes de otras naciones a visitarnos (según Justo Sierra Casasús, veintitrés jefes de Estado y de organismos internacionales vinieron durante el sexenio) y se permitió algunas medidas de franca libertad respecto a Estados Unidos, como la de no romper relaciones con la Cuba revolucionaria, como hicieron los demás países latinoamericanos cediendo a la presión del gobierno de ese país.

La colaboración entre el gobierno y la iniciativa privada y entre el Estado y las diferentes clases sociales fue excelente. Así lo escribió Pablo González Casanova: "La sociedad civil compartió en gran medida los mitos y perspectivas oficiales. La comunicación fue particularmente fácil... El lenguaje común habló el lenguaje oficial, el sentido común fue el oficial, la interpretación de la historia, de la economía y de las perspectivas del futuro fueron parte de una sociedad civil que pensó como su gobierno".[260]

El crecimiento demográfico empezó a ser alto y sostenido, incrementándose la población a un ritmo rápido y con una característica particular: debido a la industrialización y al desarrollo de las ciudades, la gente empezó a abandonar el campo para irse a buscar oportunidades a las zonas urbanas.

Y por primera vez en nuestra historia, la población de las ciudades fue más que la rural. Escribe Aguilar Camín: "El mayor cambio civilizatorio vivido por el país desde su conquista a principios del siglo XVI [fue que] en la segunda mitad del siglo XX México empezó a no ser lo que había sido siempre: un país rural, adscrito a la tierra".[261]

La capital de la república empezó a recibir a cientos de personas que querían trabajar, estudiar, colocarse políticamente, ascender socialmente o que simplemente sabían que, como decía Salvador Novo, éste era el mejor lugar para "plantarse en la vida". Así es que el Distrito Federal o la ciudad de México se convirtió no sólo en el centro sino en el sueño, no sólo en la cabeza sino en el corazón, no sólo en la meta sino en el medio.

En estos años se produjo también un importante crecimiento de las clases medias y un cambio en sus modelos de vida, en sus creencias y códigos culturales, pues a ellas ya no les decía nada el nacionalismo que desde la Revolución aparecía como ideología oficial y en cambio sí les resultaba atractiva la modernidad entendida al estilo de lo que sucedía en Estados Unidos.

En una encuesta hecha por la revista *Hoy* y publicada en 1946, se muestra bien este proceso: en ella la mayoría de los entrevistados criticó que el nacionalismo se limitara al costumbrismo y folclor y dijo que convendría que ya se tuviera una comprensión más profunda de los problemas actuales. Uno de los entrevistados afirmó: "De la Revolución ya no quiero leer nada pero sí me gustaría leer algo de las consecuencias de la Revolución sobre la clase media que está olvidada por todos".[262]

Claro que no todo fue miel sobre hojuelas en este supuesto milagro. Importantes sectores sociales —ferrocarrileros, maestros, médicos, copreros, petroleros y diversos grupos de campesinos— se opusieron al gobierno, porque les parecía insuficiente su participación en los beneficios del desarrollo. Y la reacción frente a la inconformidad fue, en todos los casos, la represión.

3

Adolfo López Mateos había nacido en 1910, precisamente cuando se iniciaba la Revolución, en la ciudad de Toluca, capital del Estado de México. Según la norteamericana Alma Reed (la mujer para quien el gobernador de Yucatán Carrillo Puerto, mandó componer la hermosa canción "Peregrina", pues estaba enamorado de ella y se iban a casar, cosa que no fue posible porque a él lo mataron) era un hombre guapo:

con el cabello ensortijado, las facciones armónicas y el hablar suave, que además resultaba simpático porque tenía sentido del humor.

En aras de su carrera política, muy joven se había ido al Distrito Federal, pero como afirman sus biógrafas: "No se desligó del todo de su querida Toluca a donde seguía yendo con frecuencia, entre otras cosas a visitar a su novia Eva Sámano Bishop".[263]

Adolfo y Eva se habían conocido en casa de la poeta toluqueña Lolita Becerril e iniciaron un noviazgo que duraría muchos años —doce para ser exactos— porque él no se decidía a formalizar la relación y prefería su soltería que lo dejaba libre para la bohemia y las mujeres a las que era muy afecto.

La señorita Sámano era originaria, según un autor, de Guerrero, según otro de Michoacán y según un tercero del Estado de México. La confusión se debe a que sus padres se movieron mucho entre un estado y otro y sus seis hijos fueron naciendo en distintos sitios. Eva nació en Guerrero.[264]

Parece que su padre era funcionario del ayuntamiento de Toluca, aunque la familia asegura que llegó a ser tesorero del estado. Y su madre, que era descendiente de ingleses, estaba dedicada al hogar. Eva estudió para maestra y ésa fue no sólo su profesión sino también su vocación. Era una muchacha culta, "leída y escribida" como diría Daniel Cosío Villegas, seria en su dedicación al trabajo y firme en sus valores, con un elevado concepto del deber y de la moral adquirido en su hogar de religión protestante, bautista. Pero también sabía reir, tanto, dice una sobrina suya, que "hasta se ponía morada".

Parece que fue a instancias de su madre quien le hizo prometérselo en su lecho de muerte, que Adolfo se decidió por fin a contraer matrimonio con Eva. Y lo hicieron en 1937.

La pareja se fue a vivir a la capital, donde ella empezó a enseñar en escuelas de zonas pobres mientras él ascendía por los peldaños de la política. Según cuenta su hija Ave Leonor, fue entonces cuando, en un plantel de la colonia Roma, la señora vio a los niños que llegaban a México refugiados de la guerra y se percató de que tenían muchos problemas de aprendizaje debido a su desnutrición. Allí se dio cuenta de que para aprender, el niño tenía que comer bien.[265] Y a lograr esto se abocaría cuando su marido llegó al cargo más alto de la República. Y lo haría con una dedicación y entrega excepcionales.

Según Justo Sierra Casasús, la señora Sámano fue la más feliz por el destape de su marido (a diferencia de tantas esposas a quienes eso pesaba mucho) y durante la campaña participó activamente asistiendo a mítines y diciendo discursos. Por ejemplo, ante el sector femenil de la CTM, afirmó: "Desde que mi esposo era joven, supe de sus ilusiones y compartí sus anhelos. He procurado proporcionarle siempre,

Eva Sámano de López Mateos, emprendió una labor intensa y organizada de asistencia social en el recinto de nuestra vida privada, el cuidado, la atención y el silencioso apoyo que los hombres necesitan para sortear sus problemas y disfrutar sus buenos éxitos. A su lado he aprendido que el hogar es un sitio inviolable, de cálida seguridad y para nosotras las mexicanas, el laboratorio en que creamos y recreamos continuamente la vida de nuestros esposos y nuestros hijos. A las mujeres de México nos satisface la solidez de la familia mexicana donde las virtudes de nuestros padres tienen su mejor refugio, donde los ideales del pueblo se transforman en asuntos del día y donde se gestan las corrientes directoras de la opinión nacional". Y agregó que la mujer es quien transmite el amor a la patria y mantiene la fuerza de las tradiciones por lo que su misión es familiar: "Desde el taller, la oficina y la fábrica contribuye para resolver los problemas del hogar".[266]

Resulta difícil de creer que la mujer culta, la profesionista que ejercía con seriedad su carrera, cuando hablaba en público, lo hacía para reafirmar el papel tradicional de la mujer. Por eso Armando de Maria y Campos calificó ese discurso como: "El pensamiento político de una mujer representativa", pues lo era sin duda, a pesar de que la mujer que lo pronunciaba estaba lejos de serlo.

Doña Eva incluso se situó a sí misma políticamente, también dentro de los cánones más típicos: "No participo directamente o por mí misma en la labor política encomendada a mi marido. No tengo lugar propio en sus tareas pero lo ayudaré incansablemente para compartir con él la misión que se le encomendó. Como ciudadana cumpliré el deber que me corresponde. En nuestro hogar conservaré el sitio que ocupé desde los días en que me convertí en su esposa y en madre de su hija y lo ayudaré a luchar por el bien de nuestro pueblo".[267]

Y sin embargo, y a pesar de la retórica y las profesiones de fe de domesticidad, doña Eva emprendió la labor más decisiva, intensa y organizada de asistencia social que jamás se había realizado en nuestro país. En adelante, ésta ya no sólo dependería de las ganas, la voluntad o el esfuerzo personal de la Primera Dama, sino que estaría institucionalizada y contaría con un presupuesto específicamente asignado por el Estado.

Sus acciones y su manera de hacer las cosas (tomadas a su vez del modelo norteamericano que por entonces prevalecía y que combinaba bien con los postulados sociales de nuestra Revolución) se convirtieron en el modelo que después todas las primeras damas seguirían. Fue ella quien le confirió al papel de la Primera Dama su definición, sus características y su profesionalismo. Por eso podemos decir, usando la frase de Luis G. Basurto, que Eva Sámano de López Mateos fue "una Primera Dama de primera".

4

Para la señora López Mateos, la niñez era lo más importante: "La única fuerza redentora y debemos por tanto salvarla a tiempo".[268] Era suya la idea de que "es inaceptable moral y socialmente la pervivencia de carencias básicas en un pueblo, especialmente entre la niñez",[269] y por eso retomó y afianzó la Asociación de Protección a la Infancia, aquella institución que existía desde 1929, fundada por la señora Portes Gil, y le mandó construir un edificio cuya primera piedra colocó ella misma el 30 de noviembre de 1959.[270] Dicho organismo se convirtió, en febrero de 1961 y por decreto presidencial, en el Instituto Nacional de Protección a la Infancia (INPI), presidido por la señora Eva Sámano de López Mateos.

El objetivo principal de esta institución era "el imperativo de carácter social y moral de proteger a la niñez por todos los medios".[271] Esa protección era vista de manera integral, es decir, como salud física y salud mental, porque, muy a tono con el modo de pensar de los años cincuenta (y que hoy ya no compartimos), la señora Sámano afirmaba: "Yo creo que la miseria económica se origina en la miseria moral. Cuando hay moral —en el amplio sentido de vigor interior orientado permanentemente a un conjunto de fines valiosos— no hay decaimiento ante los demás problemas de la vida por diversos que se presenten. Con moral hay fuerza para el trabajo y sabiduría para la eficaz distribución del ingreso".[272]

La actividad más importante del INPI consistió en reforzar y ampliar el programa de reparto de desayunos escolares nutritivos y balanceados que existía desde tiempos de Obregón pero que ahora se organizaba de manera institucional y se hacía extensivo a todo el sistema educativo público nacional a fin de que "la población infantil esté más apta para asimilar la instrucción primaria y defenderse de las enfermedades".[273] Para la Primera Dama "los niños no deben quedarse sin ir a la escuela y sin recibir su desayuno. Que no pidan limosna".[274]

El 2 de septiembre de 1959 en el castillo de Chapultepec, se llevó a cabo la Convención de Desayunos Escolares de la República bajo la dirección de la señora López Mateos y a ella asistieron las esposas de todos los gobernadores de los estados así como los funcionarios que tenían que ver con el asunto. Entonces se pusieron en marcha institutos y centros regionales a fin de que el programa abarcara a todo el país y se instalaron plantas para la elaboración de los alimentos y para la rehidratación de la leche. Durante el sexenio llegaron a repartirse tres millones de desayunos cada día, cifra impresionante que por mucho tiempo no se volvería a alcanzar.

Para conseguir recursos para este trabajo, se organizaron festivales de beneficiencia con destacados artistas. Frank Sinatra vino a nuestro país a cantar y Marilyn Monroe hizo un donativo.

Esta actividad no fue la única que desempeñó el Instituto Nacional de Protección a la Infancia. También creó guarderías para dar servicio a lactantes y a niños en edad preescolar, algunas de las cuales fueron en coordinación con el Instituto Nacional Indigenista precisamente para prestar servicios a los niños indígenas. Además se abrieron clínicas para atención a la salud y para dar servicios de orientación nutricional y se impulsó la investigación sobre problemas de salud y nutrición.

Conforme avanzaba el sexenio, sus programas se ampliaron hasta dar servicios a mujeres embarazadas. En su cuarto informe de gobierno, el presidente de la República afirmó: "Otra demostración de progreso la expresan las cifras de mujeres atendidas en los centros materno-infantiles... Ha de recordarse el cúmulo de prejuicios y prevenciones que hasta hace poco hacían que la ignorancia rehuyera estos servicios".[275]

Se inició también un programa para la integración social de niños que estaban al margen de la sociedad, que según doña Eva, eran "aquéllos que por su infortunio la han abandonado", idea muy a tono con el modo de pensar de la época que afirmaba que los niños de la calle estaban allí porque ellos querían irse de sus familias. Se crearon entonces las unidades móviles destinadas a recoger menores vagabundos.

Los servicios de la institución se ampliaron hasta incluir a niños impedidos por la poliomielitis y se creó un Instituto de Rehabilitación para pequeños atacados con esta enfermedad que en los años cincuenta se convirtió en una epidemia mundial que hizo grandes estragos en nuestro país.

Doña Eva era una mujer muy activa. Según su hija, como era insomne, se levantaba de madrugada y se ponía a despertar a sus colaboradores para mandarlos a trabajar. Por eso le dio tiempo de hacer tanto en la asistencia a la niñez y además, como eran tiempos cuando el gobierno tenía dinero, se construyeron hospitales y centros de salud, escuelas y jardines de niños. Según su sobrina Alicia, en cada pueblo del país llegó a existir una escuela que llevaba su nombre y personalmente la señora las fue a inaugurar aunque tuviera que ir en burro o a pie hasta los rincones más apartados.[276]

Hizo los repartos de ropa y de juguetes que ya eran tradicionales, llevó ayuda a damnificados cuando los hubo —encabezó la delegación que llevó víveres y medicinas al estado de Guerrero luego de que un huracán azotó la Costa Grande— y emprendió campañas de legalización de uniones matrimoniales que se realizaban en grandes ceremonias colectivas. Además se involucró en la campaña para impulsar

y defender el libro de texto gratuito (al que se oponían muchos grupos tradicionalistas), "porque sentía que verdaderamente se necesitaba". Y fue quien inauguró la Carretera de la Patria, que une a la ciudad de Oaxaca con el pueblo de San Pablo Guelatao, lugar de origen del prócer Benito Juárez, la que se construyó por su iniciativa.

Por supuesto, la señora Sámano estuvo presente en las ceremonias oficiales que como Primera Dama le correspondían: su primer acto público fue ir a votar en las elecciones cuando su marido era candidato y después, la fría mañana del lunes primero de diciembre de 1958, llegó con su hija al Palacio de Bellas Artes, el recinto donde se efectuaría la toma de posesión. Presidió las recepciones del 15 de septiembre y acompañó al presidente a todos los viajes y encuentros con mandatarios de los diversos países en las giras de trabajo que emprendió por Oriente, Europa y Sudamérica (que fueron tantas que se le llegó a llamar López "Paseos") y asistió a las recepciones ofrecidas a los altos dignatarios visitantes —Nehru, los Kennedy, De Gaulle, la reina de Holanda, el mariscal Tito entre otros— ocupándose de atender a sus esposas y mostrarles el trabajo que se hacía en materia de asistencia social.

También realizó giras por su cuenta, algunas por el interior de la república y otras por diversos países del mundo a fin de aprender métodos de trabajo y de promover programas de ayuda a la niñez y llevó la voz de México a varios foros internacionales sobre problemas de nutrición, salud y asistencia social infantil en Washington, Roma y Santiago de Chile. Gracias a eso nuestro país fue admitido en la Sociedad Mundial de Protección a la Infancia y firmó el "Manifiesto contra el Hambre".

Según su hija, doña Eva fue una mujer idealista, que "pensó que podía componer el mundo entero" y aunque por supuesto eso no fue cierto, "sin duda hizo mucho".

Gracias a ese intenso trabajo, la Primera Dama recibió honores: el 10 de mayo de 1964, fue nombrada "Madre Nacional" y "Gran Protectora de la Infancia" y se hizo acreedora a doctorados honoris causa por la Universidad Femenina de Filipinas y por la Universidad de Florida. Pero lo más conmovedor fue lo que sucedió durante una gira por el estado de Jalisco, en la cual una manifestación de mujeres llevaba pancartas que nada le pedían y sólo le agradecían su labor.

5

Cuando López Mateos llegó a la Primera Magistratura, decidió no mudarse a la residencia oficial: "Los Pinos es la casa de la nación y no la del presidente" decía.[277] Por eso siguieron viviendo en su domicilio particular en la calle San Jerónimo 217, al que hubo que adaptar a las necesidades de la seguridad y del trabajo presidencial, aunque la señora sí puso sus oficinas allá y diariamente asistía a ellas.

¿Por qué no quiso don Adolfo vivir en la residencia oficial?

No lo sabemos, pero no sería difícil que una de las razones haya sido porque sufría de fuertes jaquecas y en su casa podía encerrarse en un cuarto aislado, especialmente acondicionado, en el que reposaba hasta que el dolor desaparecía.

¿Qué pensaba doña Eva de que su esposo fumara tanto y tomara tanto café? ¿le preocupaban esos terribles dolores de cabeza que lo atacaban de manera sorpresiva y constante? ¿conocía ella la cara oscura de ese hombre que en público aparecía como simpático y alegre? ¿compartía su afición por el box y por los autos deportivos (¡hasta nombraba asesores a sus deportistas favoritos para que cobraran buenos sueldos!) o su gusto por estar con los amigos y organizar comidas que duraban muchas horas? ¿sabía que se salía por la puerta de atrás de la residencia presidencial para irse al night-club El Quid o para correr sus Ferraris y Masseratis? ¿qué opinaba de que le gustara tanto estar con muchachas jóvenes y bonitas y cantar boleros?

> *Usted es la culpable*
> *de todas mis angustias,*
> *de todos mis quebrantos,*
> *usted me desespera,*
> *me mata, me enloquece,*
> *y hasta la vida diera por perder*
> *el miedo de besarla a usted.*

Se habían puesto de moda los tríos: Los Panchos, Los Tres Diamantes, Los Hermanos Martínez Gil y tantos más que cantaban acompañados de guitarras y de un requinto virtuoso, poniendo otra vez en apogeo a la canción romántica.[278]

¿Sabía doña Eva lo que sucedía en el país? ¿tenía idea de cuánto costaba un litro de leche, un cuaderno escolar, un par de zapatos, el boleto del camión? ¿se dio cuenta de que una ciudad de barracas crecía minuto a minuto en los alrededores de la capital en la que levantaban sus casuchas los cientos de personas que llegaban diariamente a ella buscando trabajo, servicios, diversión? ¿supo del encarcelamiento de los dirigentes obreros Campa y Vallejo y del pintor Siqueiros —el agitador, el comunista—, del asesinato del líder Rubén Jaramillo, de la represión contra médicos, maestros, ferrocarrileros y campesinos? ¿sabía de los mexicanos "que ganan un peso diario cortando leña o veintiún pesos a la semana trabajando el henequén, o que simplemente se mueren de hambre en una sierra, sin parcela, sin bosques, en medio de una indiferencia helada"? Escribe Carlos Fuentes: "Indios, candelilleros, cultivadores de la lechuguilla y el algodón, parias de un país dividido en dos, separados por un oceano de hambre del otro México, cruzados de brazos, impotentes en medio de tierras que han dejado, nuevamente, de pertenecerles, cerca de bosques talados, al lado de mares improductivos, en una desolación de andrajos, de pies descalzos, de piojos: así vive la mayoría de los mexicanos".[279]

6

En su texto "Radiografía de una década" Carlos Fuentes se pregunta "¿Puedo hablar de mi tiempo?". Yo también quiero hablar del mío, cuando era una niña y se nos hacía cantar los lunes por la mañana el himno nacional en el patio de la escuela y honrar a la bandera antes de entrar a clases y cuando se nos inculcaba el hábito del ahorro, haciéndonos comprar cada jueves estampitas de veinte centavos que se pegaban en una libreta hasta que se juntaban diez pesos y entonces se la guardaba durante diez años al cabo de los cuales ¡valdría el doble! ¡Y lo más increíble es que era cierto, que existía esa estabilidad que hoy nos parece extraña y que el dólar a 12.50 pesos se mantuvo así por más de veinte años!

En casa veíamos televisión y de memoria nos sabíamos los comerciales:

> *Colgate Palmolive,*
> *fabricantes de Fab,*
> *le desean cordialmente*
> *una feliz navidad,*
> *una feliz navidaaaad.*

En las tardes luminosas de la ciudad de México salíamos por el pan y en la calle exhibían sus tentaciones el vendedor de jícamas con limón, sal y chile piquín y el de raspados con jarabes de colores, el de camotes y el chicharronero. Por la esquina doblaban el afilador de cuchillos con su pitido o las gitanas con sus faldas de colores que leían la

mano por unas cuantas monedas. De los edificios en construcción salían los piropos que los albañiles le dirigían a la mamá: "Usted de azul y yo a su lado". Ella nunca contestaba, los ignoraba y seguía de largo. Yo hubiera querido que les espetara: "Yo de rojo y usted arrojado".

Los domingos comíamos helados, íbamos a algún parque o veíamos películas en los cines Lido y Palacio Chino. Y por la noche era un rito sagrado ver el *Teatro Fantástico* con Enrique Alonso "Cachirulo": "un programa para los niños, para los papás de los niños y para los papás de los papás de los niños".

Éste es el trenecito
del chocolate Express
alegre y muy bonito
y qué rápido es.

Y mientras tanto, Carlos Fuentes fundaba la *Revista Mexicana de Literatura* y platicaba largas horas con Alfonso Reyes, y B. Traven seguía escondiendo su identidad. ¿Sabía doña Eva que su cuñada Esperanza era la secretaria del escritor? ¿Sabía que una de las asistentes de su marido, Ema Elena Valdelamar era compositora y que don Adolfo la tuvo que defender cuando en una fiesta un galán ofendido se le fue encima al escuchar uno de sus versos?

Donde dice desprecio
ése debe ser tu precio
y va firmado por mí.[280]

¿Vacunó doña Eva a su hija contra la poliomielitis cuando el doctor Salk inventó en Estados Unidos la fórmula que tantas vidas salvaría? ¿dejó que Avecita tomara los mexicanos refrescos Jarritos de colores rojo y verde en lugar de la negra e imperialista Coca Cola? ¿fue alguna vez a las tiendas de departamentos que se abrieron en la capital? ¿visitó Ciudad Satélite, el fraccionamiento a cuya entrada se levantaban imponentes las torres diseñadas por el escultor Mathias Goeritz y que anunciaban en la televisión unos marcianos diciendo "ciudad a la vista, ciudad a la vista"? ¿salió a recibir al Tláloc que trajeron desde lejos para colocarlo frente al nuevo Museo Nacional de Antropología y que se estrenó lanzando un fuerte chubasco? ¿se asomó al recién construido Museo de Arte Moderno a ver las rayas y manchas de colores que se consideraban lo más vanguardista en pintura? ¿manejó un auto como empezaban a hacer las mujeres que iban al volante de sus enormes Chevrolet y Studebacker? ¿le gustaban los comics de *Lorenzo y Pepita*, fumaba Raleigh con filtro en su paquete amarillo, probó el banlon y otras fibras suavecitas con las que se empezaba a fabricar la ropa? ¿veía las viejas películas de cine para llorar con Sara García? ¿o tal vez le gustaba más ver la televisión con los programas con invitados como el *Estudio de Pedro Vargas* donde cada semana alguien venía a hacer dueto con la voz de terciopelo del anfitrión que se manifestaba "muy agradecido, muy agradecido, muy agradecido"? ¿o quizá, como quería tanto a los niños, prefería los programas de concurso en los que las "estrellas infantiles" cantaban, bailaban o siempre, invariablemente, recitaban:

Mamá, soy Paquito, no haré travesuras.
Un cielo azul colmado de estrellas me mira,
los rayos como mi sombra caen hacia mí?

7

Los años sesenta: 35 millones de habitantes tenía el país. En ese entonces se creía que "gobernar es poblar", idea que años después, cuando el crecimiento de la población parecía irrefrenable, se cambiaría por la frase "la familia pequeña vive mejor".

La ciudad crecía y crecía, no sólo porque todos los días llegaban a ella cientos de compatriotas que abandonaban el campo empobrecido y los pueblos sin trabajo, sino porque se vivía mejor. Surgían fábricas, empresas y comercios, restaurantes y escuelas privadas, centros de diversión y nuevas colonias residenciales. El ruido de los claxons, el olor a gasolina, el movimiento constante eran su marca:

Te declaramos nuestro odio, magnífica ciudad,
a ti, a tus tristes y vulgarísimos burgueses,
a tus chicas de aire, caramelos y films americanos,
a tus juventudes ice cream rellenas de basura.[281]

La Revolución cubana había sembrado semillas ideológicas que tuvieron repercusión en nuestro país y en todo el continente, pues ella alimentó el sueño de que era posible sacar a América Latina de la pobreza y traer la justicia social. Así, mientras unos defendían "cristianismo sí, comunismo no", otros querían convertirse en revolucionarios como Fidel Castro y el Che Guevara y leían a Marx y a Lenin pero también a Borges y a Cortázar: "Como nunca los lectores de habla hispana se hallaron frente a atmósferas, incentivos vitales, correspondencias intensas y complementarias entre literatura y realidad... y se aferraron a los libros como manera de desligarse de la opresión del subdesarrollo. La literatura como compromiso y utopía".[282]

Atrás había quedado el nacionalismo cultural, atrás el atractivo cultural del charro y el indio, de las jícaras y las banderas tricolores, de la mística de la Revolución y de su utopía, pues ¿cómo podían caber esas preocupaciones en medio del optimismo y de la modernidad, de las seguridades del progreso? y ¿a quién le interesaba ya cómo era y qué pensaba el mexicano como ente abstracto y filosófico? ¿a quién convencían ya las grandilocuencias del muralismo al cual, como afirmó un estudioso, los seguidores de Rivera, Siqueiros y Orozco habían convertido en "fórmulas fijas de contenido folklórico"? ¿a quién le decían algo los sonidos autóctonos de Chávez, Huízar y Revueltas?

Estamos en la década del "cambio de piel" (para usar una afortunada expresión que poco después "inventaría" Carlos Fuentes), en la que se instalan nuevos mitos, nuevos gustos, nuevas costumbres. La tónica era mirar a Estados Unidos: de allá empezó a venir nuestra idea de lo bueno, de lo correcto, de lo divertido, de lo deseable. Había que dejar atrás Comala, nuestro pasado y mirar a Nueva York, nuestro anhelado futuro. Es el tiempo, como escribe Carlos Monsiváis, "del auge de las clases medias y su terror ante la perspectiva de identificarse con el folklore y naufragar en esquemas mentales carentes de glamour o prestigio". Es el tiempo en que pasamos según Fuentes, "de Quetzalcóatl a Pepsicóatl".

El ensalzamiento de lo juvenil fue la tónica de la época. Rebeldía era la palabra de moda y su representación estaba en la ropa, el pelo largo y la música de rock. Mientras en Estados Unidos cantaban Elvis Presley y Paul Anka, aquí eran César Costa y Los Rebeldes del Rock, pero allá y acá los jóvenes envaselinan su cabello y las chicas se ponen faldas tableadas y tobilleras para bailar o los pantalones llamados "pescadores" por arriba del tobillo.

¡Cómo cambiaba la cultura mexicana! José Luis Cuevas hacía escándalos para llamar la atención sobre su pintura y para acabar con el muralismo (y con lo que él llamaba "el infecto bastión de Bellas Artes") y Alejandro Jodorowsky los hacía para montar sus obras de "teatro pánico". ¿Quién no vio el teatro de Juan José Gurrola con esa actriz flaquísima y pelirroja llamada Pixie? ¿quién no pasó tardes enteras en los cineclubs de la Universidad Nacional viendo las pesadas y lentas y cultas películas que venían de Europa precedidas de grande fama? ¿quién no devoraba semana a semana los suplementos culturales que hacía Fernando Benítez con un brillante equipo de colaboradores? ¿quién no iba a las galerías de pintura a mirar los cuadros abstractos que nada decían pero que había que admirar? ¿quién no paseó por las calles de la Zona Rosa ("cónclave comercial que anhela el estatus de símbolo espiritual" como dijera Monsiváis) y se sentó a tomar café en sus mesas atestadas de gente, hasta convertirla en un lugar mítico por donde paseaban los artistas y escritores y donde se organizaban las grandes fiestas? ¿quién no supo del escándalo cuando se publicó el libro *Los hijos de Sánchez*, aquel testimonio del antropólogo norteamericano Oscar Lewis que era la negación misma del triunfalismo gubernamental y que provocó una airada reacción de quienes afirmaban que en ese libro se denigraba a México cuando lo que en realidad hacía el autor era retratarlo en su más dolorosa verdad? ¿quién no empezó a decir "hacer el amor" en lugar de "tener el sexo", "farmacia" en lugar de "botica", "hemorroides" en vez de "almorranas", "nescafé" en vez de "café", "super" en lugar de "mercado", "kleenex" en vez de pañuelo, "fab" en lugar de detergente y "taxi" en vez de "libre"?

8

Eva Sámano de López Mateos fue ejemplo de una Primera Dama por excelencia, activa en el quehacer y discreta en el vestir. Llevaba el cabello esponjado con "crepé" y sostenido firmemente con laca, los abrigos y vestidos con la cintura marcada y el ancho vuelo en la falda y los zapatos de punta y tacón delgado, negros en invierno, blancos en primavera.

Visto a la distancia, cada vez resalta más la importancia del papel desempeñado por ella al institucionalizar y hacer oficial la función de las esposas de los primeros mandatarios. La señora marcó la pauta para que este trabajo se hiciera de manera sistemática, independientemente de la voluntad de una sola persona o de sus deseos y capacidades y sobre todo, dejando de ser caridad o beneficencia para convertirse en un deber del gobierno.

Pero al hacerlo, estableció también una pauta según la cual, la labor de la esposa del presidente era hacer extensivas al ámbito nacional las mismas ocupaciones que desempeñaba cada mujer en su hogar. Así, la tarea de la Primera Dama consistió —y sigue consistiendo— en ser ante todo compañía para su esposo y guardiana de su propia familia y después, madre de todos los desvalidos de la república, niños, ancianos, mujeres.

En su sexto y último informe de gobierno, el presidente dijo: "Con emoción desbordante tributo una vez más el homenaje de la Nación y mi gratitud a las abnegadas mujeres mexicanas que dirigen, cooperan y día a día laboran en una obra que responde a la más honda inspiración humanista de mi gobierno y a uno de los aspectos esenciales del futuro de México".

Mientras López Mateos decía estas palabras y aunque su nombre nunca fue pronunciado, largos aplausos se le tributaban a doña Eva Sámano que los recibía complacida desde el palco de honor en el que año con año ocupaba un lugar, aunque ya para ese momento, él no era más su marido.

Y es que Adolfo "el joven" —como le decían por comparación con el mandatario anterior que había sido Adolfo el viejo— conoció en las postrimerías de su gobierno a una maestra de nombre Angelina Gutiérrez Sadurní de quien se enamoró. Según Julio Scherer, la había visto por primera vez una mañana en la esquina de su casa, cuando la muchacha le extendió una alcancía de la Cruz Roja y le pidió que cooperara con la campaña en favor de esa institución. "El presidente contempló el lirio que tenía enfrente y ordenó a su chofer que detuviera la marcha del automóvil. Sonriente, invitó a la hermosa muchacha a su lado, largo el trayecto hasta Palacio Nacional." Así empezó el romance. "ALM le llevaba serenata y cerraba la cuadra en la que ella vivía para que nada interrumpiera a los tríos que cantaban bajo la luz de las estrellas."[283]

Villalpando afirma que se casaron por la Iglesia —y que de ello da fe una película— aunque no por lo civil pues doña Eva jamás le dio el divorcio. Y que procrearon dos hijos.[284]

9

Terminado el mandato presidencial, doña Eva se imaginó que a ella se le permitiría continuar con las actividades de asistencia social que venía realizando y que tanto le gustaban. Escribe Justo Sierra Casasús: "Creyó que doña Guadalupe Borja no iba a continuar con esos trabajos porque era nerviosa y ajena a las cosas públicas... pensó que ella seguiría al frente de dicha labor, alimentó esa esperanza hasta el último momento".[285] Pero por supuesto no fue así, porque el sistema político mexicano es claro en sus reglas y una de ellas es que quienes ya tuvieron el cargo más alto se retiren a la oscuridad. Pero de todos modos, ella se enojó mucho y parece que hasta reclamó. El resultado fue un muy severo disgusto con la siguiente Primera Dama que nunca, después de la toma de posesión de su marido, la volvería a invitar a ningún acto.

Pero no por eso se quedó quieta. Desde que había estado en el poder se había preparado para cumplir con su sueño de tener una escuela propia. Y la había mandado construir en unos terrenos allá por Coyoacán, al sur de la ciudad de México, "de sus propios recursos y con los regalos que le enviaron varios empresarios: camiones de material, muebles importados y mil cosas más".[286] Por nombre le puso Héroes de la Libertad y la inauguró en 1964, poco antes de que concluyera el periodo presidencial de su marido, por lo que, en su calidad todavía de Primera Dama, el colegio pudo recibir una bandera especial.

Diez años estaría la señora al frente de esta institución —desde las ocho de la mañana en punto, impecable en su traje sastre— a la que convirtió en un centro de excelencia educativa y en colegio piloto porque en él se pusieron en práctica los métodos pedagógicos más nuevos y los sistemas más avanzados en educación. "Era una maestraza" dicen quienes la conocieron y no en balde se la llamaba "la maestra de México".

Por su parte López Mateos fue nombrado para presidir el Comité Organizador de los Juegos Olímpicos, cuya sede él había conseguido para México. Pero no pudo desempeñar el cargo porque la enfermedad se lo impidió. Una delicada operación para buscarle origen a sus fuertes jaquecas descubrió que tenía varios coágulos en el cerebro y pronto le fue imposible moverse ni hablar.

Doña Eva estuvo a su lado en el sanatorio y después se lo llevó a vivir a su casa. Y allí permaneció hasta su muerte. El hombre no pudo asistir a la boda de su hija Ave con un empresario italiano —aunque dicen que se emocionó cuando ella entró, vestida de novia, a despedirse de él antes de salir a la ceremonia— ni pudo ver el nacimiento de su nieta, a quien pusieron por nombre Juliana, en honor a la reina de Holanda que era amiga de la familia. La señora no le permitió ver a su segunda esposa ni a sus hijos y a Angelina ni siquiera se le dio oportunidad de presentarse al entierro.[287]

En 1975 doña Eva Sámano se retiró. Los varios infartos que había sufrido desde tiempos de la presidencia de su marido y su fuerte artritis le impedían seguir haciendo tanto esfuerzo. Un grupo de padres formó una cooperativa y adquirió el plantel educativo que era de su propiedad. Ella se fue a su casa y se dedicó en cuerpo y alma a atender a su única y adorada nieta. Murió en mayo de 1984 y fue enterrada al lado de su esposo en el Panteón Jardín de la ciudad de México, de donde años después el presidente Salinas los mandó sacar y trasladar a Atizapán, Estado de México, a un monumento erigido en honor del licenciado López Mateos.

Con el país en calma y trabajando, Gustavo Díaz Ordaz, que había sido secretario de Gobernación en el sexenio anterior, amigo personal de López Mateos y hombre de todas sus confianzas, asumió la Presidencia de la República el primero de diciembre de 1964.

Había ganado las elecciones no sólo con el apoyo del PRI sino también con el de otros partidos. Los estudiosos afirman que al ceñirse la banda presidencial, encontraba al país en las mejores condiciones de su historia: tranquilo y productivo, con inversiones y crecimiento económico y bien respetado en el mundo.

Con este presidente todo continuó igual y la única diferencia fue el cambio en la persona que ocupaba el cargo: "Los sexenios se suceden y desde el poder sigue el viejo estilo" escribió Carlos Monsiváis. El sistema siguió funcionando con todo y las contradicciones que lo constituían: la modernización con las desigualdades sociales; una industrialización dirigida menos a bienes de capital y más a bienes de consumo —que hacía muy dependiente el desarrollo del crédito y de la tecnología del exterior—; el autoritarismo y la corrupción; el abandono del campo porque a nadie le interesaba invertir en él ni retener en su seno a la fuerza de trabajo (el campo mexicano se fue despoblando y dejó no sólo de ser exportador sino incluso autosuficiente).

El triunfalismo siguió siendo la tónica gubernamental y se hacía manifiesto en discursos, ceremonias e inauguraciones. Y parecía tener bases sólidas: el partido oficial coordinaba y disciplinaba a sus miembros y las cámaras de diputados y senadores legitimaban las decisiones presidenciales; el aparato sindical ejercía un firme control sobre el movimiento obrero y operaba como intermediario de cooperación con el Estado; el ejército servía menos como guardián y más como fuente de información y de ayuda en caso de siniestros naturales (a excepción de su intervención en los casos de la guerrilla como la de Lucio Cabañas y Genaro Vázquez en el estado de Guerrero) y la estabilidad social y política se lograba con acuerdos negociados o de plano, con francas represiones, como sucedió con algunos movimientos sociales.

A quienes sí se les empezaban a abrir las puertas era a las mujeres que en todo el mundo ya ocupaban espacios no sólo en la fuerza de trabajo sino también en la vida pública. López Mateos lo había dicho unos años atrás: "La mujer, nuestra admirable mujer mexicana, no sólo simboliza nuestras más puras esencias nacionales sino además, desde que quedó activamente incorporada con igualdad de derechos a la vida política del país, ha sido factor de perfeccionamiento democrático y su aporte ha ennoblecido y elevado el contenido y el tono de nuestras luchas cívicas. Ella mantiene el entusiasmo creador e impulsa el esfuerzo colectivo".[288]

11

La señora Guadalupe Borja era oriunda de la capital pero había vivido desde chica con su familia en Puebla. Hija de un prominente abogado de buena posición, había estudiado una carrera comercial (un autor afirma que lo que estudió fue enfermería), misma que abandonó cuando después de cinco años de noviazgo se casó con un joven estudiante de derecho, vecino de la familia y amigo de sus hermanos, llamado Gustavo Díaz Ordaz.

Era éste un muchacho de aspecto tan poco agraciado, que le hacían burlas y chistes de los que él mismo se reía. Cuando el historiador Daniel Cosío Villegas leyó lo que decía Robert C. Scott de que para ser candidato a la Presidencia de México era requisito no ser declaradamente feo, afirmó que tal aseveración seguramente se hizo antes de la nominación y elección de Gustavo Díaz Ordaz.

Pero lo que seguramente le gustó a la joven Lupita es que era serio y trabajador y no tenía vicios: ni fumaba, ni bebía y comía poco y sencillo por problemas estomacales que le obligaron toda su vida a ser sumamente austero con sus alimentos.

Lo mismo que todas las esposas de quienes se interesaban por la política, la señora se vino a la capital con su marido y aquí, mientras él pasaba largas horas en las oficinas de gobierno ascendiendo por los peldaños de los puestos, ella crió a sus tres hijos y dedicó su tiempo a atender el hogar.

Según quienes la conocieron, doña Guadalupe era una señora muy dulce, muy calladita, muy bien educada y muy modesta en su forma de ser. Además era bonita físicamente.[289] No era una mujer elegante aunque pretendía serlo, pero por su baja estatura y por la moda tan poco favorecedora de la época, la ropa no le lucía. La falda arriba de la rodilla y los peinados esponjadísimos le sentaban mal. Y además se ponía cosas que ya nadie usaba como sombreros o guantes largos hasta el codo. En este sentido le sucedía lo que decían muchos modistos: "La mujer mexicana no tiene buen gusto para vestirse". Ellos lo atribuían al afán de copiar las modas de otros países que las hace ponerse cosas que no van con su tipo de cuerpo ya que "la mujer mexicana tiene una figura especial: cuello corto, busto y caderas amplias" y por otra parte, a que "las mexicanas hacen demasiada mezcolanza en su indumentaria. Se ponen igualmente un vestido de satín brillante o uno de seda artificial en la mañana que en la noche, en el teatro que en su trabajo. Llevan con la misma tranquilidad un vestido de tira borda-

Guadalupe Borja de Díaz Ordaz, se dedicó a su hogar pero cumplió con lo más necesario de los compromisos oficiales

da en invierno que zapatos de seda con un traje sastre y abusan de lo que les gusta, no importa si viene a cuento o no. Encuentro inapropiado en México el abuso del tacón alto, del tacón de once centímetros que llevan las mujeres con trajes de estilo sport".[290]

Cuando su marido asume el cargo de presidente, la familia deja su casa del Pedregal de San Ángel y se muda a Los Pinos, porque don Gustavo consideraba que habitar la residencia oficial era parte de los deberes propios de su investidura, a la que confería mucha importancia y por cuya defensa estaría dispuesto a todo.

Pero doña Guadalupe conservó el mismo estilo de vida a que estaba habituada: "La vida de la señora Díaz Ordaz era muy tranquila y reposada, como puede haber sido la de muchas amas de casa mexicanas, dedicadas por completo a atender a su esposo y a sus hijos y a vigilar su hogar".[291] Mujer sumamente hogareña, no se interesaba ni por el deporte ni por la cultura ni por la acción pública ni por la vida de sociedad. Pasaba las tardes en la casa con su nieto que era su adoración, viendo televisión.

¿Le atraían las telenovelas? ¿le afectaban las maldades que en ellas las mujeres perversas les hacían a las buenas y las ricas a las pobres? ¿o quizá, con tal de hacer feliz al pequeño Mauricio, prefería dejar toda la tarde el canal cinco para que el pequeño disfrutara de las caricaturas del *Club Quintito* con el Tío Gamboín y Rogelio Moreno?

Y sin embargo, doña Guadalupe no tuvo más remedio que continuar con la labor de asistencia social que ya era tradicional para las primeras damas y que gracias a su antecesora se había convertido en una institución imposible de abandonar. Por eso en diciembre de 1964 el presidente de la República le dio posesión del cargo de presidenta del Instituto Nacional de Protección a la Infancia. En su discurso inaugural la señora afirmó: "Soy consciente de la enorme responsabilidad que asumo", y agregó: "Con el mismo celo y cariño con que he cuidado de mis propios hijos, cuidaré de estos miles de pequeños a quienes todo les falta".[292]

Y en efecto, se siguieron repartiendo los desayunos escolares y atendiendo la salud de los niños y se ampliaron las actividades del INPI hasta abarcar a toda la familia a partir de la idea de que se debía educar y capacitar a los padres para lograr la integración familiar como "la mejor forma de proteger a la niñez". Por eso doña Guadalupe exhortaba a las mujeres a "intervenir con más importancia en la defensa de lo que amenazan peligros de guerra, disoluciones morales, injusticias" y a "hacer honor a sus más ilustres antepasados y que sean símbolo acrecentado de las virtudes reconocidas como características de la mujer mexicana".[293]

La señora Díaz Ordaz promovió la creación de un nuevo organismo oficial: la Institución Mexicana de Asistencia a la Niñez, que por decreto presidencial nació el 19 de agosto de 1968 y del que fue nombrada presidenta. Los objetivos de este nuevo organismo eran: "Velar por el bienestar de los niños huérfanos, abandonados o enfermos y buscar, en coordinación con organismos públicos y privados, disminuir los problemas de abandono, explotación e invalidez de menores".[294]

¿Qué necesidad había de levantar otra estructura burocrática tan cara y compleja siendo que sus propósitos eran tan similares a los de la que ya existía? ¿por qué no mejorar y hacer crecer a aquélla?

La razón no se hizo clara en aquel entonces pero se debió al pleito ya mencionado entre las señoras Díaz Ordaz y López Mateos, que fue tan fuerte que la Primera Dama nunca volvió a invitar a su antecesora a ningún acto oficial (aunque asistieran otras exprimeras damas) y cada vez que la encontraba en algún lugar subía la voz pidiendo que la sacaran de allí. Por eso decidió crear una institución nueva para que su trabajo no tuviera ninguna relación ni identificación posible con el de la señora Sámano.

Lo que llama la atención en este asunto, es que los recursos de la nación se puedan usar para satisfacer los caprichos personales de quienes tienen poder. Y por lo visto, las esposas de los presidentes de la República ya lo tenían y sus maridos las apoyaban. Así como doña Eva se mandó levantar su propia escuela particular para ocuparse de ella una vez terminado el mandato (y aunque digan que lo hizo con sus propios recursos, en realidad recibió muchos "regalos"), así la dulce señora Díaz Ordaz se dio el lujo de hacerse su propia institución de asistencia social con tal de quitar del candelero a su enemiga. Como no podía cancelar al INPI porque ello hubiera significado hacer público el pleito —y en ese tiempo aún no se ponía de moda como hoy denostar en voz alta al presidente anterior o a su familia— simplemente lo fueron dejando desaparecer poco a poco de la luz pública para en su lugar hacer brillar a la IMAN.

Y en efecto, se mandó construir un magnífico hospital y una casa cuna en las calles de Churubusco y Tlalpan, destinada a la custodia de niños sin familia hasta los cuatro años de edad. Más adelante, en amplios terrenos sobre la avenida Insurgentes Sur en la ciudad de México, se construyó una casa para niñas entre los cuatro y quince años y se levantaron las oficinas administrativas de la institución. Poco después se les agregó otro hospital.

Se echó a andar un sistema de capacitación para profesionistas y técnicos interesados en la protección del menor y otro para investigación sobre las causas del abandono de niños y se dieron cursos de educación médico-higiénica.

Como todas las primeras damas, la señora Díaz Ordaz inaugu-

ró planteles educativos, casas-hogar, asilos, hospitales y clínicas, guarderías y salones de costura; recibió a los niños aplicados de todo el país
instándolos a seguir adelante; legalizó uniones matrimoniales; fue nombrada presidenta Honoraria de las Guías de México y del cuerpo de
voluntarias del Instituto Mexicano de Rehabilitación; inauguró las oficinas del Comité de Servicio Social y Cultural, A.C., una agrupación
de mujeres que durante muchos años encabezó los festejos por el día de
la mujer; organizó en el castillo de Chapultepec una comida para las
esposas de los expresidentes; asistió a exposiciones en Bellas Artes y a
presentaciones de arte popular; presidió el Congreso Femenil de la
Confederación de Trabajadores de México; recibió a visitantes extranjeros; dio donativos a instituciones privadas de asistencia como la
Cruz Roja y la Ciudad Vicentina y organizó los tradicionales festivales
con reparto de ropa y juguetes para niños en los días de Reyes y de
utensilios domésticos para mujeres humildes en el día de las Madres.

En su segundo informe de gobierno, el presidente Díaz Ordaz
dijo: "Debemos proclamar que la participación de la mujer mexicana
ha sido verdaderamente digna de admiración... sin el concurso de la
mujer no puede intentarse nada que sea grande, noble, fecundo y per-
durable. Mi homenaje fervoroso a la mujer mexicana, símbolo magnífico de abnegación, de amor y sacrificio lo mismo por el padre que por
el hermano, que por el esposo, que por el hijo, igual por el conjunto

que forma la familia que por el conjunto de familias que forman la Patria". Estas palabras de agradecimiento iban también dirigidas a su esposa aunque nunca se mencionó su nombre.

Ahora bien, la verdad es que no eran un cumplido sino que dedicar un párrafo a las mujeres se había convertido en una parte más del discurso oficial, de la misma manera como el trabajo de las primeras damas se había vuelto obligatorio dentro de la acción gubernamental. Por lo demás, son señal fehaciente de que nuestra modernización sólo lo era en la superficie, pues mientras en los países industrializados las mujeres entraban en grandes oleadas a participar en la economía y en la vida pública, en México, a pesar de que muchas de ellas ya estaban en la fuerza de trabajo (campesinas, obreras, burócratas, maestras), se les seguía pidiendo abnegación, amor y sacrificio.

En una asamblea femenil del Partido Revolucionario Institucional, ante mujeres militantes en la política, el presidente Díaz Ordaz manifestó la vieja concepción según la cual "la mujer lima asperezas, conjura predisposiciones, impone respeto, mueve a la cordialidad. La mujer es altar y es culto".[295] Al mejor estilo del siglo XIX, se la condenaba a sólo valer por ser esposa (del soldado, el maestro, el artesano, el campesino, el obrero, el comerciante, el funcionario o incluso el presidente) y a limitar su esfuerzo, si decidía emprenderlo, sólo a aquello que tuviera que ver con tareas educativas, asistenciales, sanitarias y de orientación cívica.

12

Estamos en plenos años sesenta, cuando las faldas subían bastantes centímetros por arriba de la rodilla y el bikini triunfaba para permitir a las mujeres lucir su cuerpo, incluido el ombligo que tantos años se mantuvo escondido por la prohibición expresa de las autoridades. Los padres y los hijos se distanciaban "porque ya no se entendían" y pomposamente a eso se le llamaba "conflicto de generaciones". En uno de los primeros programas de debate de la televisión mexicana, una jovencita dijo: "Lo único que quiero es que me dejen en paz, es lo que pido. Que no se metan conmigo".[296]

En los hogares mexicanos hay pleitos por culpa de la falda corta y el pelo largo, símbolos de modernidad, de rebeldía:

–No puedes salir a la calle sin ropa —dice el papá.

–No estoy sin ropa, llevo falda —responde la hija.

–Ése es un cinturón ancho, no una falda —afirma el papá.

–Tienes que cortarte el pelo —exige la mamá.

–Me gusta así, hasta los hombros —responde el hijo.

–Es que da vergüenza, pareces mujer —insiste la mamá.

El gran descubrimiento fueron las drogas: las anfetaminas, el LSD y el "pasto verde", como le llamó el escritor Parménides García Saldaña a la marihuana. ¿Quién no se echó un "toque" de "golden" acapulqueña que circulaba por todas partes aunque estuviera prohibidísima?

El otro gran descubrimiento fueron las pastillas anticonceptivas, el permiso que hacía falta para ejercer la sexualidad. ¿Quién no pasó la tarde en uno de esos hoteles que crecían a orillas de las ciudades?

Los jóvenes no querían saber del orden, del poder, de la familia. Se sentían los dueños del mundo y sólo querían divertirse, "alivianarse" como se decía entonces. Una enorme brecha se abrió entre el discurso oficial y la realidad de la sociedad, sobre todo la de los adolescentes. El escritor José Agustín habló por ellos (como ellos, desde ellos) con un lenguaje fresco, irreverente y vital:

"Detrás de la gran piedra y del pasto, está el mundo en que habito. Siempre vengo a esta parte del jardín por algo que no puedo explicar claramente, aunque lo comprendo. Violeta ríe mucho porque frecuento este rincón. Eso me parece normal: Violeta es mi madre y le encanta decir que no estoy del todo cuerdo. Ahora debo regresar a la casa, porque de lo contrario Violeta me llamaría y no tolero cosas así. Seguro soy desobediente por naturaleza. Por ejemplo, hace un rato Humberto me pidió que comiera con orden, sin mordiscar aquí y allá. No le hice caso, pero acepto que diga ese tipo de cosas (no por nada es mi padre). Siempre me ha costado trabajo hacerme a la idea de que son mis padres; es tonto, he visto mi acta de nacimiento y hasta me parezco a ellos."[297]

Los jóvenes, ¡toda una categoría social! ¡todo un modo de vivir y de ver la vida! Unos se divertían en las tardeadas, otras se metían dentro de enormes jaulas para bailar "a go-go", unos le ponían "brasier" a la Diana Cazadora (a la que en el año 67 las autoridades le mandan —por fin— quitar los calzones en medio del regocijo popular), otros se bañaban en las fuentes públicas, unos cantaban con Julissa y Angélica María, otros con Los Beatles. Unos eran caifanes y otros rebeldes, algunos fresas y otros alivianados, pero todos rockeros, todos bailando los éxitos norteamericanos traducidos al español:

Mi amor entero es de mi novia popotitos,
sus piernas flacas son un par de carricitos,
con popotitos me voy a casar,
de aquí en adelante la voy a alimentar.

Los sesenta se metieron también a Los Pinos. La señora Guadalupe Borja empezó a usar las faldas más cortas y su hijo menor se convirtió en un "rebelde sin causa" que corría go-karts (hasta le mandaron a hacer su pista particular), invitaba a sus amigos a funciones privadas de cine (con películas cortesía de la Secretaría de Gobernación) y hacía fiestas con la música a gran volumen.

Ahí viene la plaga,
le gusta bailar
y cuando está rockanroleando
es la reina del lugar.

13

Quienes conocieron a los Díaz Ordaz dicen que don Gustavo quería mucho a la señora Lupita. En una ocasión, para festejar su aniversario de bodas, mandó el avión presidencial a Guadalajara para traer hasta Los Pinos al célebre Armando Manzanero quien cantó una canción especialmente compuesta para esa fecha:

Parece que fue ayer,
cuando dormida te tomaba entre mis brazos...
Soy tan feliz
de haber vivido junto a ti
por tantos años,
que Dios te guarde
por hacerme tan feliz.[298]

También ella lo debe haber querido mucho, aunque sus colaboradoras aseguran que sentía siempre algo de temor por el carácter corajudo y enojón de su marido. ¿Cómo tomaba la señora las bromas que le hacían a don Gustavo por su fealdad? ¿se rio en aquella ocasión cuando le dijeron que era cosa sabida que los poblanos tenían dos caras y él contestó: "Ustedes creen que si yo tuviera otra usaría ésta"? ¿o aquella otra ocasión en que no dejaba de llover y el gobernador de Veracruz le dijo que lamentaba que los días estuvieran tan feos a lo que el presidente respondió que tampoco los López eran nada guapos?

A don Gustavo le gustaba vivir bien. Vestía con trajes caros y finas camisas mandadas a hacer especialmente para él en Londres y que llevaban bordado un monograma. Pedía a sus restaurantes favoritos —entre ellos La Cava— que le enviaran lo que le gustaba comer, aunque siempre fue austero con sus alimentos debido a sus problemas estomacales. A la residencia oficial se le hicieron nuevas construcciones: campo de golf, dos albercas, una cubierta y otra descubierta, canchas de tenis y frontón, una calzada para correr go-karts y un boliche electrónico que usaba el hijo menor de la familia, un muchachito prepotente que gustaba de las diversiones caras y del escándalo. Se arreglaron los salones para juntas, los de recibir invitados y el de ver cine y a las habitaciones privadas se les instalaron grandes y lujosos baños. Finos muebles, candiles y espejos la adornaban y se mandaron traer cuadros de los museos nacionales. También se encargó a Francia una vajilla con el escudo nacional para veinticuatro personas. ¡Qué avance "democrático" el nuestro si pensamos que Carmelita Díaz había mandado a hacer la suya para trescientos comensales!

Pero cuando se casó el hijo mayor, es cuando de verdad se echó la casa por la ventana, pues se mandó a levantar un enorme pabellón para que cupieran los más de tres mil invitados que cenaron y bebieron, magníficamente atendidos por cientos de meseros en impecables uniformes y que luego bailaron hasta el amanecer con dos estupendas orquestas.

Según las entrevistas concedidas por la hija de la pareja, la señora Guadalupe Díaz Borja de Nasta, la familia era feliz y unida. Si eso es cierto, no lo sabemos. Lo que sí se vio es que la señora se mantuvo firme al lado de don Gustavo en las buenas y en las malas: lo acompañó a todas partes, cumpliendo siempre dignamente con su papel de Primera Dama y no se despegó de su lado durante los momentos difíciles, desde una operación de ojos que se llevó a cabo en el Hospital Militar hasta los sucesos del año sesenta y ocho.

¿Comió la señora Lupita en el primer restaurant chino que hubo fuera de la calle de Dolores, en la Zona Rosa, que entonces se puso de moda? ¿se rio con los libros de Jorge Ibargüengoitia que a su vez se reía de los héroes de La Patria? ¿hizo un esfuerzo por entender los cerrrados textos de Salvador Elizondo, que eran lo último en la literatura nacional? ¿o de plano prefería los comics de *La familia Burrón* con sus personajes pobres o los de *Lágrimas, risas y amor* con los amores de las jóvenes sin recursos pero bonitas que siempre conseguían maridos ricos y guapos? ¿le gustó inaugurar el modernísimo hotel Camino Real con sus enormes paredes lisas de colores brillantes y sus obras de arte contemporáneo? ¿le gustó viajar por el flamante anillo periférico, subirse al metro en la estación Insurgentes con sus grecas tipo mexicano y sus andenes de mármol, ir a pasear al nuevo bosque de Chapultepec con su lago y su montaña rusa? ¿estaba orgullosa de la capital con sus altos edificios y anchas avenidas, con sus anuncios luminosos y sus claxons a toda hora? ¿recorrió la Ruta de la Amistad admirando las esculturas monumentales hechas por artistas de muchos países y asistió a alguno de los magníficos actos de la Olimpiada Cultural que se llevó a cabo un poco antes que la deportiva? ¿le impresionó que los nor-teamericanos llegaran a la luna y que un doctor sudafricano realizara el primer trasplante de corazón?

14

"Pienso que estamos en 1967. Me gusta pensar que estamos en 1967" escribió Luis Guillermo Piazza. El ambiente de la época era "cul-tural": en la Casa del Lago Mario Lavista enseña a escuchar música; en la Zona Rosa José Luis Cuevas pinta un mural efímero; aunque el libro *Picardía mexicana* ya va en su 79a. edición, se habla más de *Rayuela* de Cortázar que causa sensación; Carlos Monsiváis tiene un programa en Radio Universidad y Jorge Saldaña convierte a *Anatomías* en el espacio más polémico de la televisión. ¿Con quién se casarán la viuda Kenne-dy y el médico Barnard? ¿cuándo podremos ir todos a Marte? ¿qué se sentirá probar el LSD que acaban de inventar en California? ¿será mejor que los hongos que ofrece María Sabina en Oaxaca? ¿por qué tantos jó-venes se van de "hippies" y queman sus tarjetas del ejército con tal de no enrolarse para la guerra en Vietnam? ¿quién no sueña con que lo in-viten a la revolucionaria Cuba a algún congreso? ¿quién no se sabe de memoria la canción "Susan" de Leonard Cohen?

> *Susan takes you down*
> *to her place near the river,*
> *and she feeds you tea and oranges*
> *that come all the way from China.*

15

Tanta dicha terminó de golpe en 1968. Ese año, nació un movi-miento social que como escribió Luis Villoro: "Concretaba y expresaba claramente una aspiración generalizada que, de realizarse, obligaría a un cambio político: la aspiración de conquistar, para distintos grupos socia-les, el derecho a organizarse con autonomía, fuera de la tutela estatal".[299]

Cuando miles de estudiantes y profesores, de artistas e intelec-tuales y hasta de padres de familia, salieron a las calles de la capital a protestar contra el gobierno, muchos se preguntaron ¿de qué se quejan si son los sectores más mimados de la sociedad? ¿qué les falta en un país de moneda dura, clases medias pujantes y consumistas, oportunidades de estudio y trabajo, calles seguras, servicios y televisión?

La respuesta era sencilla: les faltaba eso que fueron a exigir, democracia. Así lo había escrito Pablo González Casanova en su libro clásico publicado en 1965, *La democracia en México*: "La democratización es la base y el requisito indispensable del desarrollo... dejar que hablen y se organicen las voces disidentes para el juego democrático y la solución pacífica de los conflictos".[300]

Pero lo que esos jóvenes recibieron fueron balas. Para cuando dieron inicio los juegos olímpicos, el presidente pudo declararlos inaugurados sobre la sangre derramada de cientos de jóvenes. Así lo relata uno de ellos: "A las cuatro y media salimos hacia Tlatelolco... Cuando llegamos ya había empezado el mitin... La Plaza de las Tres Culturas es una explanada situada en alto, se sube a ella por varias escalinatas y por un costado, está cortada a pico para dejar al descubierto las ruinas prehispánicas recientemente restauradas. Sobre las ruinas fue construida en el siglo XVI una pequeña iglesia: Santiago de Tlatelolco. Pasamos entre un grupo de niños que jugaba sin prestar atención a los discursos. Algunos vendedores se abrían paso entre la multitud. Al fondo de la plaza se veía entrar a nuevos contingentes que desenrollaban sus mantas y elevaban los carteles...

"Dos helicópteros volaban, desde unas horas antes, trazando círculos sobre la plaza y en cierto momento... empezaron a descender hasta que los círculos que dibujaban quedaron por abajo de los edificios que rodean la plaza... Entre las voces y gritos empezaron a escucharse claramente los disparos... Al mirar frente a mí, a lo lejos, hacia el fondo de la plaza, vi que el puente de acceso estaba ocupado por el ejército a todo lo largo. Estábamos totalmente cercados y desde los cuatro extremos los soldados avanzaban a bayoneta calada...

"El suelo estaba empapado de sangre... Cuando el fuego era más intenso y no se podía ni levantar la cabeza nos cubríamos con los cuerpos de los muertos; la plaza es completamente lisa, ¿te imaginas?

"Yo levanté la cabeza... y vi, como si fuera un fantasma, a una niña que se acercaba despacio y con los ojos muy abiertos, llevaba una bolsa de pan que apretaba entre las manos, seguro en su casa la habían mandado al pan y de regreso se detuvo en la plaza; la llamé ¡ven, tírate al suelo! ¡agáchate! pero siguió caminando entre los cuerpos caídos, sin soltar la bolsa y con los ojos abiertos y secos, las balas le zumbaban sobre la cabeza, creo que ni siquiera me oyó."[301]

Ésa fue en México la respuesta a lo que Enrique Krauze llamó "un viento antiautoritario que recorría el mundo", "una emoción libertaria". La respuesta fue matar a los estudiantes. Y la había ordenado el presidente de la República, Gustavo Díaz Ordaz.

16

La "fiesta desarrollista" había terminado, como dijo Carlos Monsiváis con frase afortunada: "La del 68 fue una crisis política, moral y psicológica de convicciones y valores que sacudió los esquemas triunfales de la capa gobernante; fue el anuncio sangriento de que los tiempos habían cambiado sin que cambiaran las recetas para enfrentarlos".[302]

¿Supo la señora Guadalupe Borja de las matanzas de estudiantes? ¿se conmovió por los jóvenes? ¿le creyó a su marido cuando éste aseguró que había tenido la razón al actuar como lo hizo porque en su opinión así había "salvado a la Patria"? ¿entendió la profunda soledad en que se quedó el presidente, repudiado por todos después de Tlatelolco? "La injuria no me llega, la calumnia no me toca, el odio no ha nacido en mí", afirmó Gustavo Díaz Ordaz con la solemnidad que lo caracterizaba.

> *¿Sigue usted indignado,*
> *Señor Presidente?*
> *Mala cosa es perder*
> *por unos muertitos*
> *que ya hacen bostezar*
> *de empacho a los gusanos,*
> *la paz.*
> *Todo*
> *es posible en la paz.*[303]

En el día señalado del mes de octubre, la atleta Enriqueta Basilio entró al estadio cargando la antorcha que inauguraba las olimpiadas. Durante quince días, los mexicanos vimos a cientos de deportistas luchar por el triunfo y aclamamos a Pilar Roldán cuando esgrimió su florete y al Tibio Muñoz cuando se esforzó en la alberca. Y nos conmovimos cuando la gimnasta Vera Caslavska se casó apenas terminado el evento. Pero el presidente y su esposa apenas si se dejaban ver. ¿Qué sintió la señora Guadalupe de no poder disfrutar a sus anchas del magno acontecimiento porque a donde sea que se aparecía su marido se desataban las rechiflas y los abucheos?

Los Díaz Ordaz se encerraron a piedra y lodo. Pero hasta sus habitaciones penetraron la angustia y el insomnio: "Yo noté que mi papá se fue desgastando mucho porque se angustiaba mucho, no dormía bien, se angustiaba muchísimo".[304]

En adelante se deterioraría la salud de los dos: en él, se acentuaron los padecimientos gástricos y los problemas con los ojos. Ella, alterada por sus temores por la seguridad de los suyos y por la humillación, padeció enfermedades nerviosas.[305] Se la vio temblorosa e inestable en la celebración del Grito, cuando salió al balcón central del Palacio Nacional. ¿Se debió a los libros que uno tras otro salieron acusatorios, recogiendo testimonios e historias? ¿o fue porque captó la dimensión del desasosiego y del resentimiento de su esposo? ¿o quizá su enfermedad se originó en los chismes que se contaban sobre la relación de su marido con una vedette a la que regalaba costosas joyas y pieles?[306]

Cualquiera que haya sido la causa, la señora Borja de Díaz Ordaz no la resistió. Su hija se vio obligada a acompañar a su padre en los actos oficiales y a cumplir con las labores de Primera Dama sustituta, igual que como había sucedido cuarenta años antes con Calles y su hija Hortensia.

¿Por qué no intentó la señora curarse con un psicoanalista como por entonces se ponía de moda y lo hacían muchos, hasta sacerdotes como el padre Lemercier en Cuernavaca que trataba así a los monjes para asegurarse de que su vocación era genuina?

Doña Guadalupe no se alivió. Vivió sus últimos años encerrada en su casa del Pedregal de San Ángel, dicen que más dulce y tranquila que nunca.[307] Murió en 1974. Ya no se enteró de que a su marido lo mandó el gobierno como embajador a España, el primero cuando se establecieron otra vez relaciones diplomáticas con ese país. Mejor para ella, porque así tampoco supo del escándalo que surgió por ese nombramiento y que lo obligó a regresar apenas una semana después de iniciado en su flamante encargo. Ni supo de su triste final que sobrevino cinco años más tarde. Tampoco se enteró del suicidio de su hijo menor, aquel muchachito consentido que vivió en Los Pinos, ni del divorcio de su hijo mayor, aquél cuya boda había sido la más espectacular de que se tuviera memoria en la residencia oficial. Y menos aún llegó a saber que diez, veinte, treinta años después, la masacre de Tlatelolco, a la que su marido quiso empequeñecer llamándole "un incidente penoso", no sólo sigue siendo un momento crucial de la historia de México, sino que como apuntó Daniel Cosío Villegas, desde entonces el gobierno cayó en un descrédito que nada ni nadie pudo lavar jamás.

Una compañera y una vecina

1

"Desde finales del 68 —escribe Julio Scherer— había descendido sobre el país una tristeza agria, malsana."[308]

Me empiezan a desbordar los acontecimientos
(quizá es eso)
y necesito tiempo para reflexionar
(quizá es eso).[309]

"Por eso se esperaba del nuevo presidente —dice el periodista— que su toma de posesión tuviera el significado de un cambio de estación en la naturaleza: que reverdeciera al país."

Para responder a estas expectativas, al iniciarse la década de los setenta el gobierno intenta modificar sus políticas sociales y económicas y hace un esfuerzo por limpiar las memorias de Tlatelolco, cerrar las heridas y lograr una reconciliación nacional. Quien encabeza este esfuerzo es Luis Echeverría Álvarez, presidente de México entre 1970 y 76, el primero que llega a ese cargo sin antes haber tenido un puesto de elección popular.

Originario de la capital, abogado, LEA había sido el ejemplo típico del político que muy joven inició su carrera en la burocracia, obedeciendo siempre y ciegamente a quien lo cobijaba, trabajando duro (quince horas diarias era su promedio) y guardando silencio (pocas veces se le escuchó hablar y menos opinar).

Anécdota: un grupo de burócratas ofreció una comida en su honor. Durante las tres horas que duró el convivio, el festejado no dijo una sola palabra.

Anécdota: el presidente Díaz Ordaz lo invitó a jugar golf pidiéndole que llegara temprano. Obediente, el hombre se presentó de madrugada, cuando aún no amanecía.

Echeverría fue subiendo en los puestos públicos porque era así: callado, eficiente, trabajador. Díaz Ordaz lo eligió como su sucesor precisamente porque hasta entonces había sido un hombre gris y obediente y pensó que no le haría daño a su imagen. ¡Qué sorpresa se llevaría don Gustavo! Porque desde el primer día de su mandato LEA se convirtió, para sorpresa de todos, en dinámico y hablador.

En términos económicos, el gobierno de Echeverría se propuso reformular las estrategias en un sentido doble: "Reorientar la planta industrial para que de la sustitución de importaciones se pasara a una política exportadora y modificar la agricultura... redefiniendo al mismo tiempo la relación económica con Estados Unidos. La palanca de esa estrategia sería el aumento de la inversión pública".[310] Al presidente se le ocurrieron grandes proyectos y para llevarlos a cabo convocó a larguísimas reuniones de colaboradores y pidió prestadas enormes sumas de dinero.

En términos sociales, lo que se propuso fue cooptar a los sectores disidentes absorbiendo a grupos amplios de las clases medias en empleos promovidos desde el Estado y abriéndose a una buena dosis de libertad de expresión de las ideas y de la crítica. A esto se le llamó "apertura democrática". Tan novedosa era esta propuesta para el país, que muchos creyeron que por fin se había llegado a la tan ansiada democracia y apoyaron al presidente. Uno de ellos fue el escritor Carlos Fuentes. En su opinión: "El gobierno saliente empujaba al país a una política de fuerza y represión, cuando lo que en él había era una multitud de fuerzas que sólo podrían encontrar salida en una democracia como la que propugnaba el nuevo mandatario". Para él la alternativa era: "Echeverría o el fascismo".

Y sin embargo, las esperanzas puestas en este gobierno se truncaron. En lugar de reorganizar y tranquilizar al país y a los ciudadanos, Echeverría "removió todas las cosas sacándolas del lugar donde antes estaban". Según Daniel Cosío Villegas, quien se volvería uno de sus críticos más furibundos, hizo un desarreglo de la vida nacional sobre todo en su aspecto económico y creó confusión: "El discurso populista y las medidas emprendidas provocaron una reacción de pánico entre amplios grupos de la burguesía. Si la iniciativa privada se había mantenido durante muchos años en armonía con el Estado ahora se puso a la defensiva para conservar sus prerrogativas y en el momento en que vio amenazados sus proyectos hegemónicos pasó a la acción ofensiva para desafiar a la burocracia política. Las acciones concretas de estos grupos fueron desde la oposición a reformas (la reforma fiscal, la de habitación para los trabajadores, la de la industria azucarera y varias en el campo) hasta la confrontación directa con el Estado (huelga de inversiones, fuga de capitales y especulación monetaria). Tal estrategia resultó tan eficaz que casi todo el crecimiento tuvo que ser generado por la inversión pública, lo que condujo a un endeudamiento cada vez mayor para sufragar tanto el gasto social como el mantenimiento del empleo y la importación de aquello que hacía falta en el país... El proyecto echeverrista terminó en una crisis de confianza —según le llamaron los propios empresarios— entre el sector empresarial y el Estado. Ello fue campo fértil para toda clase de rumores y acciones desestabilizadoras, entre las cuales la voz de un golpe de Estado militar apareció como muy amenazante a fines del periodo presidencial".[311]

2

Echeverría estaba casado desde 1945 con María Esther Zuno Arce, hija de una familia de estirpe liberal de Guadalajara, cuyo padre había sido gobernador de Jalisco, y a la que había conocido en casa de la pintora Frida Kahlo. Según Eugenia Meyer, la señora era una mujer interesante y auténtica, que trabajaba muy duro en su hogar y en su granja avícola que es de lo que vivía la familia.[312] María Teresa González Salas de Franco afirma que la granja era un emporio productivo y eficiente, perfectamente administrado y que doña Esther obligaba a sus hijos a levantarse muy temprano para cumplir con tareas específicas que se les asignaban en ella. Así es como los enseñó a ser chambeadores. Además organizó un grupo de bailes regionales, llamado Las Palomas, cuyo objetivo consistía en "rescatar las tradiciones tal y como eran, sin embellecerlas ni adornarlas sino buscando lo más genuino".[313]

Según Julio Scherer, "María Esther había sido una luchadora social".[314] Por eso cuando su marido llegó al puesto más alto, la señora era consciente de las enormes carencias y de las grandísimas desigualdades sociales en el país y estaba preparada para aprovechar el poder a fin de tratar de resolverlas.

Y sin embargo, la tarea principal de doña María Esther fue la misma que la de las anteriores primeras damas: la de ser ante todo esposa: "Mi tarea ha sido la de sostener al hombre que ejerce el poder y eso que no se ve ni se sabe es lo más importante".[315] Esto lo reconocía el propio Echeverría: "Sin duda alguna su ayuda ha sido esencial en

mi vida política"; "Ha sido una mujer muy a la mexicana, siempre con el gran espíritu de solidaridad de nuestras mujeres".[316]

Así, pues, a pesar de haber sido luchadora social, trabajadora agrícola y cuidadora e impulsora del rescate de nuestras tradiciones, la señora se había dedicado sobre todo a apoyar las ambiciones políticas de su marido.[317]

Los Echeverría tenían ocho hijos y dos famas bien cimentadas, una de incansables y otra de nacionalistas. Respecto a la primera, pues los dos estaban siempre en movimiento y en acción, llenos de energía, ajenos al tiempo. Él, caminando a largos trancos que nadie podía seguir, locuaz hasta provocar la desesperación de los demás (su último informe de gobierno duró la friolera de seis horas), con una voz potente y carcajadas que retumbaban en los salones donde se llevaban a cabo las interminables reuniones de trabajo que duraban hasta catorce horas. Y mitológicamente aguantador de las necesidades humanas: "Casi no duerme ni orina si no quiere" escribió Scherer. Ella por su parte, "iba y venía como si se le acabaran las horas para salvar al país".[318]

Y respecto a la segunda fama, allí están para dar fe los discursos antiimperialistas y tercermundistas del presidente y la mexicanización a la que la señora sometió a las costumbres sociales durante su periodo, empezando por el arreglo a la residencia oficial de Los Pinos que fue completamente reformada: se sacaron candiles, tibores, vajillas, vitrinas, cómodas y muebles afrancesados que fueron entregados al Museo Nacional de Historia, para meter en su lugar lámparas de vidrio soplado, equipales de cuero, tapetes de lana, jarrones de barro, cortinas de manta y mesas de madera hechas por los mejores artesanos mexicanos. Ese gusto por el arte popular se extendió más allá de su hogar hasta convertirse en un esfuerzo a nivel nacional para el rescate de las artesanías, creando instituciones que las protegieran y estimularan. Cuando se le preguntaba sobre esto, la señora Echeverría respondía: "Lo hago no solamente por mi inclinación y gusto personal sino por el valor político, porque pienso que los pueblos que no defienden sus tradiciones culturales rompen sus raíces y pierden firmeza en su vida colectiva".[319]

La señora Echeverría llevó a cabo un intenso trabajo de asistencia social, el más amplio, decidido y claro en sus objetivos que se había visto en nuestro país desde Eva Sámano de López Mateos y ninguna Primera Dama lo volvería a hacer igual.

Como presidenta del Instituto Mexicano de Protección a la Infancia, que fue el nuevo nombre que se le puso a la institución fundada hacía quince años y de la Institución Mexicana de Asistencia a la Niñez creada por su antecesora, continuó con los programas en favor de los

María Esther Zuno de Echeverría, llevó a cabo el más amplio y decidido trabajo de asistencia social de que se tiene noticia en el país niños pero los amplió considerablemente: los desayunos escolares no sólo crecieron en número sino en alcance y llegaron hasta zonas marginales como el valle del Mezquital en el estado de Hidalgo.[320] En ellos se incluyeron dos galletas creadas especialmente para tal efecto y que eran un complemento alimenticio, una se llamaba Nutrimpi y tenía alto contenido de proteínas y otra se llamaba Yemita y era un concentrado de huevo.[321]

La señora Echeverría consideraba que no era posible atender al niño sin atender a toda la familia, cuyo pilar es la mujer. Desde su punto de vista: "La mujer es el grupo más revolucionario que existe en México y hasta ahora el que ha estado más desperdiciado". Por eso puso en marcha un programa de educación para mujeres campesinas ("Si se educa a una mujer se educa a un pueblo") a quienes ella y sus colaboradoras se acercaron con la idea de "respetar su forma de organización social y aprender de ellas".

De lo que se trataba era que las mujeres ya no sólo recibieran ayuda sino que participaran en resolver los problemas de sus familias y comunidades, luego de que se les impartiera capacitación: "No se trata de paternalismo sino de apoyo. Es dar categoría a los seres humanos con aquello que les puede resolver sus necesidades. No es caridad sino servicio". En opinión de la señora: "El común denominador desde la Revolución mexicana había sido el trabajo voluntario de las mujeres. Era necesario recuperarlo y aprovecharlo. Las mujeres tienen deseos de cooperar, tienen capacidad de organizadoras en virtud de su papel como dueñas de casa, tienen curiosidad, fuerza y una tradición de organización comunitaria".

Con este modo de plantear las cosas, la Primera Dama cambiaba la esencia misma de la asistencia social: ésta dejaba de ser sólo un deber del Estado y se convertía también en responsabilidad de sus receptores, quienes debían prepararse para ayudarse a sí mismos y no esperar todo del gobierno. Por eso Tere Márquez afirma que doña María Esther "inauguró un estilo propio".

Se impulsaron programas de orientación familiar, principalmente en aquellas comunidades con menos de 2,500 habitantes a las cuales no llegaban los servicios del gobierno federal. Dichos programas cubrían varias etapas: motivación, selección en cada comunidad de mujeres a quienes capacitar, las cuales una vez que aprendían, salían a otros lugares para a su vez preparar a más mujeres "hasta correr el programa como un chisme", según expresión de la señora Echeverría.[322]

La atención se dirigía hacia los problemas cotidianos y los cursos que se impartían eran sobre alimentación y salud. Pero de paso se aprovechó para cubrir otros campos: alfabetizar, iniciar a algunas mujeres en el liderazgo político y, como parte fundamental del programa, preparar parteras empíricas. De este modo, muchas mujeres que ya de todos modos ejercían esta tan necesaria labor, fueron adecuadamente capacitadas no sólo para desempeñar mejor su trabajo sino también para que aprendieran los elementos básicos de la detección de enfermedades y se convirtieran de paso en promotoras de la salud.

El Programa de Capacitación Campesina para la Orientación Familiar y para la Salud abarcó a tres millones de mujeres campesinas y fue el más importante que se desarrolló en este periodo. Pero no fue el único, porque a la señora Echeverría le dio por capacitar a todo el que se dejara y para cualquier cosa. Estaba convencida de que sólo de este modo las mujeres de todo el país trabajarían en favor de sí mismas y de sus comunidades.

De modo que no sólo a las campesinas puso a trabajar la Primera Dama. Con ella se vuelve obligatorio que participen en la asistencia social las esposas de los gobernadores, de los presidentes municipales, de los miembros del gabinete y funcionarios de todo rango y nivel, incluso las esposas de los altos mandos del ejército y hasta las de los embajadores.[323] A todas las organizó y las puso a chambear en lo que paradójicamente se llamó la Red de Servicio Social Voluntario, que ella misma encabezó y que fue "un movimiento sin precedente", según afirman varias de sus participantes.

Además, se pusieron en marcha Programas de Desarrollo de la Comunidad cuyo objetivo era "mejorar el medio en que se desenvuelve la familia" [324] y se creó el Programa de Paternidad Responsable con el cual por medio de conferencias, obras de teatro, reparto de volantes y publicidad, se trató de despertar conciencia entre los padres de familia para lograr dos objetivos: la planificación familiar y "generar un comportamiento adecuado de los padres en relación con sus hijos".[325]

Por primera vez en la historia de México, había preocupación por la alta tasa de crecimiento demográfico y por el riesgo de que no alcanzaran los recursos, servicios y empleos para satisfacer la demanda de una población que aumentaba a ritmo exponencial y que era cada vez más joven. La campaña "La familia pequeña vive mejor" se hizo con el fin de que la gente se diera cuenta de esto y empezara a cambiar sus hábitos que consistían en tener "todos los hijos que Dios mande". Al mismo tiempo, se emprendieron campañas de legalización de matrimonios y de hijos, en escala nunca antes vista y desaparecieron, por iniciativa de la Primera Dama, las diferentes denominaciones que calificaban —o más bien descalificaban— a los vástagos como ilegítimos.

Se ampliaron las campañas de recolección de fondos, se construyeron centros comunitarios con servicios de lavandería, planchaduría, tortillería, tienda y lechería Conasupo (que vendía el importante alimento a precios reducidos) así como talleres de capacitación en diversos oficios: mecánica, hojalatería, costura, taquimecanografía y otros y se instaló un servicio voluntario de padres y madres de familia que se ocupaba —con su flamante impermeable amarillo— de cuidar la salida de los niños de las escuelas.

Uno de los grandes orgullos de la señora Echeverría fue el programa para tener limpio al país. La idea de "barrer la república" se le ocurrió después del desbordamiento de una presa en Irapuato que dejó mucha devastación. Aún sorprende ver entre las imágenes de aquel desastre, a doña María Esther metida en los lodazales, escoba en mano: "Tener la república barrida es señal no sólo de limpieza sino de orden".[326]

En cuanto al cumplimiento del protocolo que ya era tradicional para las esposas del ejecutivo, María Esther Zuno lo hizo con todo rigor: emprendió con su marido los viajes al extranjero que lo hicieron célebre por sus excesos y dispendios puesto que llevaba "comitivas sultanescas", como les llamó José Agustín a los aviones cargados de funcionarios, empresarios, intelectuales, artistas y periodistas a los que se atendía a cuerpo de rey y de mujeres que preparaban la comida y echaban tortillas a mano para los banquetes que se ofrecían a los dignatarios de los lugares visitados. Y también hizo sola varias salidas, muy derrochadoras, por ejemplo una a Cuba en la que hasta un burro se llevó en el avión para enseñar allá nuestras costumbres y bailables.

Pero sobre todo, hizo muchas giras por el país: "De cada treinta días, diez los pasábamos afuera de la capital" afirmó una de sus colaboradoras. Ese trabajo fue tan intenso que todavía hace poco tiempo, cuando la señora Cecilia Occeli de Salinas visitó una región apartada, las campesinas la recibieron con una enorme manta que decía: "Bienvenida compañera María Esther".[327]

Por supuesto, estuvo presente como todas las primeras damas que la antecedieron, en los actos y ceremonias oficiales, pero lo hizo de manera diferente: cambió el estilo formal que se utilizaba en ellas por costumbres mexicanas. En los banquetes se empezó a servir un menú con platillos como crepas de huitlacoche —que según dicen había inventado Salvador Novo—, sopa de tortilla y postres hechos a base de mango y otras frutas tropicales y en lugar de vinos, se ponían aguas frescas de chía, horchata y jamaica.

Y si esto causó escándalo, lo que más revuelo provocó fue que pidió a las esposas de los funcionarios que se presentaran en las recepciones oficiales vestidas con trajes típicos de distintas regiones del país. En una novela de Luis Spota, una de las personajas afirma: "Tener al menos cuatro diferentes modelos de estos trajes era obligatorio para asistir a cualquier lugar a donde estuvieran El señor y La señora".[328]

Muchos chistes corrieron en la época, de entre los cuales el más socorrido era llamar "esthercitas" a las meseras de los restaurantes Sanborns por sus atuendos "típicos".[329]

También se volvió obligatorio asistir a los actos sin joyas y si alguna señora las llevaba, se le recogían a la entrada y se le devolvían a la salida, aunque en ocasiones se les pedía que las dejaran como donativo "voluntario" para alguna causa.

Estas imposiciones causaron mucha irritación y muchas críticas. Según Tere Márquez: "Esa corte fascinada con estar en las páginas de sociales con el último modelito tuvo que dejar en la caja fuerte el brillante de veinte kilates que quería llevar en la fiesta ofrecida a la reina Isabel II de Inglaterra para vestir el traje de yalalteca".[330]

Algunas esposas de los funcionarios de más alto nivel de plano se negaron a aceptar estas consignas y por allí hasta se corrió el rumor de que a la hora de la sucesión, tuvo mucho peso para que no se eligiera como candidato a un determinado secretario de Estado, el hecho de que su cónyuge nunca aceptó vestirse como le pedía la Primera Dama y en una ocasión en que la señora le solicitó que donara sus aretes, se negó a hacerlo.

A otras mujeres en cambio, parece que hasta les gustó la excentricidad. Una de ellas relata que en alguna ocasión "me vestí de Adelita y me sentí como transportada a otra época, me sentí más mexicana que nunca".[331]

También los hombres tenían su uniforme típico que era la guayabera yucateca en la que se enfundaban cada vez que salían de gira desde el presidente hasta el último de los funcionarios.

En el Archivo Diplomático de la Secretaría de Relaciones Exteriores se conservan fotografías de la visita de la reina Isabel de Inglaterra a México. En ellas aparecen la soberana y la esposa del presidente de México y las dos parecen disfrazadas: una con la corona y la otra con el huipil y moño en la cabeza. Como decía un famoso diseñador de la época: "En mi opinión es ridículo obligar a una mujer moderna a aceptar las modas típicas regionales como ropa de vestir".[332]

3

Carlos Monsiváis describe a los años setenta con sus certeras frases: "Venga a nos el universo de los hoteles disneylándicos: Continental Hilton, María Isabel Sheraton, Fiesta Palace. Venga a nos el reino de los grandes almacenes y las cadenas de restaurantes, el reino de Denny's, Sanborns, Aurrerá, la televisión a colores y el autoestéreo, las tarjetas de crédito".[333]

La verborrea del presidente aunada a las devaluaciones del peso asustaron mucho a la gente. Los ricos empezaron a comprar departamentos en Estados Unidos, y a sacar sus joyas y obras de arte para guardarlas en bancos norteamericanos o europeos. Y las clases medias empezaron a convertir cada peso que podían ahorrar en dólares.

Para los intelectuales, ése fue el tiempo en que surgieron las ganas de explicarse al país, de conocerlo, de "volver los ojos al suelo de México", como había pedido hacía cuarenta años Caso.

¿Se dio cuenta la señora María Esther de que se empezó a estudiar la historia y a tratar de entender a la sociedad? Escribe Arnaldo Córdova en el prólogo a uno de los más serios resultados de este esfuerzo: "En nuestro país, los intentos por explicar la naturaleza de la ideología son escasos, si no es que inexistentes... Estudios de conjunto, sistemáticos, internamente relacionados, en realidad no se han llevado a cabo hasta la fecha. Éste es un esfuerzo dirigido a dar una explicación general y sistemática de la ideología del desarrollo que ha dominado en México".[334]

¿Se dio cuenta de que nacía el feminismo, un movimiento de gran energía, en el que las mujeres se juntaban en grupos en los que se contaban sus vidas, "se expresaban descontentos, se proponían soluciones y se justificaban cambios"? Escribe Marta Acevedo en uno de los trabajos pioneros sobre el asunto: "Decidimos salir a la calle el 10 de mayo... esto sería octubre del 70... El 10 de mayo era como una fiesta nacional... Alrededor de la maternidad había una amplia gama de cuestiones que tenían mucho de personal pero también de político...

[Era] un acto con ciertos riesgos, el primero después del 68 y el primero de las mujeres, fue una responsabilidad grande... Así fue como se formó el primer grupo que sería el germen para el Movimiento de Liberación de la Mujer".[335]

¿Se dio cuenta de que la ciudad de México se convertía en territorio de las clases medias, consumistas y compradoras? Escribe José Joaquín Blanco con la agresividad e inteligencia que lo caracterizan: "Al ver a esta gente uno pensará que pasarán aperturas democráticas, vendrán alianzas para la producción, transcurrirán crisis, devaluaciones, siglos, dinastías, atlas, cosmos, cosmogonías... y ellos seguirán impune, graciosa, sofisticada, soberanamente de tienda en tienda".[336]

¿Se dio cuenta de que la respuesta del gobierno a la disidencia seguía siendo la represión? Escribe Salvador Castañeda en una novela ejemplar sobre el tema: "–¿Sabes qué, cabrón?... a mí tu ideología me vale madres... Ahora vas a correr, pinche terrorista; pero vas a correr como nunca, hijo de la chingada... y éste —dijo señalando con el índice que movía de arriba abajo— te dará en la madre si te alcanza".[337]

¿Supo del cine de Arau, Joskowicz, Cazals, Ripstein, Olhovich, Isaac y Leduc con sus esfuerzos por "llevar la experimentación a sus últimas consecuencias"? Escribe Jorge Ayala Blanco en el estudio clásico sobre este asunto: "Podría decirse que 1968 modificó decisivamente la trayectoria del cine mexicano. Ninguna de sus estructuras ideológicas han sido derribadas pero todas han sido impregnadas por ese sentimiento de culpa, lo cual las hace creerse diferentes, no importa si mejores o peores, pero diferentes".[338]

¿Leyó alguna de las muchas novelas sobre el 68 que se escribieron por aquel entonces, como un modo de no dejar cicatrizar las heridas? Escribe María Luisa Mendoza: "La sangre. Embarrada en la pared provocaba náusea... Todo el costado del terraplén estaba manchado de sangre... la sangre a secas, seca, negra, oxidada, rechupada por la piedra, vorazmente tragada... hacia adentro, deglutida en la panza de la Plaza de las Tres Culturas de Tlatelolco".[339]

¿Le molestaba que los jóvenes gustaran de la música de rock y de los libros de Carlos Castaneda? ¿se ofendió como tantas "buenas conciencias" cuando en el festival de Avándaro una muchacha se desnudó o cuando en la película *Mecánica nacional* se hacía alarde de los defectos de los mexicanos? ¿supo que Armando Ramírez había escrito sobre Tepito, que Isela Vega decía palabrotas en el teatro y que Roberto Cobo representaba a un homosexual en el cine? ¿se sorprendió como todos los mexicanos por la devaluación del peso que terminaba abruptamente con veinte años de estabilidad monetaria? ¿entendió la prédica de los guerrilleros Genaro Vázquez y Lucio Cabañas? ¿pudo explicarse el surgimiento de tantos grupos con nombres largos y pomposos que se dedicaban a asaltar y secuestrar, siendo su propio padre uno de los más celebres rehenes junto a cónsules y empresarios? ¿sintió piedad del dolor de Rosario Ibarra de Piedra cuyo hijo desapareció como tantos otros jóvenes idealistas? ¿qué pensó cuando aquel 10 de junio una manifestación estudiantil fue otra vez reprimida? ¿que le pareció cuando el dirigente obrero Fidel Velázquez, en el colmo del cinismo, afirmó que en nuestro país los grupos de choque "no existen porque yo no los he visto"? ¿qué sintió cuando a su marido los estudiantes le arrojaron una piedra en la cabeza en aquella visita que hizo a la Ciudad Universitaria y cuando los empresarios le espetaron duras críticas el día del entierro del señor Garza Sada a quien habían asesinado? ¿le impresionaban los megaproyectos que inventaba el presidente, sus fideicomisos y empresas, sus reuniones maratónicas y sus torrentes de palabras? ¿estuvo de acuerdo con las modificaciones al libro de texto gratuito al que tantos padres de familia se opusieron? ¿apoyó el golpe al periódico *Excélsior* y alcanzó a leer el primer número de la revista *Proceso*, que salió antes de que terminara el sexenio, para demostrarle a don Luis que no era todo lo omnipotente que se creía?

Sin duda María Esther Zuno estuvo siempre del lado de su marido en todas estas y otras cuestiones y nunca se opuso a sus decisiones ni medidas, porque, a diferencia de sus antecesoras, ella se sintió y fue parte del proyecto echeverrista, de modo que no solamente fungió como madre abnegada y acompañante de su esposo en actos del protocolo sino también como participante activa de las políticas emprendidas por el presidente.

4

Los años setenta vieron en buena parte del mundo una inclinación a la izquierda, que apostaba a la fraternidad de los países del tercer mundo. ¿Quién no participó en reuniones y talleres y grupos de estudio, quién no leyó las revistas independientes, quién no fue a las peñas y con sus hermanos latinoamericanos cantó las canciones de Mercedes Sosa, Atahualpa Yupanqui, Los Folkloristas? Ya lo decía el poeta:

> *Suena en mi pecho el mundo*
> *como un árbol ganado por el viento.*[340]

Y sin embargo, golpes de Estado militares y baños de sangre en el sur del continente americano darían fin a esas ilusiones. También eso lo diría un poeta:

> *Porque la realidad está al fondo*
> *a la derecha.*[341]

El presidente Echeverría abrió las puertas del país a los que huían de Brasil, Chile, Argentina, Uruguay, Paraguay. Sociólogos, historiadores, psicoanalistas y escritores llegaron a estas tierras cargando sus saberes y sus experiencias políticas, sus modos de discutir, su sofisticación teórica que los hacía decir un montón de cosas incomprensibles pero que sonaban importantes y su afición a la carne roja y a la yerba mate.

La señora María Esther se sumó a la causa con la pasión que la caracterizaba. Personalmente recibió y atendió a muchos de ellos y se encargó de que tuvieran viviendas adecuadas con todo lo necesario para hacerles amable el exilio. Hasta hoy, los latinoamericanos le viven agradecidos y recuerdan con emoción a la Primera Dama esperándolos en el aeropuerto, llevándolos a la panadería para mostrarles nuestros bizcochos, o acompañándolos a mandar a reparar una licuadora: "Doña Esther les mostraba la ciudad con el propósito de hacerlas a su ritmo, les enseñaba las frutas y los dulces a los que somos afectos y todos los días les llamaba por teléfono".[342]

5

La señora Echeverría era una persona sencilla, quizá la más sencilla de las primeras damas que ha tenido México. Eso se notaba sobre todo en su modo de vestir. Una falda y una blusa o un vestido de algodón eran su atuendo y jamás se la vio llevar pieles, sombreros o joyas.

Acostumbrada al trabajo duro, María Esther no sólo no le temía a hacerlo sino al contrario, lo convertía en su mote de orgullo. Es famosa una anécdota de la visita que hicieron ella y el presidente a Inglaterra, donde se les recibió con todos los honores y se les alojó en el palacio de Buckingham. Al día siguiente y como era su costumbre, María Esther se levantó muy temprano por la mañana y para desmayo de los atildados sirvientes que pusieron a su disposición, tendió su cama.

Nadie la recuerda mirando televisión (¿ni siquiera el noticiero *24 Horas* donde Jacobo Zabludowsky hablaba de ella y de su marido al que tanto gustaban los aplausos?), ni platicando con amigas ni jugando cartas, sino siempre dedicada a sus quehaceres con gran energía, fervor y pasión. "Formaba parte del mundo efervescente de Los Pinos" dice Julio Scherer. Fuerte y decidida, bragada como buena jalisciense, tenía convicciones firmes, carácter autoritario (a veces hasta era grosera dice una de sus colaboradoras), un alto concepto de la Patria y una enorme fe en México: "Somos un país maravilloso, extraordinario. Hay que afirmar y afirmar hasta llegar al objetivo, hasta convertir a México en un país moderno con conciencia de participación. No hay otra salida".[343]

En su último informe de gobierno el presidente de la República reconoció el enorme esfuerzo realizado por su esposa y dijo: "Sus resultados son el fruto de una nueva teoría y una nueva práctica de la solidaridad social. A través de ella se han liberado importantes fuerzas de transformación sobre todo femeninas, que hasta hace unos años se frustraban en los prejuicios y en pasatiempos frívolos. Sólo en el medio rural un millón de mujeres campesinas se comprometieron voluntariamente en el mejoramiento de sus comunidades y miles de mujeres de las ciudades acudieron en su apoyo a través de un plan nacional coordinado que cubre treinta mil centros de población en cuatro quintas partes del país. Quince mil parteras empíricas se han incorporado al Sistema Nacional de Salud... A todas las promotoras sociales voluntarias, a todas las mujeres que han ofrecido su trabajo solidario y patriótico en beneficio de nuestro pueblo, expreso hoy mi reconocimiento emocionado y sincero".

Con estas palabras el primer magistrado de la nación no sólo hacía público su reconocimiento a la labor de su esposa y de las colaboradoras del voluntariado, sino que hacía patente su convicción de que las mujeres eran sus iguales y que como tales se habían incorporado a las tareas de la vida nacional. Por primera vez en el discurso oficial se hablaba de la mujer como compañera, como solidaria en el trabajo, con iniciativa, patriotismo y voluntad y no en términos de abnegación; se hablaba de la mujer que se esfuerza y no de la que se sacrifica por su familia o por su patria.

Claro que éste era sólo el principio y los Echeverría lo sabían: "Falta todavía un trecho largo por recorrer, pero este despertar de la iniciativa, el ingenio y la voluntad solidaria de la mujer mexicana, asegura una marcha más acelerada para acabar con todo vestigio de opresión".[344]

Por estas ideas fue que la señora Zuno se negó a que se la llamara "Primera Dama", argumentando que ése era un "nombre que surgió en Estados Unidos y se transculturó a México, siendo esto tan grave como la Coca Cola" y prefirió que se le llamara "compañera", palabra cuyo origen era socialista y que correspondía mejor a su concepción personal de cuál era su función al lado del primer mandatario: "Hacerse solidaria de la responsabilidad del bien público". A su marido ella le llamaba "Echeverría".

6

Hacia el final del sexenio el país estaba sumamente tenso. La crisis no sólo era económica —inflación desbordada, especulación feroz, devaluación del peso y caos financiero— sino también de confianza, pues a los discursos cada vez más incendiarios y a la caída incontrolable del peso se le sumaron rumores y chismes que corrían de boca en boca generando serios efectos desestabilizadores. ¿Quién no se encerró a piedra y lodo cuando surgieron las advertencias que le ponían fecha al golpe de Estado? ¿quién no creyó que el presidente se reelegiría? ¿quién no corrió a la escuela de sus hijos para evitar que les pusieran las vacunas que dizque esterilizaban a las niñas? ¿quién no acumuló harina, aceite, frijol y arroz, azúcar y leche por temor a que mañana no se consiguieran más? Y es que efectivamente, faltaban productos en el mercado o se especulaba con ellos. Y es que efectivamente parecía que el presidente quería prolongarse en el cargo. Y es que efectivamente se sentía mucha inquietud.

En estas difíciles condiciones llegó el momento del relevo presidencial.

7

Para María Esther Zuno, la vida fue muy difícil después de que su marido terminó en el cargo. Éste se puso a buscar por todos los medios algún nombramiento o reconocimiento internacional al que se sentía con derecho. Luis Spota, que en sus novelas relata lo que sucedía entre los poderosos, cuenta la historia de un presidente ficticio que decide hablar ante la Asamblea de las Naciones Unidas en Nueva York, "allí donde sólo los grandes del mundo tienen derecho a hacerlo", para convencer a los representantes de los países miembros de sus dotes de estadista y así lograr que se le conceda el premio Nobel de la paz. Se hace acompañar de una enorme comitiva, que incluye ayudantes, secretarias, colaboradores, personal de seguridad, periodistas y hasta su amante, se aloja en el hotel más caro de la ciudad, alquila autos y equipos de comunicación y ofrece fiestas lujosas a las personalidades que pueden influir en la decisión. Pero ni al presidente de la novela ni al de la realidad se les cumplió el sueño: afuera del país nadie le daba importancia a su gestión y adentro, la situación no había quedado como para premiarlo.

360   Aún joven y llena de energía cuando terminó el sexenio de su marido, por las reglas del sistema político mexicano que lanzan toda la luz de sus reflectores a la esposa del nuevo presidente, doña María Esther se tuvo que retirar de la participación pública y encerrar en su casona de la calle Magnolias en San Jerónimo a dejar pasar el tiempo sin nada que hacer. A diferencia de su marido que se construyó su Centro de Estudios Económicos y Sociales del Tercer Mundo, ella no preparó su futuro. Después de haber sido, como dice Luis Spota "una reina republicana rodeada de una corte de ministras y embajadoras", ahora todo había terminado: "Empieza a marchitarse... se le va el color de la cara y la alegría del cuerpo. Ya no es la misma que había sido antes".[345]

Durante más de veinte años, hasta que la enfermedad se lo impidió, la señora se dedicó a ser "una madre esforzada de ocho hijos y

una abuela cariñosa de once nietos", según le dijera el propio Echeverría al periodista Luis Suárez. Pero lo mismo que Eva Sámano, ella hubiera querido hacer más, mucho más. Por eso cuando le preguntaban
sobre su vida siempre respondía: "Es muy difícil antes y muy difícil
durante la Presidencia, pero lo peor, lo más duro, es después".

Dice un poema que escribió la señora María Esther Zuno:

> *Amo a mi Patria,*
> *la veo erguirse majestuosa*
> *e indestructible*
> *como sus montañas,*
> *ágil como sus ríos.*
> *La siento cálida*
> *como sus costas y sus niños,*
> *fuerte y digna como sus mujeres,*
> *indomable como sus hombres.*

Y dice uno que escribió el poeta José Emilio Pacheco:

> *No amo a mi patria*
> *su fulgor abstracto*
> *es inasible.*[346]

¿Era la misma patria a la que se refieren la Primera Dama y el
escritor?

8

En nuestro país un presidente es tan poderoso que incluso tiene la gran responsabilidad de elegir a su sucesor, afirma Daniel Cosío
Villegas. Debe pues saber interpretar lo que el pueblo y los sectores influyentes quieren y lo que necesitan, pero debe también cuidarse las
espaldas.

En el caso de Echeverría, su candidato resultó ser un amigo de
infancia, un funcionario de su gabinete sin experiencia ni logros ni cargos anteriores de elección popular, que se llamaba José López Portillo
y que sin embargo obtuvo 94 por ciento de los votos emitidos.

El primero de diciembre de 1976, el país entero suspiró cuando
tomó posesión del cargo poniendo fin así a los temores y rumores y
abriendo una puerta a la esperanza.

Luego de recibir la banda tricolor en el Auditorio Nacional
—convertido en recinto oficial— el nuevo gobernante pronunció un
discurso en el que reconocía la difícil situación del país. Consideró que

él encarnaba "la última oportunidad de la Revolución mexicana" y pidió perdón a los pobres y desposeídos, paciencia a los obreros y confianza a los empresarios: "No más odio ni rencor —dijo—, crean en mi buena fe. Necesito tiempo. Concédanmelo".[347]

Y sin embargo, el tiempo no haría sino afianzar y ahondar la crisis, pues la política emprendida por el nuevo gobierno siguió siendo la misma que la de su antecesor: buscar a toda costa el desarrollo, aunque fuera desigual y aunque se lo sustentara en el endeudamiento.

Eso fue factible por las enormes reservas de hidrocarburos que entonces se descubrieron, precisamente en los momentos en que internacionalmente había problemas con los países productores de petróleo, lo cual puso a México en la mira de los compradores. Fue así como adquirió sustento la esperanza de volver a los años de la abundancia gracias a la entrada de muchos dólares por las ventas del llamado "oro negro" y al amplio crédito de que se gozó en su nombre. Como afirmó Carlos Tello, así se hizo posible una "segunda versión del milagro mexicano".

Pero fue un milagro fugaz, sostenido en bases endebles, lo cual resultó obvio poco tiempo después, cuando la caída de los precios de este producto echó por tierra la ilusión. "No es la primera vez que los mexicanos son ricos —escribió Luis González— y no será la primera vez que la riqueza se desvanezca sin dejar más que frustraciones."

El "boom" que se dio al inicio del sexenio se convirtió en un brutal fracaso que dejó al país todavía peor de lo que estaba: "La crisis mostró en el espacio de unos cuantos meses todos los efectos negativos acumulados durante los últimos años:... las amenazas a la planta productiva, el cerco a la economía mexicana que depende de los intereses norteamericanos y la dependencia del dólar que transforma nuestra economía en especulación".[348]

Poco a poco, los ciudadanos fueron cayendo en cuenta de que nada había cambiado, de que la corrupción y el despilfarro estaban peor que nunca y de que el presidente que tenían era un hombre que no sabía administrar y que para sustituir sus incapacidades lo que hacía era hablar y hablar. La grandilocuencia de su verbo, que había conmovido al principio de su gobierno, se convirtió en simple y llano ridículo. Las promesas de sacar adelante al país y de defender al peso "como perro" o las lágrimas que derramaba al escuchar sus propias palabras y conmoverse con ellas, se convirtieron en motivo de chistes y burlas.

9

José López Portillo se había casado con una joven atractiva de nombre Carmen Romano Nolk, originaria del Distrito Federal, a la que había conocido desde niña puesto que eran vecinos. Escribe en sus memorias: "Casé con la segunda novia que tuve, después de terminar con la primera al compás de: ya se va la embarcación. Todavía con Carmen Romano llevé un noviazgo de más de tres años... Incurrí en la vecinogamia. A media cuadra de mi casa vivía la familia Romano. Dos hijas y un hijo de don Alfonso, magnífico hombre, aunque brusco y malhumorado, casado con la siempre hermosa Margarita Nolk. Él, alto funcionario de la Ford, oriundo de Tlapa, Guerrero... con una fortuna regular. Margarita, mi suegra, hija de Hans Nolk, alemán y una señora Travieso, venezolana, fue una mujer hermosísima hasta los últimos días de su vida; tan hermosa que en Guatemala, en donde la conoció mi suegro... la gente del pueblo en masa la seguía por las calles por el solo gusto de verla. Mi relación con ella fue también hermosa. Jamás tuve un problema con mi suegra a pesar de que vivió en mi casa los más de quince últimos años de su vida, después de la muerte de su esposo. Yo conocía a Carmen, la Muncy, prácticamente desde siempre, dada la vecindad. Yo era ya un joven con bigote cuando ella era una chiquilla que saltaba la reata y jugaba en los escalones de la puerta de su casa... Ante mis ojos se convirtió en hermosa mujer, a tiempo de derivar a ella, en 1948, de mi primero a mi definitivo largo noviazgo...".[349]

Una anécdota parecida (pero a la inversa) a la que sucedió un siglo antes a la señora Concepción Lombardo de Miramón, cuenta que la muchacha le había dicho a su pretendiente que sólo aceptaría casarse con él si le prometía nunca ser presidente de la República, cosa que el hombre le aseguró. Y que no le cumplió.

En sus memorias, López Portillo prosigue: "Treinta y un años tenía yo cuando en 1951 con ella casé; veintiocho cuando inicié la relación. Era yo más que joven, ya recibido, con coche y muchos problemas, pero una posición prometedora... Iniciamos una relación que culminaría en matrimonio... al que llegamos con casa propia, que con mi peculio construimos en uno de los varios terrenos que le regaló su padre. Estaba contiguo a la casa de éste. Ella hizo el proyecto y yo la hice de uno de los albañiles... Concluida la casa que con la Muncy concebimos y construimos, en ella celebramos el brindis de nuestro matrimonio... Después de la luna de miel en Acapulco, regresamos a vivir en nuestra casa de tres pisos, que vería nacer a mis tres maravillosos hijos".

Sin embargo, para cuando Echeverría elige a López Portillo como su sucesor y el partido lo nombra candidato, la pareja ya estaba separada. Y es que "al llegar a los cuarenta años, de mí se apoderó el demonio del mediodía", explica don José. En aras de la imagen familiar que la moral del día seguía considerando fundamental, vuelven a reunirse para que ella cumpla con el papel de Primera Dama que para entonces ya era parte indispensable de la función presidencial. Pero lo hacen viviendo como vecinos, con vidas independientes.

La familia se muda a la residencia oficial de Los Pinos. Para entonces, la casa estaba montada a todo lujo y hasta contaba con un tren eléctrico que llevaba a sus moradores de un lado a otro dentro de sus vastos terrenos. Además de la familia nuclear —padre, madre y tres hijos solteros—, se fueron a vivir con ellos la mamá de doña Carmen, quien se instaló con su hija y nietos en un ala de la casa, mientras el presidente ocupaba la otra parte y en casas aledañas, la señora Refugio Pacheco viuda de López Portillo, madre del primer mandatario y sus hermanas Alicia y Margarita, esta última con toda su familia, a quienes mucho quería don José y de las cuales decía "son mi piel".

10

Lo primero que hizo la nueva Primera Dama fue unificar el INPI y la IMAN: "Era absurdo que hubiera dos instituciones que tenían objetivos coincidentes y cuya presidencia además se manejaba por la misma persona".[350] Fue así como el 10 de enero de 1977 nació el Sistema Nacional para el Desarrollo Integral de la Familia, organismo que se ocuparía de los niños pero también del núcleo familiar completo, puesto que en opinión de doña Carmen Romano: "La familia tiene la misión de forjar a las generaciones nuevas".

En palabras de su presidenta, lo que el DIF se proponía era lo siguiente: "Básicamente le daremos gran profundidad a las actividades dirigidas a la medicina preventiva, nutrición y desarrollo de la comunidad", teniendo como prioridades las áreas suburbanas y rurales marginadas.[351]

En julio de ese mismo año, se dio a conocer el Plan Nacional de la Promoción Social Voluntaria que creaba el Patronato Nacional de Promotores Voluntarios con el fin de institucionalizar la labor de las señoras que colaboraban con la Primera Dama: "Sabemos que nuestro país requiere el máximo esfuerzo de todos los mexicanos. En el camino que tenemos que recorrer encontraremos muchos problemas que sólo se verán superados por el trabajo solidario de todos nosotros, que sin diferencia de posición social o ideología tengamos como único objetivo el alcanzar el bienestar de las mayorías". Lo que esta empresa se proponía, era: "La preservación de nuestros valores éticos y morales en una conciencia nacional que conjugue todos los esfuerzos de nuestro gobierno".[352]

Carmen Romano de López Portillo, mujer excéntrica que sin embargo apoyó
la música y la llevó hasta los rincones más apartados del territorio nacional

Pero lo verdaderamente original del trabajo de la señora Romano fue que puso en marcha por primera vez en gran escala programas
culturales. "Calló el himno campesino y nos fuimos todas a Bellas Artes" afirmó Tere Márquez dando perfectamente la tónica del cambio
entre ésta y la anterior Primera Dama.[353]

La señora Carmen había estudiado piano y le gustaba la música. Parece que hasta había aparecido en alguna película tocando una
obra clásica. Y un día de enero de 1977, cuando se encontraba en el Palacio de Bellas Artes escuchando los ensayos de la Orquesta Sinfónica
Nacional, se le ocurrió la idea: "Al regresar a Los Pinos quise platicár-
selo de inmediato al presidente para que nos diera su apoyo. Lo encontré en el elevador esperando la visita del embajador americano y le
pedí hablar con él. No te voy a quitar el tiempo, le dije, tengo una idea.
Inmediatamente se fue a sentar a su escritorio del despacho presidencial y me contestó: No me siento por lo que te vayas a tardar sino que
me siento porque con tantas ideas que se te ocurren no vaya a ser que me
quites de la silla, por eso me agarro bien de ella".[354]

Así nació el Fondo Nacional para Actividades Sociales, FONAPAS.

Llama la atención el poder que habían adquirido las esposas de
los presidentes de la República. Porque si la señora Portes Gil había
creado La Gota de Leche, había sido para ayudar a su marido y por petición de él y si la señora Alemán había creado un club de costura lo
había hecho en pequeña escala y sólo para sus amigas. En cambio la

señora López Mateos ya había empujado la educación primaria como asunto de Estado, la señora Díaz Ordaz hasta había creado una nueva institución de asistencia a la niñez y la señora Echeverría le había dado gran estímulo a las artesanías. Y ahora, la señora López Portillo tomaba la decisión de impulsar la música. Y su marido, como los de las primeras damas anteriores, la consecuentaba y le cumplía el deseo (¿o capricho?).

Según doña María Teresa González Salas de Franco, la señora Carmen se había acostumbrado desde niña a que la mimaran. Una enfermedad que tuvo de pequeña motivó el consentimiento exagerado de sus padres. Y una vez casada, como perdió a su primer hijo que se estranguló con el cordón umbilical al momento de nacer, también su esposo le empezó a cumplir sus caprichos. Por eso no pudo decirle que no cuando se le ocurrió la creación de un "organismo que tiene a su cargo la promoción y difusión de la cultura para que ésta llegue indistintamente a todos los estratos de la población nacional".[355]

El FONAPAS patrocinó casas de cultura en diversas partes del país donde se desarrollaron actividades literarias, musicales, artísticas y teatrales para niños y adultos. Y dio especial impulso al tradicional Fes-

tival Internacional Cervantino que se realizaba año con año en la ciudad de Guanajuato, con el objetivo de "mostrar a México lo mejor del mundo y al mundo lo mejor de México". Se contrataron excelentes grupos y solistas de muchos países, como "expresión de unidad entre las naciones amigas que participan y que de esta forma se reafirma nuestra vocación pacifista a través de expresiones artísticas y literarias".[356]

Se crearon dos orquestas, una de jóvenes y otra, la Filarmónica de la Ciudad de México, cuyo objetivo era estimular la difusión de la música mexicana: "El rasgo distintivo de esta década en el movimiento de la música seria mexicana ha sido en primer lugar el impulso que la señora Carmen Romano de López Portillo ha dado con la integración de una nueva orquesta".[357] Y en 1978, se fundó la Escuela de Perfeccionamiento Vida y Movimiento, cuyo objetivo era "crear músicos de alto nivel que a su vez se conviertan en maestros de las nuevas generaciones y encauzar la reparación, construcción y afinación de instrumentos musicales".[358] Para albergar la escuela se construyó un edificio en el sur de la ciudad de México, que era al mismo tiempo un conjunto cultural con sala de conciertos, sala de exposiciones, aulas para impartición de cursos y venta de libros y discos.

En mayo de 1979, la Primera Dama creó el Premio Internacional Literario Ollin Yolitztli, para "ponderar los méritos de los escritores de habla española" y que inmediatamente se constituyó en el más importante de su género en América Latina por el monto acordado (¡cien mil dólares! y que por lo mismo desaparecería tan pronto como su promotora dejara de tener el poder y los cuantiosos recursos). La señora López Portillo presidía también el Comité Técnico del Fideicomiso del Centro de Espectáculos, Convenciones y Exposiciones de Acapulco, creado por decreto presidencial el 28 de junio de 1977. "La cultura es lo que ha de definir nuestro perfil histórico y lo que ha de inspirar nuestra conciencia nacional", decía doña Carmen usando el mismo discurso nacionalista que su antecesora y agregaba: "Es necesario hacer llegar mayor número de oportunidades y un mejor conocimiento de nuestra historia a todos los mexicanos... a fin de despertar en ellos un afán de superación y un sentido nacionalista".[359]

Por supuesto, la señora López Portillo cumplió también con las actividades tradicionales que correspondían como esposa del presidente, tales como acompañarlo en ceremonias, emprender giras de trabajo, inaugurar obras, asistir a festivales, recibir al cuerpo diplomático y a los funcionarios después de la celebración año con año del Grito de Independencia, encabezar las colectas para la Cruz Roja, representar a México en actos oficiales en distintos países del mundo (como la toma de posesión del presidente de Estados Unidos James Carter) y en foros internacionales (como las mesas redondas sobre refugiados organizadas por la ONU en Ginebra, Suiza; el Coloquio Internacional sobre Protección a la Infancia en Tánger, Marruecos; la asamblea general de la Organización de las Naciones Unidas y reuniones en Argelia, Egipto y otros países), así como recibir a importantes personalidades. Por ese trabajo se le impusieron condecoraciones (de los gobiernos de Italia, República Dominicana y Guatemala) y nombramientos: en noviembre de 1979 se reunió la conferencia de Primeras Damas y Comisiones Nacionales del Año Internacional del Niño, acto que se organizó a iniciativa de la señora López Portillo, con el fin de lograr la permanencia de las acciones de dicho año y la UNICEF la nombró presidenta del Comité Especial sobre la Infancia en América Latina, acreditada ante la ONU.

Toda esta labor puede resumirse en dos ideas expresadas en momentos distintos por la señora Romano. En una de ellas afirma: "Para erradicar la pobreza se requiere de una voluntad política profunda que conciba cultura y bienestar social",[360] y en la segunda expresa: "Hemos tratado de cambiar la visión que los extranjeros tenían de México. Que sepan que nuestro país es cultura, es historia, es arte".[361]

Visto a la distancia, el trabajo emprendido por la señora López Portillo puede juzgarse por sus defectos y por sus virtudes. Entre los primeros estuvo el dispendio. Mucho dinero se gastó en traer a los artistas a nuestro país, y no sólo por lo que éstos cobraban y por lo que costaba su transporte y manutención, sino también por lo que derrochaban quienes iban a buscarlos y contratarlos, entre ellos la propia Primera Dama que viajaba con grandes séquitos que incluían a directores de orquesta y músicos pero también a sus hijos, a su secretaria, a la peinadora, a la modista y hasta a la planchadora. Lo útil fue que se abrieron posibilidades de educación artística para muchos jóvenes sin recursos, pues en cada rincón del país se abrieron casas de cultura y se formaron orquestas y talleres de enseñanza musical, lo que fue maravilloso en su momento.[362]

11

De la señora Carmen se contaban muchas historias, chismes y anécdotas por su forma de ser extravagante y derrochadora.

Apenas se mudó a la residencia oficial, le mandó poner un elevador para no tener que subir y bajar ¡un piso de escaleras! y cambió la decoración porque no le gustaba la de tipo mexicano que había dejado su antecesora. Y así como había diseñado la primera casa en la que vivió cuando se casó, así ahora diseñó varios de los muebles, entre los cuales destacaban las mesas que tenían forma triangular ¡para que tuvieran tres cabeceras!

Se mandó hacer su propia sala de conciertos en la residencia

oficial a la que llevó no uno sino dos pianos de cola, uno de los cuales la acompañaba en sus giras nacionales e internacionales y la esperaba en todos los hoteles en los que paraba para que pudiera "practicar". Funcionarios de la época cuentan los aprietos en los que se metían porque a cualquier lugar a donde llegara, la señora tenía que encontrarse con un piano de cola en su habitación y eso no siempre era fácil de conseguir. Una anécdota relata las dificultades para encontrar, subir a la habitación del hotel y afinar un piano en la ciudad de Villahermosa, Tabasco, a donde la señora había ido de visita por dos días. Por eso quienes querían quedar bien con ella y sobre todo con su marido, le regalaban un piano de cola. Dicen que llegó a tener treinta y dos.[363]

Por su parte algunos diplomáticos relatan la vergüenza que pasaban cuando la señora estaba en visitas oficiales o en museos y se empeñaba en tocar el instrumento. Así lo hizo para el presidente norteamericano y su esposa en la Casa Blanca, quienes corteses le aplaudieron y en Europa, cuando la llevaron a conocer el piano del mismísimo Mozart y se atrevió a probar su sonido nada menos que con "Los changuitos".

A doña Carmen le gustaba mucho comer y se hacía llevar a cualquier parte y a cualquier hora lo que se le antojara. Hay un montón de anécdotas sobre esto, una según la cual ordenó al piloto desviar el avión en que viajaba para comprar pollo frito en algún lugar de Estados Unidos; otra en la que hizo que subieran al avión presidencial que salía de gira muchos pays de piña, suficientes para durarle todo el tiempo del viaje; una más según la cual iba a cenar a restaurantes de lujo porque le agradaba el ambiente, pero se mandaba traer tacos al pastor que le gustaban más que la comida de esos lugares; aquella según la cual en los banquetes oficiales pedía que le envolvieran su itacate de los platillos que le habían agradado y muchas en las que se hacía abrir de madrugada los sitios que ya estaban cerrados, fuera para cenar o tomar la copa.

Y dicen que eso no sólo lo hacía en los restaurantes sino también en las tiendas. Tenía fama de ser muy compradora y los grandes almacenes de México y Estados Unidos cerraban sus puertas a la clientela para que ella pudiera a sus anchas adquirir todo lo que quisiera, que era mucho.

Usaba vestidos de colores llamativos, grandes abrigos y zapatos con tacones muy delgados y altos. Llevaba una larga melena negra con peinados muy esponjados y se maquillaba con exageración —la señora María Teresa González Salas dice que desde muy jovencita lo hizo para destacar sus hermosos ojos verdes—, tanto, que corría el chiste de que su maquillista era Sherwin Williams.[364]

Pero sobre todo, le encantaban las joyas y se colgaba todas las que podía. Era costumbre que las esposas de los ministros del gabinete se juntaran para hacerle obsequios a las primeras damas, aretes, prendedores o pulseras que les presentaban en sus cumpleaños. Una anécdota sobre doña Carmen relata que un gobernador, para complacerla, le llevó varios collares finísimos para que ella misma escogiera el que le gustara más y para desmayo del hombre, la señora se quedó con todos. Desmayos similares sufrieron las esposas de los gobernadores cuando poco antes de terminar el sexenio le pidió a cada una que le regalara el traje típico de su estado, que son tan caros.

Pero donde todo este folclor se volvía pesadilla es cuando involucraba cuestiones internacionales. José Fuentes Mares trabajaba en la embajada de México en Madrid y cuenta que en una ocasión en que la señora viajó a España para inaugurar una exposición de pintura, dejó plantados a sus anfitriones en Sevilla que le habían preparado una comida de gala sólo porque se le antojó ir de compras y que en otra, quiso ir a un concierto en el Teatro Real por lo que hubo que mover todas las influencias de la diplomacia para conseguirle un palco, dado que los boletos estaban vendidos desde hacía meses. Pero en el último momento los lugares se quedaron vacíos porque la señora prefirió irse a ver la película *Superman*. "No ganábamos para vergüenzas" concluye don José.[365] Y en México, cuando vinieron de visita los reyes Juan Carlos y Sofía, ella no quiso acercarse a recibir unos hermosos caballos que les traían de regalo, porque le resultaba muy difícil bajar las gradas con los tacones. "Si fuera mi esposa, le daría unas buenas nalgadas" comentó uno de los invitados.[366]

A donde fuera que se moviera, con ella viajaban motociclistas que le abrían el paso ofendiendo y humillando a los automovilistas porque la señora quería llegar rápido a su casa o a algún concierto en el Palacio de Bellas Artes. O pedía que corrieran a los comensales de algún restaurant y a los huéspedes de un hotel cuando quería estar sola. ¡Hasta el anillo periférico, la vía de alta circulación más importante de la capital, se convertía en paseo privado cuando ella decidía pasar por allí!

La señora Carmen insistió en que el Estado Mayor Presidencial debía asignarle también a ella guardias permanentes, costumbre que permanece vigente hasta hoy.[367]

Según María Eugenia López Brun, estos señores que la cuidaban, en su afán de adelantarse a los deseos de doña Carmen, eran los que provocaban los mayores estropicios. Cuando iba a hospedarse en algún hotel, exigían que se decorara su habitación con lo que suponían que a ella le gustaría (el consabido piano, adornos de papel maché y de peluche, de porcelana y de cristal, cuadros en las paredes) y para conseguir todo esto generaban muchos problemas. En una ocasión en que hacía mucho calor, la señora comentó que se le antojaría una cervecita y allí fueron a toda velocidad motociclistas y patrullas para traer varias cajas llenas de todos los tipos para que escogiera la que le gustara.

Tres lujosas bodas para cientos de invitados se llevaron a cabo durante esta gestión presidencial: dos de ellas en el Casino Militar y una en Los Pinos, con soldados del Heroico Colegio Militar haciendo valla de honor. Y tres casas se construyeron para alojar a los recién casados, a sabiendas de que todo ese derroche era para sólo unos años. Total, que para eso estaba el petróleo que nos hacía creernos tan ricos.

El presidente, su esposa e hijos, su madre y hermanas, sus amigos y compadres se sentían con el derecho de gastar a manos llenas el dinero de la nación, como si fuera su botín particular. El más famoso fue el tristemente célebre jefe de la policía capitalina Arturo Durazo quien se hizo construir mansiones en el D.F. y en Zihuatanejo y cuando terminó su mandato llevó a su familia a vivir a una propiedad en Canadá.

Pero si todos estos desplantes y derroches molestaron a la opinión pública, lo que más la indignó fue el nepotismo: una hermana del presidente fue nombrada en la Dirección General de Radio, Televisión y Cinematografía, otra como su secretaria particular, a su madre la puso a encabezar el Instituto Nacional de la Senectud, a su hijo José Ra-

món en diversos cargos y hasta a su querida, una mujer llamativa con la que se lucía abiertamente en público, en una secretaría de Estado.

Toda esta parentela y amistades eran prepotentes y déspotas y crearon conflictos incluso con los colaboradores más cercanos del primer mandatario. Cuentan que a don Jesús Reyes Heroles una de las hermanas lo corrió de su oficina cuando se atrevió a hacer un reclamo, gritándole: "A mí ningún perro me ladra en mi propia casa". Julio Scherer afirma que no aceptaban ni la menor crítica. ¡Y ay del que se atreviera a hacerla porque entonces caía sobre él toda la ira presidencial!

¿Le aburrían a doña Carmen —como a los demás mexicanos— los largos discursos de su marido (salpicados de citas cultas para diferenciarse de su antecesor populista) que ni él mismo sabía qué decían, a dónde iban y sobre todo, cuándo terminarían? ¿se dio cuenta de lo que significaba que el dólar se fuera para arriba una y otra y otra vez? ¿se sintió feliz de recibir al Papa cuando vino a México o le dieron celos de que él le hiciera los honores a la señora Cuquita, la madre del presidente, que tan devota era que hasta una capilla se mandó a construir nada menos que en la residencia oficial de Los Pinos, centro del gobierno laico de la República, según marcan nuestras leyes? ¿se confundía entre el SAM (Sistema Alimentario Mexicano) que inventó su marido para ayudar a los campesinos y el tío Sam que eran los vecinos del norte a los que él trataba con la punta del pie muy embravecido por los yacimientos petroleros? ¿se enteró de que para que a cualquier persona le vendieran azúcar, aceite o leche tenía que comprar al menos cincuenta pesos de otras mercancías? ¿le pidió ella a su marido que corriera al director del Instituto Nacional de Bellas Artes porque en un periódico de la institución se publicó un cuento que ella creyó era alusivo y ofensivo a su persona? ¿se sintió bien de tener poder para despedir a un funcionario? ¿le interesó cuando descubrieron el Templo Mayor, cuando hicieron la reforma política, cuando nacieron las revistas *Vuelta* y *Nexos*, cuando los escritores Octavio Paz y Carlos Monsiváis polemizaron, cuando le dieron el premio Nobel de la paz al mexicano Alfonso García Robles? ¿le dolió cuando durante nueve meses se derramó el pozo petrolero "Ixtoc" frente a las costas de Campeche o cuando se quemó la Cineteca Nacional? ¿o nada de esto le preocupó porque estaba ocupada visitando el nuevo centro comercial Perisur? ¿le gustaba cómo cantaba su hija Paulina que se creía tan buena que hasta grabó un disco? ¿leyó a Paco Ignacio Taibo II con sus historias del detective Belascoarán Shayne o a Luis Zapata con su *Vampiro de la colonia Roma*? ¿Le gustaban las películas de ficheras que fueron las más socorridas del cine mexicano de la época?

12

En su tercer informe de gobierno, el presidente José López Portillo dijo: "Tal vez no sea yo quien tenga que subrayarlo pero me parece de justicia hacerlo, porque se trata de mi única colaboradora que no cobra salario, a pesar de atender varias instituciones con entrega y eficiencia ejemplares. Mi señora esposa, que a través del DIF, el FONAPAS y el Voluntariado Nacional apoya a las entidades de desarrollo social, colabora con programas críticos de coordinación como el de la montaña de Guerrero y Oaxaca, el de Las Truchas y otras promociones sociales y culturales y atiende además importantes compromisos internacionales. Mi agradecimiento y respeto".

Y sin embargo, nada más concluido el periodo presidencial y a pesar de los discursos de agradecimiento y las manifestaciones de respeto, la pareja se separa y don José se casa con otra mujer, la señora Sasha Montenegro, artista justamente de películas de ficheras. Con ella tendrá otros dos hijos y se irá a radicar largo tiempo a Estados Unidos. Varios años después, ya de regreso en México, el hombre se dedica a escribir libros y artículos en un periódico de la capital y de vez en vez a dar alguna entrevista en la que se lamenta de "lo que pudo haber hecho y no hizo" durante su gestión presidencial.

En su libro de memorias, López Portillo apenas si menciona a la señora Carmen. Habla de cuando la conoció y se casaron, reconoce que fue "una madre magnífica, por encima de todas las cosas" y dice que como Primera Dama "trabajó bien". Y apunta: "Nada diré de mi matrimonio. Si algún problema ha habido es a mí imputable".[368]

13

Faltaban pocos meses para la entrega del poder. En un arranque de último momento, el presidente López Portillo nacionaliza la banca. El país entero se cimbra. Hay sorpresa, hay enojo. Y él, con las acostumbradas lágrimas en los ojos, afirma: "Nadie ve lo bueno".

La costumbre dictaba que unos tres meses antes del fin de su mandato, la familia del presidente debe dejar la residencia de Los Pinos para darle oportunidad a los futuros ocupantes de ordenar los arreglos y cambios que consideraran necesarios. Sin embargo, los días pasaban y la señora Carmen no se salía del lugar. Todos murmuraban pero ella ni se inmutaba.

Permaneció allí hasta el último momento. El 30 de noviembre, un día antes de la toma de posesión del nuevo presidente, las mudanzas trabajaron toda la noche. Tiempo después la señora haría unas declaraciones que nos permiten entender la razón de esa conducta: "Las grandes satisfacciones que tuve durante mi vida en la residencia presidencial son las instituciones allí formadas y que respondieron con creces a los fines para las que fueron creadas".[369] Ella fue feliz mientras estuvo en el candelero y mientras tuvo todos los recursos que quiso para hacer lo que le viniera en gana.

Pero todo llega a su fin y la presidencia de López Portillo llegó al suyo. A partir de entonces, doña Carmen se retiró de la luz pública a su casa en Coyoacán, aunque seguro hasta allí le llegaron los cuentos, los chistes y chismes que se hicieron sobre ella y su familia y las fuertes críticas a la gestión gubernamental de su esposo. "La docena trágica" se le llamó al periodo Echeverría-López Portillo, con ese humor con que los mexicanos afrontamos las situaciones más duras.

Quince años después, los reflectores volvieron a alumbrarla brevemente cuando una de sus hijas presentó un libro de su autoría sobre temas filosóficos. Allí llamó la atención la señora, vestida como siempre de modo llamativo y con su gran melena negra, pero con muchos kilos menos y sin los desplantes aquellos que la hicieron célebre y que tanto enojaban a los ciudadanos.

En tono discreto

1

Los años ochenta llegaron al país cuando se encontraba en una situación crítica: desorden en la economía, fuga de capitales, alto crecimiento demográfico, concentración de la población y de los servicios en las zonas urbanas, la mitad de la gente viviendo en la pobreza, cuando no de plano en la miseria, contaminación, maltrato y desperdicio de recursos, "un país talado y disecado", según decían quienes defendían la ecología.

El sector empresarial estaba molesto con el gobierno por lo que consideraba su ineficiencia, corrupción y excesiva injerencia en la economía. Un vocero de ese sector escribió: "Hace seis años la reacción organizada de los empresarios barrió al echeverrismo del escenario político. José López Portillo dedicó el primer tercio del sexenio a reconquistar la confianza del sector empresarial. La tarea que le espera a Miguel de la Madrid será aún más penosa porque nunca como en el presente sexenio el Estado ha mostrado mayor incapacidad para manejar la economía y sin la colaboración total del sector privado no habrá ni la más remota esperanza de salir de la crisis".[370]

Cuando Miguel de la Madrid Hurtado tomó posesión de la primera magistratura, se encontró con la responsabilidad de sacar adelante a casi setenta millones de habitantes que habían visto desperdiciar sus mejores recursos y que ya no creían en las promesas del gobierno. Un país que, como él mismo reconoció, "se le deshacía entre las manos".

El primero de diciembre de 1982, en el recién inaugurado Palacio Legislativo, el nuevo presidente dijo: "Estoy consciente de que asumo el gobierno de la República en horas difíciles. México se encuentra en una grave crisis".[371] Esta "situación verdaderamente crítica", a la que el propio mandatario calificó "de emergencia" era la de "una inflación de casi cien por ciento, déficit sin precedentes del sector público, debilitamiento de la actividad productiva tal que el crecimiento era de cero, elevada deuda externa pública y privada, paralización de ingresos de divisas al sistema financiero nacional y alto desempleo".[372]

Y a todo esto, como dijo el propio De la Madrid, había que agregarle la desconfianza, el pesimismo y el desánimo de los ciudadanos, las recriminaciones y la búsqueda de culpables "que ponían en duda el rumbo histórico del país".[373]

Hombre "inteligente y preparado, de buenas maneras, de corrección" según el periodista Julio Scherer, "inteligente, respetable" según el empresario Juan Sánchez Navarro, Miguel de la Madrid tomó la decisión, después de dos sexenios con jefes de Estado brutalmente narcisistas y locuaces, de ser un presidente de bajo perfil, no protagónico y no escandaloso. Esto a algunos les agradó y a otros les molestó: "Todos lo querríamos de líder, pero él no quiere encabezar a la nación en crisis" afirmó un industrial.[374]

El nuevo presidente empezó pidiendo a la población sacrificios y ofreciendo de parte del gobierno austeridad y una profunda "renovación moral" que según él, limpiaría al país de la corrupción y el nepotismo y aseguró que le diría siempre la verdad a los mexicanos.

Su primera tarea fue buscar la estabilización económica y recuperar la capacidad del Estado para manejar la economía. Con ese fin dio inicio a una serie de reformas en las políticas económicas que fueron desde recortes en el gasto público —incluso en sectores clave como los de salud y educación, razón por la que Héctor Aguilar Camín le llamó "sexenio dietético"— la implantación de nuevos impuestos y la creación de programas —como el de Reordenación Económica, el Plan Nacional de Desarrollo y el Pacto de Solidaridad Económica— hasta el fomento de las exportaciones y el turismo, todo ello con la colaboración del sector privado. Negoció para mantener el equilibrio entre los distintos grupos sociales a fin de que el país volviera a funcionar en paz y en orden. "El crecimiento económico no es un fin en sí mismo —dijo el presidente en su primer informe de gobierno— y sólo se justifica éticamente si tiene como propósito permanente el desarrollo social." Sin éste, aseguró, "persistirán la desigualdad y la ignorancia que impiden la democracia, que es ya una demanda de la sociedad".

2

La señora Paloma Delia Margarita Cordero, se había casado muy joven con el también joven Miguel de la Madrid en 1959, cuando él recién había terminado su carrera de leyes en la UNAM. Buen estudiante, el licenciado había aprendido economía en Estados Unidos y se había convertido en un tecnócrata que ascendía por los peldaños de la carrera político-administrativa, mientras su mujer se ocupaba del hogar y de los cinco hijos que procrearon. Cuando fue postulado como candidato a la Presidencia, ella afirmó que "se sentía orgullosa de ser su esposa".

Persona muy disciplinada, católica devota, la señora Paloma ayudó a su marido "porque lo quiere mucho" —según dicen quienes la conocen— aunque el papel público la agobiaba. Pero supo ser una Primera Dama que cumplió con su cometido siguiendo la misma tónica que su marido en la primera magistratura: fue discreta, como se hacía necesario en ese momento para diferenciarse ante la opinión pública de su antecesora y en general de las muy escandalosas mujeres de la familia López Portillo.

La señora de De la Madrid llevó la discreción a todos niveles, desde su arreglo personal sencillo y correcto, siempre con vestidos y sacos de colores suaves y con el peinado impecable, hasta ser medida en su participación en la vida pública, en la que supo mantener su lugar: "No había un detalle que te dijera que estaba fuera de contexto, fuera de la moral o de la educación".[375]

Aunque para ella su familia era lo más importante, cumplió con las tareas que ya por tradición se encomendaban a las esposas de los presidentes: "Estuvo donde tenía que estar... lo que suele ser la labor de las mujeres":[376] lo acompañó a las giras en las que se inauguraban obras de asistencia social como albergues, hospitales y tianguis, estuvo presente en las ceremonias y recepciones oficiales, se ocupó de los visitantes extranjeros y encabezó las dos instituciones que le fueron encomendadas: el DIF y el Voluntariado Nacional.

Este último, se dedicó a poner en práctica labores de desarrollo de la comunidad, de vacunación, alfabetización y colaboración en construcción de vivienda así como en aporte de servicios. Aquél se restructuró completamente integrándose al Sector Salud y adquiriendo personalidad jurídica y patrimonio propio. De esa manera, la asistencia social "ya no se concebía como una dádiva sino como un derecho de los miembros de la sociedad en situaciones desventajosas y como una responsabilidad del Estado". Pero además se lo modernizó, desconcentrando y descentralizando su administración y la prestación de sus servicios, a fin de que funcionaran mejor y de que lo hicieran en coordinación con las otras instituciones que se ocupaban de la salud así como con los gobiernos estatales y municipales para de ese modo cubrir todo el territorio nacional y a todos los grupos sociales.

Los objetivos del DIF siguieron siendo los de dar asistencia social a sectores específicos de la población como niños, ancianos y minusválidos. En el caso de los primeros, se ampliaba la tradicional atención médica y el reparto de alimentos (que por lo demás incrementaron mucho sus coberturas) hasta crear programas integrales para "satisfacer las necesidades físicas, mentales y emocionales de los niños" y "brindarles la educación necesaria para que tengan acceso a un mejor porvenir al dejar el seno familiar". En el caso de los

Paloma Cordero de De la Madrid, decidió ser discreta en su trabajo como Primera Dama minusválidos, se echó a andar un ambicioso plan de rehabilitación y educación especial "para lograr su plena incorporación al ámbito familiar, educativo y económico".[377] Y en el caso de los ancianos, se abrieron casas de la tercera edad y se les organizaron actividades.

En su quinto informe de gobierno el presidente dijo: "Durante la presente administración, el Sistema Nacional de Asistencia Social ha más que duplicado su atención a niños, personas de avanzada edad y minusválidos, al pasar sus beneficiarios de diez a veinticinco millones". Y en la *Crónica del sexenio*, voluminosa memoria de la administración que se hizo por encargo del propio presidente, se afirma que la institución atendía a más de treinta millones de personas.

Por supuesto que las cifras que se manejan debemos tomarlas con pinzas. En 1980 había en el país 67 millones de habitantes de los cuales más de 35 vivían en la pobreza y fuera de los sistemas de salud.[378] Si los números que anunciaba el gobierno hubieran sido ciertos, eso habría significado que se atendía a prácticamente toda esa población con servicios alimenticios y médicos, lo cual no fue así. México siguió (y sigue) teniendo millones de miserables y desnutridos que no tienen acceso a ningún servicio, ni a los de salud.

De todas maneras, no se puede negar la importancia de la labor del DIF. Su esfuerzo ha sido fundamental para una población con tantas carencias y necesidades. Lástima que la costumbre de nuestra cultura política sea siempre inflar los resultados.

El DIF creció tanto que además de los programas de asistencia alimentaria, médica y educativa, tuvo otros de procuración de justicia, de acciones para menores maltratados, farmacodependientes e invidentes, de capacitación de técnicos y profesionales y de construcción de plantas procesadoras de alimentos, albergues, estancias, centros de desarrollo infantil y campamentos recreativos. Hacia el final de su gobierno, en su sexto informe, el presidente pudo decir que: "La salud de la población ha registrado un mejoramiento general, alcanzándose prácticamente las metas del Programa Nacional".

Era ya costumbre que cuando siniestros de algún tipo afectaban a la población, el DIF participara en las tareas de apoyo a la comunidad y durante el sexenio hubo varias situaciones de este tipo, siendo las más graves las explosiones de gas ocurridas en San Juan Ixhuatepec y los temblores del año 85 en la ciudad de México. Si bien el gobierno se vio lento e ineficiente para prestar ayuda, la señora de De la Madrid personalmente visitó las zonas afectadas por los terremotos y recibió aportaciones y ayuda de varios países del mundo, entre ellos un millón de dólares de regalo de la Primera Dama de Estados Unidos para el Fondo Nacional de Reconstrucción.

Como era costumbre también, la Primera Dama recibía peticiones de ayuda de parte de mujeres de todo el país, ya fuera por escrito o en persona. Una de las más conocidas fue cuando las esposas de los trabajadores de varias fábricas de Monterrey que habían cerrado, vinieron hasta la capital para entrevistarse con ella y pedirle ayuda para que los hombres recuperaran su empleo. Pero el encuentro no se realizó.

3

Los años ochenta: México sigue siendo un país de pobres, de muchísimos pobres. "País de muertos caminando, sin destino, sin objeto, sin esperanza", había escrito José Revueltas cuarenta años antes.[379] Y seguían las ciudades perdidas sin agua ni drenaje. Y a eso se agregaba el aire sucio, las miles de personas sin empleo ni oportunidades, los accidentes por fenómenos naturales que se convertían en verdaderas tragedias.

Por las calles deambulan "pájaros sin nido" como les llamó Elena Poniatowska a las mujeres, hombres y niños "alicaídos, tratando de pasar entre los coches, golpeándose en contra de las salpicaderas, atorándose en las portezuelas, magullando sus músculos delicados, azuleando su piel de por sí dispuesta a los moretones... Estos mexicanos se nos aparecen a la vuelta de cualquier encuentro, sin disfraz alguno, con el traje que les da la vida y desaparecen en un parpadeo. Son ángeles, sin alas aparentes, y de repente ¡zas! allí están con sus carritos de dos ruedas para llevarse botellas y fierro viejo, papel periódico que vendan, sus charolas de frutas cubiertas, sus canastas de aguacates que blanden de ventanilla en ventanilla, la locomotora de los camotes y plátanos horneados y el iglú de los raspados de hielo picado...".[380]

¿Se percataba doña Paloma de las dimensiones del hartazgo ciudadano?

El hartazgo ciudadano: las eternas promesas incumplidas, la eterna corrupción, los precios que suben día a día.

El hartazgo ciudadano: la burocracia sorda, la policía delincuente, los servicios insuficientes, faltan hospitales, faltan escuelas, faltan transportes.

El hartazgo ciudadano: la ineficiencia; los trámites inacabables; los teléfonos pueden durar meses descompuestos y nadie los arregla; en los servicios de emergencia jamás contestan y cuando ya lo hacen no resuelven los problemas; las cartas se pierden en el correo; hay largas colas para cualquier cosa; en los centros de salud no atienden a los enfermos ni en las ventanillas a los contribuyentes; en los cines los pies se quedan pegados al piso por el refresco derramado que nadie limpia y las palomitas se revuelven con caca de ratón; la mercancía de contrabando inunda Tepito y Coapa; el país se llena de sembradíos de amapola y mariguana. Y en las esquinas los tragafuegos venden libros que les da la Secretaría de Educación Pública para ver si así dejan de beber gasolina.

El hartazgo ciudadano: los jóvenes divirtiéndose en los hoyos fonquis y la autoridad haciendo redadas.

El hartazgo ciudadano: las maquiladoras de la frontera explotando a miles de mujeres.

El hartazgo ciudadano: los refugiados centroamericanos hacinados en los campamentos del sur del país.

El hartazgo ciudadano: por primera vez un diputado interpela al presidente de la República durante su informe de gobierno; nace el Partido Socialista Unificado de México y el doctor Salvador Nava cimbra al país desde San Luis Potosí.

Por todo eso, el poeta David Huerta escribió: "Grietas en el amanecer para poner el cuerpo fatigado y dormir con una estupidez estéril de eremita, reflejando el alto cielo que hace cuántas horas se derramaba sobre las dudas y las desesperaciones nocturnas. El asedio, la culpa, el arrasamiento, las invasoras presencias".[381]

Y por todo eso, el poeta Jaime Reyes había escrito: "Y en la incertidumbre habíamos fincado esta certidumbre".[382]

4

Y sin embargo, el país no se cayó. Una vez más, como ya había pasado en el siglo XIX después de que los norteamericanos se quedaron con la mitad del territorio y la guerra civil paralizó la vida económica y política, también en esta ocasión y como por milagro, los mexicanos levantaron cabeza. En medio de la crisis brutal y aunque la tragedia golpeó, los ciudadanos reaccionaron. Escribe Carlos Monsiváis: "Convocada por su propio impulso, la ciudadanía decide existir a través de la solidaridad, del ir y venir frenético, del agolpamiento presuroso y valeroso, de la preocupación por otros que, en la prueba límite, es ajena al riesgo y al cansancio. Sin previo aviso, espontáneamente, sobre la marcha, se organizan brigadas de veinticinco a cien personas, pequeños ejércitos de voluntarios listos al esfuerzo y al transformismo: donde había tablones y sábanas surgirán camillas; donde cunden los curiosos, se fundarán hileras disciplinadas que trasladan de mano en mano objetos, tiran de sogas, anhelan salvar siquiera una vida. Los oficios se revalúan. Taxistas y peseros transportan gratis a damnificados y familiares afligidos; plomeros y carpinteros aportan seguetas, picos y palas; los médicos ofrecen por doquier sus servicios; las familias entregan víveres, cobijas, ropa; los donadores de sangre se multiplican; los buscadores de sobrevivientes desafían las montañas de concreto y cascajo en espera de gritos o huecos que alimenten esperanzas. Al lado del valor y la constancia de bomberos, socorristas, choferes de la Ruta 100, médicos, enfermeras, policías, abunda un heroísmo nunca antes tan masivo ni tan genuino, el de quienes, por decisión propia, inventan como pueden métodos funcionales de salvamento, el primero de ellos una indiferencia ante el peligro, si ésta se traduce en vidas hurtadas a la tragedia. Basta recordar las cadenas humanas que rescatan a un niño, entregan un gato hidráulico o un tanque de oxígeno, alejan piedras, abren boquetes, sostienen escaleras, tiran de cuerdas, trepan por los desfiladeros que el temblor estrenó, instalan los campamentos de refugiados, cuidan de las pertenencias de los vecinos, remueven escombros, aguardan durante horas la maquinaria pesada, izan cuerpos de víctimas, se enfrentan consoladoramente a histerias y duelos... tal esfuerzo colectivo es un hecho de proporciones épicas".[383]

¿Podía la señora Paloma imaginar siquiera que precisamente de las ruinas y de la tragedia es de donde nacería la solidaridad que a su vez llevaría a una conciencia que años después sería responsable de importantes cambios en la vida del país? ¿podía siquiera prever que de la ineficiencia y lentitud con que actuó el gobierno presidido por su marido nacería la sociedad civil organizada y exigente y se desmoronaría el predominio del partido oficial?

El país levantó cabeza. Para cuando llegó el día del campeonato mundial de futbol cuya sede México había conseguido, ya todo era otra vez alegría. Miles de gentes coreaban y vitoreaban a los equipos, hacían la ola en el estadio, le aplaudían a la "chiquitibum", una jovencita que lucía orgullosa sus grandes senos.

Ya éramos otra vez los que habían guardado sus recuerdos en el fondo de la memoria. Ya éramos otra vez los admiradores de la cantante Lucerito y de los grupos juveniles Timbiriche, Flans y Mecano. Ya éramos otra vez los que en las fiestas de fin de año bailan hasta caerse, beben hasta caerse, comen hasta reventar, con música viva que cuesta más que el sueldo de un mes, con piñatas y con brindis llenos de sentimiento y promesas.

6

En los tiempos en que la señora de De la Madrid fue Primera Dama, hubo muchas escuelas activas. La educación ya no sólo era confesional, ya no sólo era de gobierno. Y hubo talleres literarios y se publicaron fotonovelas y aparecieron los discos compactos y las videocaseteras y la cantante Lupe D'Alessio cambió varias veces de marido y a todos les cantó con grandes desplantes "Punto y coma", mientras los rockeros de Botellita de Jerez preguntaban:

Tons qué, tons qué mi reina,
a qué horas vas por el pan.

La Universidad Nacional había crecido tanto que tenía más alumnos que muchos países ciudadanos, aunque también crecían los centros privados de educación superior. Y los jóvenes, "pirrurris" o "raza" lo mismo da, se seguían sintiendo los dueños del mundo: "Salimos a beber y a fumar mota en Reforma y a viajar a cien en el toldo de los coches y a esquiar como suizos en los prados del Ángel tratando de averiguar hasta dónde llegaban los nuevos límites de la increíble tolerancia policiaca. ¿O salimos como sociedad civil a rebasar a las autoridades?".[384]

¿Fue la señora Paloma al teatro a ver actuar a la eterna Silvia Pinal en *Mame* y al eterno Manolo Fábregas en *El hombre de La Mancha*, con montajes escénicos que eran casi iguales a los de Broadway? ¿fue a las presentaciones de libros que por entonces se pusieron tan de moda? ¿quiso como todo mundo matar a la villana Catalina Creel de la telenovela *Cuna de lobos* que causó sensación? ¿supo que cuando la gente

llegó al Ángel de la Independencia para celebrar al futbol la porra cantó "Paloma Cordero, tu esposo es un culero"? ¿vio la señora las películas de las mujeres cineastas que empezaban a destacar? ¿leyó los libros
de las mujeres escritoras que caían como lluvia de agua fresca sobre los
lectores fatigados de años y años de solemnidades y tristezas? ¿qué
pensó de la narración que hacía Ángeles Mastretta de los deberes y sentimientos de una Primera Dama? Escribe la autora:

"Los primeros tiempos del gobierno fueron divertidos. Todo era
nuevo, yo tenía una corte de mujeres esposas de los hombres que trabajaban con Andrés... Nos llevó a la inauguración del manicomio de
San Roque, un lugar donde encerraban mujeres locas. Después de cortar el listón y echar el discurso, dijo que llevaran una marimba y organizó baile ahí adentro... De repente Andrés ordenó que se callara la marimba y me presentó como la presidenta de la Beneficencia Pública. San
Roque dependería de mí al igual que la Casa Hogar y algunos hospitales públicos. Me puse a temblar. Ya con los hijos y los sirvientes de la
casa me sentía perseguida por un ejército necesitando de mis instrucciones para moverse y de repente las locas, los huérfanos, los hospitales. Pasé la noche pidiéndole a Andrés que me quitara ese cargo. Dijo
que no podía. Que era yo su esposa y para eso estaban las esposas...

"Al día siguiente fui a la Casa Hogar. Se llamaba muy elegante
pero era un pinche hospicio mugroso y abandonado. Los niños anda-

ban por el patio con los mocos hasta la boca, a medio vestir, sucios de
meses... Llamé a sus hijas para proponerles que me ayudaran a organizar bailes, fiestas, rifas, lo que pudiera dar dinero para la Beneficencia Pública. Aceptaron. Se les ocurrió todo, desde una premier con
Fred Astaire hasta un baile en el Palacio de Gobierno. Durante un
tiempo no supe cómo iban las locas ni los enfermos ni los niños, me
dediqué a organizar fiestas. Por fin creo que hasta se nos olvidó para
qué eran. Nada más porque Bárbara mi hermana cumplía con su papel
de secretaria fuimos a entregarles las camisetas y los calzones a los niños, las camas a las loquitas, las sábanas a los hospitales...

"Al principio la gente iba a la casa a solicitar audiencia y me
pedía que la ayudara con Andrés. Yo oía todo y Bárbara apuntaba. En
las noches me llevaba una lista de peticiones que le leía a mi general
de corrido y aceptando instrucciones: ése que vea a Godínez, ésa que
venga a mi despacho, eso no se puede, a ése dale algo de tu caja chica,
y así...

"Al día siguiente, otra vez quería llorar y meterme en un agu-
jero, no quería ser yo, quería ser cualquiera sin un marido dedicado a
la política, sin siete hijos apellidados como él... Para mucha gente yo
era parte de la decoración, alguien a quien se le corren las atenciones
que habría que tener con un mueble si de repente se sentara a la mesa
y sonriera. Por eso me deprimían las cenas. Diez minutos antes de que
llegaran las visitas quería ponerme a llorar, pero me aguantaba para

no corrreme el rímel y de remate parecer bruja. Porque así no era la cosa, diría Andrés. La cosa era ser bonita, dulce, impecable."[385]

7

En su último informe de gobierno, Miguel de la Madrid le agradeció dos veces a su esposa, una por su trabajo público: "A mi esposa Paloma, mi más cariñoso agradecimiento por su dedicación en estas tareas, como presidenta del patronato del DIF así como por su labor al frente del patronato del Voluntariado Nacional", y otra por su apoyo personal: "Mi agradecimiento cariñoso a mi querida Paloma, soporte firme en todo momento, digna compañera de estos años inolvidables".

Estas menciones a la esposa del presidente eran completamente novedosas. No sólo se le llamaba por su nombre de pila, sino que por primera (y por última vez) se empleaba la palabra "cariño" para referirse a ella. ¿Era señal de una relación cercana entre ellos, de una buena pareja? ¿o era aviso de un cambio en la situación de las mujeres?

Quién sabe, porque si pasamos las páginas de los muchos y voluminosos tomos que componen la *Crónica del sexenio* delamadridista, que es el recuento oficial del mismo, encontramos muy pocas menciones a la señora Paloma Cordero y vemos además que éstas van disminuyendo progresivamente desde el primer año del mandato hasta que de plano, durante un año completo, no aparece ni una sola vez. Y no es casualidad que esto suceda hacia el final del periodo, cuando cambia completamente la relación de los ciudadanos con el primer mandatario y por lo tanto también la de él con su esposa. Según alguien que conoce bien el movimiento de Los Pinos: "Si durante los primeros tres años de cada gobierno, fluyen regalos y ramos de flores tan grandes y llamativos que ocupan prácticamente toda la escalera de la residencia oficial, esto va disminuyendo de manera notable a partir del cuarto año hasta que cuando ya se nombra al nuevo candidato, dejan completamente de llegar".[386]

8

¿Qué sienten "El señor" y "La señora" como los llamó el escritor Luis Spota en sus novelas, ante ese desprecio después de haber sido casi dioses?

Porque en México, el presidente "no es un servidor público sino amo y señor" asegura Julio Scherer, el que "nombra, protege, concede, facilita y coarta" dice Carlos Monsiváis, el que "resuelve y decide todo, desde lo nimio hasta lo trascendental" afirma Luis Spota. Y su poder es tan enorme que, como sostiene el periodista, "puede cambiar la vida de quien quisiera, torcer el destino que le viniera en gana".

Así que muy difícil debe ser para ellos que de la noche a la mañana eso se acabe, nadie los adule ni les obedezca ni se ponga como tapete para que le pasen por encima. Ya vimos de qué manera esto afectó a muchos expresidentes y a sus esposas.

En el caso de la señora Paloma, es probable que esto resultara menos un agravio que un verdadero alivio, porque entonces ella pudo regresar a la intimidad de su hogar y dedicarse como antes de la Presidencia a lo que le gusta: hacer ejercicio, atender a su familia, ir a misa, reunirse con amistades.

Más de diez años después de terminado el mandato de su marido, a ambos se les ve muy bien, él ocupado en dirigir una empresa editorial del Estado que le encomendó su sucesor y ella dedicada a sus actividades personales. Algunas tardes se les encuentra caminando juntos por su barrio de Coyoacán en la capital o merendando en algún restaurant del rumbo, vestidos con la sencillez pero elegancia que siempre les caracterizó y algunas mañanas se ve a la señora atendiéndose en un salón de belleza cercano a su domicilio, con la misma persona que ha cuidado su cabello durante muchos años y que le sigue haciendo su mismo estilo de peinado.

9

Casi al final del sexenio, cuando parecía que el país iba caminando por la vía de la recuperación, bajaron otra vez los precios mundiales del petróleo afectando seriamente a la economía mexicana que tan dependiente es de ese producto. En menos de lo que se dice, la crisis mostró otra vez sus afiladas garras. "Con el de Miguel de la Madrid, cumplió cuatro sexenios presidenciales consecutivos que terminarían lejos del sitio donde prometieron llegar. La ineficacia de sus proyectos y sus instrumentos es ostensible."[387]

El candidato a suceder al presidente fue su secretario de Programación y Presupuesto, un hombre joven y dinámico que en opinión de su esposa "podía hacer mucho por el país": "Si la mayoría de los mexicanos vota por el PRI es porque están verdaderamente convencidos de que Carlos Salinas de Gortari es la alternativa y que adoptará las decisiones adecuadas para superar la crisis", declaró la señora Cecilia Occelli durante la campaña de su esposo.[388]

Según las cifras oficiales, en efecto la mayoría de los ciudadanos votó por el PRI en 1988. Y sin embargo, ese triunfo fue cuestionado por contundentes afirmaciones de fraude ya que por primera vez en muchos años, el partido del gobierno y su candidato se encontraron con una verdadera oposición política que resultó atractiva a muchos ciudadanos.

Noventa millones de habitantes tenía la república al entrar en la última década del siglo XX, la mitad de ellos menores de treinta años. ¿De dónde sacar recursos para proporcionarle educación, salud, empleo y servicios a toda esta gente? Tan sólo en la capital y su zona conurbada habitaban casi veinte millones de personas para quienes la otrora ciudad de los palacios se había convertido "en un albañal", "en la antepenumbra del infierno" como escribió Margo Glantz, en el "Detritus Federal" como decimos sus habitantes. ¿Era ésta la modernidad en la que tanto nos habíamos empeñado? ¿dónde había quedado el país pujante, optimista y hasta vanidoso que habíamos sido en los años cuarenta, cincuenta y sesenta? ¿en qué acabaron las promesas de los setenta, a dónde habían ido a parar las ilusiones, los engreimientos sustentados sobre Eldorado petrolero?

Cuando el primero de diciembre de 1988 tomó posesión del cargo el nuevo presidente, México exigía verdaderos cambios en el ámbito político y verdadera modernización en el manejo de su economía: "Un gobierno eficiente y eficaz, organizado administrativamente, racional en el intervencionismo estatal, neutro en su discurso nacional e internacional, honesto contra el enriquecimiento de los funcionarios de la administración pública, el partido y los sindicatos".[389]

Para lograr este objetivo, Carlos Salinas se rodeó de una nueva elite política formada por jóvenes tecnócratas que habían estudiado en las universidades norteamericanas y para quienes la salida a la crisis se encontraba en la integración de nuestro país a la economía mundial, terminando así con un sistema de gobierno nacionalista y corporativo para dar paso a la vía neoliberal y globalizadora. Convencidos de que sus ideas eran las correctas, el trabajo gubernamental durante el sexenio consistió en llevar adelante ese proyecto, cuyo eje y esencia fue el Tratado de Libre Comercio con Estados Unidos y Canadá.

Grupos de empresarios y financieros apoyaron al presidente por considerar que era el camino adecuado. Y también muchos intelectuales a los que éste audazmente cortejó. Incluso la Iglesia católica se puso de su lado y a cambio se le permitió que volviera a tener abierta injerencia en las cuestiones del país. Pero hubo también muchos que por el contrario, se opusieron a dichas medidas.

El tiempo ha demostrado que lo que el presidente Salinas vio como la salvación se convirtió una vez más en estrepitoso fracaso. Según Jorge Castañeda, ello se debió a dos razones: primero, a la avasallante asimetría entre los tres países y la idea simplista de confiar en los automatismos del mercado sin buscar mecanismos compensatorios y

segundo, a la prisa con que se lo quiso implementar.[390] En efecto, en su ansia por pasar a la historia, los salinistas quisieron integrar la economía mexicana a la mundial a la mayor velocidad posible y terminaron lastimando a México. La "manera salvaje" —como le llama Sergio Zermeño— con que se empujó al país a entrar en el nuevo modelo económico y la combinación de esto con un Estado autoritario, terminaron por servir sólo a los capitales trasnacionales y a algunos grandes capitales nacionales mientras se destruía a la pequeña y mediana industria y comercio que tan penosamente se habían levantado durante cuarenta años. "Fue un acuerdo entre magnates y potentados de los tres países que excluyó a la gente común y corriente."[391]

Al romperse la forma tradicional de funcionamiento del sistema, muchos trabajadores se quedaron sin empleo y se fueron alejando de las posibilidades del consumo a las que estaban ya acostumbrados. El resultado fue la alteración de todo el tejido social. El esfuerzo y el sacrificio que durante años se había pedido a los mexicanos concluía una vez más dejándonos peor que nunca: "La reforma del campo no generó la inversión esperada, la economía no creció como se pensaba, las disparidades sociales no se redujeron conforme lo previsto, las exportaciones no aumentaron de acuerdo a las expectativas".[392]

Por si esto fuera poco, la deuda externa creció de manera exponencial y la corrupción que nos habían ofrecido combatir floreció en dimensiones impresionantes. Krauze pone un ejemplo que sirve como indicador: "El gobierno puso en marcha un proceso de venta por licitación pública. Al cabo del ciclo, 85 por ciento de las empresas públicas se habían declarado en quiebra, cerrado o vendido. Los recursos que obtuvo el erario llegaron a los 22,500 millones de dólares que luego por desgracia [sic] se volatilizaron".[393]

En enero de 1994, el mismo día en que entraba en vigor el TLC, en el sur del país un grupo armado se levantaba en contra del gobierno. Los neozapatistas (que así se llamaban los alzados) hacían patente el fracaso del proyecto salinista y de todos los proyectos políticos que durante dos siglos no habían podido dar a todos los mexicanos adecuados niveles y condiciones de existencia.

El asesinato del candidato del partido oficial a la Presidencia, ocurrido durante su campaña, "cortó la respiración del país" e inauguró la crisis política más grave desde la década de los veinte.[394] Lo que este crimen —y otros asesinatos y secuestros que se sucederían durante estos años— vendría a demostrar, es que no había acuerdo entre las clases políticas y que la estabilidad y el orden estaban en entredicho. Carlos Salinas de Gortari, que había asumido el cargo con la legitimidad cuestionada y había hecho un ambicioso esfuerzo de modernización del país, terminaba dejándolo, una vez más, en condiciones desastrosas.

Cecilia Occelli de Salinas, se sumó con entusiasmo
a los programas de asistencia social del gobierno

10

La señora Cecilia Occelli González era originaria del D.F. y había conocido a quien sería su marido cuando ambos eran unos muchachos de quince y diecisiete años. Se habían casado en 1972.

A lo largo de su carrera política, más que acompañarlo, ella lo esperó en casa porque tenían tres pequeños que requerían de su atención. Ansioso de escalar en los peldaños de la política, el licenciado dedicaba largas horas a su trabajo, que incluían domingos, días festivos y hasta vacaciones. Cuando ya tarde por la noche y cansado llegaba a su casa, doña Cecilia "no le preguntaba sobre el país y la política, para no cansarlo con lo mismo con lo que había estado todo el día y por el contrario, le contaba de los hijos y le organizaba el descanso".[395]

Durante el sexenio de Miguel de la Madrid, la señora Cecilia, en su calidad de esposa de un secretario de Estado, se había incorporado por primera vez a las tareas públicas en el Voluntariado Nacional. Allí tuvo contacto con el trabajo que hacían las esposas de los funcionarios, de modo que cuando llegó a ser Primera Dama lo asumió "con temor pero con decisión de aprovechar la gran oportunidad para ayudar": "No tenía ni idea de las responsabilidades que me esperaban. La señora Paloma me llamó a una reunión en Los Pinos con los directores del DIF y del Voluntariado quienes me explicaron todo. Luego yo me puse a estudiar al DIF. Lo que más me impresionó al irlo conociendo es que se trataba de instituciones muy serias y sus programas eran buenos y necesarios".

La familia se mudó a la residencia oficial a la que se llevaron sus propios muebles para que los hijos se sintieran como en casa. Allí la señora instaló una oficina desde la cual desempeñó las labores que se le encomendaron "sin ruido ni boato" según la opinión de María Teresa Franco, quien la considera "una Primera Dama extraordinaria y con gran capacidad de trabajo, profesionalismo y discreción".[396]

Doña Cecilia acompañó a su marido en las ceremonias oficiales que exigía el protocolo, entre ellas las del Grito de la Independencia los días 15 de septiembre a las que asistía elegantemente ataviada y también a los informes anuales de gobierno. En una ocasión, se presentó "con los visibles efectos de la reciente intervención quirúrgica a que fue sometida para extirparle el apéndice".[397] También realizó actividades sola, como recibir a las esposas de dignatarios extranjeros y la de representar a nuestro país en diversas partes del mundo, por ejemplo en las exequias del emperador Hirohito del Japón.

Al hacerse cargo de la presidencia de los patronatos del DIF y del Voluntariado Nacional, la señora Salinas continuó con los programas de ambas instituciones. Por lo que se refiere al Voluntariado, contó con el apoyo de "señoras muy comprometidas" que aprovecharon sus posiciones para concertar con las autoridades a fin de que se resolvieran cuestiones de servicios (basura, agua, drenaje, vigilancia) en las comunidades de menores recursos tanto en la capital como en los estados. Y por lo que se refiere al DIF, siguió adelante con los programas que estaban en marcha, consistentes en "brindar en forma permanente, ayuda alimentaria y de desarrollo integral a niños, mujeres, ancianos, minusválidos y personas de escasos recursos" que incluían por supuesto, los tradicionales programas de abasto de leche y de desayunos escolares.

Se emprendieron campañas de fomento al cuidado de la salud, de vacunación y vitaminación, tratamientos contra parásitos e infecciones, combate a epidemias —contra la polio, tuberculosis, difteria, paludismo, tosferina, tétanos y sarampión—, las cuales llegaron hasta los más apartados rincones del país, permitiendo, a la hora del quinto informe de gobierno, anunciar que: "El 95 por ciento de los niños mexicanos menores de cinco años está cubierto con todas las vacunas" y que nuestro país: "es el que ha reducido con mayor rapidez la mortalidad infantil en el mundo occidental".

La señora Salinas agregó a los programas que ya estaban en marcha algunos de su creación: el de Desarrollo Integral del Adolescente, para jóvenes entre doce y diecinueve años que les permitiría no quedarse sin apoyo entre la niñez y la edad adulta; el de las Escuelas para Padres que les enseñarían a éstos a tener mejor comunicación con sus hijos y a no maltratarlos; el de las casas de cuidado diario en las que se capacitaba a mujeres para que atendieran a los hijos de madres trabajadoras mientras éstas iban a sus labores; el de "La salud comienza en casa" en los que se explicaban de modo sencillo fórmulas de higiene, alimentación y cuidado; el de salud reproductiva para que las mujeres pudieran espaciar sus embarazos y tener menos hijos y el consentido de la señora; el de las cocinas comunitarias que mejoraban el sistema de desayunos escolares porque daban a los niños una alimentación fresca y más parecida a la de su hogar y permitían al gobierno ahorrar dinero ya que "resultaba más caro mandar los paquetes con las galletas Nutrimpi a todo el país que preparar en cada lugar los alimentos y las papillas". Esas cocinas funcionaban con materia prima pagada por el gobierno y con cuotas simbólicas que se le pedían a la comunidad y permitían alimentar no sólo a los pequeños sino también a los ancianos y a muchos adultos.

La Primera Dama encabezó campañas de recolección de fondos para diversas actividades e instituciones, por ejemplo las anuales de la Cruz Roja que ya eran tradicionales y otras que colaboraban con los proyectos rurales del programa de Solidaridad, en los que el Estado ponía cincuenta por ciento y la gente del lugar otro cincuenta por ciento del costo de obras de beneficio colectivo. Presidió la Asociación Gilberto que nació después de un huracán que azotó las costas del Caribe mexicano y que estaba destinada a tareas de ayuda a la población y tomó la iniciativa de la que nació el Museo del Niño en la ciudad de México, mejor conocido como "el Papalote", que se realizó de manera conjunta entre el gobierno y la iniciativa privada y que desde su apertura es uno de los mejores del mundo. Ambos proyectos siguen vivos, no sólo funcionando sino creciendo: la asociación tiene ahora veintitrés sedes en toda la república y el museo, además de haber ampliado sus actividades en la capital, las ha empezado a llevar a los estados tanto con la creación de museos en edificios públicos como con los museos móviles que van por todas partes en grandes camiones.

En su último informe de gobierno el presidente Salinas anunció que: "El DIF otorgó atención con eficacia y responsabilidad a poco más de diez millones de habitantes de escasos recursos, especialmente menores, adolescentes, mujeres embarazadas, ancianos desamparados, minusválidos e indigentes". Estas cifras tenían un tinte más realista que las que se habían dado en el sexenio anterior, aunque de todos modos seguían siendo exageradas, porque de ser ciertas no debería quedar ningún desamparado en el país. Y aunque en el documento el primer mandatario no mencionó por su nombre a su esposa, habló del trabajo del Voluntariado Nacional: "Las mujeres que en él laboran apoyan los esfuerzos comunitarios y comparten su ánimo social. Expreso mi reconocimiento a quien las encabeza y a todas sus integrantes". Había desaparecido el tono afectuoso del presidente anterior y tampoco se conservaba el tono de compañerismo solidario de los Echeverría. El agradecimiento tenía el mismo aroma de lejanía y compromiso que había usado en su momento José López Portillo.

11

Hacia el final del sexenio, cuando se produjo el levantamiento chiapaneco, la señora Occelli recibió críticas por no haberse hecho presente en el lugar. En una "Carta Abierta" publicada en varios diarios del país, Guadalupe Loaeza le reclamaba su falta de presencia y en general la ausencia del DIF en la zona de conflicto: "Son más bien las universidades las que han estado mandando ropa, comida y medicinas. Todo el mundo sabe que hay muchos niños y mujeres de la sociedad civil que están muy afectados", y concluía que la Primera Dama "a lo largo de este sexenio se ha mantenido en una posición, erróneamente para mi gusto, demasiado discreta". En opinión de la autora, esta tó-

nica de discreción que han seguido la mayoría de las primeras damas
ha sido equivocada y ha llevado a que "no siempre se hayan comprometido a fondo con los problemas sociales de México".[398]

La señora Occelli no respondió públicamente a este escrito pero en una entrevista concedida más de dos años después, afirmó que
ella consideró que lo correcto era comportarse como lo hizo, precisamente para evitar conflictos políticos: "Era riesgoso meterse" afirmó.
Sin embargo, aseguró que tanto el DIF nacional como el estatal sí habían cumplido con sus responsabilidades como lo afirmaron en aquella ocasión sus directivos: "Los objetivos del DIF se cumplen aunque no
necesariamente se hacen públicas sus actividades diarias", escribió la
señora Efigenia Chapoy de López Moreno, esposa del gobernador de
Chiapas y presidenta de esa institución en su entidad.[399]

12

Cuando la señora Cecilia Occelli era Primera Dama, la interna-
cionalización a la que aspiraba su marido ya no era sólo una propuesta
económica sino una realidad que se cumplía en la vida diaria de muchos mexicanos, aunque era más bien norteamericanización. Los programas de televisión, las películas de cine, la música que se escuchaba
en el radio, todo era norteamericano. Y en las tiendas y puestos de los
tianguis callejeros se vendían aparatos eléctricos, ropa, cosméticos,

blancos, medicinas y toda suerte de productos y chucherías venidos de Estados Unidos. Parecía más cierta que nunca la frase que había acuñado Carlos Monsiváis a principios de los años setenta, cuando afirmaba que en ese momento surgía "la primera generación de norteamericanos nacidos en México".

El país parecía cosmopolita porque en las ciudades brotaron restaurantes de cocina japonesa, árabe, argentina y griega así como los de comidas rápidas que ofrecían servicio a domicilio en menos de treinta minutos. Escritores, políticos, actores y creadores renombrados nos visitaron. Y por primera vez hubo aquí los grandes espectáculos que los países desarrollados llevaban veinte años presenciando. Escribe Yolanda Moreno Rivas: "La moda del rock revive y se convierte en la nueva fiebre juvenil. Los empresarios de la música comercial han sabido utilizar los viejos moldes del rock de los años anteriores para propiciar una inmensa oleada de grupos que los utilizan junto con los sucesivos clichés de moda. Al igual que la balada en español, este resurgimiento del rock se inició en España con grupos y cantantes como Los Hombres G, Olé Olé, Miguel Ríos y proporciona millonarias ganancias a los promotores de este nuevo movimiento. La expresión del actual rock juvenil en Argentina —Soda Stereo, Miguel Mateos, Charly García, Fito Páez— aun cuando tiene rasgos similares al español, trata de rescatar elementos de la música vernácula, incorporando ocasionalmente ritmos e instrumentos tradicionales. Por el contrario, en México, tanto los grupos espontáneos como Botellita de Jerez, Los Caifanes, Maldita Vecindad, como los grupos creados por los medios como Timbiriche, aun cuando tienen asegurado un inmenso público juvenil, caen con frecuencia en una imitación un tanto desleída de la versión hispana del rock. La honrosa excepción a la regla la constituyen grupos y solistas como Betsy Pecanins, Real de Catorce o Jaime López, cuyo profesionalismo y calidad musical los eleva por encima del nivel general".[400]

¿Fue la señora Salinas al Palacio de los Deportes a escuchar alguno de esos magnos conciertos? ¿acompañó a su marido a alguna de las muchas cenas y comidas que le ofrecían los intelectuales y a quienes él correspondía con invitaciones y becas y premios? ¿participó en las discusiones entonces de moda que descalificaban a la escritura de las mujeres por considerarla de bajas calorías? ¿se sentó ante mesas bien servidas para hablar de la crisis como hacían tantos? ¿escuchó a los hombres, jóvenes y viejos, pensantes y actuantes, enloquecer por Patricia Manterola, Bibi Gaytán o Thalía? ¿compró el disco de Gloria Trevi, el calendario de Gloria Trevi, la camiseta de Gloria Trevi, las declaraciones y películas y programas de Gloria Trevi? ¿se le antojó mover los pies como María Rojo en la película *Danzón* y se fue a aprender a bailarlo en alguna de las muchas escuelas de baile que entonces resurgieron y a practicarlo los domingos en la tarde a los bailes populares en la plaza Santo Domingo, en el frontón de Coyoacán o en el zócalo de la ciudad de Veracruz? ¿leyó la novela *Como agua para chocolate* y vio la película *Como agua para chocolate* que tenían gran éxito en todo el mundo? ¿leyó a Cristina Pacheco para saber de los pobres y a Guadalupe Loaeza para saber de los ricos? ¿se compró su horno de microondas, su computadora personal y su caminadora eléctrica? ¿conoció el nuevo hotel Nikko, la nueva sala internacional del aeropuerto de la capital, el nuevo canal cultural de la televisión? ¿tuvo miedo cuando encarcelaron a un líder petrolero y cuando mataron a un obispo y a un dirigente político? ¿qué opinó de los triunfos del Partido Acción Nacional que le dieron las primeras gubernaturas a la oposición? ¿se hizo amiga del riquísimo empresario Carlos Slim? ¿le gustó que abriera un restaurant de la cadena Sanborns en cada cuadra de la capital? ¿se emocionó con la respuesta de la sociedad a la exigencia de los guerrilleros de que se atendiera a los desposeídos, se cooperó con Ofelia Medina que recolectaba dinero para los niños indígenas del país, se conmovió con las crónicas de Hermann Bellinghausen sobre Chiapas, intercedió por los que hacían huelgas de hambre y plantones en el Zócalo frente a la oficina presidencial? ¿supo que mientras ella dormía cómodamente en su cama trabajaban las prostitutas, los linotipistas y los mariachis de la plaza Garibaldi y que mientras ella comía con su marido los domingos trabajaban las taquilleras del metro y de los cines, los taxistas y

choferes de camiones, las vendedoras del super y los meseros de los restaurantes y que mientras ella vacacionaba con su marido en su rancho de Agualeguas trabajaban los maestros de escuela, los médicos, los curas, las secretarias, los barrenderos y los tragafuegos?: "¡Ande, cómpreme el último cachito para que se vaya a Europa, aunque no me lleve! ¿Grasa joven, chicles, dulces, chocolates, cacahuates? ¿Le sirvo otro? ¿Quiere que se lo lleve a su coche? ¿Cuál le tocamos? ¿Le saco los golpes? ¿Cuál quiere, el rojo o el amarillo? A 1.50 la bolsita. Regálele su topoyiyo al niño, mire cómo le está gustando, ése para la señorita, de limón o de tamarindo. No, si ésas se pelan con los dientes, con chile o con sal. Si ora todo viene en su bolsita de plástico, está bien dulce ese camote. Mire nomás qué sucio lo trae, en un segundo se lo limpio, ahora sí, arránquese, ya ve que yo siempre acabo con la luz verde. Tapetes para su coche, si quiere mañana le traigo el retrovisor, ¿Bien fría o al tiempo?".[401]

13

A fines de 1994, la situación en el país era otra vez sumamente tensa. La deuda era enorme, la industria estaba desmantelada, el campo improductivo, los recursos sobreexplotados. "¿Pero qué es México? —se preguntaba Carlos Monsiváis. ¿Una catástrofe a corto, mediano y largo plazo?"

Los ciudadanos, desesperados y preocupados, convirtieron en culpable al expresidente y a su familia de todos los problemas económicos, sociales y políticos y sobre ellos hicieron caer el escarnio público. El hombre que quiso ser salvador de la patria se convirtió en blanco de ataques y en hazmerreir, de una forma nunca antes vista en esta cultura nuestra que es a un tiempo adoradora de tlatoanis (cuando tienen el poder) y derrumbadora de ídolos (cuando ya no lo tienen).

Pocos días después de entregar el cargo a su sucesor, Carlos Salinas de Gortari se fue de México. En el viaje (que se convirtió en un periplo por medio mundo pues ningún país lo quería alojar) no lo acompañaba la señora Occelli sino otra mujer, con quien contraería matrimonio y procrearía una nueva familia. La señora Cecilia y sus hijos permanecen en México, en su hermosa casa del sur de la capital.

En su libro *Manos sucias*, Rafael Loret de Mola cuenta dos anécdotas: según la primera, "El 12 de febrero de 1995, unos días antes de la aprehensión de Raúl Salinas de Gortari, la señora Cecilia Occelli y su hija Cecilia asistieron a la plaza México a presenciar la corrida de toros... el público las miró con recelo. La exPrimera Dama, nerviosa, se limitaba a esbozar una mueca, a manera de saludo, para calmar la animosidad. Ambas ocuparon una barrera de cuarta fila y trataron de ser discretas". La segunda anécdota asegura que en una ocasión en que la señora Occelli "pretendía volar hacia la Babel de Hierro decenas de pasajeros, a coro, gritaron ¡que se baje, que se baje! Y la exPrimera Dama, sin expresión en el rostro aunque con las manos crispadas, prefirió quedarse en tierra, vencida por la injusta humillación".[402]

Doña Cecilia afirma que ninguna de estas historias es cierta porque ni a ella ni a sus hijos los ciudadanos los tratan mal: "Fuimos a los toros con amigos y estuvimos viendo y participando de la corrida. La gente fue amable". Alejada de chismes y rumores, ajena a toda participación pública, la señora hace proyectos para el futuro asegurando haber crecido mucho en estos años. Tiene confianza, como en su momento la tuvieron Conchita Lombardo de Miramón y Carmelita Romero Rubio de Díaz, de que la historia pondrá todo y a cada quien en su lugar.

14

El primero de diciembre de 1994 tomó posesión de la Primera Magistratura el doctor en economía Ernesto Zedillo Ponce de León. Había llegado al cargo en circunstancias sumamente difíciles pues su candidatura se había presentado como emergente luego del asesinato de Luis Donaldo Colosio. La votación para elegirlo había sido alta y nutrida, según algunos estudiosos, porque los ciudadanos tenían miedo.

Y sin embargo, no bien había empezado su gobierno cuando ya estaba anunciando una brutal devaluación del peso que enojó y lastimó a los mexicanos. A esto, las autoridades le llamaron "el error de diciembre" y los ciudadanos, con su humor característico, le pusieron "el horror de diciembre".

A los tradicionales problemas de salida de capitales y carencia de recursos, de corrupción y autoritarismo, de inseguridad y violencia, de contaminación, se agregaba ahora uno nuevo: el narcotráfico.

La situación geográfica de México lo había convertido en lugar privilegiado para el paso de la droga, puente entre los países productores y Estados Unidos, la nación que en palabras de su propio presidente William Clinton, "es la que más la consume en el mundo".[403]

La vida nacional se vio afectada en todos sus estratos y niveles por este comercio. Mafias poderosas, cantidades enormes de dinero y la mejor tecnología se pretendieron combatir con policías mal pagados y rimbombantes discursos.

Por lo demás, la cuestión demográfica se convirtió en una pesadilla: multitudes de gente que necesitan alimento, trabajo, techo y transporte, educación y medicina, servicios y recreación. "El ámbito de las multiplicaciones despoja de sentido a las profecías —escribe Monsiváis—, obstinadamente minimiza todas las pretensiones triunfalistas."[404] Y según José Joaquín Blanco: "El principal panorama de la ciudad es su gente. En otras ciudades destacan principalmente los rascacielos o las avenidas, las plazas y los edificios. En la ciudad de México la presencia humana voluntariosa, apresurada, tensa, desafiante, ocupa y desborda todos los espacios".[405] La advertencia que hiciera Carlos Fuentes en los años sesenta se ha cumplido: Calcuta ya no es nuestro posible futuro sino nuestra cruda realidad.

15

Durante los primeros años de su gobierno, el presidente Zedillo se abocó a tratar de resolver los problemas más graves de la economía. Para ello solicitó y obtuvo préstamos de emergencia de Estados Unidos y de algunos organismos internacionales, renegoció la deuda externa y la cooperación de los diferentes grupos políticos y sectores sociales en el interior, muchos de ellos ya de plano abiertamente críticos hacia cualquier movimiento, decisión o declaración gubernamental y ordenó revisiones a las políticas monetaria, financiera y de comercio exterior.

Pero lo que no pudo modificar es nuestra dependencia de los precios internacionales del petróleo, ni la situación en Chiapas, ni la actitud de la Iglesia cada vez más provocadora y la de una oposición política beligerante y ya también triunfante. Ni tampoco ha podido enfrentar con éxito a los narcos y a la delincuencia. Y mucho menos a la pobreza. Escribe Jorge Castañeda: "Las lealtades o instituciones que garantizaron por tanto tiempo la estabilidad mexicana y todo el modo de funcionar del presidencialismo mexicano están dejando de operar. Nunca ha sido más baja la credibilidad del presidente".[406] Por primera vez en un siglo, el fantasma de la ingobernabilidad parece ceñirse sobre México.

16

Cuando su marido fue nombrado candidato a la Presidencia de la República, la señora Nilda Patricia Velasco, mostró abiertamente su enojo y habló del miedo que sentía por la vida de su esposo. A diferencia de sus antecesoras que habían hecho pública (aunque muchas veces no fuera cierta) su alegría por que él hubiera llegado al cargo más alto y que habían anunciado su deseo de cooperar, la señora Zedillo se mostró tensa y molesta, como si hubiera hecho suya aquella frase de Martha Washington: "Soy más un prisionero de Estado que otra cosa".

A esto se aunaba su inexperiencia en el trato con la opinión pública. De ahí que sus primeras declaraciones a la prensa le valieran duras críticas. En una reunión con un grupo de mujeres periodistas "Nilda Patricia Velasco de Zedillo defendió el rol de la mujer como madre y reivindicó el trabajo doméstico": "Creo que las mujeres deberían darse la oportunidad de atender a sus hijos. Muchas trabajan sólo para gastar el dinero que ganan en medias y combis. Nunca están en su casa y cuando llegan, pues no hay comida y entonces se llevan a los niños a comer a McDonald's".[407]

Inmediatamente las feministas la acusaron de no tomar en cuenta "las vidas increíblemente difíciles de las mujeres pobres, marginadas y sin alternativas que necesitan salir a trabajar". Marta Lamas escribió: "Su desconocimiento de la situación de las mujeres trabajadoras le hizo polarizar entre las buenas madres que atienden a la familia y las malas que por trabajar la desatienden... Atender a la familia no es la opción moralmente más alta, pero además de eso, las mujeres en su mayoría, ni siquiera pueden elegir su opción".[408]

Tampoco resultó muy afortunado su relato del estilo de pareja que mantenía con su marido, en la que aparecía como una familia tradicional donde la mujer quedaba subordinada a él: "Cuando intenté trabajar fuera de casa noté que esto le preocupaba a Ernesto. Me checaba más a menudo y consideré que él es el tipo de persona que, para trabajar más a gusto, necesitaba tenerme en casa".[409]

Durante varios meses, la señora fue objeto de críticas: si iba o no iba, si decía o callaba, si hacía o no hacía. La más persistente fue porque no sonreía en público: "Mujer de mirada distante, sonríe poco, no cede a ningún comentario de humor", escribió Teresa Weiser y Guadalupe Loaeza le pide "una sonrisita por favor, porque eso reconfortaría a los mexicanos".[410]

Quizá por eso optó por un "voto de silencio" que hasta ahora no ha roto.

17

Poco a poco, sin embargo, la señora Zedillo empezó a aceptar la situación en la que a pesar de su voluntad se vio colocada y a asumir las responsabilidades que se asignan a las esposas de los presidentes, tales como asistir a las ceremonias protocolarias, acompañar a su marido en los viajes nacionales e internacionales, recibir invitados extranjeros y hacerse presente en las campañas de recolección de fondos y en la asistencia social.

Aunque es presidenta del patronato del DIF, institución que se sigue ocupando de niños y mujeres de escasos recursos, en los aspectos alimenticio y de salud, no participa directamente del quehacer y lo

Nilda Patricia Velasco de Zedillo, acompaña a su marido a
todas partes y mantiene la mayor discreción en su quehacer

ha dejado en manos de especialistas. "El Sistema Nacional para el Desarrollo Integral de la Familia sigue con su distribución de raciones alimenticias para niños y apoya a grupos sociales que habitan en zonas de altos niveles de pobreza"[411] y "se ha abocado a trabajar con los grupos más vulnerables de la sociedad para combatir la desprotección y la inseguridad social que los afecta".[412]

Los programas de desayunos escolares pasaron a poco más de tres millones diarios en 1997 acercándose así a la meta fijada por el gobierno de cuatro millones para el año 2000.[413] Éstos, sin embargo, han sido criticados porque en muchos casos se componen de productos "chatarra", tales como refrescos y dulces.[414] Continúan también los programas de desayunos comunitarios preparados por los padres de familia, quienes de este modo "enriquecen las raciones en variedad y calidad acorde a las características regionales. Actualmente se utilizan 485 menús diferentes".[415] Además, están los programas de abasto de leche y de subsidio a la tortilla, los de orientación familiar, los de apoyo jurídico y los recreativos. Todos ellos están sin embargo en riesgo pues a partir de 1999, el presupuesto ha disminuido para el llamado "sector social" y según su director, hay incluso quienes quieren cancelar de plano al DIF.[416]

Dos elementos resultan novedosos en el trabajo de la Primera Dama actual. El primero es la eliminación del Voluntariado Nacional que "ya se había convertido en demasiado caro y sin resultados significativos". En su lugar se crearon las Unidades de Participación Ciuda-

dana "a través de las cuales se ofrecerán los apoyos de asistencia social". El segundo, es que se la ve acompañar a su marido casi siempre, incluso en ocasiones en las que la actividad de éste no necesariamente tiene que ver con sus funciones tales como giras, inauguraciones y reuniones de gabinete, cualquiera que sea el tema que se trate. Ninguna Primera Dama lo había hecho antes que ella.

Por supuesto, esto ha dado origen a críticas. Según Tere Márquez: "No se le ha visto ninguna función que no sea al lado de su esposo. No la vemos ni en el DIF ni en el INSEN. Pero al lado del presidente Zedillo está en todo".[417] Hay en cambio a quienes esto agrada pues indica una relación estrecha con su esposo, lo que es muy importante por el concepto que tenemos los mexicanos de lo que debe ser la familia: "El licenciado Zedillo le prometió, cuando lo nombraron candidato, que la Presidencia no los separaría ni como pareja ni como familia y lo ha cumplido. A él le gusta pasar tiempo con su esposa y con sus hijos y hace esfuerzos por lograrlo".[418]

México es un país tradicional y nos cuesta trabajo aceptar los cambios. Por eso llama la atención la actitud de la señora Zedillo, su sinceridad para mostrar su enojo, su decisión de mantener silencio frente a los medios de información y el hecho de acompañar siempre a su marido.

La gente se ha acostumbrado tanto a verla con el presidente, que hace algunos meses, en una ocasión en que no había ido con él a una gira por Monterrey, de todos modos le aplaudieron y le echaron porras como si estuviera presente: "Una multitud de unas doce mil personas reaccionó hoy con una extensa aclamación al saludo que su presidente municipal dio a la señora Nilda Patricia Velasco. Sólo que la esposa del presidente no había venido a la gira de hoy. El aplauso surgió de donde estaban las señoras de las colonias y se extendió como un mensaje para quienes esperaron. 'Como siempre viene con el presidente' dijo una de las entrevistadas cuando le dijeron que no estaba allí...".[419]

El incidente no es aislado, también en San Luis Potosí y en el Distrito Federal los ciudadanos le han preguntado al presidente por su esposa, acostumbrados a que siempre va con él: "¿Por qué no la trajo?" le dicen y le mandan saludos.

18

Originaria de Colima, la señora Velasco de Zedillo es una mujer sencilla y afable, "de estilo discreto y no muy sofisticado" según Guadalupe Loaeza.[420] No se da aires ni de ejecutiva, ni de mundana, ni de deportista ni de culta (aunque le gusta mucho leer y admira a sor

Juana). Aunque estudió economía —fue alumna de quien desde 1976 luego sería su marido— se ha dedicado a atender su hogar y a sus cinco hijos. Viste trajes sastre color claro, y usa muy poco maquillaje y joyas. Pero trabaja fuerte para apoyar a su esposo. Sin interés en el poder ni en el protagonismo (ni siquiera tiene una oficina o una secretaria), cumple sus tareas con corrección y dignidad.

Cuando en mayo de 1997 visitaron el país el presidente de Estados Unidos y su esposa, la revista *Newsweek* publicó la siguiente nota: "Nilda Patricia Velasco de Zedillo aún no se ve completamente cómoda en la escena política. Durante los tres días de la visita de Bill y Hillary Clinton, la Primera Dama mexicana se mostró a disgusto posando para las cámaras mientras que su contraparte Hillary rogaba por ellas. En una comida con mujeres mexicanas prominentes, Hillary hizo un brindis sobre los desafíos comunes que enfrentan las mujeres mientras que Nilda bebió su vino blanco sin decir ni una palabra. En una discusión sobre educación sexual, Hillary lanzó preguntas a los adolescentes que estaban en el público y animó a Nilda a que hiciera lo mismo. 'No gracias' fue la respuesta. Y sin embargo, sin ruido, Nilda se está convirtiendo en una de las primeras damas más influyentes que haya tenido México. Es la primera que acompaña al presidente a actos tales como inaugurar carreteras o fábricas. En la misma comida para mujeres que muchos calificaron de 'una bola de mujeres hablando de sus hijos' Nilda, que estudió economía, hizo una apasionada defensa de la recuperación económica de México. Y cuando se reunió con la prensa en Uxmal, respondió a una pregunta con un golpe sutil a sus vecinos del norte cuando en perfecto inglés dijo: 'Durante muchos años no habíamos tenido la visita de un presidente americano'".[421]

Como a todas las primeras damas de la nación a lo largo de la historia, también a ella le envían cartas en las que le piden ayuda. Por ejemplo, la de una profesora, madre de un muchacho preso, quien solicita su intervención para liberarlo porque según ella, nunca cometió los delitos de los que se le acusa: "Señora Nilda Patricia: recurro a usted como una madre desesperada por salvar a nuestro hijo que es lo único que tenemos en la vida y le suplico intervenir ante los procuradores tanto federal como estatal... Estoy segura, señora Nilda, que mi súplica será atendida y que pronto tendremos a mi hijo a nuestro lado. Con mi agradecimiento eterno, el de mi hijo y el de mi esposo y pidiendo a la Virgen de Guadalupe por el bienestar de sus hijos y esposo, me despido...".[422]

Y ayuda ha sabido dar. Al menos en los casos de desastres ocurridos durante este sexenio, la señora ha acompañado a su marido a atender a los afectados y ambos se han mostrado conmovidos y eficaces en la acción.

19

Desde que es Primera Dama, ¿ha vuelto la señora Nilda Patricia a ir al supermercado o a los muchos megacentros comerciales que se han abierto en la ciudad? ¿ha tratado algún día de visitar a su esposo en sus oficinas de Palacio Nacional y se ha dado cuenta del tráfico, de la contaminación (literalmente estamos bebiendo y respirando gasolina como diría el poeta Pellicer), de la cantidad de puestos y vendedores ambulantes, de la basura y el deterioro del centro histórico de la capital? ¿preferiría pasar todas las tardes tranquilamente con sus hijos y lle-

varlos ella misma al dentista y a la peluquería en lugar de irse a algún
rincón apartado de la república para inaugurar la Semana Nacional de
Vacunación? ¿preferiría pedir por teléfono una pizza con los bordes re-
llenos de queso que presidir las cenas oficiales con reyes y presidentes?
¿preferiría vestirse con unos pants y zapatos tenis para andar cómoda
en lugar de los trajes sastre y tacones? ¿tiene tiempo de echarse una siesta, de leer las novelas que le gustan, de ver las nuevas telenovelas, de
subirse a la bicicleta fija para hacer ejercicio, de tomar un masaje de re-
lajación?

¿Ha ido la señora Nilda Patricia a cantar al ashram hindú, a
meditar con los sufis, a tomar cursos de budismo o de grito primige-
nio, de creatividad o de pensamiento positivo o a cualquiera de las
nuevas formas de espiritualidad? ¿espera con ansiedad sus fines de semana para irse a Cancún que es el lugar favorito de su esposo para
descansar? ¿le gustó viajar al Vaticano y ver al Papa? ¿le emocionó
pensar que lo recibiría en México en la cuarta visita del pontífice al
país? Y cuando fue a Japón ¿no soñó con huir de sus guardias del Estado Mayor a los que tiene parados detrás de sus espaldas las veinticuatro horas del día? ¿le ofendió que en un viaje a Francia las organizaciones defensoras de los derechos humanos acusaran al gobierno de
México de que en nuestro país no se los respeta? ¿fue a alguno de los
dieciséis conciertos de Luis Miguel en el Auditorio Nacional o a los de
Jorge Reyes que convierten cualquier espacio en un lugar mítico?
¿aprendió a usar la Internet para navegar por sus pantallas en las lar-

gas noches de insomnio? ¿le gusta comer vegetariano, sushi, nouvelle cuisine? ¿toma refrescos de dieta, come pastas sin calorías y carnes sin grasa, fuma cigarros bajos en nicotina?

Desde que es Primera Dama, ¿se enamoró la señora Nilda Patricia del sub comandante Marcos (el sup) como les sucedió a tantas mujeres? ¿le rezó a la virgen que se apareció en una estación del metro de la capital? ¿prende el radio en las mañanas para oir los comentarios de José Gutiérrez Vivó? ¿vio la película *Profundo carmesí* y le gustó que le dieran al director el Premio Nacional de Artes?

¿Sabe la señora Nilda Patricia de la existencia de los bares gay y de los table dance donde mujeres desnudas bailan sobre las mesas mientras los hombres les gritan obscenidades? ¿se atreve a tomar un taxi sabiendo que en ellos se asalta a los usuarios? ¿tiene miedo de los secuestros, que son tantos que hasta a su hijo un día casi se lo llevan? ¿se emocionó con la boda de los cantantes Mijares y Lucerito, con la muerte de la princesa Diana de Inglaterra en un accidente de auto, con la de Octavio Paz que se despidió del mundo en una ceremonia encabezada por el presidente? ¿sintió alivio cuando por fin se murió Fidel Velázquez, "el representante más caracterizado de la Revolución mexicana" como decía él mismo, el catorce veces secretario general de la CTM, el de los lentes oscuros y las conferencias de prensa de los lunes? ¿le gustan los nuevos cines carísimos donde se paga más por el estacionamiento y las palomitas que por ver la película? ¿ha ido con una nutrióloga para saber comer bien, con una comunicóloga para saber relacionarse bien, con un endocrinólogo para que le recete el Prozac, esa pastilla mágica que todos los yuppies ingieren para nunca sentirse deprimidos? ¿le gusta vivir en la ciudad de México siempre en movimiento, con sus luces, tráfico, gimnasios, vendedores ambulantes, videoclubes, restaurantes, salones de belleza, teatros y museos? ¿le gusta por fin, después de que ha pasado más de la mitad del sexenio, ser la Primera Dama del país?

20

México entró a los años ochenta con Miguel de la Madrid y a los noventa con Carlos Salinas de Gortari. Con Ernesto Zedillo entraremos al siglo XXI.

En estos últimos veinte años, el mundo conoció momentos de oscuridad. Escribe Jean Meyer: "En la navidad de 1979, los tanques soviéticos empezaban la guerra de Afganistán... y los duros de la extrema izquierda y de la extrema derecha coincidían que El Salvador necesitaba para salvarse un baño de sangre".[423] Sin embargo, diez años después cayó el muro de Berlín y con él los tiranos de Moscú, Bucarest y

Varsovia: "Qué güeva dan los mármoles, los carros llenos, los puños de hierro y las rutas únicas" escribió Hermann Bellinghausen dando la tónica de la época.[424]

En vísperas del año 2000, el mundo vive otra vez la intolerancia religiosa. Musulmanes y cristianos se han masacrado durante un lustro en el corazón de Europa y en Argelia los fundamentalistas degüellan a hombres, mujeres y niños. En América Latina los civiles han vuelto al poder y juran por la democracia y por el desarrollo. Sólo que eso no es fácil en el mundo de la globalización en el que las trasnacionales defienden sus intereses por encima de los de la gente y los países.

En México, los partidos de oposición han ganado posiciones y la libertad de expresión es una realidad. Pero también lo es que la derecha vuelve al ataque con sus discursos moralistas y retrógrados, que la pobreza sigue siendo la única verdad para las mayorías y que el sida hace estragos. Tenía razón Guillermo Bonfil cuando decía que lo único cierto es que no hay certezas.

Estamos a unos meses del nuevo milenio. Como desde hace quinientos años, en el Zócalo de la capital se yergue majestuoso el Palacio Nacional donde despacha el gobernante en turno, El Señor Presidente de la República. En su casa lo espera su cónyuge, La Primera Dama de la Nación. ¿Quién será la próxima esposa que ocupará su lugar en este libro? ¿Y por qué no, como se preguntaban en los años cincuenta, una Señora Presidenta?

V. El yugo de la cónyuge

*Algún día espero que alguien se tome el tiempo
para conocer el papel desempeñado por las primeras damas y valorar las muchas dificultades
que tiene que sortear y las muchas contribuciones que hace.*

Harry S. Truman

Los requisitos

Ser virreina o Primera Dama no ha sido ni es fácil. Hayan o no tenido conciencia de ello quienes ocuparon y ocupan este lugar, estuvieron y están sometidas a una serie de presiones, obligaciones y limitaciones, algunas veces agradables y otras desagradables, algunas veces beneficiosas y otras no tanto, pero siempre contradictorias y siempre imposibles de evitar.

Para ser virrey era necesario que el monarca lo nombrara. Ni nobles ni eclesiásticos ni militares tenían otra forma de acceder al cargo que gustarle a Su Majestad. Y este gusto lo adquiría o porque le pagaban bien para comprar el cargo o porque eran sus amigos o porque le habían prestado servicios a la corona.

Para ser presidente en el siglo XIX había tres caminos: la elección, el nombramiento y la sublevación. Militares, abogados y alguno que otro médico llegaron al cargo así, apoyados por alguno de los grupos en pugna que en ese momento triunfaba.

A partir de la restauración de la República, durante el porfiriato y la Revolución y hasta hoy, sólo se puede llegar a la Presidencia de la República si se ganan las elecciones. Aunque haya levantamientos y situaciones de excepción, aunque se mande matar a los contrincantes o robar las urnas, se pretende siempre cumplir con la legalidad. ¡Porfirio Díaz gobernó treinta años y cada cuatro hizo la faramalla de convocar a elecciones y ganarlas! ¡Y los generales de la Revolución asesinaban a los que pudieran competir con ellos para así ser los únicos que se presentaban a la lid electoral!

Desde poco antes de mediados del siglo XX quienes quieran ser presidentes deben recibir el apoyo de los grupos políticos de peso —partidos, empresarios, obreros y campesinos organizados— y cumplir con algunos requisitos básicos, como ser mexicanos por nacimiento, hijos de padres mexicanos, no ser ministros de ningún culto ni miembros activos del ejército, no tener pendientes con la justicia ni demasiado ostensiblemente con la moral.

En cambio, para ser virreina o Primera Dama no hubo ni hay requisito alguno porque oficialmente el puesto no existe. Durante la Colonia y el siglo XIX, los gobernantes ni siquiera tenían que estar casados. En el siglo que corre, aunque ninguna ley lo exige, la costumbre hace que no se conciba a un presidente sin esposa. Por eso hay casos en que los candidatos ya estaban separados de sus cónyuges y cuando los nombraron se volvieron a reunir.

Y es que las reglas no escritas pero aceptadas de la cultura política mexicana, exigen que haya una esposa y una familia para responder a un concepto de "normalidad" y de moral.

Y a esa esposa, cuando es Primera Dama y aunque no exista de manera oficial, se le exige también que sea mexicana (ya se dio el caso de un aspirante que fue descalificado porque se corrió el rumor —falso por cierto— de que la señora era norteamericana); que a pesar de la definición laica del Estado, sea católica (en el único caso de un mandatario cuya mujer era protestante, se mantuvo la información en secreto y no practicó los actos de su religión mientras duró el mandato de su marido); y que ella y toda su parentela —hijos, hermanos, padres, cuñados— tengan lo que Georges Duby ha llamado "una conducta ejemplar". Eso quiere decir que aunque hagan grandes negocios —como de hecho los hacen— y aunque se aprovechen y hasta abusen de su posición, deben mantener las formas y no provocar escándalos. (Hubo un presidente que tuvo que expulsar a su propio hijo del país porque era alcohólico y al hermano de otro lo encarcelaron apenas terminado el sexenio porque se le había pasado la mano en su enriquecimiento.) Es importante pues, cuidar la moral y mantener eso que los norteamericanos llaman un "perfil bajo".

La Primera Dama no debe tener intereses propios demasiado acusados como profesionista, artista, deportista, actriz, luchadora social o activista política. No puede pasar por demasiado inteligente, ni por portadora de opiniones propias, ni por demasiado cosmopolita o derrochadora. Si se arregla de forma exagerada será mal vista pero también si se le pasa la mano de sencilla. Se espera de ella discreción pero al mismo tiempo que cuando se le pida que hable sepa hacerlo, que aparezca en público cuando se la requiera pero que no llame demasiado la atención, que cumpla con sus obligaciones pero que no destaque en su esfuerzo.

Las tareas

Dado que no tienen existencia oficial, ni las virreinas ni las Primeras Damas han tenido señaladas con claridad sus ocupaciones. Éstas se han ido definiendo a lo largo del tiempo por imitación de otros países y por usos y costumbres. Y sin embargo, ninguna se atrevería a transgredirlas o a dejarlas de cumplir.

Se trata, le guste o no, le interese o no, de dos ocupaciones principales: la de apoyar a su marido y la de hacer labores de asistencia social.

La palabra "apoyo" debe entenderse en dos sentidos: el de no estorbar, pero también, como decía Eleanor Roosevelt, el de "facilitarle las cosas al marido".[1] En la era colonial, eso quería decir irse con él sin chistar al Nuevo Mundo y encabezar la vida social de la corte. En el siglo pasado, eso quería decir esperar en la casa a que él volviera de las batallas y los debates políticos. En nuestros tiempos, eso significa las dos cosas juntas, pues mientras el hombre asciende por los peldaños de la carrera política y cumple con largas jornadas de trabajo y con la obediencia a sus superiores para quienes "la única familia de un servidor público es la familia revolucionaria", apoyo significa esperar en casa, sin quejarse, dedicada a cuidar y educar a los hijos y a supervisar las tareas domésticas, haciendo oídos sordos a los chismes y rumores de infidelidades y negocios. Pero una vez que el hombre llega a los puestos altos en la jerarquía política, entonces ella deberá empezar a prestar sus servicios con las esposas de los demás funcionarios. Y cuando lo nombran candidato, entonces ella y toda la familia quedarán bajo la luz de los reflectores y deberán saber comportarse porque cada palabra, cada paso, cada gesto suyo serán evaluados y criticados por la sociedad. Y no pueden equivocarse pues un paso en falso podría dañar la imagen que él trata de mostrar ante la opinión pública. Según la revista *Time* "una esposa así se convierte en un valor agregado para su esposo". ¡Por supuesto que sí! pero ¿a qué costo para ella?

Desde el momento en que su marido asume el cargo más elevado de la República, la esposa tendrá que cumplir con pesadas agendas de trabajo llenas de reuniones, ceremonias, actos oficiales y sociales, viajes por el país y al extranjero, tanto en calidad de acompañante del presidente como sola en su papel de Primera Dama. Y tendrá que saber cómo vestir y cómo actuar, cuándo callar y cuándo hablar, que sea siempre una defensa de las posiciones de su esposo, ¡ella que muy probablemente ni siquiera las conoce! Y tendrá que hacer el trabajo de beneficencia o asistencia social que le corresponde y que consiste en hacer extensiva a toda la población la misma labor que realiza en su hogar, que es la de cuidar de la salud y la nutrición de los niños y desvalidos. Hacerlo exige gran esfuerzo y dedicación además de una gran capacidad de adaptación dado que, salvo contadas excepciones, ninguna tiene preparación previa para ejercer labores de este tipo pues por lo general, hasta el momento en que se convirtieron en Primeras Damas, habían permanecido en su hogar.

Ahora bien, además de los trabajos de asistencia social y de acompañante oficial, la Primera Dama no puede descuidar su casa y su familia que siguen siendo su responsabilidad, tal como le sucede a todas las mujeres que trabajan. Eso significa encargarse de la alimentación, salud y educación de los hijos pero también, como dice el escritor Irving Wallace, quiere decir algo más amplio: "hacer feliz a la familia". ¡Como si alguien supiera cómo se lo consigue!

Pero quizá la tarea más importante que cumple una Primera Dama sea la de responder a lo que el imaginario social considera que debe ser la familia y la mujer.

En los años treinta de este siglo, el periódico *El Universal Gráfico* organizó un concurso en el que solicitaba a los lectores que enviaran anécdotas sobre los presidentes de México. Uno de ellos se quejó de que excluyeran a las ya para entonces llamadas "Primeras Damas". El diario reconsideró y pidió que también se mandaran relatos sobre estas mujeres pero aclaró que tendrían que ser "sobre los rasgos salientes de virtud, abnegación, altruismo y sacrificio". ¡Tanta modernidad y para las mujeres la medida seguía siendo la más tradicional!

La Primera Dama es una mujer imaginaria, la materialización de una idea, una figura simbólica. Es un ente, diría Pierre Bourdieu, creado para responder a las necesidades del mercado y que tiene todas las exigencias, limitaciones y contradicciones que éste le impone. En este sentido no es una persona sino una construcción cultural que tiene su lógica propia y sus reglas.[2] Y aquélla a la que le toque serlo, deberá desempeñar la función y aceptar tanto sus imposiciones como sus limitaciones.

Ella debe cumplir con y responder a la idea predominante que existe en cada momento histórico no de lo que es la familia sino de lo que debe ser, no de lo que es la mujer sino de lo que la sociedad quisiera que fuera. No puede ser demasiado tradicional ni demasiado de vanguardia pues debe representar lo que acepte toda la sociedad, manteniendo siempre un imposible término medio. Cuando la sociedad quiso mujeres dedicadas a rezar o a ir a bailes y espectáculos, eso hubo y cuando las quiso encerradas en su hogar eso tuvo y ahora que las quiere vacunando niños y sonriendo ante las cámaras de televisión, eso tiene. Si queremos que las mujeres sean activas o discretas, devotas o fiesteras, cultas o caritativas, dulces o fuertes, eso es lo que le exigimos a la Primera Dama. Incluso el ideal de belleza se lo imponemos: si regordeta o delgada, si pálida y enfermiza o sana y energética. Y por supuesto el ideal de la moda, sea el vestido recargadísimo del virreinato, sea el bigote que llevaban orgullosas las mujeres en el siglo XIX o el traje sastre sencillo de color claro que se usa hoy.

Ningún país ejemplifica mejor la situación de las Primeras Damas en el imaginario social que Estados Unidos. Ya desde el siglo XIX los periódicos tenían reporteros especialmente destinados a cubrir las actividades de la esposa del presidente en turno y comentaristas que hablaban de lo bien o mal que las desempeñaban. ¡Hasta escribían libros sobre el tema! Y desde entonces ninguna ha podido librarse de ese escrutinio. Cuando la moda era ser fría y distante, allí estaban las mujeres del siglo pasado para seguirla y jamás acercarse físicamente a sus maridos en público. Cuando la moda fue adorar al esposo, allí están las que lo miran pasmadas. ¡Nancy Reagan hasta se operó los párpados para que sus ojos parecieran de cordero a medio morir cada vez que volteaba hacia su Ronnie!

Y no importa que a fines del siglo XX el género femenino haya ganado posiciones, trabajando y ascendiendo hasta los puestos más altos de las finanzas, la política y la cultura, de todos modos las esposas de los presidentes sólo pueden ser eso, esposas. En el país que inventó la figura de la Primera Dama y que lleva la delantera en las luchas de las mujeres, a la brillante abogada Hillary Clinton no se le permitió organizar un plan nacional de salud y se la confinó a preocuparse por los niños.

El modelo norteamericano de la Primera Dama que apoya incondicionalmente a su marido, que lo acompaña, le perdona las infidelidades, se sacrifica por su carrera más que por la de ella misma y se ocupa tanto de la asistencia social como de su propia familia, es el que se ha impuesto en nuestro país.

Pero no nada más aquí. En la Unión Soviética, las esposas de los gobernantes nunca tuvieron nada que ver con la vida pública de sus maridos hasta que Mijail Gorbachov sacó a la señora Raisa cuando quería acercarse a Occidente. Y más recientemente el chino Jian Zemin desempolvó a la suya cuando se fue por varios países del mundo buscando inversionistas. Por lo visto, en todas partes quieren mujeres así: sumisas, cumplidoras, entregadas a la causa del marido.

Los beneficios

Como afirma Tere Márquez, lo mejor de ser esposa del poderoso es que las adulen, inviten, obsequien, escuchen y atiendan. Viajan, conocen gente interesante, están en el centro de los acontecimientos. No tienen que preocuparse del trabajo doméstico, no tienen que reparar en gastos, todas las puertas se abren para ellas y muchos de sus caprichos se satisfacen. Y hasta pueden aprovechar el momento para impulsar sus intereses como sucedió con la que hizo proyectos educativos, con la que estimuló la capacitación de las mujeres o con la que trajo a México los espectáculos culturales del mundo.

Las Primeras Damas pueden tener lo que quieran: todos los pianos que les gusten, la escuela primaria que soñaron dirigir, un aeropuerto privado en su rancho, una carretera hasta su casa de fin de semana. Y todo eso con recursos del erario o con regalos. Porque reciben muchos, de todas partes y de todo tipo de gente: desde materiales de construcción hasta una casa ya terminada con playa propia, desde los automóviles que se les envían para navidad o por la boda de algún hijo hasta animales, libros, vestidos, plantas: "Cientos, miles de obsequios, desde sillas de montar suntuosamente labradas hasta tarros con jalea, pistolas de duelo, espadas toledanas, capotes de paseo y colecciones completas o volúmenes aislados de obras literarias, políticas o económicas diversas... dulces, café, azúcar, mantas, jabón, jamones, carne seca o carne fresca".[3] Según un empleado de la casa presidencial de Los Pinos, en los primeros años del sexenio la Primera Dama recibe tantos ramos de flores ¡que llenan las escaleras de la mansión!

Seguramente también se sienten importantes por recibir peticiones de quienes buscan obtener de ellas, por el camino del halago, "canonjías, contratos, ayudas, mejores cargos y mayor influencia para sus maridos".[4] Y porque reciben muchas cartas de la gente pobre que confía en su alta posición para obtener ayuda y resolver sus problemas.

En opinión del escritor Luis Spota, otra razón para que a las señoras les guste estar en ese lugar es porque pueden hacer negocios: compra y venta de bienes raíces, de joyas y obras de arte, concesiones para empresas, inversiones. Y no sólo para ellas, sino para sus parientes y amigos. Y aquéllas que no lo hacen tampoco se oponen: "Se hacen tontas y se callan frente al enriquecimiento de los maridos, mismo que disfrutan y aprovechan".[5] En este sentido, podemos afirmar que no son víctimas sino cómplices que participan abiertamente de esos beneficios.

Y es que nadie como ella está tan cerca del personaje que tiene el mayor poder en el país. No se olvide que el virrey o el presidente en México son hombres todopoderosos, amos y señores absolutos que todo lo deciden y todo lo controlan. "El presidente es un hombre que resuelve todo, desde lo nimio hasta lo trascendental" escribe Luis Spota, "No es servidor público sino amo y señor" afirma Julio Scherer, "Nombra, protege, concede, facilita y coarta" dice Carlos Monsiváis. Su poder es tan enorme que "puede cambiar la vida de quien quisiera, torcer el destino que le viniera en gana".[6]

El yugo

Y sin embargo, ser virreina o Primera Dama es también una carga pesada.

¿Le preguntó alguien a las mujeres del siglo XVI si querían abandonar su hogar para irse a una tierra lejana y desconocida? Nadie. Ellas eran parte del equipaje del señor y les gustara o no se iban con él dejando atrás casa, familia, amistades.

¿Le preguntó alguien a las mujeres del XIX si querían estar encerradas esperando a su marido? Nadie. Así eran las cosas y un día se enteraban de que él era presidente o de que tenían que salir con él al exilio. Y eso cuando no recibían un cadáver o unas ropas ensangrentadas.

¿Le ha preguntado alguien a las mujeres del XX si están dispuestas a andar por todas partes inaugurando clínicas y escuelas, cargando bebés y abrazando viejitas, escuchando discursos y presidiendo cenas y colectas? Nadie. Así son las cosas y ninguna hasta hoy, se ha atrevido a negarse a cumplir.

¿Y si no es eso lo que quiere? ¿y si no le gustan los reflectores? ¿y si prefiere hacer otra cosa? ¿y si tiene miedo? La Primera Dama norteamericana Abigail Adams escribió hace muchos años lo mismo que Conchita Miramón aquí: "Temo mil cosas, tantas que rezo para que no llegue el momento de esa experiencia terrible. No siento orgullo por la ocasión, siento miedo". Y todo el mundo vio las fotografías de Jacqueline Kennedy caminando sola por la playa y llorando cuando eligieron a su marido.[7]

El hombre que llega al cargo más alto en el eslabón de mando del país es el mismo al que ellas conocieron muy jóvenes y al que han acompañado desde entonces: desde que empezaba su carrera de militar o abogado, en sus inicios por los caminos de la política, durante el penoso y difícil ascenso hasta el triunfo. Y serán también las que estén a su lado a la hora de la caída. Las Primeras Damas son las compañeras y acompañantes de un hombre a cuyas peripecias, triunfos y fracasos están estrechamente unidas.

Ellas por su parte no tienen biografía. Su vida se reduce a ser lo que su marido necesita, a estar donde a él le conviene.[8] Y por si eso no basta, deben ser lo que la opinión pública quiere que sean.

Escribe Germaine Greer: "Se espera de la esposa del político que se sepa su papel, que acepte sus responsabilidades, que soporte las infidelidades y que se mantenga firme al lado de su hombre. No debe quejarse del abandono pero al mismo tiempo debe ser totalmente fiel al marido ausente. Debe parir hijos para él y ser absolutamente devota a esos hijos. Cualquier señal de que su marido y familia no constituyen el eje de su vida y no absorben todas sus energías resulta desventajosa para la carrera de su marido. Lo que está atrás de todo esto es un símbolo que consiste en considerar que el político que va a asumir el cargo supremo no está hecho de la misma materia que los demás seres humanos sino que es un superhombre, poderoso y activo, más grande que los demás, que además consigue la adoración incondicional de quienes lo rodean, incluyendo por supuesto a su esposa. Por eso ella nunca deberá, bajo ninguna circunstancia, ponerle mala cara o reclamarle algo en público, ni tampoco enderezarle la corbata o sacudirle el saco. Pero eso sí, deberá mirarlo intensamente. Él en cambio no debe mostrarse consciente de la presencia de su esposa y sus ojos deberán mirar hacia el público. Cuando él haga un gesto hacia ella no deberá ser jamás de afecto sino de propietario, de controlador".[9]

Las esposas de los gobernantes viven el yugo de tener que ser como los demás esperan que sean, de tener que vivir al ritmo que otros les marcan, de tener que hablar o callar cuando ellos lo deciden. "La Primera Dama tiene que cumplir con el deber del silencio leal que tiene precedencia sobre la lealtad a sus propias convicciones" escribe Greer. Tiene que aceptar la pérdida de privacidad, y eso no sólo porque veinticuatro horas al día estará vigilada y acompañada, no importa si es para inaugurar una escuela o para comprar ropa interior, para estar en las ceremonias oficiales o para ver televisión y no sólo porque su casa estará invadida por sirvientes, choferes, guardias de seguridad, asistentes y secretarias, sino porque estará constantemente bajo la mirada escrutadora de una opinión pública que no hará sino buscarle los defectos, precisamente por lo que ella representa, quiera o no asumirlo.

Y sin embargo, está más sola que nunca, pues aunque acompaña a su marido eso no significa que esté cerca de él. En una novela de Luis Spota, una de las personajas afirma: "Cuando llegan a la Presidencia, se acostumbra una a verlos menos de lo que quisiera... tienes que acostumbrarte a que se desaparezcan por días y semanas... La señora, casi de costumbre vive muy sola... tiene todo y la verdad es que no tiene nada. ¡Resulta duro aceptar que la política te quita al marido más fácilmente y más para siempre que una querida!".[10]

El estar constantemente bajo la luz de los reflectores y frente a miradas escrutadoras, el esfuerzo por conseguir el imposible equilibrio entre la vida pública y la vida privada, debe además hacerse con buen humor y una sonrisa en los labios. "Ella tiene que sonreir, tiene que quedar bien" ha escrito un autor norteamericano. Y si no lo hace se le reclama: "Una sonrisita por favor" le pidió una escritora a una Primera Dama mexicana.[11]

¡Y todo esto sin recibir recompensa ni salario!, porque se espera de ella que atienda las necesidades de su hogar y de todo el país gratis, por abnegación, por espíritu de sacrificio ¡porque así deben ser las mujeres!

Y una vez terminado el periodo de gobierno, debe sin chistar regresar a su hogar como si nada, a vivir una vida sin obsequios ni invitaciones ni halagos, pero sobre todo sin nada que hacer. ¡Después de la agitación incesante y la agenda llena durante años, apenas el siguiente mandatario toma posesión, empieza para ella (y para su marido) el más solitario y doloroso de los retiros!

Esto es lo más difícil: "Todo había terminado para nosotros y ellos vendrían a apropiarse y disfrutar de lo que había sido nuestro", se lamenta la Primera Dama en una novela. El ocio hace largos los días, insomnes las noches. "Si antes y durante la Presidencia es muy difícil, lo peor es después" afirmó una exPrimera Dama, dos años después de que había terminado el sexenio.

"Y poco a poco empieza a marchitarse... se le fue el color de la cara y la alegría del cuerpo. Ya no era la misma que había sido antes".[12]

El desperdicio

¿Escuchan los presidentes a sus esposas? ¿les platican sus dificultades, les cuentan sus dudas, les consultan sus decisiones? ¿confían en ellas? ¿están ellas enteradas del acontecer nacional? ¿tienen alguna influencia en los actos de gobierno?

No sabemos nada de esto. Si se les pregunta directamente, las señoras siempre afirman que sí, que hablan con sus maridos sobre los asuntos más importantes, que juntos analizan y deciden. Pero a partir de los materiales consultados y de las entrelíneas en las conversaciones, podemos inferir que no es así, que ellas nada tienen que ver con el trabajo político del señor.

La historia da fe de algunas esposas que los convencieron de tomar ciertas decisiones —virreinas que los llevaban a hacer negocios turbios, una dama del siglo XIX que pedía por la vida de un condenado, las que intervinieron para mejorar las relaciones con los prelados o las que consiguieron apoyo para echar a andar sus proyectos personales— pero la mayoría no tuvo ni tiene ninguna injerencia ni en el quehacer de sus maridos ni en la vida política del país. Han existido casos como el de un secretario de Estado que fue despedido por un chiste que supuestamente se burlaba de la esposa del presidente o el del director del Instituto Nacional de Bellas Artes al que corrieron por la publicación de un cuento en el que se hacía un comentario que agravió a la Primera Dama, pero eso ha tenido que ver más bien con la cultura política según la cual "a las mujeres no se les toca ni con el pétalo de una rosa" que con la influencia de las señoras. El caso ejemplar es el de una Primera Dama que invitó a su mejor amiga a visitarla en la residencia oficial para que ésta empezara a pensar en los arreglos que haría cuando su marido resultara electo y sin embargo, a la hora de la hora no fue así y se nombró a otro. Y más recientemente, cuando se discutían los posibles candidatos para gobernador de un estado, la Primera Dama quiso opinar y frente a varias personas recibió del presidente una reprimenda: "No te metas, tú no sabes nada de esto".

Ahora bien, si como hemos visto las esposas de los gobernantes de México han sido mujeres que no han estado al día en lo que se refiere a las ideas y debates intelectuales de su momento histórico y tampoco han tenido participación en las refriegas de su tiempo, se entiende que los maridos no las consideren a la hora de resolver problemas y tomar decisiones.

Y por lo que se refiere a sus capacidades e intereses personales, que sin duda resultaron útiles al país cuando los pudieron llevar a cabo, sí resulta un desperdicio que por la forma de ser del sistema político mexicano que silencia por completo a aquéllos a quienes había conferido tan absoluto poder, se pierdan el talento y la experiencia. Las exPrimeras Damas se pudren en su hogar, sin absolutamente nada que hacer, en un país que requeriría de la colaboración de todos para resolver algo de sus muchas miserias. Más aún si hay quienes como ellas, ya tienen práctica y conocimiento.

El fracaso

Las esposas de los gobernantes de México han estado y están en una situación contradictoria:

1. Nadie las elige, no cobran sueldo y rara vez reciben algo más que una frase de agradecimiento, pero al mismo tiempo la sociedad se siente con derecho a exigirles que cumplan con una serie de tareas que se les encomiendan y se siente con derecho a criticarlas por todo lo que hacen o no hacen, lo que visten, lo que dicen o callan. Por eso Julio Sesto escribe: "En cuanto a gloria, gratitud, homenaje o comprensión moral, la idiosincrasia social ha andado bien parca hacia dichas damas".[13]

2. Sus quehaceres no están marcados ni definidos por ninguna ley ni reglamento sino sólo por los usos y costumbres y consisten en obligaciones contrapuestas entre sí, que ellas tienen que llevar adelante, les guste o no, les interese o no, tratando de lograr un imposible equilibrio. Ser Primera Dama es un juego de adivinanzas, una situación en la que deben ser y no ser al mismo tiempo. Y como diría Lacan, ésta es la fórmula perfecta para la locura.

3. Están más cerca que nadie del supremo poder pero no lo tienen. Viven con el más poderoso de los hombres del país pero ellas no pueden cambiar ni siquiera su propia situación. Aunque todas las puertas se les abren, aunque las adulan y obsequian y parece que les cumplen los deseos y hasta los caprichos, en realidad no le interesan a nadie, no tienen ningún mando, ninguna capacidad de decisión, ninguna

fuerza y más bien al contrario, están peor que muchas otras mujeres pues deben obedecer a la sociedad y al marido que es a un tiempo su esposo y el presidente de la República.

4. No están en ese lugar por méritos o deseos propios ni por interés o voluntad sino por obligación, porque sus cónyuges las arrastran. Su condición femenina se expresa precisamente en el hecho de que no se pueden oponer o rebelar, educadas como están a aceptar el destino que les imponen sus maridos como propio: "El hombre es el jefe de la mujer. La mujer está unida al hombre y sometida al poder del hombre". Estas palabras del arzobispo de Rouen dichas hace muchos siglos, siguen siendo válidas hoy.[14]

5. Y sin embargo, a la hora de cobrar las cuentas al expresidente, ellas cargan parejo con la deuda. Desde la esposa de aquel virrey a la que la muchedumbre apedreó, pasando por Ana de Iturbide y Dolores de Santa Anna que se tuvieron que ir con ellos al exilio, por Margarita Juárez y Concepción Miramón que sufrieron las de Caín para mantener a sus familias, por las viudas de los asesinados y fusilados de tiempos de la Intervención, la Reforma y la Revolución y hasta este siglo cuando a Guadalupe Díaz Ordaz, Esther Echeverría, Carmen López Portillo y Cecilia Salinas les han tocado los abucheos y enojos contra sus maridos, todas han cargado con ello en mayor o menor medida. Y lo que es peor, a algunas además les ha sucedido que después de haber hecho el esfuerzo por cumplir cabalmente con sus tareas y obligaciones y por hacer oídos sordos al rumor y al chisme, al terminar el mandato los esposos las abandonan.

6. Se desperdician completamente sus capacidades. Si antes de que su marido fuera presidente ellas tuvieron que dejar de lado sus intereses o deseos personales y si durante la Presidencia tuvieron que adaptarse a cumplir con las tareas impuestas, después de que termina el cargo ya no pueden encontrar un lugar para hacer lo que les gusta o para aprovechar lo que aprendieron durante la gestión.

7. No tienen sitio en la historia. El relato del acontecer oficial las deja fuera, las ha olvidado. Y si las menciona no le da importancia alguna a su trabajo. Como afirma Georges Duby, el gran estudioso de la historia de las mujeres: "No son sino sombras sin contorno, sin profundidad, sin acento".[15]

Por todo lo anterior se puede decir sin temor a la equivocación que las Primeras Damas, en su papel y en su función, son el caso ejemplar de un gran fracaso, un fracaso inevitable.[16]

El futuro

La feminista norteamericana Germanine Greer piensa que hay que abolir a las Primeras Damas. El argumento va en dos sentidos: por ellas mismas como personas y por nosotros como ciudadanos.

En cuanto a lo primero, dice Greer, la existencia misma de una persona cuyo único papel en la vida consiste en acompañar a otro y en trabajar para él se opone a la concepción de igualdad y de salario por trabajo por la que hace mucho tiempo luchan las mujeres. Por eso la autora piensa que ya es hora de liberar a esas personas de la esclavitud de las sonrisas, los trajes sastre de colores discretos, las visitas a las guarderías y los abrazos a inválidos. Ya es hora de terminar con el mito de la buena esposa que apoya al marido contra viento y marea y también con el mito de la familia ejemplar. Porque ninguna de las dos cosas existe. Al contrario, hoy sabemos que en el seno del hogar es donde se puede gestar el peor de los infiernos. Y ya es tiempo de darles oportunidad de buscar su propio camino y de ejercer sus propios asuntos: "Ojalá que en el siglo XXI no sepamos más de mujeres que deben abandonar su privacía y sus intereses simplemente porque están casadas con un hombre que quiere triunfar en la política".

Y en lo que se refiere a nosotros, pues ya es hora de liberarnos a los ciudadanos de la obligación de cargar con una mujer y una familia por el hecho de que sean la esposa y los hijos o hermanos o suegros o padres del presidente. "La elevación de la esposa no elegida de un líder democráticamente electo constituye una burla de los procesos democráticos mismos". En una democracia, el hecho de compartir techo o lecho con alguien no debería ser una ruta al poder, trátese de la esposa o de quien sea. Muchos años se ha luchado en Occidente para que sean los méritos y esfuerzos de cada persona los que le permitan acceder a los cargos de responsabilidad.[17]

Los argumentos feministas son impecables y difíciles de rebatir. Y sin embargo, en un país como el nuestro, con tantas carencias y necesidades, ¿no estaría bien aprovechar todos los brazos y cerebros que se pueda para ayudar a resolverlos o al menos a paliarlos? Rosalynn Carter lo dice así: "sería vergonzoso no aprovechar ese poder".[18] Y Guadalupe Loaeza escribe: "Imagínese la ayuda tan importante que se podría obtener aparte del magnífico ejemplo que sería para las mujeres mexicanas".[19] La sociedad se podría beneficiar de la existencia de las Primeras Damas y ellas podrían estar en una mejor situación personal si se le diera otro cariz al papel: definición de tareas, límites precisos, asesoría, salario. ¿Por qué no?

Epílogo: Agradecer los milagros

De aquí se infiere que del método para resolver los dilemas no es el debate teológico (en manos de los sacerdotes) sino la investigación... [y que] a fin de cuentas la historia es también una narración.

Jean Franco

La idea de estudiar a las Primeras Damas se le ocurrió a principios de la década de los ochenta al sociólogo e historiador Carlos Martínez Assad, pionero en el modo de elegir y enfocar algunos temas. De entonces data un libro mío sobre este tema: *Las primeras damas* (Secretaría de Educación Pública-Martín Casillas, México, 1982), que formaba parte de una colección de veinte volúmenes cada uno de los cuales recogía material fotográfico poco conocido o de plano inédito sobre un tema y se publicaba acompañado por textos breves de autores contemporáneos. Pero el secretario de Educación Pública lo censuró y prohibió su distribución. Y aunque no se me explicaron las razones de ese proceder, a la distancia creo saber cuáles fueron: ante todo, que aún no estábamos ideológicamente preparados para meternos en la vida privada de nuestros prohombres, fueran éstos héroes o villanos y en segundo lugar, que aún predominaba la idea de que la versión liberal de la historia de México era y tenía que ser la única y mi escrito recogía por igual a las esposas de los liberales que a las de los conservadores (y hasta a la del príncipe extranjero), lo cual no fue bien visto. ¡Como si nosotros pudiéramos eliminar del pasado lo que no nos gusta!

Estos dos impedimentos han sido superados con el tiempo. Primero, porque el estudio de la historia ha cambiado en los últimos años y ahora ya se considera importante conocer a grupos sociales que antes no interesaban (por ejemplo, las mujeres) así como penetrar en los "misterios" de la vida privada, la vida cotidiana y las formas de pensar. ¡Hasta la moda y la gastronomía ocupan ahora un lugar en los estudios! Además, porque es un hecho que en México se han abierto las mentes y ya aceptamos que no se puede tener una sola versión de los acontecimientos, nos agraden o no.

Por todo esto, decidí retomar el tema, pero hice una investigación completamente nueva y mucho más amplia que abarca nada menos que quinientos años de la historia de México. La razón para revisar un periodo tan amplio la expuse en el prólogo: como se trata de un tema apenas estudiado en nuestro país, es necesario hacer una primera mirada general. Ya después, conforme surjan nuevas fuentes y materiales, se podrá entrar de modo más específico a los distintos momentos históricos y a las personas. Pero además, porque estoy convencida de que sólo si se toma un periodo amplio se puede entender el papel y la función de estas mujeres a través del tiempo y ver si en él hubieron transformaciones.

Durante tres años recorrí bibliotecas —la Nacional, la de la Universidad Nacional Autónoma de México, la de El Colegio de México y varias privadas—, archivos —el General de la Nación, el de la Universidad Iberoamericana y algunas privados— y fototecas —las del Instituto Nacional de Antropología e Historia y del diario *El Universal* entre otras—; hablé con gente, leí libros, periódicos y revistas, tanto estudios académicos como documentos, tanto cartas como novelas. Revisé fotografías y videos y le di vueltas en la cabeza a problemas para cuya solución no contaba con antecedentes. Y con todo ello, redacté este libro que tiene el propósito simultáneo de dar información y de hacer una interpretación. Hice un esfuerzo por escribirlo con la mayor sencillez y amenidad posibles a fin de hacer agradable la lectura, porque estoy segura de que cualquier tema que por momentos podría parecer farragoso, aburrido o hasta inútil, puede convertirse en simpático si se le narra con ese fin. Y sobre todo, sin perder de vista mi doble propósito de rescatar cualquier dato donde sea que lo hallara, pero sin caer en la tentación que significan los chismes de la vida íntima de las personas. El resultado del esfuerzo lo tiene el lector en sus manos.

Varios milagros sucedieron en el camino, sin los cuales el estudio habría quedado incompleto. El primero fue que Carlos Martínez Assad estuviera dispuesto a colaborar con el proyecto: él encontró documentos, consiguió datos y libros, me contactó con personas que sabían del tema, leyó varias versiones del manuscrito y le hizo correcciones y propuestas y por si esto no fuera suficiente, hizo la investigación iconográfica que es fundamental para un trabajo de esta naturaleza. Para ello tocó puertas, pidió permisos y se llenó de polvo buscando en esos lugares inhóspitos que son los archivos y hemerotecas. Agradezco el apoyo que recibió de Roberto Rock, director del periódico *El Universal*; de Patricia Galeana, directora del Archivo General de la Nación en el que se utilizaron los fondos Hermanos Mayo, Enrique Díaz, Casasola y Presidentes; de María Teresa Franco, directora del Instituto Nacional de Antropología e Historia del que depende el Museo Nacional de Historia del Castillo de Chapultepec y la fototeca en Pachuca, Hidalgo; de Norma Mereles, directora del Fideicomiso Archivos Plutarco Elías Calles-Fernando Torreblanca; y de Manuel Ramos director del Centro de Estudios Históricos Condumex. Y agradezco también el trabajo de refotografiado de las viejas fotos, muchas de las cuales estaban en malas condiciones o impresas en papel periódico, que hicieron los excelentes fotógrafos: David Mawad, Alicia Ahumada y Javier Hinojosa.

El segundo milagro fue la generosidad de Rogelio Carvajal, editor y amigo. Su apoyo en el largo proceso de la investigación que iba creciendo día a día, su lectura cuidadosa del texto así como las sugerencias que hizo para mejorarlo, su tolerancia frente a mis inacabables correcciones y su confianza en los momentos de decisiones difíciles nunca podrán ser suficientemente agradecidas.

El tercer milagro fue el encuentro providencial con algunas personas cuya generosidad para compartir conmigo los resultados de sus propios esfuerzos de investigación me dio a mí estímulo y al libro densidad. Agradezco a Ricardo Pérez Montfort quien me permitió revisar sus tomos de entrevistas y de información sobre los presidentes de México a partir de 1940 y leyó y comentó cuidadosamente la versión final del trabajo; a José Manuel Villalpando César quien me prestó libros y documentos y me contó todo lo que sabía (que es mucho) sobre las esposas de los gobernantes en la época virreinal y en el siglo XIX principalmente Carlota de Bélgica a la que se conoce en detalle; a Verónica Sánchez Porta quien está haciendo su tesis sobre la señora Laura Mantecón y tuvo la generosidad de poner a mi disposición sus documentos y apuntes; y a Carlos Monsiváis con quien platiqué dos veces sobre este tema, del que tiene ideas muy lúcidas.

Algunas personas me ayudaron a conseguir libros o fotos, me dieron información o me hicieron contactos para las entrevistas. Agradezco al teniente coronel José Luis González Arredondo y a su esposa María de los Ángeles Sandoval con quienes conversé largamente sobre la vida cotidiana de las Primeras Damas y que me obsequiaron las memorias de Concepción Miramón; a la señora Martha Carranza de Astorga, con quien hablé por teléfono sobre su bisabuela Ernestina, gracias al contacto de la licenciada Angélica Villanueva, jefa del departamento técnico del museo Casa de Carranza en la ciudad de México; al maestro Pedro Castro Martínez, conocedor y admirador de la señora Clara Oriol; a la señora María Mona Obregón Tapia viuda de Vargas, quien gracias al contacto de Norma Mereles de Ogarrio me habló largamente por teléfono de su madre doña María; a la señora Hortensia Calles de Torreblanca a quien entrevisté en el año 82 sobre su madre y a su hermana menor la señora Artemisa Calles, quien a través de mi amiga Eugenia Ogarrio respondió a algunas preguntas que habían quedado pendientes sobre la segunda esposa del general; a la señora María Teresa González Salas de Franco quien me habló de varias Primeras Damas a las que conocí de cerca y me puso en contacto con la señora Rosalba Portes Gil; a esta última y a su hermana Carmen quienes me recibieron en su casa y platicaron largo tiempo conmigo, me enseñaron fotos y hasta una película sobre su madre; a Lily Kalb de Cortina a quien perseguí varios meses para que su mamá, la señora Ofelia Ortiz Rubio de Kalb aceptara hablar conmigo de doña Josefina, lo que no sólo hizo con gran amabilidad, sino que convocó a sus hermanos Pascual y Eugenio; a Hortensia Rodríguez Plá, la cual sin conocerme me prestó materiales inconseguibles y me habló por teléfono sobre su abuela Aída; al señor Alejandro de Antuñano de la Fundación Miguel Alemán, A.C. quien me obsequió información sobre la señora Beatriz; a Alicia Capdevielle de Treviño, con quien platiqué por teléfono sobre su tía Eva López Mateos y a María Eugenia Vázquez de Santoyo, directora del Colegio Héroes de la Libertad, quien además de darme ese contacto, me organizó una sabrosa reunión con varias profesoras; a la señora María Esther Zuno de Echeverría, a quien entrevisté hace muchos años, cuando aún estaba sana, y en su casona de San Jerónimo me invitó a una reunión con sus principales colaboradoras la que se prolongó desde el desayuno hasta la comida y en la que una por una me contaron con detalle lo que hicieron durante el sexenio; a María Eugenia López Brun quien me contó anécdotas de la señora Carmen Romano; a la señora Cecilia Occelli quien me recibió en su hermosa casa al sur de la ciudad, gracias al contacto de Aurora Montaño y con quien después hablé varias veces por teléfono para aclarar detalles. Sé que ella no está de acuerdo con mi interpretación del sexenio salinista pero no ha ejercido sobre mí ninguna presión. Y a la señora Nilda Patricia Velasco de Zedillo quien aunque no aceptó darme una entrevista formal, me invitó a comer con la Primera Dama norteamericana Hillary Rodham Clinton en la que pude platicar con ambas y verlas en acción, y que además habló largamente conmigo por teléfono aclarándome mis errores en la interpretación de su papel como esposa del presidente.

Tres entrevistas más estuvieron a punto de llevarse a cabo pero no se concretaron. En 1982 la Primera Dama Carmen López Portillo aceptó recibirme. Llegué hasta la antesala de su oficina en Los Pinos pero una vez allí me informaron de la cancelación de la cita. En 1998 la señora Paloma de De la Madrid aceptó una solicitud que le hice por carta, a través de una conocida común, para responder a mis preguntas. Pero nunca recibí la llamada prometida para fijar el encuentro. Y por último, a la señora Amalia Solórzano de Cárdenas le llamé para solicitarle una entrevista pero luego no insistí pues me pareció que con las varias que ya ha concedido y con las memorias que ella misma escribió era suficiente.

Pocos libros tienen la suerte que por diversas razones tuvo éste, de beneficiarse de la lectura, comentarios, opiniones y correcciones de algunos de los más destacados historiadores mexicanos de la actualidad. Les agradezco su generosidad aunque bien sé que a algunos el tema no les parece importante o no les gusta mi forma de utilizar las fuentes o de abarcar una temporalidad tan amplia o de incluir a todas las esposas aunque la información sobre ellas sea muy escasa y a otros les parezca que falta teorizar o que sobran anécdotas y citas literarias, que alguna interpretación no es correcta o que tomo partido por mis sujetos de estudio: ellos son los doctores Carlos Aguirre Rojas, Álvaro Matute, Eugenia Meyer, Aurelio de los Reyes, Carmen Collado, Cristina Gómez y Gabriela Cano.

Agradezco a Leonor Ortiz Monasterio quien me obsequió el libro con la historia de la residencia oficial de Los Pinos que fue fundamental para la investigación y a Deanna Heikkinen, de Florida Atlantic University, quien en los días que estuve allá para dar conferencias me consiguió el artículo de Germaine Greer y los dos tomos del libro de Carl Sferraza Anthony sobre las Primeras Damas norteamericanas, un texto que yo hubiera querido usar de modelo si aquí tuviéramos siquiera la cuarta parte de la información con que cuentan en el país vecino. A mi hijo Ian Sigal y a mi amigo Héctor Rodríguez de la Vega, por su apoyo técnico frente a mi incapacidad con las computadoras, Virginia Ruano, Adriana Cataño y Rafael Muñoz por su infatigable e interminable trabajo de corrección editorial y de elaboración de la cronología, a Carolina Figueroa por su ayuda en la búsqueda hemerográfica.

Durante los últimos tiempos no he hablado con la gente de otra cosa que no sean las Primeras Damas. Lo que uno estudia se convierte en una obsesión tal, que las personas y los acontecimientos adquieren un sentido orientado a buscar información o ideas que sirvan al trabajo. Muchas personas sabiéndolo o no, contribuyeron a este libro contándome anécdotas o dándome ideas. A algunas les agradezco en el lugar que les corresponde, pero a otras es imposible hacerlo por la forma de los encuentros o para no provocarles problemas.

Agradezco también a mi alma mater, la Universidad Nacional Autónoma de México, en cuyo Instituto de Investigaciones Sociales trabajo desde hace más de veinte años, porque no sólo me permite investigar lo que se me ocurre y a mi ritmo, sino que me apoya consiguiendo libros en las bibliotecas y haciendo muchas fotocopias.

Debo sin embargo dejar bien claro que lo que aquí digo y la forma en que uso los datos obtenidos de libros y de conversaciones son de mi exclusiva responsabilidad.

No puedo terminar sin hacer una súplica al lector. Esta investigación es apenas un primer paso y por ello no está cerrada. De modo que si usted ha tenido la paciencia de seguir esta historia por el laberinto de épocas y personas y si tiene alguna información nueva que quiera compartir, le será muy agradecida para incluirla en futuras ediciones. La puede enviar a la Editorial Oceano cuya dirección aparece

en la página legal o a mi correo electrónico saras@servidor.unam.mx.
De esta manera podrán seguir sucediendo los milagros y abriéndose
las puertas hasta que llegue el momento en que todo lo que tenemos
que saber de nuestra historia deje de estar escondido en los armarios
y en los recuerdos y salga a la luz para disfrute y aprendizaje de los
mexicanos.

Periodo	Gobernante	Esposa
1521-1524	Hernán Cortés	Catalina Xuárez, la Marcaida Juana de Zúñiga
1524	Alonso Zuazo, alcalde mayor apoyado en sus funciones por Alonso de Estrada y Rodrigo de Albornoz	
1524-1526	Gonzalo de Salazar y Pedro Almíndez de Chirino	
1526	Luis Ponce de León	
1526-1527	Marcos Aguilar	
1527-1528	Alonso de Estrada	
1528-1531	Primera Audiencia integrada por: presidente: Nuño Beltrán de Guzmán; oidores: Juan Ortiz de Matienzo, Alonso de Parada, Diego Delgadillo y Francisco Maldonado	
1531-1535	Segunda Audiencia integrada por: presidente: Sebastián Ramírez de Fuenleal; oidores: Vasco de Quiroga, Juan Salmerón, Alonso Maldonado, Francisco Ceinos	
1535-1549	Antonio de Mendoza	Catalina o Catarina de Vargas
1550-1564	Luis de Velasco	Ana de Castilla y Mendoza
1566-1568	Gastón de Peralta	Leonor de Vico
1568-1580	Martín Enríquez de Almanza	María Manrique
1580-1583	Lorenzo Suárez de Mendoza	Catalina de la Cerda
1584-1585	Pedro Moya y Contreras	
1585-1590	Álvaro Manrique de Zúñiga	Blanca de Velasco
1590-1595	Luis de Velasco, hijo	María de Ircio y Mendoza
1595-1603	Gaspar de Zúñiga y Acevedo	Inés de Velasco y Aragón
1603-1607	Juan de Mendoza y Luna	Ana Gonzalvi o Ana Mejía Luisa Antonia Portocarrero
1607-1611	Luis de Velasco, hijo	
1611-1612	Fray García Guerra	
1612-1621	Diego Fernández de Córdova	María Rieder o Riederer de Paar
1621-1624	Diego Carrillo de Mendoza y Pimentel	Leonor de Portugal Colón de Toledo y Vicentello
1624-1635	Rodrigo de Pacheco y Osorio	Francisca de la Cueva
1635-1640	Diego Lope Diez de Aremendáriz	
1640-1642	Diego López Pacheco Cabrera y Bobadilla	
1642	Juan de Palafox y Mendoza	
1642-1648	García Sarmiento de Sotomayor	Antonia de Acuña y Guzmán
1648-1649	Margos de Torres y Rueda	
1650-1653	Luis Enríquez de Guzmán	Hipólita de Cardona
1653-1660	Francisco Fernández de la Cueva	Juana Armendáriz
1660-1664	Juan de Leyva y de la Cerda	María Isabel de Leyva Mendoza
1664	Diego Osorio de Escobar y Llamas	
1664-1673	Antonio Álvaro Sebastián de Toledo Molina y Salazar	Leonor de Carreto
1673	Pedro Nuño Colón de Portugal	
1673-1680	Payo Enríquez de Rivera	
1680-1686	Tomás Antonio de la Cerda y Aragón	María Luisa Gonzaga y Manrique de Lara

427

C
R
O
N
O
L
O
G
Í
A

LA SUERTE DE LA CONSORTE

1686-1688	Melchor o Manuel de Portocarrero y Lazo de la Vega	Antonia Jiménez de Urrea
1688-1696	Gaspar de la Cerda Sandoval y Mendoza	Elvira María de Toledo
1696	Juan de Ortega y Montañez	
1696-1701	José Sarmiento y Valladares	María Jerónima Moctezuma y Jofre de Loaiza
		María de Guzmán y Manrique
1701-1702	Juan de Ortega Montañez	
1702-1711	Juan Francisco Fernández de la Cueva Enríquez	Juana de la Cerda y Aragón
1711-1716	Fernando de Alencastre Noroña y Silva	Mariana de Castro y Silva
1716-1722	Baltasar de Zúñiga y Guzmán Sotomayor	
1722-1734	Juan de Acuña y Manríque	
1734-1740	Juan Antonio de Vizarrón Eguiarreta	
1740-1741	Pedro de Castro y Figueroa	Isabel Farnesio
1742-1746	Pedro Cebrián y Agustín	
1746-1755	Francisco de Güemes y Horcasitas	Antonia Ceferina Pacheco de Padilla y Aguayo
1755-1760	Agustín de Ahumada y Villalón	Luisa María del Rosario de Ahumada y Vera
1760	Francisco Cajigal de la Vega	María de Monserrat
1760-1766	Joaquín de Montserrat de Cruillas	María Josefa Acuña Vázquez Coronado
1766-1771	Carlos Francisco de Croix	
1771-1779	Antonio María de Bucareli y Ursúa	
1779-1783	Martín de Mayorga	María Josefa Valcárcel
1783-1784	Matías de Gálvez y Gallardo	Ana de Zayas y Ramos
1785-1786	Bernardo de Gálvez	Felícitas Sant Maxent
1787	Alonso Núñez de Haro y Peralta	
1787-1789	Manuel Antonio Flores	Juana María de Pereyra
1789-1794	Juan Vicente de Güemes Pacheco Padilla y Horcasitas	
1794-1798	Miguel de la Grúa Talamanca	María Antonia de Godoy y Álvarez
1798-1800	Miguel José Azanza	
1800-1803	Félix Berenguer de Marquina	
1803-1808	José de Iturrigaray	María Inés de Jáuregui y Aristegui
1808-1809	Pedro de Garibay	Francisca Javiera Echegaray
1809-1810	Francisco Javier de Lizana y Beaumont	
1810-1813	Francisco Javier Venegas	
1813-1816	Félix María Calleja del Rey	Francisca de la Gándara
1816-1821	Juan Ruiz de Apodaca	María Rosa Gastón
1821	Pedro Novella	
1821	Juan O'Donojú	Josefa Sánchez Barriga
1821	Soberana Junta Provisional Gubernativa, con treinta y ocho miembros. Después Regencia integrada por Agustín de Iturbide, Manuel de la Bárcena, José Isidro Yáñez, Manuel Velázquez de León, Juan O'Donojú. A su muerte O'Donojú fue remplazado por Antonio Joaquín Pérez. Nicolás Bravo, el Conde de las Heras y Miguel Valentín remplazaron a Bárcena, Velázquez de León y Pérez	
1822-1823	Agustín de Iturbide (Primer Imperio)	Ana María Josefa Ramona Huarte Muñoz Sánchez de Tagle
1823	Junta formada por:	
	Pedro Celestino Negrete,	Josefa Olavarrieta
	Mariano Michelena	Josefa Iriarte
	y Miguel Domínguez	María Josefa Ortiz

Los sustituyen:
	Nicolás Bravo,	Antonieta Guevara (?-1854)
	Vicente Guerrero	Guadalupe Hernández
	y José Guadalupe Victoria	María Antonia Bretón
1824-1829	José Guadalupe Victoria	
1829	Vicente Guerrero	
	José María Bocanegra	María de Jesús Carrasco (?-1847)
1829-1830	Triunvirato formado por Pedro Vélez,	Josefa Torres
	Lucas Alamán	Narcisa Castrillo García (1804-?)
	y Luis Quintanar	Luisa Garay
1830-1832	Anastasio Bustamante	
1832	Melchor Múzquiz	Josefina Bezares (1804-1860)
1832-1833	Manuel Gómez Pedraza	Juliana Azcárate (?-1874)
1833	Valentín Gómez Farías	Isabel López (1801-1856)
	Antonio López de Santa Anna	María Inés de la Paz García
		Dolores Tosta (1818-1886)
	Valentín Gómez Farías	
	Antonio López de Santa Anna	
	Valentín Gómez Farías	
	Antonio López de Santa Anna	
1833-1834	Valentín Gómez Farías	
1834-1835	Antonio López de Santa Anna	
1835-1836	Miguel Barragán	Manuela Trebuestoy Casasola
		(1806-1884)
1836-1837	José Justo Corro	Juana Fernanda Ulloa
1837-1839	Anastasio Bustamante	
1839	Antonio López de Santa Anna	
	Nicolás Bravo	
1839-1841	Anastasio Bustamante	
1841	Francisco Javier Echeverría	Refugio Almanza (1799-1848)
1841-1842	Antonio López de Santa Anna	
1842-1843	Nicolás Bravo	
1843	Antonio López de Santa Anna	
1843-1844	Valentín Canalizo	Josefa Benita Dávila o Dávalos
		(1808-1844)
1844	Antonio López de Santa Anna	
	José Joaquín de Herrera	Dolores Alzagaray (1811-?)
	Valentín Canalizo	
1844-1845	José Joaquín de Herrera	
1846	Mariano Paredes y Arrillaga	Josefa Cortés
	Nicolás Bravo	
	José Mariano Salas	Josefa Cárdena o Cardeña
1846-1847	Valentín Gómez Farías	
1847	Antonio López de Santa Anna	
	Pedro María Anaya	
	Antonio López de Santa Anna	
	Manuel de la Peña y Peña	Josefa Osta
1847-1848	Pedro María Anaya	
1848	Manuel de la Peña y Peña	
1848-1851	José Joaquín de Herrera	
1851-1853	Mariano Arista	Guadalupe Martel (?-1864)
1853	Juan José Bautista Ceballos	Ana Madrid
	Manuel María Lombardini	Refugio Alegría (?-1886)
1853-1855	Antonio López de Santa Anna	
1855	Martín Carrera	María de los Ángeles Lardizábal
		(1806-1875)
	Rómulo Díaz de la Vega	Pilar Valera
	Juan Álvarez	María Faustina Benítez (?-1870)

429

CRONOLOGíA

LA SUERTE DE LA CONSORTE

1855-1857	Ignacio Comonfort	
1857-1858	Ignacio Comonfort	
1858-1861	Benito Juárez	Margarita Eustaquia Maza (1826-1871)
1858	Félix Zuloaga	María de la Gracia Palafox (1815-1889)
1858-1859	Manuel Robles Pezuela	
1859	Félix Zuloaga	
1859-1860	Miguel Miramón	Concepción Lombardo Gil de Partearroyo (1835-1921)
1860	José Ignacio Pavón	Felipa González del Castillo
	Miguel Miramón	
1861-1867	Benito Juárez	
1862	Juan Nepomuceno Almonte	Dolores Quezada o Quesadas (1820-1890)
1863-1864	Junta Superior de Gobierno integrada por: Juan Nepomuceno Almonte, Pelagio Antonio de Labastida y Dávalos, José Mariano Salas	
1864	Juan Nepomuceno Almonte, lugarteniente del Imperio.	
1864-1867	Maximilano de Habsburgo	Carlota de Bélgica (1840-1926)
1867-1871	Benito Juárez	
1871-1872	Benito Juárez	
1872-1876	Sebastián Lerdo de Tejada	
1876	José María Iglesias	Juana Calderón Tapia (1822-1897)
	Juan N. Méndez	Trinidad González Castrueza
1877-1880	Porfirio Díaz	Delfina Ortega (1845-1880)
1880-1884	Manuel González	Laura Mantecón Arteaga (1845?-1900)
1884-1911	Porfirio Díaz	Carmen Romero Rubio y Castelló (1864-1944)
1911	Francisco León de la Barra	María del Refugio Barneque
1911-1913	Francisco Ignacio Madero	Sara Pérez (1870-1952)
1913	Pedro Lascuráin	María Enriqueta Flores
1913-1914	Victoriano Huerta	Emilia Águila (?-1940)
1914	Francisco S. Carvajal	
1913-1914	Venustiano Carranza	Virginia Salinas (?-1919) Ernestina de la Garza (?-1964)
1914-1917	Venustiano Carranza	
1914-1915	Eulalio Gutiérrez	Petra Treviño
1915	Roque González Garza	
1915-1916	Francisco Lagos Cházaro	
1917-1920	Venustiano Carranza	
1920	Adolfo de la Huerta	Clara Oriol
1920-1924	Álvaro Obregón	Refugio Urrea (?-1907) María Tapia Monteverde (1888-1971)
1924-1928	Plutarco Elías Calles	Natalia Chacón Amarillas (1879-1927) Leonor Llorente
1928-1930	Emilio Portes Gil	Carmen García (?-1980)
1930-1932	Pascual Ortiz Rubio	Josefina Ortiz (1892-1983)
1932-1934	Abelardo L. Rodríguez	Luisa Montijo Earthyl Vera Meier Aída Sullivan Coya (?-1975)
1934-1940	Lázaro Cárdenas del Río	Amalia Solórzano
1940-1946	Manuel Ávila Camacho	Soledad Orozco (?-1996)
1946-1952	Miguel Alemán Valdés	Beatriz Velasco Mendoza (?-1981)

1952-1958	Adolfo Ruiz Cortines	Lucía Carrillo Gutiérrez
		María de los Dolores Izaguirre
1958-1964	Adolfo López Mateos	Eva Sámano Bishop (?-1984)
1964-1970	Gustavo Díaz Ordaz	Guadalupe Borja (?-1974)
1970-1976	Luis Echeverría Álvarez	María Esther Zuno Arce
1976-1982	José López Portillo	Carmen Romano Nolk
1982-1988	Miguel de la Madrid Hurtado	Paloma Delia Margarita Cordero
1988-1994	Carlos Salinas de Gortari	Cecilia Occelli González
1994-2000	Ernesto Zedillo Ponce de León	Nilda Patricia Velasco

PRÓLOGO: ROMPER EL SILENCIO

1 Asunción Lavrín: "La mujer en la sociedad colonial hispanoamericana", en Leslie Bethell, ed., *Historia de América Latina*, t. 4, Crítica-Cambridge University Press, 1990, p. 109. (Cortesía de Gabriela Cano.)

2 Allan Bullock, "¿Ha dejado de ser importante la historia?", en *Foro Internacional*, vol. XXXIV, núm. 3, El Colegio de México, México, 1994, p. 348. (Cortesía de Isidro Cisneros y Laura Baca.)

I. LA SUERTE DE LA CONSORTE

1 José Gaos, *Historia de nuestra idea del mundo*, Fondo de Cultura Económica, México, 1983, pp. 67-79.

2 Bernabé Navarro, *Cultura mexicana moderna en el siglo XVIII*, Universidad Nacional Autónoma de México, México, 1983, pp. 12-21 y 29.

3 Juan Brom, *Esbozo de historia universal*, Grijalbo, México, 1973, p. 128.

4 Sara Sefchovich, *La existencia de la nación*, en prensa, p. 45.

5 Octavio Paz, "Prefacio", en Jacques Lafaye, *Quetzalcóatl y Guadalupe. La formación de la conciencia nacional en México*, Fondo de Cultura Económica, México, 1983, p. 77.

6 José María Valverde, *Vida y muerte de las ideas. Pequeña historia del pensamiento occidental*, Planeta, Barcelona, 1980, p. 101.

7 Octavio Paz, *Sor Juana Inés de la Cruz o las trampas de la fe*, Fondo de Cultura Económica, México, 1982, p. 108.

8 Álvaro Matute, *México en el siglo XIX. Antología de fuentes e interpretaciones históricas*, Universidad Nacional Autónoma de México, México, 1984, p. 189.

9 Julia Tuñón, *Mujeres en México. Una historia olvidada*, Planeta, México, 1987, p. 78.

10 *Ibíd.*, p. 87; Carmen Ramos, "Memoria de mujer" y Nora Pasternac, "El periodismo femenino en el siglo XIX", en Ana Rosa Domenella y Nora Pasternac, *Las voces olvidadas*, El Colegio de México, México, 1991. Jean Franco, *Las conspiradoras. La representación de la mujer en México*, Fondo de Cultura Económica, México, 1993. Gabriela Cano y Silvia Marina Arrom no están de acuerdo con esto. Las mujeres empezaron a estudiar y a ser maestras en este siglo, afirma la primera; es un estereotipo verlas en un inflexible encierro, asegura la segunda. Yo creo que si bien es cierto que algu-

nas fueron diferentes, la tendencia dominante se mantuvo. Gabriela Cano, entrevista, enero de 1999; Silvia Marina Arrom, *Las mujeres en la ciudad de México, 1790-1857*, Siglo XXI, México, 1988.

11 Yvonne Knibiebler, "Cuerpos y corazones", en Georges Duby y Michelle Perrot, *Historia de las mujeres en Occidente*, t. *El siglo XIX*, Taurus, Madrid, 1993, pp. 322-333.

12 Charles Hale, *El liberalismo mexicano en la época de Mora*, Siglo XXI, México, 1978, pp. 32-40.

13 Jean Franco, *Las conspiradoras. La representación de la mujer en México, op. cit.*, p. 138.

14 G. F. W. Hegel citado por Geneviève Fraisse, "Del destino social al destino personal. Historia filosófica de la diferencia de los sexos", en Georges Duby y Michelle Perrot, *Historia de las mujeres en Occidente*, t. *El siglo XIX, op. cit.*, p. 61.

15 Gotfried Benn citado por José María Valverde, *Vida y muerte de las ideas. Pequeña historia del pensamiento occidental, op. cit*, p. 187.

16 Arnaldo Córdova, *La ideología de la Revolución mexicana*, Era, México, 1973, pp. 37 y 58.

17 Sara Sefchovich, *México: país de ideas, país de novelas*, Grijalbo, México, 1987, pp. 47-52.

18 Abelardo Villegas, *Autognósis. El pensamiento mexicano en el siglo XX*, Instituto Panamericano de Geografía e Historia, México, 1985, pp. 10-11.

19 *Ibíd.*, p. 39.

20 Antonio Castro Leal, "Introducción", en *La novela de la Revolución mexicana*, t. I, Aguilar, México, 1965, p. 30.

21 Arnaldo Córdova, *La ideología de la Revolución mexicana, op. cit.*, p. 143.

22 José María Valverde, *Vida y muerte de las ideas. Pequeña historia del pensamiento occidental, op. cit.*, p. 245.

23 Nancy F. Cott, "Mujer moderna, estilo norteamericano", en Georges Duby y Michelle Perrot, *Historia de las mujeres en Occidente*, t. *El siglo XX, op. cit.*, pp. 91-106.

24 Abelardo Villegas, *Autognósis. El pensamiento mexicano en el siglo XX, op. cit.*, p. 114 y 123.

25 José Joaquín Blanco, "Plaza Satélite", en Carlos Monsiváis, *A ustedes les consta. Antología de la crónica en México*, Era, México, 1980, p. 322.

26 Carlos Fuentes, *Tiempo mexicano*, Joaquín Mortiz, México, 1972, p. 79.

27 Véanse los artículos de Michela Giorgio, "El modelo católico", y Jean Bauberot, "La mujer protestante", en Georges Duby y Michelle Perrot, *Historia de las mujeres en Occidente*, t. *El*

siglo XIX, op. cit.. En el libro citado, Jean Franco analiza también lo que llama "la cultura del miedo".

28 Para los valores actuales, consúltese Enrique Alduncin, *Los valores de los mexicanos*, Fundación Cultural Banamex, México, 1986 y 1991; y Varios autores, *Los mexicanos de los noventa*, Instituto de Investigaciones Sociales, Universidad Nacional Autónoma de México, México, 1996.

II. ÉL GRANDE, ELLA EXCELSA

1 Edmundo O'Gorman citado por Octavio Paz, *Sor Juana Inés de la Cruz o las trampas de la fe*, op. cit., p. 26.

2 Gabriel Zaid, "Apuntes de un provinciano", en *Filosofía y Letras*, septiembre-octubre de 1990, Universidad Autónoma de Nuevo León, Monterrey, p. 3.

3 Francisco Serrano, "Lamento de Azcalxochitzin", en *Arqueología Mexicana*, enero-febrero de 1998, núm. 29, Instituto Nacional de Antropología e Historia, México, p. 73.

4 María de Jesús Rodríguez, "La mujer y la familia en la sociedad mexica", en Carmen Ramos, coord., *Presencia y transparencia: la mujer en la historia de México*, El Colegio de México, México, 1987, p. 17.

5 *Códice Florentino*, citado por Miguel León-Portilla, "Cihuayotl: la feminidad luce en su rostro", en *Arqueología Mexicana*, op. cit., pp. 17-18. Véase el capítulo "La mujer en el mundo mexica", en Julia Tuñón, *Mujeres en México. Una historia olvidada*, op. cit., pp. 17-32.

6 Más ejemplos de esto en: María de los Ángeles Ojeda y Cecilia Rosell, *Diosas y mujeres en códices prehispánicos*, Instituto Nacional de Antropología e Historia, México, 1995. (Cortesía de Ricardo Pérez Montfort.)

7 Miguel León-Portilla, *Los antiguos mexicanos*, Fondo de Cultura Económica-Secretaría de Educación Pública, México, 1985, p. 31.

8 Salvador Novo, *Historia gastronómica de la ciudad de México*, Estudio Salvador Novo-Pórtico de la Ciudad de México, México, 1993, p. 41.

9 Según José Manuel Villalpando, los documentos de este juicio los recopiló José Luis Martínez. Entrevista en diciembre de 1997.

10 Clifford Krauss, "After 500 Years, Cortes' Girlfriend is not Forgiven", en *The New York Times International*, 26 de marzo de 1997.

11 Teresa Silva Tena, *Cronología de las fechas más importantes de la historia de México*, s-ed., México, s-f., p. 2.

12 José de Jesús Núñez y Domínguez, *La virreina mexicana doña María Francisca de la Gándara de Calleja*, Imprenta Univesitaria, México, 1950, p. XV.

13 *Ibíd.*, p. v.

14 Bernardo García Díaz, *Puerto de Veracruz*, Gobierno del Estado de Veracruz, Jalapa, 1992, p. 16.

15 Josefina Muriel, "Las indias cacicas en la época virreinal", en *Arqueología Mexicana*, op. cit., p. 56.

16 Octavio Paz, *Sor Juana Inés de la Cruz o las trampas de la fe*, op. cit., p. 43.

17 Josefina Muriel, *Cultura femenina novohispana*, Universidad Nacional Autónoma de México, México, 1982, p. 505.

18 Para los nombres de los virreyes y las virreinas: Artemio de Valle Arizpe, *Virreyes y virreinas de la Nueva España*, Jus, México, 1947; Manuel Romero de Terreros, *Bocetos de la vida social en la Nueva España*, Porrúa, México, 1944; Ignacio Rubio Mañé, *Introducción al estudio de los virreyes de Nueva España*, Universidad Nacional Autónoma de México, México, 1955; Pedro Soler Alonso, *Virreyes de la Nueva España*, Secretaría de Educación Pública, México, 1945; Emilia Serrano de Wilson, *México y sus gobernantes de 1519 a 1910. Biografías, retratos y autógrafos*, Editora Nacional, México, 1967. Según Vicente de Paul Andrade, el señor Jesús Galindo y Villa publicó una *Guía para visitar los salones de historia de México de nuestro Museo Nacional*, en 1895, que incluía la serie de las virreinas de la Nueva España debida a la docta pluma del señor don Ángel Núñez Ortega; yo nunca encontré este texto.

19 Artemio de Valle Arizpe, *Virreyes y virreinas de la Nueva España*, op. cit., p. 19.

20 Salvador Novo, *México*, Destino, Barcelona, 1968, p. 126 y Joaquín García Icazbalceta citado por Manuel Romero de Terreros, *Bocetos de la vida social en la Nueva España*, op. cit., p. 54.

21 Esta rarísima información así como varios nombres y datos los debo a Rafael Muñoz. La Real Audiencia que gobernó entre 1564 y 66 estaba integrada por los señores don Pedro Villalobos, don Gerónimo Orozco, don Vasco de Puga y Villanueva y el licenciado Ceinos. Véase *Diccionario de historia, biografía y geografía de México*, Porrúa, México, 1996.

22 Artemio de Valle Arizpe, *Virreyes y virreinas de la Nueva España*, op. cit., p. 45.

23 Manuel Romero de Terreros, *Bocetos de la vida social en la Nueva España*, op. cit., pp. 19-20.

24 Artemio de Valle Arizpe, *Virreyes y virreinas de la Nueva España*, op. cit., p. 25. José de Jesús Núñez y Domínguez cuenta lo mismo en *La virreina mexicana doña María Francisca de la Gándara de Calleja*, op. cit. Pilar Gonzalbo, *Las mujeres en la Nueva España*, El Colegio de México, México, 1987, p. 151.

25 Manuel Romero de Terreros, *Bocetos de la vida social en la Nueva España*, op. cit., p. 40.

26 Jorge Alberto Manrique, "Del barroco a la Ilustración", en *Historia general de México*, t. II, El Colegio de México, México, 1980, pp. 357-446.

27 Alfonso Méndez Plancarte citado por Josefina Muriel, *Cultura femenina novohispana*, *op. cit.*, p. 125. Véase Irving A. Leonard, *Baroque Times in Old Mexico*, The University of Michigan Press, Ann Arbor, 1959, pp. 4-5.

28 Sermón predicado en el Colegio de la Compañía de Jesús de Oaxaca en 1753, citado por Pilar Gonzalbo, *Las mujeres en la Nueva España, op. cit.*, p. 205.

29 Asunción Lavrín, "La mujer en la sociedad colonial hispanoamericana", en Leslie Bethell, ed., *Historia de América Latina, op. cit.*, p. 115.

30 Irving A. Leonard citado en *El Universal*, noviembre de 1997, y *Baroque Times in Old Mexico, op. cit.*, p. 33.

31 Enrique Florescano y Rodrigo Martínez, *Historia gráfica de México*, t. II, Instituto Nacional de Antropología e Historia-Editorial Patria, México, 1988, p. 54.

32 *Capítulos olvidados de la historia de México*, Reader's Digest, México, 1994, p. 155. (Cortesía de Patricia Masón.)

33 Artemio de Valle Arizpe, *Virreyes y virreinas de la Nueva España, op. cit.*, p. 99 y Asunción Lavrín, "La mujer en la sociedad colonial hispanoamericana", en Leslie Bethell, ed., *Historia de América Latina, op. cit.*, p. 116.

34 Según José Manuel Villalpando, en la entrevista citada, el chisme lo cuenta Vicente Riva Palacio en su novela *Memorias de un impostor*.

35 Francisco de la Maza, *La ciudad de México en el siglo XVII*, Fondo de Cultura Económica-Secretaría de Educación Pública, México, 1985, p. 33.

36 Manuel Romero de Terreros, *Bocetos de la vida social en la Nueva España, op. cit.*, p. 25.

37 Salvador Novo, *México, op. cit.*, pp. 205-18. Según Aurelio de los Reyes, que sigue a Toussaint y a Rojas, la fuente no estaba al centro sino adosada a la pared.

38 Citado en Artemio de Valle Arizpe, *op. cit.*, p. 444.

39 Sara Sefchovich, *Mujeres en espejo. Antología de narradoras latinoamericanas del siglo XX*, vol. I, Folios, México, 1983, pp. 13-14.

40 José María Vigil, *Poetisas mexicanas, siglos XVI, XVII, XVIII y XIX*, Universidad Nacional Autónoma de México, México, p. 4.

41 "El chocolate, herencia de México", en *Arqueología Mexicana, op. cit.*, p. 4.

42 Sor Juana Inés de la Cruz, *Obras completas*, t. 1, *Lírica personal*, Fondo de Cultura Económica, México, 1995, p. 299.

43 Sor Juana Inés de la Cruz citada por Manuel Romero de Terreros, *Bocetos de la vida social en la Nueva España, op. cit.*, p. 36.

44 Sor Juana Inés de la Cruz, *Obras completas*, t. 1, *Lírica personal, op. cit.*, p. 294.

45 Francisco de la Maza, *La ciudad de México en el siglo XVII, op. cit.*, p. 62.

46 *Ibíd.*, p. 63.

47 Francisco Sedano citado por Fernando Curiel, *Paseando por Plateros*, Martín Casillas-Secretaría de Educación Pública, México, 1982, p. 9.

48 José Joaquín Blanco, *Nexos*, febrero de 1998.

49 Artemio de Valle Arizpe, *Virreyes y virreinas de la Nueva España, op. cit.*, pp. 208-210.

50 Stanley y Barbara Stein, *La herencia colonial de América Latina*, Siglo XXI, México, 1982, p. 98. Véase Enrique Florescano e Isabel Gil Sánchez, "La época de las reformas borbónicas y el crecimiento económico, 1750-1808", en *Historia general de México, op. cit.*, t. III, pp. 183-302.

51 Alexander von Humboldt cit. *ibíd.*, p. 121.

52 Se trata del conde de Regla en el siglo XVIII. Véase Agustín Ramos, *Tú eres Pedro*, Joaquín Mortiz, México, 1996.

53 Artemio de Valle Arizpe, *Virreyes y virreinas de la Nueva España, op. cit.*, pp. 87-88.

54 *Ibíd.*, p. 90.

55 Sara Sefchovich, *La existencia de la nación, op. cit.*, p. 48.

56 Teresa Silva Tena, *Cronología de las fechas más importantes de la historia de México, op. cit.*, p. 4.

57 Manuel Romero de Terreros, *Bocetos de la vida social en la Nueva España, op. cit.*, pp. 195-196.

58 José Manuel Villalpando, entrevista citada. Según Cristina Gómez, esta anécdota la contaba Ernesto Lemoine con la mamá de Lucas Alamán. Se dice que en una ocasión en que lucía un hermoso crucifijo sobre el pecho, don Miguel le dijo que la cruz era hermosa pero lo eran más los campanarios. Entrevista en enero de 1999.

59 Jacques Lafaye, *Quetzalcóatl y Guadalupe. La formación de la conciencia nacional en México, op. cit.*, pp. 345-346 y 374-394.

60 Miguel Sánchez cit. *ibíd.*, p. 341.

61 Edmundo O'Gorman en el libro que editó de Servando Teresa de Mier, *El heterodoxo guadalupano*, Universidad Nacional Autónoma de México, México, 1981, p. 214.

62 Esta historia la cuentan algunos para otra virreina, Leonor de Carreto, y hay quien afirma que sucedió en el siglo XIX. Lo importante es destacar que todos consideraban a las damas mexicanas como un rebaño impresionado con lo que viniera de Europa.

63 Ricardo Pérez Montfort, *Estampas del nacionalismo popular mexicano. Ensayos sobre cultura popular y nacionalismo*, CIESAS, México, 1994, p. 21.

64 Enrique Florescano, *Historia gráfica de Mexico, op. cit.*, t. III, p. 125.

65 Juan Pedro Viqueira citado por Jean Franco,

Las conspiradoras. La representación de la mujer en México, op. cit., p. 92.

66 Lucas Alamán citado en *Capítulos olvidados, op. cit.,* p. 182.

67 José Manuel Villalpando, entrevista citada. Manuel Romero de Terreros dice lo mismo en el libro citado.

68 Cristina Gómez, entrevista citada.

69 Josefa González de Cosío citada por Josefina Muriel, *Cultura femenina novohispana, op. cit.,* p. 305.

70 José Manuel Villalpando, entrevista citada.

71 José de Jesús Núñez y Domínguez, *La virreina mexicana doña María Francisca de la Gándara de Calleja, op. cit.,* p. XI.

72 Pablo González Casanova, *La literatura perseguida en la crisis de la Colonia,* Secretaría de Educación Pública, México, 1986, p. 127.

73 Las historias relativas a las pensiones de las esposas son terribles durante todo el siglo. Un ejemplo: Agustina Ramírez de Rodríguez perdió marido y doce hijos en el campo de batalla durante la intervención. El congreso debatió diecisiete años si debía o no darle ayuda económica y de cuánto debía ser. Cuando por fin se la asignaron, murió.

74 Francisco de la Maza, *La ciudad de México en el siglo XVII, op. cit.,* p. 9.

75 "Llamamiento versificado", citado por Pablo González Casanova, *La literatura perseguida en la crisis de la Colonia, op. cit.,* p. 93.

III. EN LA DULCE PENUMBRA DEL HOGAR

1 Manuel Abad y Queipo citado por Agustín Cué Cánovas, *Historia social y económica de México,* Trillas, México, 1967, p. 166.

2 Luis Villoro, *El proyecto ideológico de la revolución de independencia,* Universidad Nacional Autónoma de México, México, 1983, pp. 16-39.

3 Miguel Hidalgo y Costilla, en *Independencia Nacional,* t. II, *Periodo Hidalgo,* Universidad Nacional Autónoma de México, México, 1987, p. 19.

4 Ricardo Pérez Montfort, *Estampas del nacionalismo popular mexicano. Ensayos sobre cultura popular y nacionalismo, op. cit.,* p. 22.

5 José María Luis Mora, "Obra política", en *Obras completas,* vol. III, Secretaría de Educación Pública, Instituto Mora, México, 1987, p. 427.

6 Torcuato Luca de Tena, *La ciudad de México en tiempos de Maximiliano,* Planeta, México, 1990, p. 45; Carlos Fuentes, *El espejo enterrado,* Fondo de Cultura Económica, México, 1992. A Gutierre Tibón lo escuché en un programa de radio y he visto el libro monumental que dedicó al tema.

7 José Joaquín Blanco, Luis Miguel Aguilar y Guadalupe de la Torre, *Historia gráfica de México, op. cit.,* t. V, p. 56.

8 Rosa Beltrán, *La corte de los ilusos,* Planeta, México, 1995, p. 33.

9 Así aparece en un broche que se reproduce en Josefina Vázquez, *La patria independiente,* Clío, México, 1996, p. 20.

10 *Ídem.*

11 Los chismes sobre la Güera Rodríguez son de Artemio de Valle Arizpe, según los cuenta José Manuel Villalpando, entrevista citada, y en *Capítulos olvidados de la historia de México, op. cit.,* p. 169.

12 José Joaquín Fernández de Lizardi citado por Cecilia Noriega Elio, "Hacia una alegoría criolla: el proyecto de sociedad de Fernández de Lizardi", en *Estudios de historia moderna y contemporánea de México,* vol. VIII, Universidad Nacional Autónoma de México, México, 1979, pp. 11-42.

13 Fray Servando Teresa de Mier citado por Enrique Krauze, *Siglo de caudillos. Biografía política de México, 1810-1910,* Tusquets, México, 1994, p. 115.

14 *Ibíd.,* p. 114.

15 Rosa Beltrán, *La corte de los ilusos, op. cit.,* p. 258.

16 Josefina Vázquez, *La patria independiente, op. cit.,* p. 20. Sin embargo, la esposa de un diplomático que estuvo en el México revolucionario asegura haber cenado con uno de los descendientes de Iturbide. Véase más adelante las memorias de Edith O'Shaughnessy.

17 Fernando del Paso, *Noticias del imperio,* Diana, México, 1987, p. 254.

18 *Ídem.*

19 Agustín Cué Cánovas, *Historia social y económica de México, op. cit.,* p. 253.

20 Ricardo Covarrubias, *Los 67 gobernantes del México independiente,* Publicaciones Mexicanas, México, 1968, pp. 86-90. Rafael Muñoz encontró que el triunvirato lo componían Bravo, Victoria y Pedro Celestino Negrete. Véase *Enciclopedia de México,* Sabeca Investment Co., versión 1.0 para CD Rom, 1997.

21 José Manuel Villalpando, *Amores mexicanos,* Planeta, México, 1998, p. 14. (Cortesía del autor.)

22 Corrido de Josefa Ortiz de Domínguez. (Cortesía de Antonio Avitia Hernández.) Lo de Francisco Sosa lo relata Silvia Marina Arrom en *Las mujeres en la ciudad de México, 1790-1857, op. cit.,* p. 28.

23 Agustín Cué Cánovas, *Historia social y económica de México, op. cit.,* p. 263.

24 Julia Tuñón, *Mujeres en México. Una historia olvidada, op. cit.,* pp. 83-113. Por eso años después Laureana Wright diría que "vegetaban en la inutilidad".

25 Guillermo Prieto, *Memorias de mis tiempos. Fragmentos*, Fondo de Cultura Económica, México, 1997, pp. 21-22.

26 Frances Calderón de la Barca, *La vida en México*, t. I, Editorial Hispano-Mexicana, México, 1945, p. 97.

27 *Ibíd.*, pp. 96-97.

28 Josefina Vázquez, *La patria independiente, op. cit.*, p. 27.

29 Vicente de Paul Andrade, "Esposas de los supremos gobernantes del México Independiente", en *El Tiempo Ilustrado*, México, 4 de marzo de 1901, pp. 110-114. (Cortesía de José Manuel Villalpando.) Conchita Miramón dice que la señora tuvo diecinueve hijos, nueve de su primer matrimonio y diez del segundo, pero sólo sobrevivieron nueve. Carolina Figueroa tuvo la paciencia de rastrear el original de este texto en varias bibliotecas hasta dar con él en el Fondo Reservado de la Biblioteca Nacional.

30 José Manuel Villalpando, *Amores mexicanos, op. cit.*, p. 4.

31 José Manuel Villalpando, entrevista citada.

32 Vicente de Paul Andrade, "Esposas de los supremos gobernantes del México Independiente", *op. cit*, pp. 110-114.

33 Carl Christian Sartorius, *México hacia 1850*, Consejo Nacional para la Cultura y las Artes, México, 1990, p. 230.

34 Agustín Yáñez, *Santa Anna: espectro de una sociedad*, Oceano, México, 1982, p. 36 y ss.

35 Frances Calderón de la Barca, *La vida en México, op. cit.*, t. I, p. 51 y ss.

36 Fernando del Paso, *Noticias del imperio, op. cit.*, p. 41.

37 Agustín Yáñez, *Santa Anna: espectro de una sociedad, op. cit.*, p. 82.

38 Ricardo Covarrubias, *Los 67 gobernantes del México independiente, op. cit.*, pp. 15-18; Enrique González Pedrero, *País de un solo hombre. El México de Santa Anna*, Fondo de Cultura Económica, México, 1993, pp. XXI-XXIV.

39 José María Roa Bárcena, "La invasión norteamericana", en Álvaro Matute, *México en el siglo XIX. Antología de fuentes e interpretaciones históricas, op. cit.*, p. 480.

40 Ricardo Covarrubias, *Los 67 gobernantes del México independiente, op. cit.*, pp. 15-18; Teresa Tena Silva, *Cronología de las fechas más importantes de la historia de México, op. cit.*, pp. 6-10; Fernando Orozco, *Gobernantes de México de la época prehispánica a nuestros días*, Panorama, México, 1985, pp. 203-310.

41 Carl S. Anthony, *First Ladies. The Saga of the Presidents Wives and Their Power, 1789-1990*, t. I, Quill William Morrow, New York, 1990, pp. 209-225.

42 Agustín Cué Cánovas, *Historia social y económica de México, op. cit.*, p. 253.

43 Frances Calderón de la Barca, *La vida en México, op. cit.*, t. I, pp. 50-51.

44 José Manuel Villalpando, entrevista citada.

45 Victoriano Salado Álvarez, citado por José Emilio Pacheco, *La novela histórica y de folletín*, Promexa, México, 1985, p. 669.

46 Leopoldo Zamora Plowes, citado en *Capítulos olvidados, op. cit.*, p. 203.

47 El *Catecismo* de fray Gerónimo de Ripalda data de 1591 y era el más usado en los países de habla hispana; citado por Sara Sefchovich, *Mujeres en espejo. Antología de narradoras latinoamericanas del siglo XX, op. cit*, vol. I, p. 16.

48 Ricardo Covarrubias, *Los 67 gobernantes del México independiente, op. cit.*, pp. 85-91; Vicente de Paul Andrade, "Esposas de los supremos gobernantes del México Independiente", *op. cit.*, pp. 110-114.

49 *Capítulos olvidados, op. cit.*, pp. 199-200.

50 Testimonio citado por Mario Moya Palencia, *El México de Egerton, 1831-1842*, Miguel Ángel Porrúa, México, 1991, pp. 480-481.

51 Guillermo Prieto citado por Enrique Krauze, *Siglo de caudillos. Biografía política de México, 1810-1910, op. cit.*, p. 223.

52 Carlos San Juan Victoria y Salvador Velázquez Ramírez, "La formación del Estado y las políticas económicas, 1821-1880", en Ciro Cardoso, coord., *México en el siglo XIX, 1821-1910. Historia económica y de la estructura social*, Nueva Imagen, México, 1994, p. 78; Luis González y González *La ronda de las generaciones*, Secretaría de Educación Pública, México, 1984, pp. 9-14.

53 Guillermo Prieto, citado por Enrique Krauze, *Siglo de caudillos. Biografía política de México, 1810-1910, op. cit.*, p. 223.

54 Vicente de Paul Andrade, "Esposas de los supremos gobernantes del México Independiente", *op. cit.*, pp. 110-114.

55 Frances Calderón de la Barca, *La vida en México, op. cit.*, t. I, p. 272.

56 Salvador Novo, *Historia gastronómica de la ciudad de México, op. cit.*, pp. 46-48.

57 Stephen Crane citado por Julia Tuñón, *Mujeres en México. Una historia olvidada, op. cit.*, p. 101. Frances Calderón de la Barca citada por Silvia Marina Arrom, *Las mujeres de la ciudad de México, 1790-1857, op. cit.*, p. 13.

58 Emmanuel Carballo, "Prólogo", en Concepción Lombardo de Miramón, *Memorias de una primera dama*, Libros de Contenido, México, 1992, p. 8. Esta versión es un compendio en el que se arregló la sintaxis y la ortografía que era muy mala. La edición completa fue publicada por Porrúa en 1980, y de ella vale la pena ver las cartas de Miramón a su esposa. También Carmen Ramos Escandón, "Memoria de mujer: Concepción Lombardo de Miramón, testi-

ga de sí misma", en Ana Rosa Domenella y Nora Pasternac, *Las voces olvidadas, op. cit.*

59 Concepción Lombardo de Miramón, *Memorias de una primera dama, op. cit.*, p. 17. Todas las citas de ella que siguen son de este libro.

60 *Capítulos olvidados, op. cit.*, p. 227.

61 José Manuel Villalpando, entrevista citada.

62 *Capítulos olvidados, op. cit.*, p. 217.

63 Antonio Avitia Hernández, *Corrido histórico mexicano*, t. I, Porrúa, México, 1997, p. 110, y *Revista de la Universidad de México*, vol. XXVI, núm. 11, julio de 1972. (Cortesía de Ricardo Pérez Montfort.)

64 Raimundo Lazo, *Historia de la literatura hispanoamericana. El siglo XIX, 1780-1914*, Porrúa, México, 1967, p. 47.

65 Juan Díaz Covarrubias, *La sensitiva*, en David Huerta, *El relato romántico. Una antología general*, Universidad Nacional Autónoma de México-Secretaría de Educación Pública, México, 1982, pp. 118-120.

66 Carlos San Juan Victoria y Salvador Velázquez Ramírez, "La formación del Estado y las políticas económicas, 1821-1880", *op. cit.*, p. 79.

67 Justo Sierra, *Juárez, su obra y su tiempo*, Editora Nacional, México, 1965, p. 26.

68 Esto lo quitó Ángeles Mendieta Alatorre cuando transcribió el acta de nacimiento de Margarita Maza y en lugar de la palabra "expósita" apuntó "ilegible", "para respetar el secreto familiar". Ella misma lo relata en una anotación a mano del ejemplar que le dedicó al historiador Martín Quirarte. Ángeles Mendieta Alatorre, *Margarita Maza de Juárez*, Comisión Nacional para la Conmemoración del Centenario del Fallecimiento de Benito Juárez, México, 1972. (Cortesía de Vicente Quirarte.)

69 Esto lo cuentan Morelos Canseco González, *De la epopeya un gajo*, Diana, México, 1993, p. 26 (cortesía de Verónica Sánchez Porta), y Enrique Krauze, *Siglo de caudillos. Biografía política de México, 1810-1910, op. cit.*

70 Carlos Velasco Pérez, *Margarita Maza de Juárez. Primera dama de la nación*, Gobierno del Estado de Oaxaca, Oaxaca, 1986, p. 15.

71 Bernardo García Díaz, *Puerto de Veracruz, op. cit.*, p. 64.

72 Benito Juárez citado por Carlos Velasco Pérez, *Margarita Maza de Juárez. Primera dama de la nación, op. cit.*, p. 43.

73 *El Nacional*, 7 de enero, 1998.

74 Ángeles Mendieta Alatorre, *Margarita Maza de Juárez, op. cit.*, p. 98.

75 Carlos Velasco Pérez, *Margarita Maza de Juárez. Primera dama de la nación, op. cit.*, p. 44.

76 José Manuel Villalpando, *Amores mexicanos, op. cit.*, p. 145. Las cartas anteriores en Ángeles Mendieta Alatorre, *Margarita Maza de Juárez, op. cit.*, pp. 97-137.

77 Fernando del Paso, *Noticias del imperio, op. cit.*, p. 620.

78 Carlos Velasco Pérez, *Margarita Maza de Juárez. Primera dama de la nación, op. cit.*, p. 9.

79 Luis Weckmann, *Carlota de Bélgica. Correspondencia y escritos sobre México en los archivos europeos, 1861-1868*, Porrúa, México, p. XI.

80 *Ibíd.*, p. 57.

81 Torcuato Luca de Tena, *La ciudad de México en tiempos de Maximiliano, op. cit.*, p. 32.

82 *Ibíd.*, p. 50.

83 *Capítulos olvidados, op. cit.*, p. 224.

84 José Manuel Villalpando, entrevista citada.

85 Para el castillo, véase Salvador Novo, *México, op. cit.*, p. 311. Para los muebles, entrevista con Esther Acevedo, julio de 1982.

86 Luis Weckmann, *Carlota de Bélgica. Correspondencia y escritos sobre México en los archivos europeos, 1861-1868, op. cit.*, pp. XI y 309.

87 Fernando del Paso, *Noticias del imperio, op. cit.*, p. 279.

88 Alfonso Alcocer, *La columna de la independencia*, Ediciones de la Delegación Cuauhtémoc, México, s.f. p. 10. (Cortesía de Carlos Martínez Assad.)

89 Luis Weckmann, *Carlota de Bélgica. Correspondencia y escritos sobre México en los archivos europeos, 1861-1868, op. cit.*, p. 311.

90 Fernando del Paso, *Noticias del imperio, op. cit.*, pp. 438-444.

91 Paula Kolonitz, *Un viaje a México en 1864*, Secretaría de Educación Pública, México, 1984, p. 123.

92 José Manuel Villalpando, entrevista citada.

93 Armando de Maria y Campos, *Las tandas del Principal*, Diana, México, 1989, p. 283. La versión liberal de esta copla decía: "Si a tu ventana llega/un papelito,/ábrelo con cariño/ que es de Benito./Mira que te procura/felicidá./Mira que lo acompaña/la libertá".

94 *Capítulos olvidados, op. cit.*, p. 228.

95 Luis Weckmann, *Carlota de Bélgica. Correspondencia y escritos sobre México en los archivos europeos, 1861-1868, op. cit.*, p. 312.

96 Fernando del Paso, *Noticias del imperio, op. cit.*, p. 288.

97 Relato de Fernando Martínez Cortés a Carlos Martínez Assad, noviembre de 1997. María de la Luz Parcero la llama Casa de Partos Secretos en *Condiciones de la mujer en México durante el siglo XIX*, Instituto Nacional de Antropología e Historia, México, 1992.

98 *Canciones de la intervención francesa*, disco, Universidad Nacional Autónoma de México, México, 1972. (Cortesía de Carlos Martínez Assad.)

99 José Manuel Villalpando, entrevista citada.

100 Luis Weckmann, *Carlota de Bélgica. Correspondencia y escritos sobre México en los archivos europeos, 1861-1868, op. cit.*, p. 19.

101 Enrique Krauze, *Siglo de caudillos. Biografía política de México, 1810-1910, op. cit.*, p. 270-271.

102 *Canciones de la Intervención francesa, op. cit.*

103 Fernando del Paso, *Noticias del imperio, op. cit.*, p. 572.

104 Carlos Velasco Pérez, *Margarita Maza de Juárez. Primera dama de la nación, op. cit.*, p. 46.

105 Luis Weckmann, *Carlota de Bélgica. Correspondencia y escritos sobre México en los archivos europeos, 1861-1868, op. cit.*, p. XII.

106 Antonio Avitia Hernández, *Corrido histórico mexicano, op. cit.*, t. I, p. 123, y *Revista de la Universidad de México, op. cit.*, vol. XXVI, núm. 11, p. 26.

107 Carlos San Juan Victoria y Salvador Velázquez Ramírez, "La formación del Estado y las políticas económicas, 1821-1880", *op. cit.*, p. 85.

108 *Ibíd.*, p. 79.

109 José Fuentes Mares, *Don Sebastián Lerdo de Tejada*, Fondo de Cultura Económica, México, 1972. (Cortesía de Ricardo Pérez Montfort.)

110 Vicente de Paul Andrade, "Esposas de los supremos gobernantes del México Independiente", *op. cit.*, pp. 110-114.

111 Ricardo Covarrubias, *Los 67 gobernantes del México independiente, op. cit.*, p. 89

112 Francie R. Chassen, "Juana Catarina Romero, cacica porfiriana: la mujer y el mito", en *Acervos*, enero-marzo de 1998, vol. II, Oaxaca, pp. 10-16. (Cortesía de Francisco José Ruiz Cervantes.)

113 *Ídem.*

114 José Manuel Villalpando, entrevista citada.

115 Carta del 18 de marzo de 1867 citada en Carlos Tello, *El exilio. Un retrato de familia*, Cal y Arena, México, 1993, p. 434.

116 Carta del 24 de marzo de 1867 citada en *ibíd.*, p. 435.

117 Ignacio Manuel Altamirano, "Los naranjos", en Luis Miguel Aguilar, *La democracia de los muertos*, Cal y Arena, México, 1988, p. 131.

118 Carlos Tello, *El exilio. Un retrato de familia, op. cit.*, p. 189.

119 *Ibíd.*, p. 190; José Manuel Villalpando, entrevista citada; Armando Ayala Anguiano, *México de carne y hueso. Vida de los gobernantes*, t. II, Contenido, México, 1996, pp. 189-190. En un texto reciente, Carlos Tello da la misma versión que Armando Ayala Anguiano. Véase *Historia del olvido*, Cal y Arena, México, 1998, pp. 51-81.

120 Carlos Tello, *El exilio. Un retrato de familia, op. cit.*, p. 189.

121 *Corona fúnebre. El fallecimiento de la Sra. Delfina Ortega de Díaz*, Imprenta de Ignacio Cumplido, México, 1880. (Cortesía de Porfirio Rincón Gallardo Díaz.)

122 *Capítulos olvidados, op. cit.*, pp. 256-257.

123 José Manuel Villalpando; entrevista citada.

Tiempo después, el general se aburrió de ella y la abandonó. Sola, en un país desconocido y lejos de su casa, la mujer se suicidó.

124 Según Morelos Canseco González, el apellido de la señora Laura era Terán y Mueller y le atribuía ascendencia alemana, pero quién sabe de dónde sacó este dato. En sus papeles ella firma Mantecón; véase *De la epopeya un gajo, op. cit.*, p. 51.

125 Expediente del caso Laura Mantecón vs. Manuel González, legs. 012459-012496, Archivo de la Universidad Iberoamericana. (Cortesía de Verónica Sánchez Porta.)

126 *Código civil de 1870*, título V, artículos 222, 239, 266, 388, México, y *Código civil de 1884*, título V, artículos 248, 250, México. (Cortesía de Verónica Sánchez Porta.)

127 Jacinto Pallares citado por Ana Lidia García Peña, "El discurso de Laura Mantecón y Manuel González, 1885-1886: la infidelidad masculina y el adulterio femenino", en Varios autores, *Cuidado con el corazón. Los usos amorosos en el México moderno*, Instituto Nacional de Antropología e Historia, México, 1995, pp. 43-56.

128 "Manifiesto que en el último día de su periodo constitucional da a sus compatriotas el general Manuel González informando acerca de los actos de su administración". (Cortesía de Verónica Sánchez Porta.)

129 Jean Franco, *Las conspiradoras. La representación de la mujer en México, op. cit.*, p. 95, y María de la Luz Parcero, *Condiciones de la mujer en México durante el siglo XIX, op. cit.*, p. 120.

130 Françoise Giraud, "Mujeres y familias en la Nueva España", en Carmen Ramos, coord., *Presencia y transparencia: la mujer en la historia de México, op. cit.*, p. 72.

131 Silvia Marina Arrom citada por Julia Tuñón, *Mujeres en México. Una historia olvidada, op. cit.*, p. 91.

132 Fernando Vizcaíno, *Biografía política de Octavio Paz*, Algazara, Málaga, 1993, p. 21.

133 Respuesta del juez a la señora Laura Mantecón en el expediente citado.

134 Federico Gamboa, *Santa*, Botas, México, 1947, p. 148.

135 Vicente de Paul Andrade, "Esposas de los supremos gobernantes del México Independiente", *op. cit.*, pp. 110-114.

136 Enrique Krauze, *Porfirio Díaz. Místico de la autoridad*, Fondo de Cultura Económica, México, 1987, p. 85.

137 François-Xavier Guerra, *México: del antiguo régimen a la revolución*, t. I, Fondo de Cultura Económica, México, 1988, pp. 329 y 172.

138 Alejandro Arrubiera citado en Anónimo, "Se extinguió una vida", en *Excélsior*, 26 de junio de 1944, p. 7.

139 Manuel Gutiérrez Nájera citado por José Joa-

quín Blanco, *Crónica de la poesía mexicana*, Universidad Autónoma de Sinaloa, 1978, p. 84.

140 José Peón Contreras, *Taide*, citado por Ralph Warner, *Historia de la novela mexicana en el siglo XIX*, Antigua Librería Robredo, México, 1953, p. 8.

141 Carlos Tello, *El exilio. Un retrato de familia*, *op. cit.*, p. 272. La carta completa se reproduce en la p. 440.

142 Dato proporcionado por Mario Ramírez Rancaño, enero de 1999.

143 Carlos Tello, *El exilio. Un retrato de familia*, *op. cit.*, pp. 272 y 273. La faya es hoy una tela corriente pero en todas las crónicas sociales de la época se la cita como lo más elegante y fino, seguro era de seda.

144 Eugenia Díaz, "Doña Carmen me dijo", en *El Universal*, junio-julio-agosto de 1944.

145 François-Xavier Guerra, *México: del antiguo régimen a la revolución*, *op. cit.*, t. I, pp. 80-81.

146 Carlos Tello, *El exilio. Un retrato de familia*, *op. cit.*, p. 273.

147 Carlos Denegri, "Una vida de abnegación y caridad", en *Excélsior*, 26 de junio de 1944.

148 El César es según Renato Leduc, la dama es según Carlos Monsiváis, entrevista en mayo de 1982.

149 *Nuestro México: el inicio del siglo*, núm. 1, Universidad Nacional Autónoma de México, México, 1983, p. 5.

150 Fernando Curiel, *Paseando por Plateros*, *op. cit.*, p. 12, y *Violetas del Anáhuac*, citado por Nora Pasternac, "El periodismo femenino en el siglo XIX", en Ana Rosa Domenella y Nora Pasternac, *Las voces olvidadas*, *op, cit.*, p. 402.

151 Salvador Novo citado por Sara Sefchovich, *México: país de ideas, país de novelas*, *op. cit.*, p. 57.

152 Rosa Castro, "La moda a medio siglo de distancia", en *Hoy*, 3 de diciembre de 1950; Armando Valdés Peza, "La moda en los últimos cincuenta años", en *Revista de Revistas*, junio de 1950, y *Violetas del Anáhuac*, *op. cit.*

153 Carmen Ramos, "Mujer e ideología en el México porfirista, 1880-1910", en Carmen Ramos, coord., *Presencia y transparencia: la mujer en la historia de México*, *op. cit.*, p. 152. Así y todo ya empieza a haber mujeres que se salían de esa regla, como la primera que estudió medicina, Matilde P. de Montoya, que recibió su título en 1887, con asistencia a la ceremonia del presidente de la República.

154 Moisés González Navarro citado en *ídem*. Parece que este grupo se llamó Sociedad de Beneficencia "La Buena Madre".

155 Para el ábaco véase Carlos Martínez Assad, "Hoja volante", en *El Financiero*, 2 de julio de 1993; para el cojín véase Julio Sesto, "Las primeras damas de la República", en *Hoy*, 10 de octubre de 1942, pp. 52-54.

156 Agradezco la información sobre la letra a Luis Beckman y la portada de la partitura original con la dedicatoria a Carlos Monsiváis.

157 Manuel Gutiérrez Najera, "Medallones femeninos", en *Revista Azul*, 1884; agradezco la información a José Emilio Pacheco. La información sobre Laureana Wright de Kleinhaus se la debo a Gabriela Cano. Las crónicas están reunidas en el libro *Mujeres notables*, Secretaría de Instrucción Pública y Bellas Artes, 1910. El poema de Virginia Fábregas está en José María Vigil, *Poetisas mexicanas, siglos XVI, XVII, XVIII y XIX*, *op. cit.*, p. 268.

158 Carta citada por Carlos Martínez Assad, "Hoja volante", *op. cit.*

159 Ignacio Manuel Altamirano citado por José Joaquín Blanco, *Empezaba el siglo en la ciudad de México*, Secretaría de Educación Pública, México, 1982, p. 40.

160 José López Portillo y Rojas citado por John Brushwood, *México y su novela*, Fondo de Cultura Económica, México, 1973, p. 230.

161 Enrique Krauze, *Porfirio Díaz. Místico de la autoridad*, *op. cit.*, p. 123.

162 Sergio González, "En el antro", en *Nexos*, agosto de 1986, p. 32.

163 José Luis Martínez, *La expresión nacional*, Oasis, México, 1984, p. 64.

164 José Antonio Plaza, "En la feria de Tlacotalpan", citado por Ricardo Pérez Montfort, *Estampas del nacionalismo popular mexicano. Ensayos sobre cultura popular y nacionalismo*, *op. cit.*, p. 95.

165 Antonio Garza Ruiz, "Cómo se celebra el grito desde el Centenario", en *Revista de la Semana*, suplemento de *El Universal*, t. XCIX, núm. 13, 29 de agosto de 1954, p. 705.

166 Salvador Novo, *Historia gastronómica de la ciudad de México*, *op. cit.*, p. 135.

167 Juan A. Mateos, "La majestad caída", en José Emilio Pacheco, *La novela histórica y de folletín*, *op. cit.*, p. 63.

168 Enrique Krauze, *Siglo de caudillos. Biografía política de México, 1810-1910*, *op. cit.*, p. 48.

169 Juan A. Mateos, *La majestad caída*, *op. cit.*, p. 7.

170 Salvador Díaz Mirón, citado en Carlos Martínez Assad y Guadalupe Loaeza, *El ángel de nuestras nostalgias*, Plaza y Janés, México, 1998, pp. 60, 64-67.

171 Carlos González Peña, "La fuga de la quimera", en Christopher Domínguez Michael, *Antología de la narrativa mexicana del siglo XX*, t. I, Fondo de Cultura Económica, México, 1989, pp. 138-139.

172 Juan A. Mateos, *La majestad caída*, *op. cit.*, p. 112.

173 Carta citada en Carlos Tello, *El exilio. Un retrato de familia*, *op. cit.*, p. 211.

174 Josefina Cazares, entrevista en marzo de 1982.
175 Carlos Tello, *El exilio. Un retrato de familia, op. cit.*, p. 270.
176 Julio Sesto, "Las primeras damas de la República", *op. cit.*, p. 52.
177 Gustavo Casasola, *Historia gráfica de México, op. cit.*, t. IV, p. 2560.
178 Juan A. Mateos, *La majestad caída, op. cit.*, p. 116.
179 Eduardo León de la Barra, *Los de arriba*, Diana, México, 1979, pp. 107-108. El autor dice que la "Tía Cuca" era viuda de Lucas Alamán, pero eso es imposible no sólo por las fechas y la edad sino porque ya vimos que la esposa de éste murió después que él.
180 Gustavo Casasola, *Historia gráfica de México, op. cit.*, t. IV, p. 2560.
181 Guillermo Gómez, "Primeras damas de México. De doña Carmelita a Beatriz Velasco de Alemán", en *Mañana*, 9 de enero en 1947.

IV. LA DIGNA ESPOSA DEL CAUDILLO

1 Ricardo Pérez Montfort, *Estampas del nacionalismo popular mexicano. Ensayos sobre cultura popular y nacionalismo, op. cit.*, p. 153. Esta "Perorata" es parte del cuadro "¡La Revolución!" de la revista musical *El país del mañana* de Carlos Ortega y Francisco Benítez, que se representaría en 1935.
2 Varios autores, *Tiempo de México. De junio de 1911 a noviembre de 1964*, núm. 2, Secretaría de Educación Pública, México, 1984, p. 4.
3 Antonio Castro Leal, "Introducción" a *La novela de la Revolución mexicana, op. cit.*, t. I, p. 30.
4 Ricardo Pérez Montfort, *Estampas del nacionalismo popular mexicano. Ensayos sobre cultura popular y nacionalismo, op. cit.*, p. 104. Este corrido se compuso en la segunda década del siglo.
5 François-Xavier Guerra, *México: del antiguo régimen a la revolución, op. cit.*, t. I, p. 432.
6 Héctor Aguilar Camín y Lorenzo Meyer, *Historia gráfica de México, op. cit.*, t. VII, p. 90.
7 *Ibíd.*, p. 31.
8 Francisco I. Madero, *Epistolario, 1900-1903*, Secretaría de Hacienda, México, 1985, p. 7.
9 Bernardo García Díaz, *Puerto de Veracruz, op. cit.*, p. 143.
10 Ignacio Solares, *Madero el otro*, Joaquín Mortiz, México, 1989, p. 162.
11 Enrique Krauze, *Francisco I. Madero. Místico de la libertad*, Fondo de Cultura Económica, México, 1987, p. 58.
12 *Ibíd.*, p. 15, y Francisco Suárez Farías, "La mujer en la historia: doña Sara Pérez de Madero", en *Política y Cultura*, núm. 1, 1992, Universidad Autónoma Metropolitana, pp. 271-276. (Cortesía de Gabriela Cano.)

13 Aurelio de los Reyes, "Vivir de sueños", en *Cine y sociedad en México, 1896-1930*, vol. I, Universidad Nacional Autónoma de México-Instituto de Investigaciones Estéticas, 1996, p. 110.
14 Guillermo Gómez, "Primeras damas de México. De doña Carmelita a Beatriz Velasco de Alemán", *op. cit.*, p. 9.
15 Varios autores, *Tiempo de México, op. cit.*, núm. 1, p. 1; Santiago Portilla, *Madero: de Ciudad Juárez a la ciudad de México*, Martín Casillas-Secretaría de Educación Pública, México, 1982, p. 52.
16 Héctor Aguilar Camín y Lorenzo Meyer, *Historia gráfica de México, op. cit.*, t. VII, p. 41.
17 Ignacio Solares, *Madero el otro, op. cit.*, p. 177.
18 Dib Moritllo, *Memorias, biografía y datos históricos de mi vida en México*, mimeo, México, s-f., pp. 53-54. (Cortesía de Carlos Martínez Assad.)
19 Luis Spota, *La pequeña edad*, Fondo de Cultura Económica, México, 1964, pp. 335-336.
20 Ignacio Solares, *Madero el otro, op. cit.*, p. 24.
21 Sara Pérez de Madero entrevistada por Robert H. Murray el 15 de agosto de 1916, en *Nuestro México: la decena trágica*, núm. 4, Universidad Nacional Autónoma de México, México, 1983, pp. II-III.
22 *Ibíd.*, p. IV.
23 Manuel Márquez Sterling citado por Enrique Krauze, *Francisco I. Madero. Místico de la libertad, op. cit.*, p. 107.
24 Gustavo Casasola, *Historia gráfica de la Revolución mexicana*, Trillas, México, 1973.
25 Anónimo, "Cómo viven las viudas de tres expresidentes de México", en *Excélsior*, 6 de octubre de 1935.
26 José Emilio Pacheco, *Las batallas en el desierto*, Era, México, 1981, p. 33.
27 Victoriano Huerta, *Memorias*, Vértice, México, 1957, y Fernando Orozco, *Gobernantes de México de la época prehispánica a nuestros días, op. cit.*, pp. 396-397.
28 Aurelio de los Reyes, "Vivir de sueños", *op. cit.*, vol. I, p. 136.
29 Edith O'Shaughnessy, *Huerta y la Revolución vistos por la esposa de un diplomático en México*, traducción, prólogo y notas de Eugenia Meyer, Diógenes, México, 1971, pp. 73-74.
30 Gonzalo Celorio, "Edmundo O'Gorman y la literatura", en *Boletín de Filosofía y Letras*, noviembre de 1995, núm. 7, Universidad Nacional Autónoma de México, p. 5.
31 Luis Spota, *La pequeña edad, op. cit.*, p. 451.
32 Varios autores, *Tiempo de México, op. cit.*, núm. 2, p. 3.
33 Jorge Mejía Prieto, *Anecdotario mexicano*, Diana, México, 1982, p. 46.
34 Douglas Richmond, *La lucha nacionalista de Venustiano Carranza, 1893-1920*, Fondo de Cultura Económica, México, 1986, p. 25.

35 José Fuentes Mares, *La Revolución mexicana. Memorias de un espectador*, Grijalbo, México, 1986, p. 64.

36 Varios autores, *Tiempo de México*, op. cit., núm. 2, p. 2.

37 Antonio Garza Ruiz, "Cómo se celebra el grito desde la independencia", en *Revista de la Semana*, t. XCIX, núm. 13, suplemento de *El Universal*, 5 de septiembre de 1954, p. 707.

38 Douglas Richmond, *La lucha nacionalista de Venustiano Carranza, 1893-1920*, op. cit., p. 26.

39 Aurelio de los Reyes, "Vivir de sueños", op. cit., vol. I, p. 169.

40 Carlos Monsiváis, *Celia Montalván (Te brindas voluptuosa e impudente)*, Martín Casillas-Secretaría de Educación Pública, México, 1982, p. 18.

41 Gabriela Cano, "Revolución, feminismo y ciudadanía en México, 1915-1940", en Georges Duby y Michelle Perrot, *Historia de las mujeres en Occidente, El siglo XX*, Taurus, Madrid, 1993, pp. 685-697.

42 Enriqueta Tuñón, "La lucha política de la mujer mexicana por el derecho al sufragio y sus repercusiones", en Carmen Ramos, coord., *Presencia y transparencia: la mujer en la historia de México*, op. cit., p. 184.

43 José Vasconcelos, "La tormenta", en Christopher Domínguez Michael, *Antología de la narrativa mexicana del siglo XX*, op. cit., t. I, p. 243.

44 Mariano Azuela, *Los de abajo*, en *ibíd.*, pp. 239-240.

45 Nellie Campobello, *Las manos de mamá*, en *ibíd.*, p. 347.

46 Rubén Salazar Mallén, en Sara Sefchovich, "¿Dónde tiene su capital el país de las maravillas?", en *La ciudad de México en los veinte*, Casa de las Imágenes, México, en prensa, p. 3.

47 Alejandra Moreno Toscano, en Héctor Aguilar Camín y Lorenzo Meyer, *Historia gráfica de México*, op. cit., t. VII, p. 104.

48 Jorge Aguilar Mora, *Un día en la vida del general Obregón*, Martín Casillas-Secretaría de Educación Pública, México, 1982, pp. 8-10.

49 Bernardo García Díaz, *Puerto de Veracruz*, op. cit., p. 183.

50 Douglas Richmond, *La lucha nacionalista de Venustiano Carranza, 1893-1920*, op. cit., p. 235.

51 Gustavo Casasola, *Historia gráfica de México*, op. cit., t. IV, p. 1341.

52 Douglas Richmond, *La lucha nacionalista de Venustiano Carranza, 1893-1920*, op. cit., p. 26.

53 Martha Carranza de Astorga, entrevista telefónica en marzo de 1998.

54 Angélica Villanueva Olvera, jefa del departamento técnico del Museo Casa de Carranza, entrevista en enero de 1998. Ella me mostró un ejemplar de la biografía de Carranza por Casasola, en la que hay una foto de tres de los hijos de don Venustiano, ya adultos.

55 Martha Carranza de Astorga, entrevista citada.

56 Martín Luis Guzmán, "Tlaxcalantongo", en Christopher Domínguez Michael, *Antología de la narrativa mexicana del siglo XX*, op. cit., t. I, pp. 311-312.

57 John W. F. Dulles, *Ayer en México. Una crónica de la Revolución, 1919-1936*, Fondo de Cultura Económica, México, 1985, p. 60.

58 José Fuentes Mares, *La Revolución mexicana. Memorias de un espectador*, op. cit., p. 126.

59 John W. F. Dulles, *Ayer en México. Una crónica de la Revolución, 1919-1936*, op. cit., p. 64.

60 Pedro Castro Martínez, entrevista telefónica en enero de 1999; Carlos Denegri, "Amable atardecer de una primera dama", en *Excélsior*, 11 de julio de 1967. (Cortesía de Pedro Castro Martínez.)

61 Aurelio de los Reyes, "Bajo el cielo de México", en *Cine y sociedad en México, 1896-1930*, op. cit., vol. II, p. 38.

62 Enrique Krauze, *Álvaro Obregón. El vértigo de la victoria*, Fondo de Cultura Económica, México, 1987, p. 84.

63 Carlos Martínez Assad, "La ciudad de las ilusiones", en *Los inicios del México contemporáneo*, Casa de las Imágenes-Consejo Nacional para la Cultura y las Artes, México, 1997, p. 3.

64 Ricardo Pozas, *El triunvirato sonorense*, Secretaría de Educación Pública, México, 1982, p. 28.

65 Carlos Martínez Assad, "La ciudad de las ilusiones", op. cit., p. 6.

66 María Mona Obregón Tapia viuda de Vargas, entrevista telefónica, febrero de 1999.

67 José Rubén Romero en *Excélsior*, 6 de octubre de 1935, y Aurelio de los Reyes, "Bajo el cielo de México", op. cit., vol. II, p. 296.

68 Carlos Monsiváis, entrevista en diciembre de 1997.

69 Ricardo López Méndez, *Credo*, Imprenta Cadena, México, 1941. (Cortesía de Ricardo Pérez Montfort.)

70 María del Carmen Collado, "Vida social y tiempo libre en los años veinte", en *Historias*, abril-septiembre de 1992, núm. 28, Instituto Nacional de Antropología e Historia-DIE, p. 105.

71 Eduardo Patiño, dir., *18 lustros de la vida en México en este siglo*, video, t. V, *1920-1925*, Universidad Nacional Autónoma de México, México, 1993.

72 Rosa Castro, "La moda a medio siglo de distancia", op. cit.

73 Arqueles Vela citado por Christopher Domínguez Michael, *Antología de la narrativa mexicana del siglo XX*, op. cit., t. I, pp. 715-717.

74 Ricardo Pérez Montfort, *Estampas del nacionalismo popular mexicano. Ensayos sobre cultura popular y nacionalismo*, op. cit., p. 102.

75 Carlos Monsiváis, *Cecilia Montalván (Te brindas voluptuosa e impudente)*, op. cit., p. 21.

76 Salvador Novo citado por José Joaquín Blanco, *Crónica de la poesía mexicana, op. cit.*, p. 160. El poema es de 1928.

77 José Joaquín Blanco, *Empezaba el siglo en la ciudad de México, op. cit.*, pp. 46 y 52; Elena Poniatowska, *El último guajolote*, Martín Casillas-Secretaría de Educación Pública, México, 1982.

78 Carlos Macías Richard, *Vida y temperamento. Plutarco Elías Calles, 1877-1920*, Instituto Sonorense de Cultura-Fondo de Cultura Económica-Fideicomiso Archivos Plutarco Elías Calles y Fernando Torreblanca, México, 1995, pp. 35 y 40.

79 Ricardo Pozas, *El triunvirato sonorense, op. cit.*, p. 29; Carlos Martínez Assad, "La ciudad de las ilusiones", *op. cit.*, p. 9.

80 La primera vez fue en 1526 y duró un día. La segunda en 1624 y duró una semana y ahora ésta que duraría tres años; véase Francisco de la Maza, *La ciudad de México en el siglo XVII, op. cit.*, p. 17.

81 José Guadalupe de Anda, *Los cristeros*, en Christopher Domínguez Michael, *Antología de la narrativa mexicana del siglo XX, op. cit.*, t. I, p. 401.

82 Hortensia Calles de Torreblanca, entrevista en julio de 1982, y Norma Mereles de Ogarrio, entrevista telefónica, enero de 1999.

83 Carlos Macías Richard, *Vida y temperamento. Plutarco Elías Calles, 1877-1920, op. cit.*, pp. 269-270.

84 Plutarco Elías Calles, *Correspondencia personal*, introducción, selección y notas de Carlos Macías Richard, Fondo de Cultura Económica, México, 1994, p. 408.

85 Carlos Macías Richard, *Vida y temperamento. Plutarco Elías Calles, 1877-1920, op. cit.*, pp. 275-276.

86 Artemisa Calles de Ogarrio, entrevista por intermedio de Eugenia Ogarrio, en febrero de 1998.

87 Carlos Martínez Assad, "La ciudad de las ilusiones", *op. cit.*, p. 18.

88 Hortensia Calles y Artemisa Calles, entrevistas citadas. Aquélla nunca quiso hablar de la señora Leonor; ésta, en cambio, la recuerda con cariño.

89 Alfonso Morales, entrevista, en marzo de 1998.

90 José Juan Tablada, "Pavo real", en Octavio Paz, Alí Chumacero y José Emilio Pacheco, *Poesía en movimiento, 1915-1966*, Siglo XXI, México, 1966, p. 445.

91 Martín Luis Guzmán, *La sombra del caudillo*, en Antonio Castro Leal, *La novela de la Revolución mexicana*, t. I, Secretaría de Educación Pública-Aguilar, México, 1988, pp. 484-485.

92 Tzvi Medin, *Ideología y praxis política de Lázaro Cárdenas*, Siglo XXI, México, 1972, p. 21.

93 Video de la familia Portes Gil sobre la vida de sus padres. (Cortesía de Rosalba Portes Gil.)

94 Arturo Alvarado Mendoza, *El portesgilismo en Tamaulipas*, El Colegio de México, México, 1992, pp. 61-62.

95 *Ibíd.*, p. 66.

96 Carlos Fuentes, *Tiempo mexicano, op. cit.*, p. 63.

97 Rosalba Portes Gil y Carmen Portes Gil, entrevista en febrero de 1998.

98 Hortensia Calles, entrevista citada.

99 Gustavo Casasola, *Historia gráfica de México, op. cit.*, t. III, p. 1959.

100 Gustavo Casasola, *Historia gráfica de México, op. cit.*, t. VI, pp. 1960 y 1957.

101 Alfonso Morales, entrevista citada.

102 Fotocopia del anónimo. (Cortesía de Rosalba Portes Gil.)

103 Xavier Villaurrutia citado por José Joaquín Blanco, *Crónica de la poesía mexicana, op. cit.*, pp. 166-187; Renato Leduc citado por Christopher Domínguez Michael, *Antología de la narrativa mexicana del siglo XX, op. cit.*, t. I, p. 975.

104 Cecilia Gironella, "Perfiles y retrato a máquina de un expresidente", en *Hoy*, 6 de noviembre de 1954.

105 Jorge Meléndez, "La voz invitada", en *El Universal*, 9 de octubre de 1997.

106 Elizabeth de Cou, "Presentación", en *Vida y obra de Ramón Beteta*, fotocopia, s-e., s-f. (Cortesía de José Manuel Villalpando.)

107 Emilio Portes Gil, *La imagen de mi madre*, folleto, s-e., México, 1967. (Cortesía de Carmen Portes Gil.)

108 Pascual Ortiz Rubio, Eugenio Ortiz Rubio y Ofelia Ortiz Rubio de Kalb, entrevista en marzo de 1998. El relato del atentado está también en los libros citados de Gustavo Casasola, Ricardo Pozas y Héctor Aguilar Camín.

109 Jorge Mejía Prieto, *Anecdotario mexicano, op. cit.*, p. 100.

110 Carlos Macías Richard, *Vida y temperamento. Plutarco Elías Calles, 1877-1920, op. cit.*, p. 275.

111 Relato de Carlota Assad de Martínez, julio de 1982.

112 Pascual, Eugenio y Ofelia Ortiz Rubio, entrevista citada.

113 Guillermo Gómez, "Primeras damas de México. De doña Carmelita a Beatriz Velasco de Alemán", *op. cit.*, p. 11.

114 Según Gustavo Casasola la casa estaba en Tlahuipan, en el estado de Hidalgo; los hijos aseguran que se encontraba en Tizapán, D.F.

115 Tzvi Medin, *Ideología y praxis política de Lázaro Cárdenas, op. cit.*, pp. 24-25.

116 José Fuentes Mares, *La Revolución mexicana. Memorias de un espectador, op. cit.*, p. 170.

117 Enrique Krauze, *Plutarco Elías Calles. Reformador desde el origen*, Fondo de Cultura Económica, México, 1987, p. 108.

[118] Carlota Assad de Martínez, relato citado.

[119] Pascual, Eugenio y Ofelia Ortiz Rubio, entrevista citada.

[120] Carlos Martínez Assad, "La ciudad de las ilusiones", *op. cit.*, p. 24.

[121] La lista de los negocios se tomó de Abelardo L. Rodríguez, *Autobiografía*, México, 1962, pp. 10-11, (Cortesía de Hortensia Rodríguez Plá); Jorge Mejía Prieto, *Anecdotario mexicano, op. cit.*; Patricia Gaxiola y Victoria Gaxiola de Mata, entrevista en noviembre de 1997.

[122] Jorge Mejía Prieto, *Anecdotario mexicano, op. cit.*, p. 108.

[123] Abelardo L. Rodríguez, *Autobiografía, op. cit.*, p. 146.

[124] Carta de Abelardo L. Rodríguez citada en *ibíd.*, p. 160.

[125] Fernando Orozco, *Gobernantes de México de la época prehispánica a nuestros días, op. cit.*, p. 440.

[126] Todos los autores citados en Sara Sefchovich, "¿Dónde tiene su capital el país de las maravillas?", *op. cit.*, pp. 13-14.

[127] Abelardo L. Rodríguez, *Autobiografía, op. cit.*, p. 148; Guillermo Gómez, "Primeras damas de México. De doña Carmelita a Beatriz Velasco de Alemán", *op. cit.*, p. 12; Ofelia Ortiz Rubio, entrevista citada.

[128] Hortensia Rodríguez Plá, entrevista telefónica en marzo de 1998.

[129] Enriqueta de Parodi, *Aída S. de Rodríguez, benefactora*, México, 1967, p. 7. (Cortesía de Hortensia Rodríguez Plá)

[130] Carta citada en *ibíd.*, p. 15.

[131] Manuel Martínez Báez, *La madre mexicana*, Gobierno de la República, México, 1933; libro sugerido por la señora Aída Sullivan de Rodríguez, con ilustraciones de Salvador Pruneda. (Cortesía de Carlota Assad de Martínez.)

[132] Carlos Martínez Assad, "La ciudad de las ilusiones", *op. cit.*, p. 15; Alfonso Morales, entrevista citada.

[133] Sergio H. Peralta Sandoval, *Hotel Regis. Historia de una época*, Diana, México, 1997, p. 69.

[134] José Emilio Pacheco, *Las batallas en el desierto, op. cit.*, p. 19.

[135] Hortensia Rodríguez Plá, entrevista citada.

[136] Fernando Muñoz Altea y Magdalena Escobosa Haas de Rangel, *Historia de la residencia oficial de Los Pinos*, Presidencia de la República-Fondo de Cultura Económica, México, 1988, p. 135. (Cortesía de Leonor Ortiz Monasterio.)

[137] Tzvi Medin, *Ideología y praxis política de Lázaro Cárdenas, op. cit.*, p. 181.

[138] Fernando Muñoz Altea y Magdalena Escobosa Haas de Rangel, *Historia de la residencia oficial de Los Pinos, op. cit.*, pp. 141-142.

[139] Antonio Garza Ruiz, "Cómo se celebra el grito desde la independencia", *op. cit.*, p. 709.

[140] Ricardo Pérez Montfort, *Estampas del nacionalismo popular mexicano. Ensayos sobre cultura popular y nacionalismo, op. cit.*, p. 192.

[141] Carlos Martínez Assad, "La ciudad de las ilusiones", *op. cit.*, p. 29.

[142] *Ibíd.*, p. 26.

[143] Jorge Mejía Prieto, *Anecdotario mexicano, op. cit.*, pp. 115-116.

[144] Luis Suárez, *Cárdenas. Retrato inédito*, Grijalbo, México, 1986, p. 35.

[145] William C. Townsend, *Lázaro Cárdenas, demócrata mexicano*, Grijalbo, México, 1954, p. 69; Fernando Benítez, *En torno a Lázaro Cárdenas*, Oceano, México, 1987.

[146] Guillermo Gómez, "Primeras damas de México. De doña Carmelita a Beatriz Velasco de Alemán", *op. cit.*, p. 30.

[147] Amalia Solórzano de Cárdenas, *Era otra cosa la vida*, Nueva Imagen, México, 1994, p. 32.

[148] Lázaro Cárdenas del Río, *Apuntes, 1913-1940*, t. 1, Universidad Nacional Autónoma de México, México, 1972, p. 206.

[149] Fernando Muñoz Altea y Magdalena Escobosa Haas de Rangel, *Historia de la residencia oficial de Los Pinos, op. cit.*, p. 122.

[150] Luis Suárez, *Cárdenas. Retrato inédito, op. cit.*, p. 44.

[151] Fernando Muñoz Altea y Magdalena Escobosa Haas de Rangel, *Historia de la residencia oficial de Los Pinos, op. cit.*, p. 139.

[152] Relato de Aída W. de Sefchovich sobre un suceso ocurrido en Jalapa, Veracruz.

[153] Fernando Muñoz Altea y Magdalena Escobosa Haas de Rangel, *Historia de la residencia oficial de Los Pinos, op. cit.*, p. 142.

[154] Luis Suárez, *Cárdenas. Retrato inédito, op. cit.*, p. 136.

[155] Luis Prieto, entrevista en junio de 1982.

[156] Amalia Solórzano de Cárdenas, *Era otra cosa la vida, op. cit.*, p. 7.

[157] Autor anónimo citado por José Fuentes Mares, *La Revolución mexicana. Memorias de un espectador, op. cit.*, p. 116.

[158] Fernando Muñoz Altea y Magdalena Escobosa Haas de Rangel, *Historia de la residencia oficial de Los Pinos, op. cit.*, p. 141.

[159] Amalia Solórzano de Cárdenas, *Era otra cosa la vida, op. cit.*, p. 161.

[160] Gustavo Casasola, *Historia gráfica de México, op. cit.*, t. VI, p. 2195.

[161] Ricardo Pérez Montfort, *Estampas del nacionalismo popular mexicano. Ensayos sobre cultura popular y nacionalismo, op. cit.*, p. 183.

[162] *Ibíd.*, p. 192.

[163] Lázaro Cárdenas del Río, *Apuntes, 1913-1940, op. cit.*, p. 28.

[164] Amalia Solórzano de Cárdenas, *Era otra cosa la vida, op. cit.*, p. 53.

[165] *Ibíd.*, p. 119.

166 Francisco Javier Gaxiola, *Memorias*, Porrúa, México, 1975, p. 243.

167 Adalbert Dessau, *La novela de la Revolución mexicana*, Fondo de Cultura Económica, México, 1972, pp. 53-55.

168 Fernando Muñoz Altea y Magdalena Escobosa Haas de Rangel, *Historia de la residencia oficial de Los Pinos*, *op. cit.*, pp. 147-148.

169 Rafael Loyola, *Entre la guerra y la estabilidad política: el México de los cuarenta*, Consejo Nacional para la Cultura y las Artes-Grijalbo, México, 1986, p. 1.

170 Tzvi Medin, *El sexenio alemanista*, Era, México, 1990, p. 13.

171 Leopoldo Solís, *La realidad económica mexicana. Retrovisión y perspectivas*, Siglo XXI, México, 1970, pp. 99-100.

172 Carlos Martínez Assad, "La segunda guerra mundial en el imaginario mexicano", en *Los Universitarios*, enero de 1990, Universidad Nacional Autónoma de México, p. 6.

173 Sara Sefchovich, "Extranjeros en México: historia de una desconfianza", en *Eslabones*, junio de 1995, núm. 9, Sociedad Nacional de Estudios Regionales, México, pp. 18-19.

174 Luis Spota, *Casi el paraíso*, Fondo de Cultura Económica, México, 1963, pp. 370-371.

175 Luis Spota, *Murieron a mitad del río*, Costa Amic, México, 1981, pp. 100-101.

176 *Proceso*, 23 de febrero de 1997, núm. 1060, p. 60.

177 Fernando Muñoz Altea y Magdalena Escobosa Haas de Rangel, *Historia de la residencia oficial de Los Pinos*, *op. cit.*, p. 155.

178 Carl S. Anthony, *First Ladies. The Saga of the Presidents Wives and Their Power, 1789-1990*, *op. cit.*, t. II, pp. 459-493.

179 Luis Spota citado por Edmundo Domínguez Aragonés, *Tres extraordinarios*, Juan Pablos Editor, México, 1980, pp. 69-70.

180 Ariel Contreras, "La ciudad de México en 1940. Tiempo, política y vida cotidiana", en *Revista del Colegio de Bachilleres*, 1981, p. 8.

181 Martha Acevedo, *El 10 de mayo*, Martín Casillas-Secretaría de Educación Pública, México, 1982, p. 9; Gabriela Cano, "Una ciudadanía igualitaria: el presidente Lázaro Cárdenas y el sufragio femenino", en *Desdeldiez*, diciembre de 1995, Centro de Estudios de la Revolución Mexicana, p. 105.

182 Julio Sesto, "Las primeras damas de la República", *op. cit.*, pp. 52-54.

183 Relato de Guillermo Sefchovich.

184 Guillermo Gómez, "Primeras damas de México. De doña Carmelita a Beatriz Velasco de Alemán", *op. cit.*, p. 31.

185 Fernando Muñoz Altea y Magdalena Escobosa Haas de Rangel, *Historia de la residencia oficial de Los Pinos*, *op. cit.*, p. 153.

186 Carlos Martínez Assad, "El cine como lo vi y como me lo contaron", en Rafael Loyola, *Entre la guerra y la estabilidad política: el México de los cuarenta*, *op. cit.*, p. 349.

187 Luis Spota, *El primer día*, Grijalbo, México, 1978, p. 112.

188 *Proceso*, *op. cit.*, p. 60.

189 Alfonso Morales, entrevista citada.

190 *Proceso*, *op. cit.*, p. 62.

191 Jorge Hernández Campos, "El presidente", en Octavio Paz, et al., *Poesía en movimiento*, *op. cit.*, p. 204.

192 Juramento de los presidentes de México.

193 Varios autores, *Tiempo de México*, *op. cit.*, núm. 16, p. 1.

194 Tzvi Medin, *El sexenio alemanista*, *op. cit.*, p. 32.

195 Tulio Halperín Donghi, *Historia contemporánea de América Latina*, Alianza, Madrid, 1969, p. 403.

196 Carlos Monsiváis, "Sociedad y cultura", en Rafael Loyola, *Entre la guerra y la estabilidad política: el México de los cuarenta*, *op. cit.*, p. 264.

197 José Emilio Pacheco, *Las batallas en el desierto*, *op. cit.*, p. 18.

198 Luis Spota, *La estrella vacía*, Grijalbo, México, 1985, p. 257.

199 Declaraciones de María Félix a María Elena Rico que según Aurelio de los Reyes se publicaron en la revista *Life en español*, citadas por Carlos Monsiváis, *Amor perdido*, Secretaría de Educación Pública, México, 1986, p. 35.

200 Algunos atribuyen la frase a Carlos Denegri y otros a Luis Spota.

201 Todos citados en Sara Sefchovich, "¿Dónde tiene su capital el país de las maravillas?", *op. cit.*, p. 11.

202 Carlos Monsiváis citado por Sergio González Rodríguez, *Los bajos fondos*, Cal y Arena, México, 1988, p. 51.

203 Carlos Martínez Assad, "La ciudad de las ilusiones", *op. cit.*, pp. 31-33.

204 *Ídem.*

205 Duque de Otranto, *Los trescientos y algunos más*, México, MCMLI, p. 3. (Cortesía de Guadalupe Loaeza.)

206 Citado en Roberto Blancarte, *Historia de la iglesia católica en Mexico*, Fondo de Cultura Económica-El Colegio Mexiquense, México, 1992, p. 109.

207 Octavio Paz, *El laberinto de la soledad*, Fondo de Cultura Económica, México, 1963, pp. 172 y 174.

208 Miguel Alemán, *Remembranzas y testimonios*, Grijalbo, México, 1987, p. 118.

209 Fernando Muñoz Altea y Magdalena Escobosa Haas de Rangel, *Historia de la residencia oficial de Los Pinos*, *op. cit.*, p. 166.

210 Esto era vox populi en la época. Relato de Guillermo y Aída Sefchovich.

211 Beatriz Velasco de Alemán, *Memoria de la Aso-ciación Pro-Nutrición Infantil en su tercer año de funcionamiento*, México, 1950. (Cortesía de Hortensia Calles de Torreblanca.)

212 Hortensia Calles de Torreblanca, entrevista citada.

213 Anónimo, *Un rayo de luz en la nutrición infantil*, s-e., México, s-f. (Cortesía de Hortensia Calles de Torreblanca.)

214 Martha Acevedo, *El 10 de mayo, op. cit.*, p. 48.

215 Duque de Otranto, *Los trescientos y algunos más, op. cit.*, p. 3.

216 Hortensia Calles de Torreblanca, entrevista citada.

217 Entrevista de Beatriz Alemán de Girón citada por Fernando Muñoz Altea y Magdalena Escobosa Haas de Rangel, *Historia de la residencia oficial de Los Pinos, op. cit.*, p. 172.

218 *Ibíd.*, p. 173.

219 Francisca Acosta Lagunes citada en *ídem.*

220 Citado en Ricardo Pérez Montfort, et al., "Documentos de investigación sobre los presidentes mexicanos desde Ávila Camacho hasta la fecha. Periodo MAV", inédito. (Cortesía de Ricardo Pérez Montfort.)

221 José Revueltas, *El luto humano*, Era, México, 1982, p. 17.

222 Magdalena Mondragón, *Yo como pobre*, Ariel, México, 1944, p. 52.

223 *Biografía de la señora Beatriz Velasco Mendoza de Alemán*, Fundación Miguel Alemán, A.C., México, s-f., p. 6. (Cortesía de Alejandro de Antuñano Maurer.)

224 Robert C. Scott, *Mexican Government in Transition*, University of Illinois Press, Urbana, 1964, p. 123.

225 Carlos Fuentes, *Tiempo mexicano, op. cit.*, p. 66.

226 Carlos Martínez Assad, *El henriquismo: una piedra en el camino*, Martín Casillas-Secretaría de Educación Pública, México, 1982.

227 Fernando Muñoz Altea y Magdalena Escobosa Haas de Rangel, *Historia de la residencia oficial de Los Pinos, op. cit.*, p. 179; Enrique Krauze, *La presidencia imperial. Ascenso y caída del sistema político mexicano, 1940-1996*, Tusquets, México, 1997, pp. 79-172.

228 Juan José Rodríguez Prats, *Adolfo Ruiz Cortines*, Gobierno del Estado de Veracruz, Jalapa, 1990, p. 32.

229 Juan José Rodríguez Prats, entrevista en noviembre de 1997.

230 Jorge Hernández Campos, "El presidente", en Octavio Paz, et al., *Poesía en movimiento, op. cit.*, p. 207.

231 *Jueves de Excélsior*, agosto de 1953.

232 Carlos Fuentes, *Tiempo mexicano, op. cit.*, p. 67.

233 María Teresa González Salas de Franco, entrevista en agosto de 1997.

234 Fernando Muñoz Altea y Magdalena Escobo-sa Haas de Rangel, *Historia de la residencia oficial de Los Pinos, op. cit.*, p. 183.

235 Tere Márquez, *Las mujeres y el poder*, Diana, México, 1996, p. 87.

236 Sergio H. Peralta Sandoval, *Hotel Regis. Historia de una época, op. cit.*, p. 128.

237 Salvador Novo, *La vida en México en el periodo presidencial de Adolfo Ruiz Cortines*, Consejo Nacional para la Cultura y las Artes, México, 1994, t. I, p. 7 y 13; t. II, p. 119.

238 María Teresa González Salas de Franco, entrevista citada.

239 *El Universal*, 30 de noviembre de 1952.

240 Enrique Krauze, *La presidencia imperial, op. cit.*, p. 196.

241 Juan José Rodríguez Prats, entrevista citada.

242 Mauricio Locken citado por Fernando Muñoz Altea y Magdalena Escobosa Haas de Rangel, *Historia de la residencia oficial de Los Pinos, op. cit.*, p. 184.

243 Sara Sefchovich, "La tierra en la literatura mexicana", en Ricardo Ávila Palafox, *El mundo rural mexicano*, Universidad de Guadalajara, 1992, pp. 307-313.

244 Juan Rulfo, "Luvina", en Christopher Domínguez Michael, *Antología de la narrativa mexicana del siglo XX, op. cit.*, t. I, p. 1179.

245 José Alvarado, "La ciudad de México", en Carlos Monsiváis, *A ustedes les consta. Antología de la crónica en México, op. cit.*, pp. 198-201.

246 Carlos Fuentes, *Tiempo mexicano, op. cit.*, p. 78.

247 José Alvarado, "La ciudad de México", *op. cit.*, pp. 198-201.

248 *Informe de gobierno*, en *Excélsior*, 2 de septiembre de 1953.

249 *Excélsior*, 7 de enero de 1954.

250 *Excélsior*, 10 de mayo de 1954.

251 *Ídem.*

252 Sara Sefchovich, "El informe y la mujer", en *Fem. Nueva Cultura Feminista*, México, 1978, p. 3.

253 Varios autores, *Tiempo de México, op. cit.*, núm. 20, p. 1.

254 Gabriela Cano, entrevista citada.

255 Sara Sefchovich, "El informe y la mujer", *op. cit.*, p. 2.

256 Mario Monteforte Toledo, *Las piedras vivas. Escultura y sociedad en México*, Universidad Nacional Autónoma de México, México, 1979, p. 220.

257 Octavio Paz, *El laberinto de la soledad, op. cit.*, p. 34; "¿Aguila o sol?", en Octavio Paz, et al., *Poesía en movimiento, op. cit.*, p. 258.

258 Carlos Fuentes, *La región más transparente*, en Christopher Domínguez Michael, *Antología de la narrativa mexicana del siglo XX, op. cit.*, t. II, pp. 80-81.

259 Robert C. Scott, *Mexican Government in Transition, op. cit.*, p. 145.

260 Pablo González Casanova, "El desarrollo más probable", en Pablo González Casanova y Enrique Florescano, coords., *Mexico hoy*, Siglo XXI, México, 1979, p. 407.

261 Héctor Aguilar Camín, *Después del milagro. Un ensayo sobre la transición mexicana*, Cal y Arena, México, 1988, p. 151.

262 *Hoy*, noviembre de 1946.

263 Marta Baranda y Lía García Verástegui, *Biografía de Adolfo López Mateos*, Gobierno del Estado de México, 1987, p. 20.

264 Alicia Capdevielle de Treviño, entrevista telefónica en marzo de 1998.

265 Ave Leonor López Mateos Sámano citada en Tere Márquez, *Las mujeres y el poder, op. cit.*, pp. 63-64.

266 Justo Sierra Casasús, *López Mateos*, mimeo, s-e., México, s-f. (Cortesía de José Manuel Villalpando.)

267 Ricardo Pérez Montfort, et al., "Documentos de investigación sobre los presidentes mexicanos desde Ávila Camacho hasta la fecha. Periodo ALM", *op. cit.*

268 Gustavo Casasola, *Historia gráfica de México, op. cit.*, t. V, p. 2923.

269 Instituto Nacional de Protección a la Infancia, *Memoria sexenal, 1959-1964*.

270 Gustavo Casasola, *Historia gráfica de México, op. cit.*, t. V, p. 2924.

271 "Instituto Nacional de Protección a la Infancia", en *Enciclopedia de México*, México, 1977.

272 *El Universal*, 6 de junio de 1964.

273 "Un México nuevo lucha contra la pobreza, afirmó la esposa de Adolfo López Mateos", *El Universal*, 15 de junio de 1963.

274 Gustavo Casasola, *Historia gráfica de México, op. cit.*, t. V, p. 2925.

275 Sara Sefchovich, "El informe y la mujer", *op. cit.*, p. 5.

276 Alicia Capdevielle de Treviño, entrevista citada.

277 *Ídem.*

278 Yolanda Moreno Rivas, *Historia de la música popular mexicana*, Consejo Nacional para la Cultura y las Artes, México, 1979, p. 161.

279 Carlos Fuentes, *Tiempo mexicano, op. cit.*, p. 92.

280 Información de María del Carmen de Lara, entrevista telefónica en agosto de 1998.

281 Efraín Huerta citado por José Joaquín Blanco, *Crónica de la poesía mexicana, op. cit.*, p. 220.

282 Carlos Monsiváis, "Notas sobre la cultura mexicana en el siglo XX", en *Historia general de México, op. cit.*, t. IV, p. 427.

283 Julio Scherer, *Salinas y su imperio*, Oceano, México, 1997, pp. 9-10.

284 Patricia Gaxiola de Haro, entrevista en julio de 1982.

285 Justo Sierra Casasús, *López Mateos, op. cit.*, p. 96.

286 María Elena Vásquez de Santoyo y Graciela Lomelín, entrevista en febrero de 1998.

287 *Ídem.*

288 Sara Sefchovich, "El informe y la mujer", *op. cit.*, p. 5.

289 Tere Márquez, *Las mujeres y el poder, op. cit.*, p. 66; María Teresa González Salas de Franco, entrevista citada.

290 Esto lo afirman modistas entrevistados por Rosa Castro, "La moda a medio siglo de distancia", *op. cit.*

291 General Brunnet citado por Fernando Muñoz Altea y Magdalena Escobosa Haas de Rangel, *Historia de la residencia oficial de Los Pinos, op. cit.*, p. 219.

292 *El Nacional*, 16 de febrero de 1968.

293 *Novedades*, 9 de noviembre de 1968.

294 "Institución Mexicana de Asistencia a la Niñez", en *Enciclopedia de México*, México, 1977.

295 Ricardo Pérez Montfort, et al., "Documentos de investigación sobre los presidentes mexicanos desde Ávila Camacho hasta la fecha, perido GDO", *op. cit.*

296 Programa de televisión *Anatomías*, conducido por Jorge Saldaña, diciembre de 1967.

297 José Agustín, *De perfil*, Joaquín Mortiz, México, 1993, p. 7.

298 Armando Manzanero, entrevista en radio. (Información de Carlos Martínez Assad.)

299 Luis Villoro, "La reforma política y las perspectivas de la democracia", en Pablo González Casanova, *México hoy, op. cit.*, p. 351.

300 Pablo González Casanova, *La democracia en México*, Era, México, 1967, pp. 177-178.

301 Luis González de Alba, *Los días y los años*, Era, México, 1971, pp. 178-179 y 183-185.

302 Héctor Aguilar Camín y Lorenzo Meyer, *Historia gráfica de México, op. cit.*, t. IV, p. 10.

303 Gabriel Zaid citado por Christopher Domínguez Michael, *Antología de la narrativa mexicana del siglo XX, op. cit.*, t. II, p. 10.

304 Gustavo Díaz Borja, entrevista en Enrique Krauze, *La presidencia imperial, op. cit.*, p. 354.

305 La señora María Teresa González Salas de Franco, en la entrevista citada, dice que era Alzheimer; Enrique Krauze, en *La presidencia imperial*, dice que era arterioesclerosis cerebral.

306 Esto lo cuenta Irma Serrano en uno de sus libros, pero el empresario Alejo Peralta lo ha desmentido en varias entrevistas.

307 María Teresa González Salas de Franco, entrevista citada.

308 Julio Scherer, *Los presidentes*, Grijalbo, México, 1986, p. 11.

309 Gabriel Zaid, "Tumulto", en Octavio Paz, et al., *Poesía en movimiento, op. cit.*, p. 107.

310 Cesáreo Morales, "El comienzo de una nueva etapa de relaciones entre México y Estados

Unidos", en Pablo González Casanova y Héctor Aguilar Camín, coords., *México ante la crisis*, t. I, Siglo XXI-Universidad Nacional Autónoma de México, México, 1985, pp. 75-76.

311 Sara Sefchovich, *México: país de ideas, país de novelas*, *op. cit.*, p. 187.

312 María Esther Echeverría Zuno, entrevista telefónica en marzo de 1999, y Eugenia Meyer, entrevista en febrero de 1999.

313 María Teresa González Salas de Franco, entrevista citada, y Tere Márquez, *Las mujeres y el poder*, *op. cit.*, p. 67.

314 Julio Scherer, *Los presidentes*, *op. cit.*, p. 12.

315 María Esther Zuno de Echeverría, entrevista en julio de 1982. Estuvieron presentes sus colaboradoras Gloria Abella, Hilda Hernández de Araiza, Lucrecia Chávez de Martín, Margarita Kato de Jiménez y Estela Borrego de Martínez.

316 Luis Suárez, *Echeverría rompe el silencio*, Grijalbo, México, 1979, p. 72.

317 Julio Scherer, *Los presidentes*, *op. cit.*, p. 12.

318 *Ibíd.*, pp. 14 y 50.

319 Luis Suárez, *Echeverría rompe el silencio*, *op. cit.*, p. 72.

320 Sara Sefchovich, *Las primeras damas*, Martín Casillas-Secretaría de Educación Pública, México, 1982.

321 María Esther Zuno de Echeverría, entrevista citada.

322 *Ídem.*

323 María de los Ángeles Sandoval de Arredondo, entrevista en septiembre de 1997.

324 Luis Echeverría Álvarez, *Tercer informe de gobierno*, primero de septiembre de 1973.

325 Luis Echeverría Álvarez, *Cuarto informe de gobierno*, primero de septiembre de 1974.

326 María Esther Zuno de Echeverría, entrevista citada.

327 Cecilia Occelli de Salinas, entrevista en septiembre de 1997.

328 Luis Spota, *Palabras mayores*, *op. cit.*, p. 225.

329 Samuel Schmidt, entrevista telefónica en septiembre de 1997.

330 Tere Márquez, *Las mujeres y el poder*, *op. cit.*, p. 67.

331 Informante anónima citada en *ídem*.

332 Citado por Rosa Castro, "La moda a medio siglo de distancia", *op. cit.*

333 Carlos Monsiváis, *Días de guardar*, Era, México, 1988, p. 15.

334 Arnaldo Córdova, *La ideología de la Revolución mexicana*, *op. cit.*, p. 11.

335 Martha Acevedo, "Lo volvería a elegir", en entrevista con Marta Lamas, *Debate Feminista*, año 6, vol. XII, México, 1993, pp. 11-12.

336 José Joaquín Blanco, "Plaza Satélite", en Carlos Monsiváis, *A ustedes les consta. Antología de la crónica en México*, *op. cit.*, p. 322.

337 Salvador Castañeda, "¿Por qué no dijiste todo?", en Christopher Domínguez Michael,

Antología de la narrativa mexicana del siglo XX, *op. cit.*, t. II, p. 579.

338 Jorge Ayala Blanco, *La búsqueda del cine mexicano, 1968-1972*, Universidad Nacional Autónoma de México, México, 1974, p. 542.

339 María Luisa Mendoza, *Con él, conmigo, con nosotros tres*, Joaquín Mortiz, México, 1971, pp. 11-12.

340 José Carlos Becerra, "El otoño recorre las islas", en José Joaquín Blanco, *Crónica de la poesía mexicana*, *op. cit.*, p. 238.

341 Ricardo Castillo, "El pobrecito señor X", en *ibíd.*, p. 260.

342 Julio Scherer, *Los presidentes*, *op. cit.*, p. 56.

343 María Esther Zuno de Echeverría, entrevista citada.

344 Sara Sefchovich, "El informe y la mujer", *op. cit.*, pp. 5-6.

345 Luis Spota, *El primer día*, *op. cit.*, p. 180.

346 María Esther Zuno de Echeverría, "Patria mía", inédito (cortesía de Gloria Abella). José Emilio Pacheco, "Alta traición", *No me preguntes cómo pasa el tiempo*, Era, México, 1989, p. 23.

347 José López Portillo, *Discurso de toma de posesión*, primero de diciembre de 1976.

348 Cesáreo Morales, "El comienzo de una nueva etapa de relaciones entre México y Estados Unidos", *op. cit.*, p. 77.

349 José López Portillo, *Mis tiempos. Biografía y testimonio político*, t. I, Fernández Editores, México, 1988, pp. 241-242 y ss.

350 Según Patricia Clark de Flores citada por Tere Márquez, *Las mujeres y el poder*, *op. cit.*, p. 69.

351 *El Nacional*, 15 de enero de 1977.

352 Carmen Romano de López Portillo, "Clausura de la primera fase de los programas de promoción cultural y bienestar social para los trabajadores de la Procuraduría del D. F.", 13 de diciembre de 1977.

353 Tere Márquez, declaraciones en *Proceso*, 23 de febrero de 1997.

354 Fernando Muñoz Altea y Magdalena Escobosa Haas de Rangel, *Historia de la residencia oficial de Los Pinos*, *op. cit.*, p. 250.

355 *El Nacional*, primero de julio de 1977.

356 *Excélsior*, 8 de abril de 1977.

357 *El Nacional*, 5 de enero de 1980.

358 *Excélsior*, 7 de junio de 1978.

359 *Excélsior*, 7 de septiembre de 1977.

360 Carmen Romano de López Portillo, *Quinto informe del Patronato del DIF*, 10 de septiembre de 1981.

361 Carmen Romano de López Portillo, entrevista con Isabel Arvide, *El Sol de México*, 4 de junio de 1980.

362 María Eugenia López Brun, entrevista en diciembre de 1997.

363 *Ídem.*

364 Samuel Schmidt, entrevista citada.

365 José Fuentes Mares, *Intravagario*, Grijalbo, México, 1986, pp. 125-126. (Cortesía de José Manuel Villalpando.)

366 José Manuel Villalpando, entrevista citada.

367 José Luis González Arredondo, entrevista en septiembre de 1997.

368 José López Portillo, *Mis tiempos. Biografía y testimonio político*, *op. cit.*, p. 241.

369 Fernando Muñoz Altea y Magdalena Escobosa Haas de Rangel, *Historia de la residencia oficial de Los Pinos*, *op. cit.*, p. 251.

370 Jaime Acosta, "¿Qué piensan los empresarios?", en *Contenido*, octubre de 1982, p. 63.

371 *Crónica del sexenio, 1982-1988*, t. 1, Presidencia de la República-Unidad de la Crónica Presidencial-Fondo de Cultura Económica, México, 1988, p. 13.

372 Héctor Aguilar Camín, *Después del milagro*, *op. cit.*, p. 32.

373 *Ibíd.*, p. 14.

374 Juan Sánchez Navarro citado por Julio Scherer, *Los presidentes*, *op. cit.*, p. 137.

375 Tere Márquez, *Las mujeres y el poder*, *op. cit.*, p. 73.

376 Tere Márquez en *Proceso*, *op. cit.*

377 *Crónica del sexenio, 1982-1988*, *op. cit.*, t. 1, p. 28, y t. 2, p. 536.

378 Héctor Aguilar Camín, *Después del milagro*, *op. cit.*, p. 33.

379 José Revueltas, *El luto humano*, Era, México, 3a ed., 1982, p. 17.

380 Elena Poniatowska, *Fuerte es el silencio*, Era, México, 1980, pp. 14-15.

381 David Huerta, "Incurable", en Christopher Domínguez Michael, *Antología de la narrativa mexicana del siglo XX*, *op. cit.*, t. II, p. 468.

382 Jaime Reyes, "Isla de raíz amarga, insomne raíz", en *ibíd.*, p. 546.

383 Carlos Monsiváis, *Entrada libre, crónicas de una sociedad que se organiza*, Era, México, 1987, pp. 19-20.

384 Jaime Avilés, *La rebelión de los maniquíes*, Grijalbo, México 1990, pp. 212-213.

385 Ángeles Mastretta, *Arráncame la vida*, Oceano, México, 1986, pp. 225-226.

386 José Luis González Arredondo, entrevista citada.

387 Héctor Aguilar Camín, *Subversiones silenciosas*, Aguilar, México, 1993, p. 209.

388 *El Universal*, 25 de junio de 1988.

389 Sergio Zermeño, "De Luis Echeverría a Miguel de la Madrid: las clases altas y el Estado mexicano en la batalla por la hegemonía", mimeo, Woodrow Wilson International Center for Scholars, Washington, 1982, p. 37. (Cortesía del autor.)

390 Jorge Castañeda, entrevista en julio de 1995.

391 Sergio Zermeño, *La sociedad derrotada*, Siglo XXI México, 1997, p. 83.

392 Jorge Castañeda, *Sorpresas te da la vida*, Aguilar, México, 1993, p. 47.

393 Enrique Krauze, *La presidencia imperial*, *op. cit.*, p. 425.

394 Julio Scherer, *Salinas y su imperio*, *op. cit.*, p. 39.

395 Cecilia Occelli de Salinas, entrevista citada.

396 María Teresa Franco, entrevista en agosto de 1997.

397 *El Universal*, 2 de noviembre de 1992.

398 Guadalupe Loaeza, "Carta abierta", en *Reforma*, 23 de febrero de 1994.

399 "Respuesta a Guadalupe Loaeza", en *Reforma*, primero de marzo de 1994.

400 Yolanda Moreno Rivas, *Historia de la música popular mexicana*, *op. cit.*, pp. 260-261.

401 Elena Poniatowska, "¿Le muevo la panza?", en Carlos Monsiváis, *A ustedes les consta. Antología de la crónica en México*, *op. cit.*, p. 257.

402 Rafael Loret de Mola citado por David Casco Sosa en *El Ocaso*, primero de febrero de 1997 y corroborado en entrevista con el autor en mayo de 1997.

403 Declaraciones del presidente William Clinton en visita oficial a México, en mayo de 1997.

404 Carlos Monsiváis, *Los rituales del caos*, Era, México, 1995, p. 17.

405 José Joaquín Blanco, *Los mexicanos se pintan solos*, Pórtico de la Ciudad de México, México, 1990, p. 9.

406 Jorge Castañeda, *Sorpresas te da la vida*, *op. cit.*, p. 67.

407 *El Financiero*, junio de 1994.

408 Marta Lamas, *La Jornada*, julio de 1995.

409 *El Financiero*, junio de 1994.

410 Teresa Weisser, *El Financiero*, junio de 1994; anónimo, *La Jornada*, febrero de 1997; Guadalupe Loaeza, *Reforma*, abril de 1997.

411 Ernesto Zedillo, *Primer informe de gobierno*, primero de septiembre de 1995.

412 Ernesto Zedillo, *Segundo informe de gobierno*, primero de septiembre de 1996.

413 *El Financiero*, 19 de junio de 1997. Esta cifra se había alcanzado en tiempos de la señora Eva Sámano de López Mateos y luego cayó.

414 Las quejas se manifestaron reiteradamente durante 1997 a través del programa *Monitor de Radio Red*.

415 Jorge Reyes, *Reforma*, 27 de agosto de 1995.

416 Mario Luis Fuentes, entrevista en diciembre de 1998.

417 Tere Márquez, *Proceso*, *op. cit.*; *Las mujeres y el poder*, *op. cit.*, p. 77.

418 Información de Ángeles Ruiz de Garcidiego, entrevista en septiembre de 1998; José Luis González Arredondo, entrevista citada.

419 *El Universal*, 25 de enero de 1997.

420 Guadalupe Loaeza, *Reforma*, 12 de agosto de 1994.

421 Nota de Martha Brant sobre una entrevista a

Sara Sefchovich y luego de su asistencia a los dos actos citados, en *Newsweek*, mayo de 1997, p. 4.

422 *La Jornada*, 29 abril de 1997.

423 Jean Meyer, "Adiós a los ochenta", en *Nexos*, enero de 1990.

424 Hermann Bellinghausen, en *ibíd*.

V. EL YUGO DE LA CÓNYUGE

1 Carl S. Anthony, *First Ladies. The Saga of the Presidents Wives and Their Power, 1789-1990*, *op. cit.*, t. I, pp. 449-485.

2 Pierre Bourdieu, *Sociología y cultura*, Grijalbo-Consejo Nacional para la Cultura y las Artes, México, 1990. Todo el libro analiza este problema de "las funciones sociales como ficciones sociales", véanse sobre todo las pp. 55-78.

3 Luis Spota, *Sobre la marcha*, Grijalbo, México, 1977, p. 74.

4 Luis Spota, *Palabras mayores, op. cit.*, p. 98.

5 Tere Márquez, *Las mujeres y el poder, op. cit.*

6 Julio Scherer, *Los presidentes, op. cit.*, p. 100.

7 Para Adams, véase Carl S. Anthony, *First Ladies. The Saga of the Presidents Wives and Their Power, 1789-1990, op. cit.*, t. I, pp. 60-64. Para Kennedy, *Time*, agosto de 1960.

8 Si se busca a las Primeras Damas en la página de internet de la Presidencia de la República, no se encuentra nada. Por ejemplo, la biogra-fía de Nilda Patricia Velasco consiste en decir que se casó con Ernesto Zedillo.

9 Germaine Greer, "Abolish Her: The Feminist Case Against First Ladies", en *The New Republic*, junio de 1995, p. 22.

10 Luis Spota, *Palabras mayores, op. cit.*, p. 345.

11 Guadalupe Loaeza, "Una sonrisita por favor", en *Reforma*, 23 de febrero de 1994, p. 8.

12 Luis Spota, *Primer día, op. cit.*, p. 180.

13 Julio Sesto, "Las primeras damas de la República", *op. cit.*, p. 54.

14 Citado en Georges Duby, *Mujeres del siglo XII*, Andrés Bello, Santiago de Chile, 1995, p. 31.

15 *Ídem.*

16 El caso ejemplar es el de Hillary Clinton. Erica Jong lo plantea muy bien en "Hillary's Husband Re-elected! The Clinton Marriage of Politics and Power", en Joan B. Landes, ed., *Feminism, the Public and the Private*, Oxford University Press, New York, 1998, pp. 409-417. (Cortesía de Gabriela Cano.)

17 Greer, "Abolish Her...", *op. cit.*, pp. 23-24.

18 Rosalynn Carter en Edith P. Mayo y Denise D. Merignolo, *First Ladies, Political Role and Public Image*, catálogo de la exhibición en el National Museum of American History, Smithsonian Institute, Washinghton, 1998, p. 74. (Cortesía de Gabriela Cano.)

19 Guadalupe Loaeza, "Una sonrisita por favor", *op. cit.*

Portada: Aída Sullivan de Rodríguez (*óleo de C. Gámez A., Museo Nacional de Historia del Instituto Nacional de Antropología e Historia*).

Contraportada: Carmen García de Portes Gil (El Universal Ilustrado, *primero de noviembre de 1928*).

p. 65: María Inés de Jáuregui y Aristegui de Iturrigaray con su esposo José de Iturrigaray (*Fototeca del Museo Nacional de Historia, INAH*).

p. 66: María Inés de Jáuregui y Aristegui de Iturrigaray con su esposo José de Iturrigaray y sus hijos (*Fototeca del Museo Nacional de Historia, INAH*).

p. 68: María Francisca de la Gándara de Calleja (*en José de Jesús Núñez y Domínguez,* La virreina mexicana doña María Francisca de la Gándara de Calleja, *Imprenta Universitaria, México, 1950, p. 1*).

p. 77: Ana María Huarte de De Iturbide (*en Vicente de Paul Andrade, "Esposas de los supremos gobernantes del México independiente",* El Tiempo Ilustrado, *primero de marzo de 1901, pp. 110-14*).

p. 78: Ana María Huarte de De Iturbide (*óleo, Museo Nacional de Historia, INAH*).

p. 81: Ana María Huarte de De Iturbide con su esposo Agustín de Iturbide (*en Josefina Zoraida Vázquez,* La patria independiente, *Clío, México, 1996, p. 20*).

p. 82: Ana María Huarte de De Iturbide (*en Josefina Zoraida Vázquez,* La patria independiente, *Clío, México, 1996, p. 2*).

p. 85: Josefa Ortiz de Domínguez (*en Vicente de Paul Andrade, "Esposas de los supremos gobernantes del México independiente",* El Tiempo Ilustrado, *primero de marzo de 1901, pp. 110-14*).

p. 88: Narcisa Castrillo García de Alamán (*en Vicente de Paul Andrade, "Esposas de los supremos gobernantes del México independiente",* El Tiempo Ilustrado, *primero de marzo de 1901, pp. 110-14*).

p. 91: Josefina Bezares de Múzquiz (*en Vicente de Paul Andrade, "Esposas de los supremos gobernantes del México independiente",* El Tiempo Ilustrado, *primero de marzo de 1901, pp. 110-14*).

p. 101: Dolores Tosta de Santa Anna (*óleo, en Elisa García Barragán,* El pintor Juan Cordero, *UNAM, México, 1984, p. 66*).

p. 104: Dolores Tosta de Santa Anna (*en Vicente de Paul Andrade, "Esposas de los supremos gobernantes del México independiente",* El

Tiempo Ilustrado, *primero de marzo de 1901, pp. 110-14*).

p. 107: Josefa Cárdena o Cardeña de Salas (*en Vicente de Paul Andrade, "Esposas de los supremos gobernantes del México independiente",* El Tiempo Ilustrado, *primero de marzo de 1901, pp. 110-14*).

p. 112: María de los Ángeles Lardizábal de Carrera (*en Vicente de Paul Andrade, "Esposas de los supremos gobernantes del México independiente",* El Tiempo Ilustrado, *primero de marzo de 1901, pp. 110-14*).

p. 113: María de la Gracia Palafox de Zuloaga (*en Vicente de Paul Andrade, "Esposas de los supremos gobernantes del México independiente",* El Tiempo Ilustrado, *primero de marzo de 1901, pp. 110-14*).

p. 116: Concepción Lombardo de Miramón (*tarjeta de visita con fotografía de Cruces y Campa, Fototeca del Museo Nacional de Historia, INAH, reproducida en Patricia Massé Zendejas,* Simulacro y elegancia en tarjetas de visita, *INAH, México, 1998, pp. 79-81*). *(Cortesía de Margarita Morfin).*

p. 127: Margarita Maza de Juárez con su esposo Benito Juárez (*Fondo Enrique Díaz, Archivo General de la Nación*).

p. 128: Margarita Maza de Juárez con sus hijas (*Museo Regional de Historia, Oaxaca, Oaxaca*).

p. 131: Margarita Maza de Juárez (*en Vicente de Paul Andrade, "Esposas de los supremos gobernantes del México independiente",* El Tiempo Ilustrado, *primero de marzo de 1901, pp. 110-14*).

p. 136: Dolores Quezada o Quesadas de Almonte (*en Vicente de Paul Andrade, "Esposas de los supremos gobernantes del México independiente",* El Tiempo Ilustrado, *primero de marzo de 1901, pp. 110-14*).

p. 138: Carlota de Bélgica con su esposo Maximiliano de Habsburgo (*pañuelo pintado, Museo Nacional de Historia, INAH*).

p. 144: Carlota de Bélgica con su esposo Maximiliano de Habsburgo (*Fototeca del Museo Nacional de Historia, INAH*).

p. 151: Juana Calderón Tapia de Iglesias (*en Vicente de Paul Andrade, "Esposas de los supremos gobernantes del México independiente",* El Tiempo Ilustrado, *primero de marzo de 1901, pp. 110-14*).

p. 154: Delfina Ortega de Díaz (*corona fúnebre. El fallecimiento de la señora Delfina Ortega de Díaz, Imprenta de Ignacio Pulido, México, 1880, p. 2*). *(Cortesía de Porfirio Rincón Gallardo Díaz.)*

451

IDENTIFICACIÓN DE LAS ILUSTRACIONES

Campuzano, María de Jesús, 220
Campuzano, María Josefa, 220
Canadá, 371, 387
Canalizo, Valentín [gobernante, 1843-44, 1844], 98, 103-04
Cananea, 223
Cancún, 406
Canek, Jacinto, 59
Cano, Gabriela, 309, 425
Canseco González, Morelos, 158
Cañas de Limantour, María, 172
Capdevielle de Treviño, Alicia, 424
Caraveo, Marcelo, 211
Carballo, Emmanuel, 117
Cárdena o Cardeña de Salas, Josefa [esposa de José Mariano Salas],107, 135
Cárdenas, Guty, 225
Cárdenas del Río, Lázaro [gobernante, 1934-40], 195, 246, 255-59, 261-62, 267-68, 284, 294, 299, 302, 310
Cárdenas Solórzano, Cuauhtémoc, 261, 267
Cárdenas Solórzano, Palmira, 261
Cardona, Hipólita de [esposa de Luis Enríquez de Guzmán], 45
Caribe, 35, 105, 392
Carlos II, 50, 54
Carlos III, 19, 58,
Carlos IV, 62, 63, 65
Carlos V, 32, 37, 38
Carlota de Bélgica [esposa de Maximiliano de Habsburgo], 83, 122, 131, 135-45, 148
Carranza, Venustiano [gobernante, 1913-14, 1914-17, 1917-20], 198-99, 200, 202, 205-09, 213, 221, 228, 261, 299, 300
Carranza de Astorga, Martha, 207, 423
Carranza Salinas, Julia, 207
Carranza Salinas, Virginia, 207
Carrasco de Bocanegra, María de Jesús [esposa de José María Bocanegra], 88
Carrera, Martín [gobernante 1855], 108, 110, 112
Carreto, Leonor de [esposa de Antonio Álvaro Sebastián de Toledo Molina y Salazar], 49
Carrillo, Lauro, 302
Carrillo Gutiérrez de Ruiz Cortines, Lucía [esposa de Adolfo Ruiz Cortines], 302, 303
Carrillo de Mendoza y Pimentel, Diego (marqués de Gelves) [gobernante, 1621-24], 43
Carrillo Puerto, Felipe, 316
Carter, James, 367
Carter, Rosalynn, 420
Carvajal, Francisco [gobernante 1914], 199
Casa de Amparo y Protección a la Mujer, 236
Casa de Maternidad e Infancia, 143
Casa de Moneda, 156
Casa de Partos Ocultos, 143
Casa de Salud del Periodista, 234, 243
Casa del Alfeñique, 77
Casa del Lago, 341
Casas Amiga de la Obrera, 235
Casasola, Gustavo, 207, 235

Caslavska, Vera, 344
Caso, Alfonso, 76
Caso, Antonio, 188, 354
Castaneda, Carlos, 355
Castañeda, Jorge G., 387, 399
Castañeda, Salvador, 355
Castelló, Agustina, 167, 172
Castilla, Diego de, 37
Castilla y Mendoza, Ana de [esposa de Luis de Velasco], 37
Castillo Ledón, Amalia, 310
Castrillo García de Alamán, Narcisa [esposa de Lucas Alamán], 88, 95
Castro, Fidel, 326
Castro, Rosa, 276, 278
Castro y Figueroa, Pedro de (duque de la Conquista y marqués de Gracia Real) [gobernante, 1740-41], 56
Castro Leal, Antonio, 24, 186
Castro Martínez, Pedro, 211, 423
Castro y Silva, Mariana de [esposa de Fernando de Alencastre Noroña], 54
Cazals, Felipe, 355
Cebrián y Agustín, Pedro (conde de Fuenclara) [gobernante, 1742-46], 56
Cedillo, Saturnino, 256
Celaya, 66, 113, 207, 212-13, 220, 290
Centro de Estudios Económicos y Sociales del Tercer Mundo, 360
Centro de Estudios Históricos, Condumex, 422
Cerda, Catalina de la [esposa de Lorenzo Suárez de Mendoza], 38
Cerda y Aragón, Juana de la [esposa de Francisco Fernández de la Cueva Enríquez], 54
Cerda y Aragón, Tomás Antonio de la (marqués De la Laguna y conde de Paredes) [gobernante, 1680-86], 51
Cerda Sandoval y Mendoza, Gaspar de la (conde de Galve) [gobernante, 1688-96], 52
Cesárea, María, 102
Chacón Amarillas de Calles, Natalia [esposa de Plutarco Elías Calles], 222, 223, 224, 225
Chagoya, Juana Rosa, 126
Chalchiuhcuecan, 31
Chapala, 216
Chapingo, 157
Chaplin, Charles, 206
Chapoy de López Moreno, Efigenia, 393
Chassen, Francie R., 152
Chatillon, Henri de, 277
Chávez, Carlos, 252, 283, 326
Chiapas, 267, 393, 396, 399
Chihuahua, 130, 151, 262, 302
Chile, 183, 357
Chimalpopoca, 31
Cincinnati, 133
Cineteca Nacional, 373
Citlaltépetl, 136
Ciudad Guzmán, 113

riano [gobernante, 1833, 1834-35, 1839, 1841-42, 1843, 1844, 1847, 1853-55], 93, 96, 100, 104
López de Santa Anna, Inés de, 14
López Velarde, Ramón, 24, 217, 260
Loret de Mola, Rafael, 397
Lotería Nacional, 294
Louisiana, 60
Lucerito, 382, 407
Ludwig, Emil, 283
Luis Miguel, 406

Macedo y González de Sarabia, Miguel, 23
Macías, Carlos, 224, 240
Madeira (isla), 139
Madero, Francisco Ignacio [gobernante, 1911-13], 24, 186, 188-89, 191-96, 284, 300
Madrid (ciudad), 41, 48, 51, 370
Madrid de Ceballos, Ana [esposa Juan Bautista Ceballos], 107
Madrid Hurtado, Miguel de la [gobernante, 1982-88], 375-76, 385-86, 390, 407
Magdaleno, Mauricio, 262
La Maldita Vecindad y los Hijos del Quinto Patio, 395
Mallinaltzin o Malintzin (Marina o Malinche), 32
Mancisidor, José, 198
Manrique, María [esposa de Martín Enríquez de Almanza], 38
Manrique de Zúñiga, Álvaro (marqués de Villa Manrique) [gobernante, 1585-90], 39
Mantecón Arteaga de González, Laura [esposa de Manuel González], 158, 162-65, 191, 423
Manterola, Patricia, 395
Manzanero, Armando, 339
Manzanillo, 111
Maples Arce, Manuel, 217, 248-49
Marcos, subcomandante, 407
Maria y Campos, Alfonso de, 168
Maria y Campos, Armando de, 171, 318
María Victoria, 289
Mariana (reina), 54
Marín, Gloria, 289
Márquez, Teresa, 304, 350, 353, 365, 403, 413
Márquez Sterling, Manuel, 195
Marruecos, 368
Martel de Arista, Guadalupe [esposa de Mariano Arista],107, 162
Martínez, Abundio, 174
Martínez, Luis María, 183, 280, 285
Martínez Assad, Carlos, 168, 252, 258, 259, 280, 421, 422
Martínez Gil (hermanos), 174, 323
Martínez del Río (familia), 262
Martínez del Río, Carlos, 262
Martínez Sotomayor, José, 248-49, 287
Martínez de la Vega, Francisco, 285
Marx, Karl, 20, 326
Mastretta, Ángeles, 383
Mata Vázquez, Juan de, 155

Matamoros, 93
Matehuala, 130
Mateos, Juan A., 181
Mateos, Miguel, 395
Matsumoto, 289
Matute, Álvaro, 20, 425
Mawad, David, 423
Maximiliano de Habsburgo [gobernante, 1864-67], 83, 105, 122-23, 130-31, 135-39, 141-42, 145, 147
Mayo (hermanos), 422
Mayorga, Martín de [gobernante, 1779-83], 60
Maza, Antonio, 126
Maza, Francisco de la, 52, 70
Maza de Juárez, Margarita Eustaquia [esposa de Benito Juárez], 125-26, 129-34, 143, 146-47, 153, 156
Maza Parada (familia), 126
Mazatlán, 222
Mecano, 382
Medin, Tzvi, 243, 255
Medina, Ofelia, 396
Medina Coelli (duque de), 38
Medio Oriente, 143, 182, 265
Mejía, Tomás, 136, 146
Mejía Prieto, Jorge, 240, 247, 268
Melgarejo, José Luis, 303
Mella, Julio Antonio, 237
Méndez, Concha, 142
Méndez, Juan N. [gobernante, 1876], 150, 152
Méndez Plancarte, Alfonso, 41
Mendieta, Gerónimo, 30
Mendieta Alatorre, Ángeles, 126
Mendoza, Ana de, 14
Mendoza, Antonio de (conde de Tendilla) [gobernante, 1535-49], 37, 39
Mendoza, María Luisa, 355
Mendoza y Luna, Juan de (marqués de Montesclaros) [gobernante, 1603-07], 40
Mercado, Altagracia, 74
Mereles, Norma, 422, 423
Mérida, 262
Mexicali, 249
México, 15, 22, 24, 25, 26, 27, 29, 33, 37, 38, 40, 41, 42, 43, 45, 60, 66, 70, 76, 77, 80, 84, 86, 89, 95, 103, 106-07, 117, 119, 122, 135-36, 140, 143, 145, 147-48, 150, 161-62, 165-66, 171, 177, 179, 182, 191, 199, 200, 206, 211, 215, 216, 225, 236, 242, 246, 247, 251, 258, 263, 267-70, 273, 277, 278, 280, 283-85, 287, 290, 293-94, 297, 299, 301, 307, 311, 313-15, 317-18, 328, 334, 342, 350, 358, 362, 367, 372, 375, 378, 379, 387, 398, 403, 406-07, 413, 421
México, ciudad de, 37, 38, 44, 45, 47, 63, 64, 79, 110, 112-13, 117, 128, 133, 135, 137, 139, 168, 172, 174, 177, 178, 183, 199, 205, 207, 209, 213, 219, 227, 236, 243, 249, 255, 258, 260-62, 274, 280, 286-88, 290, 292, 303, 307, 315, 324, 330, 335, 355, 367, 379, 392, 399, 407, 423
Meyer, Eugenia, 347, 425
Meyer, Jean, 407
Michelena, Mariano [gobernante, 1823], 84

United Nations Children's Fund (UNICEF), 368
El Universal Gráfico (suplemento), 412
El Universal (periódico), 251, 422
Universidad Femenina de Filipinas, 322
Universidad de Florida, 322
Universidad de México, 37
Universidad Nacional Autónoma de México (UNAM), 297, 328, 382, 422, 425
Urrea, Blas, 185
Urrea de Obregón, Refugio [esposa de Álvaro Obregón], 213
Uruchurtu, Ernesto P., 307
Uruguay, 357
Uxmal, 404

Valcárcel, María Josefa [esposa de Martín de Mayorga], 60
Valdelamar, Ema Elena, 325
Valera, Pilar de Díaz de la Vega [esposa de Rómulo Díaz de la Vega], 112
Valladolid, 76
Vallarta, Ignacio L., 166
Valle Arizpe, Artemio de, 37, 39, 56, 58, 60, 62, 77
Valle de Anáhuac, 287
Valle del Mezquital, 350
Vallejo, Demetrio, 323
Valverde, José María, 19, 20, 22
Vargas, Catalina o Catarina de [esposa de Antonio de Mendoza], 37
Vargas, Pedro, 225, 325
Varsovia, 408
Vasconcelos, José, 24, 25, 202, 212, 216, 234, 239, 248, 262
El Vaticano, 146
Vázquez, Genaro, 331, 355
Vázquez, Josefina, 75, 83, 87, 90
Vázquez Gómez, Francisco, 188
Vázquez de Santoyo, María Eugenia, 424
Vega, Isela, 355
Vela, Arqueles, 218
Velasco, Blanca de [esposa de Álvaro Manrique de Zúñiga], 39
Velasco, Carlos, 126, 131, 134
Velasco, Concepción, 103
Velasco, Luis de, hijo, marqués de Salinas y conde de Santiago (apellidado Castilla y Mendoza) [gobernante, 1590-95 y 1607-11], 39, 40, 42
Velasco, Luis de, padre (apellidado Ruiz de Alarcón, conde de Santiago) [gobernante, 1550-64], 37
Velasco de Zedillo, Nilda Patricia [esposa de Ernesto Zedillo Ponce de León], 399, 400, 403-07, 424
Velasco y Aragón, Inés de [esposa de Gaspar de Zúñiga y Acevedo], 40
Velasco Mendoza de Alemán, Beatriz [esposa de Miguel Almán Valdés], 290-91, 293-94, 296-98, 365, 424
Velázquez, Fidel, 296, 312, 356, 407
Velázquez, Ramón, 280

Vélez, Pedro [gobernante, 1829-30], 88
Venegas, Francisco Javier [gobernante, 1810-13], 67
Vera Meier de Rodríguez, Earthyl [segunda esposa de Abelardo L. Rodríguez], 249
Veracruz, 42-43, 50, 56, 80, 102, 107, 121, 133, 136, 263, 312, 339
Verdi, Giuseppe, 121
Versalles, 41
Vértiz, Manuel, 175
Vicario, Leona, 74
Vico, Leonor de [esposa de Gastón de Peralta], 38
Victoria, Guadalupe, Fernández y Félix, José Miguel Ramón Adaucto, llamado [gobernante, 1823, 1824-29], 84, 85, 86, 87, 139
Victoria de Inglaterra (reina), 83
Viena, 147
Vietnam, 341
Vigil, José María, 22, 175
Villa, Francisco, 188, 202-05
Villa Rica de la Veracruz, 35
Villa de Victoria, 231
Villafranca, marqués de, 50, 52
Villahermosa, 369
Villalpando César, José Manuel, 84, 93, 102-03, 152, 155, 329, 423
Villanueva, Angélica, 423
Villaurrutia, Xavier, 237
Villoro, Luis, 341
Vinet de Romero de Terreros, Anita, 172
Violetas del Anáhuac (periódico literario), 173
Virgen de Guadalupe, 43, 140, 404
Virgen de la Covadonga, 216
Virgen de los Remedios, 52, 67
Virgen del Carmen, 183
Vizarrón Eguiarreta, Juan Antonio de [gobernante, 1734-40], 56
Vizcaíno, Sebastián, 40
Voltaire, Arouet, François-Marie, llamado, 19
Voluntariado Nacional, 373, 377, 385, 390, 392, 402
Vuelta (revista), 373

Wagner, Richard, 172, 212
Walevska, María, 93
Wallace, Irving, 412
Washington, 285, 294, 322
Washington, Martha, 399
Weckmann, Luis, 143, 147
Weiser, Teresa, 400
Welles, Orson, 283
Wilson, Thomas Woodrow, 200
Wilson, Henry Lane, 194,
Windsor, duques de, 283
Wittgenstein, Ludwig, 25
Wright de Kleinhans, Laureana, 175

XEW, 291
XHTV, 294
Xochimilco, 39, 203, 291